刘尚希／著

公共风险视角下的
公共财政

Public Finance from the Perspective of Public Risk

经济科学出版社
Economic Science Press

图书在版编目（CIP）数据

公共风险视角下的公共财政／刘尚希著．—北京：经济科学出版社，2010.1

ISBN 978-7-5058-8943-9

Ⅰ.①公… Ⅱ.①刘… Ⅲ.①公共财政学—研究—中国 Ⅳ.①F812

中国版本图书馆 CIP 数据核字（2009）第 236080 号

责任编辑：高进水　刘　颖
责任校对：曹　力
版式设计：代小卫
技术编辑：潘泽新

公共风险视角下的公共财政
刘尚希　著

经济科学出版社出版、发行　新华书店经销
社址：北京市海淀区阜成路甲28号　邮编：100142
总编室电话：88191217　发行部电话：88191540
网址：www.esp.com.cn
电子邮件：esp@esp.com.cn
北京中科印刷有限公司印装
787×1092　16开　32.5印张　450000字
2010年1月第1版　2010年1月第1次印刷
印数：0001—3100册
ISBN 978-7-5058-8943-9　定价：58.00元
（图书出现印装问题，本社负责调换）
（版权所有　翻印必究）

在不确定的现实世界中追求"确定性"（代序）

人，不论干什么，都是在追求确定性。成功、幸福、爱情、金钱、权力、地位等，没有人不希望拥有。拥有的，也就意味着是确定的。雇员追求的是稳定的岗位，避免的是难以预料的失业；商人追求的是确定的利润，规避的是市场风险；政治家追求的是确定的统治权，规避的是失去权力的风险；学者追求的是确定的发现，排除各种可能的错误，如此等等。尽管社会不同主体所追求的具体目标各不相同，但极度抽象言之，都可以归结为一个概念：确定性。就人的天性而言，"确定性"是人人喜欢的东西，而对"不确定性"却是惟恐避之不及。冒险家喜欢不确定性的过程，但也总是希望得到一个确定的结果。确定性，是人类得以存在的支柱。信心、信仰、信用、信任，是维系一个社会正常运转的基石，它们是确定性的化身。而它们一旦沾上了不确定性，社会就会失序，甚至崩溃。

然而，我们面对的是一个不确定的世界，在无穷的变化之中充满了无数的不确定性及其带来的风险、危机和灾难。号称具有预知、预测功能的科学理论，包括经济学在内，都无法告诉我们风险、危机和灾难何时何地会发生。经济危机、社会冲突、环境灾难、自然灾害、战争、恐怖主义等，往往等到临近才知晓。当今世界，以所谓科学的名义预测未来的人，比算命先生还多。偶尔有猜中的，就像轮盘赌中押注的人。但无论怎样，我们都无法逃脱这个不确定的世界，这个充满了风险的世界。这意味着，我们只能是在不确定性中去追求确定性，只能是在风险中去规避风险。

那我们该如何去认识、理解和研究这个世界呢？就像笛卡尔所说的：一定不要相信仅从例证和传统说法中学到的东西，这是最好的经验。尽管这种唯理主义所指与当时神学至上的历史背景相关，但在今天仍有现实意义。既然这是一个不确定的世界，那么，过去、现在与未来，就不可能是在一条直线上，我们无法用现有的经验、知识和理论去推断未来的状态。未来世界的逻辑可能与现在、过去根本不同。我们需要新的世界观。也许，只有具备了不确定性思维，才能应对不确定性；只有具备了风险的观念，才能防范风险。

世界观的变迁：从"确定性"到"不确定性"

不少人相信，人的一生是命中注定的。冥冥之中似乎有一股力量，就像自然规律，在操纵人的命运，决定人生的悲欢离合、磨难与幸福、失败与成功，福禄寿的多寡与个人的主观努力无关。但也有不少人相信，命运掌握在自己的手里，只要努力奋斗，勤勉有加，可以达到所希望的目标，实现自己的理想。前一种看法是宿命论的，找人算命看前程的人持有这种观念；后一种看法是非宿命论的，认为主观努力可以改变人生。改换成学术语言来说，宿命论是一种确定性的世界观，世界的一切，包括人自身都已经事先被安排好了，人为的力量无法改变。这与牛顿奠定的科学认知观是一致的。20世纪之前的科学观念都是宿命论的，认为世界就像一座精密的钟表，造物主上好了发条，之后的一切都是确定无疑的，科学家的任务是发现规律、利用规律。这种世界观还有其他的表述：世界是机械的、可分及可还原的、连续而无突变的、可以预测的，观察者与被观察对象是无关的，主观与客观是分离的，等等。非宿命论与此相反，则是一种不确定性的世界观，认为世界的变化具有随机性、突变性、非决定性、多主体性及其相互作用的非线性、观察对象与观察者的不可分离性、偶然事件的锁定性。"上帝已经死了"，世界不会有命中注定的确定结果。20世纪之后的科学观念已经转向后者，认为世界本身就是不确定的，我们曾经发现的确定性，或者说规律，只是一种特例，不具有超越时空的普遍性质，造物主并未事先安排好这个世界。

对人生的看法与自然科学研究毕竟是两码事，但都是一种世界观。科学领域的世界观发生了颠覆性的变化，意味着人类的思维方式在进行革命，这对从事学术研究的人们来说，是不能不关注的大事。"科学"、"科学方法"、"科学精神"、"科学态度"等当今"神圣"词汇的内涵，也意味着都要重新加以定义。如果说，自然科学的研究对象从原来以为是确定的变成了不确定，那么，社会科学的研究对象是否依然可以按照经典力学的科学认知观，被坚持认为仍然是确定性的，仍然有规律可寻？是否依然可以按照过时的科学观念，继续模仿牛顿时代的科学方法来研究经济社会的发展？这是摆在我们面前的一个必须认真思考和解决的重大问题。

世界观是关于世界的基本看法。近三百多年以来，在科技文明之光的照耀下，日渐形成了一种确定性的世界观。因果论、决定论、可计算性、可预测性、规律性、必然性等，都是确定性世界观中的词汇。这是一种宿命论的认识，但却是近代科学的结晶。这种科学宿命论打开了认识大自然的一扇门，转化为巨大的生产力，使人类改造自然的能力达到了历史上前所未有的高度。巨大的科技成就反过来强化了这种宿命论科学观，并演化为一种弥漫于整个知识界的普适方法。从牛顿经典力学到现代经济学，以至于整个社会科学，都是在这样一种世界观指导下来观察和研究问题的。

然而，世界是不确定的。不论是自然界，还是人类社会，都是如此。原来以为，"上帝是不会掷骰子的"，爱因斯坦的这句名言被量子力学给打破了。量子力学发现，上帝经常玩弄骰子，上帝创造的这个世界本质上是不确定的。德国科学家维纳·海森堡在1926年提出了"不确定性原理"。理论物理学家史蒂芬·霍金，在他的《时间简史》一书中指出:"海森堡不确定性原理是世界的一个基本的不可回避的性质。"美国数学家克莱因也在其《数学:确定性的丧失》一书中指出,"数学不再是一门精确性的学科","数学曾经被认为是精确论证的顶峰、真理的化身,是关于宇宙设计的真理,现在则认为这是一个错误的观点"(更多的论述请参看本书中的相关内容)。所谓的规律、决定论、可预测性,也就是存在的确定性,都只是在特定时空条件下才存在。明天的太阳依然会从东方升起,从西方落下去。这在我们可见的物理世界中和有限时间内是可以预见的,日食、月蚀等自然现象的发生甚至可以精确预测到哪年哪月哪日的几时几分。但我们却无法预测地震在何时发生、明年的农业收成会怎么样、下个月的股指是多少个点,甚至无法断定明天股指是涨还是落。经济社会现象中的非决定论是显而易见的,因果关系也只是我们的大脑对先后发生事情之间联系的一种猜测。面对不确定的世界,我们只能说存在某种可能性,却无法得出一个精确的结果。

现代自然科学已经终结了近代科学观基础上形成的确定性世界观,使人类对自然世界的认知达到了一个全新的高度:确定性不过是特定时空条件下的一种例外,不确定性才是世界的本质。传统的非此即彼、主体客体分离、决定论逻辑、理性的精确性等都需要在不确定性世界观的指导下反思重构。

在确定性世界观指导下形成的确定性知识系统现在已经无法适应原本就是不确定的世界。尤其是对人类自身社会的认识,世界观的转换更为迫切。2008年国际金融危机事实上已经宣告,以确定性为假设前提的传统经济学和其他社会科学已无法给我们提供新的知识来应对越来越不确定的全球经济和国际社会。

追求"确定性"是人类的心理本能

在这个不确定的世界,人类总是在不断地追求"确定性"。偏安于小小地球的人类,幻想着永恒的存在,在观念中构建了一个确定的世界。追求存在的确定性是人类的永恒终极目标。无论从个体来说,还是就群体而言，莫不如此。从秦始皇追求长生不老术，到对"万岁"的集体呼喊；从柏拉图对爱的理解（对永恒、不朽的渴望），至现代社会对永续发展的追求，都是在寻求个体存在、制度存在、秩序存在、文明存在的确定性。心理本能从动物性的生理本能转化而来，融合了感性、理性与灵性。感性是反射，理性是思考，灵性是觉悟。在追求确定性的过程中，个体本能与社会本能会同时产生。

追求确定性是由人类的自我保护天性和最基本的心理需求所决定的。没有确定的环境、没有安定的内心、没有可期待实现的希望，人就会无法生存，更谈不上发展，更不用说人类文明的进步。所谓人类行为中的各种冒险举动，其实也是在追求存在的确定性，不过是不同层次的东西罢了，如更大的权力、更多的财富、更高的声誉、更巩固的地位、更广阔的疆域、更强大的国力等。在不确定性世界中，人类总是需要构筑一个确定性世界，即便是观念上的，以此来保护和激励自身。这个确定性世界可以是个人的、国家的、以至于整个人类的。当前对全球气候变化的国际大讨论，就是反映出地球人对生存环境的确定性的一种担忧。一个国家追求发展，以图崛起，也是如此。在不同的层面上，都需要一个由各种知识、观念支撑的确定性世界的存在。

不确定性是一切恐惧的基本来源。回想2003年的"非典"（即SARS）危机，不难体会到这一点。在"非典"病毒借助于空气肆意横行的不确定性环境中，每一个生命个体都可能被那种致命的病毒感染，生命的存在显得极其脆弱。要不是现代医学知识部分地化解了这种不确定性，社会的集体恐惧将会更大。事后有人统计发现，"非典"的死亡率甚至不如交通事故的死亡率，为什么在"非典"时期的社会恐惧却如此之大呢？原因在于不确定性程度的区别。当现有的知识系统能给我们提供一个确定性的图景时，社会恐惧就会大大降低，甚至消失，尽管不确定性依然存在；反之，当现有的知识系统无法给予解释并提供帮助时，恐惧就会产生并放大，原有的秩序就会消失。科学与宗教是两个不同的知识系统，但在解释不确定性世界并帮助人类战胜恐惧的过程中，却发挥着互补的作用。

越是面对不确定的东西，人就会越发感到害怕。如各种恐怖故事或恐怖电影中的妖魔鬼怪，都是不确定性的化身。其实，它们都是人类经受各种各样的恐惧——如瘟疫、地震、风暴、洪水、干旱等各种自然灾祸和战争、屠杀、社会动荡、经济危机等社会灾难——之后积淀下来的集体心理阴影，再以文学的形式再现出来。现代电影以现代科技手段造出的不少灾难片、惊悚片、鬼怪片，都不过是让现代人体验人类曾经的恐惧，同时也是在不断地提醒和警示，告诉已经习惯于现有知识系统构筑的确定性世界的人类，不确定性的世界并没有被我们人类所改变，风险和危机永远是一把悬在人类头顶上的达摩克利斯剑。

害怕和恐惧尽管并不令人喜欢（在艺术世界除外），但当它以公共的形式存在时，却可以促成另一种的结果：团结与合作，产生集体行动。面对恐怖主义，各国惊人地团结一致，共同应对；面对战争的威胁，尤其是足以毁灭人类自身的核战争，各国高举和平大旗，反对战争；面对国际金融危机，各国纷纷出台各种应急措施，放弃了经济意识形态的分歧，各国协调合作大大加强，如此等等。这是国际社会以集体的力量在化解不确定性带来的恐惧，追求集体存在的确定性。对一个国家来说，更是如此。不期而至的灾难、危机，往往是集体情感升华的催化剂，也是改变集体思维的转折点，更是孕育集体行动的温床。

科技与制度：追求"确定性"而形成的结果

人类有史以来的所有活动，归结为一点，都是在追求确定性。人类的认识活动，包括对自然、社会和人自身的认识，都是试图从不确定性世界中发现确定性——即在特定时空条件下存在的规律或规则。人类的实践活动，包括改造自然、社会和人自身的实践活动，也都是利用特定条件下存在的规律或规则，寻求人类自我存在的确定性。这个追求确定性的过程，是同时从两个基本面展开的：自然与社会，但又交互影响。在应对来自于大自然的各种不确定性过程中，渐渐地产生了科学与技术，而应对来自于社会内部的不确定性过程中，产生了制度及其带来的秩序。科技与制度成为人类追求确定性的两大有力工具，并以此支撑起了人类自身的确定性世界。

在漫长的人类进化过程中，其生存条件是极其不确定的，要靠不停地迁徙，才能维持生存，就像动物的迁徙过程一样。人类之所以能定居下来，是发现了通过人工种植和饲养可以获得食物，种植业和畜牧业由此产生，完全靠天吃饭——狩猎、捕鱼、采集野果——的状况有所改变。古人认识到了一年四季和节气的变化规律，顺势而为，一定程度上化解了农耕中的不确定性及其由此带来的风险，以农耕为基础的人类文明也就逐渐形成。而现代农业科技的发展，人类更多地理解和掌握了农作物生长的条件和规律，在吃饭问题上对"天"的依赖性大大减弱。人类吃饭问题的确定性增强了。越是发达国家，其确定性程度越大，不确定性程度越小；相反，越是不发达国家，其确定性程度越小，而不确定性程度越大。这反映出人类在追求确定性过程中的全球不平衡。毫无疑问，在吃饭的问题上，美国人面临的不确定性比非洲人要小得多。

人类是大自然的不确定性进化过程中的一部分。面对各种突如其来的灾难，人们一方面感到害怕，另一方面却感到好奇。正是这种好奇心，造就了人类的理性，使人学会了思考：如何去应对不确定性。不断探寻大自然的奥秘，人类积累了大量关于大自然的各种知识，发现了大自然的许多规律。这些知识和规律，使人类部分地化解了来自于大自然的诸多不确定性。在古人的眼中，"天有不测风云"，这是对大自然不确定性的一种无奈描述。现代气象学的发展，加上人造卫星等先进观测手段，天上不可测的风云变成基本可测，天气预报的准确性越来越高。对各种日食、月食的准确预报、人类飞天梦想的实现、导弹的精确命中等，都是人类运用科学技术手段所带来的确定性。物理学、化学、生物学等现代自然科学的发展，使人类掌握了越来越多的自然规律，从而造出了高楼大厦，发明了电灯电话，创造了海陆空各种交通工具，形成了通讯信息网络，生产出各种生活用品。诸如此类的科技文明成果都是人类在认识了大自然的基础上，通过掌握了其中的规律性，使不确定性转化为一定条件下的确定性而实现的。科学技术的神奇魔力，创造了一个人化的确定性世界。

科技的力量，使人类不仅仅是适应自然，而且还可以去利用自然、改造自然。以蒸汽机被广泛使用为标志的工业革命，使人类改造自然的能力加速提升，自然"被人化"的痕迹越来越深。承载着众多生命的地球，唯独被人类的活动打下了深深的烙印。至今为止，科技文明这个大厦依然建立在"确定性"这个基础之上。追求确定性，带来了科技文明，也引发出理性主义的滥觞和人类的自我膨胀。正如19世纪德国哲学家费希特在其《人类的使命》一书中所宣称的："我要做自然的主人，自然应该是我的仆人，我要根据我的力量来影响自然，而决不该由自然来影响我。"这是人类对自然认知的狭隘，把特殊性当成了一般性，把一定条件下存在的确定性当成了世界的一般本质。其实，人类科技文明发展到今天，也给人类带来了越来越多的不确定性，对人类自身的威胁比任何时代都要多。一项科学发现和技术发明，都会给人类带来某种好处，而危害却要靠漫长时间才能验证，从几年到几十年甚至上百年。一些科技发明带来的危害已经日渐显现，已经被禁止或被限制使用，如含铅汽油、剧毒农药、化肥、添加剂，但更多的是处于不确定性之中，如转基因食品、克隆技术、合成药物等。人类科技文明的现有基础——确定性，已经被颠覆了，正在被"不确定性"这个更宏大、更一般的基础所取代。如果说在人类科技文明不发达的时候，大自然的许多不确定性是人类没有认识到上帝造物时的规律而造成的"误解"，那么在今天人类已经认识到，上帝造物时根本没有什么规律，是一个随机的过程。这意味着，牛顿时代开拓的科技文明之路已经走到了尽头，人类追求确定性应选择一个新的起点。

与科技文明并行的是制度文明。而制度文明是应对社会内部的不确定性，追求集体存在的确定性的产物，并在逻辑上构成科技文明发展的前提。科技文明构建了人类之于自然的确定性世界，而制度文明却构建了人类之于自身社会的确定性世界，这包括了组织、规则、秩序、结构。恰恰是后者成为整个人类文明的基础。没有制度，就没有秩序，人类社会就会是一盘散沙，将在高度不确定性中自我毁灭。

较之于人与自然的关系，人与人的关系中产生的不确定性更为复杂、更难认识清楚。由此也使制度文明的进化比科技文明更曲折、更艰难，也充满了更多的不确定性。正是在这个意义上，制度是难以靠人类的理性来直接构建的，具有某种"自然进化"的属性，无法靠逻辑推理去预测未来的制度样式。从起点来看，制度是人类设计出来的；而从一个过程来看，制度是人类社会内部非线性相互作用的产物，是无法设计的。具体的法律可以修改，但是否需要法律却不由人类理性来决定。而隐性的制度，如伦理道德、风俗习惯，甚至连人为的修改都难以做到。新制度的产生和旧制度废除，并不因理性而改变，而都是社会一定时期的不确定性放大以至于超越某一个临界点所导致的。人类的历史进程实际上也是人类自身无法预测的，就像任何一个人无法预测自己的前程命运一样。

人类社会内部的不确定性会衍生出制度——因为从分散个体的"原子人"状态转变为具有公共意志的"集体人"行为是靠制度来完成的，但无法知道会产生出什么样的制度。在三十年前的人们，恐怕谁也没有预测到中国会搞市场经济。三十年之后，中国是否依然会搞现有样式的市场经济，这同样是难以预见的。这好比生命的繁衍，我们凭经验观察可以知道阴阳结合会产出后代，但无法知道会产出什么样的后代。人类追求自身集体存在的确定性，制度产生于这个过程，但却无法由人类理性来直接决定。从简单到复杂的制度进化，是与社会这个有机体的进化成长相伴随的。社会有机体越是复杂，越是充满了不确定性，制度也就由简单变得复杂，就像动物的大脑和神经系统，也是随着动物的进化而变得复杂的。

人类是以两种方式同时存在的：一是个体，二是群体。任何一个人，既是一个生物的个体，同时也总是归属于某一个群体，像老虎一样独来独往于"社会丛林"的人是不存在的，因为在任何时候任何地方他都无法生存。应对大自然的不确定性，要靠集体行动的力量，而要把分散的个体力量凝聚为集体力量，其起源是一个不亚于生命在地球上诞生的过程，充满了复杂性和不确定性。制度是其最终成功的关键，它使人与人之间关系的不确定性演变为一种相对确定的社会结构，人类也就得以生存并不断进化。

家庭制度的出现，类似于生命形成过程中细胞的产生，成为人类得以集体进化的微观基础。而氏族或国家制度的出现，则是人类集体存在获得确定性的基本形式，使人类社会变成了一个"活"的复杂有机体。正如霍布斯在《利维坦》中所描述的：国家不过是由人造出来的"人"而已，统治权是其灵魂，灵魂带来了生命和活动。国家的各个部分依据约定结合在一起，这个约定就是律法。假如没有国家这个"集体人"的诞生，地球上的人类可能早就灭绝了，即使能幸存下来，恐怕与我们现在看到的猴子也没有什么两样。一是因为无法形成集体的力量，分散的个体只能是其他动物的嘴中食物；二是因为如果没有一种共同的、让大家畏惧的公共权力，人类相互为敌，最后在自我冲突中毁灭。这两种不确定性，最终由于国家制度的产生而转化为一种历史的确定性。

国家的发展正是在这个确定性基础上实现的。但具体到地球上的各个国家，则其具体形式是不同的，历史上的国家与现代的国家也是不同的，这就形成了人类社会制度的多样化。天下没有相同的两片树叶，地球上也找不到相同的两个国家。这与大自然的生态进化是类似的。东半球、西半球、南半球、北半球，其生态各不相同，其位于相应区域的国家制度也千差万别。这说明，人类集体存在的确定性有多种实现形式，彼此难以模仿。国家制度的地域性特征显然是进化的结果，这决定了任何国家的发展——获得集体存在的更大确定性——都不能以他国为样板来临摹。若违背了这一点，无论任何国家，其在地球上存在的确定性就会大大降低。

不确定性、公共风险与风险理性

人类在不断地创造历史，但却不能决定历史的进程。河水总会向低处流，可它不能决定河流的走向。具有普遍性质的不确定性使人类在追求确定性的过程中遇到很多限制，理性时常会失灵。

然而，人类文明的进步却离不开理性的力量。追求确定性，这本身就是人类理性的一种集中表现。理性是一种智慧，是一种构建确定性世界的能力，并以抽象思维、逻辑推理、规划设计为基本要素。数学、物理学、化学等知识给我们描绘的都是一个确定性世界，也只有在这个世界里，理性才能发挥作用。通过理性构建的确定性世界，给生活在不确定性世界的人类提供了一个庇护所，就像我们居住的房子。相比原始人，房子给我们提供了一个相对确定的世界，避免了外界很多的不确定性，如野兽的攻击、天气的变化、歹人的袭击等。

房子是看得见的，但还有看不见却能感觉到的抽象的房子：公共风险理性。这既是一个概念，同时也是集体存在的庇护所，是人类运用理性构建在我们每一个人心灵上的房子，以避免不确定性世界随时带给我们的集体伤害。制度就是这所看不见的房子的化身。国家就是地球上不同族群的房子，保护着它的每一个成员。国家内部的各种制度，就是这所大房子内的各个房间，对整体与局部、组织与个人等各个层次的主体行为进行协调与管理，以形成一种社会秩序，避免相互为敌，彼此伤害。不确定性世界是黑暗的，也是无序的，人类难以生存；而确定性世界是明亮的，有序的，人类的家园。理性就是这个确定性世界的太阳，照亮并滋养这个世界中的万物。

理性的预见功能在确定性世界可以做到很精确，但在不确定性世界只能是指出某种"可能性"，甚至连"可能性"都无法预见，因为逻辑推理失灵，无法得出一个精确的结果。正是在这个意义上，理性是有限的。但理性与不确定性结合在一起，可以孕育出"风险理性"，在不确定性逻辑的引导下，形成一种新的思维产物：忧患意识和风险理念，进而形成应对各种不确定性的行动能力。

从理性到风险理性，是人类追求确定性的一个转折点，是人类理性的一种进化。面对不确定的世界，理性是以确定性为出发点和归宿的，在许多场合是失效的；而风险理性则以不确定性为出发点，以确定性为归宿，具有更强的适应性。虽然二者都具有构建确定性世界的能力，但其认知基础不同，或者说世界观不同。尤其在经济、社会领域，风险理性所显现的价值更为显著。人和动物的区别是，动物只对发生在眼前的危险采取措施，而人不仅会躲避眼前的危险，并且还会对远离自己的危险采取防范措施。因为人通过抽象思维产生想像和推理，也会产生惧怕的心理，而动物却不会。就像听鬼故事一样，听的时候津津有味，听完之后却感到害怕。正如挪威哲学教授拉斯·史文德森在《恐惧的哲学》中所说的：一只兔子不会害怕远方的老虎，但人会。有什么样的观念，就会有什么样的行为表现，而观念却是通过不同的理性思考抽象出来的。老虎吃人，只是个别事实，是一种可能性。但通过抽象思维，这种个别的事例转化为一种普遍的观念——老虎是危险的动物，从而形成风险理性。只要"想"到老虎，通过风险理性思考转换而来的心理恐惧就会使人警觉，从而事前规避可能的伤害——风险，不会像动物一样，事到临头才逃跑。只有"风险理性"才会产生风险意识，进而产生规避风险的事前行为。

这种事前的避险行为是理性预见功能在不确定性领域的延伸，形成风险理性，转化为一种预警功能。如果认为确定性是世界的普遍性质，那么，这个世界就不会有风险，顶多只有认识错误而带来的风险。只要认识了更多的所谓自然规律、经济规律和社会发展规律，由于认识不足而带来的风险就会趋于减少，甚至消失。按照这样的认识，风险是可以消除的，风险理性也就不会产生。可事实恰恰相反，无论是大自然本身，还是人与自然的关系、人与人的关系，都处于不确定性状态。人类文明的进步在加速，同时不确定性也在同步扩大，已经进入一个风险社会的时代。对于一个生活在父母制造的确定性世界的孩子来说，不但不会有风险意识，甚至连危险临近都没有惧怕的感觉。这样的孩子丧失了内在的自我保护机制，一旦离开父母制造的确定性世界便无法生存。一个国家若也是像这样的孩子，被一时的和平景象和盛世繁华所障目，则国家危矣！正是风险理性，形成了一种无可替代的内在预警机制。

在社会进化过程中，这种风险理性一经产生就会被一代代继承下来，逐渐转换为一种个人的和集体的心理本能，社会对风险感知的敏感性同时也不断增强。例如，对违背伦理道德的事情，人们的判断并不需要像作数学题那样有太多的思考，已变成了一种本能的反应。好比驾驶汽车，初学阶段要靠"理性的思考"——如何启动、怎样换档、何时刹车，而到了熟练阶段，这些动作则无需思考，变成了一种凭本能反应的操作。

风险理性是基于人类进化过程中应对各种不确定性的经验积累而形成。从个体和集体的角度来看，这种经验积累是不同的，因而形成了个体风险理性和公共风险理性。前者产生个体行为，如应对市场不确定性可能带来的损失，就是个体风险理性规避市场风险的行为；后者产生集体行为，如2008年底我国实施积极财政政策和宽松货币政策应对国际金融危机带来的冲击，就是公共风险理性规避公共风险的行为。这是风险理性在个体和集体，或者说微观与宏观两个层面发挥作用的表现。如果说，在个体意义上，理性和风险理性还有区别，那么，在集体意义上，公共理性和公共风险理性实际上是同义的不同表达，公共理性天然就是公共风险理性。拿数学家和企业家来说，前者是理性的代表，却不一定具有风险理性；后者是风险理性的代表，与各种风险打交道，总是在不断地评估、权衡和选择风险。而公共理性本身就是公共风险的产物，若是没有公共风险，则公共理性就是多余的了。从公共理性产生的那一天起，就是和公共风险相伴随的。

公共风险理性，为集体成员提供一种社会化的预警机制，通过集体行动，最终"沉淀"为各种不同层次的制度，以防范和化解公共风险。例如：国防制度是预防异国可能的侵略；宪法是预防公权对私权的侵害，避免公共权力的异化；刑法制度是预防内部成员之间可能的相互侵害；经济制度是预防财产权利被随意剥夺的可能性，其中包括私人财产和公共财产；交通规则是预防交通工具无序运行带来的彼此伤害；国家财政制度是预防公共领域的失灵，避免"公地悲剧"所带来的灾难。诸如此类的制度都是公共风险理性催生出来的集体自我保护机制。

从公共风险的角度来观察，所有制度都是历史上某一个时段的公共理性预设的，是用来预防公共风险的。而新的公共风险又被公共理性所感知，从而催生出新的制度安排，推动制度变迁。如经济交易过程中的公共风险，导致了货币制度的产生；而货币广泛使用，成为财富代表的时候，财富存在的不确定性又产生了新的公共风险——通货膨胀，催生了中央银行制度，以此来管理货币。货币在全球流动，又产生了新的公共风险——货币危机，这需要一种全球性的货币管理制度，以监管全球的货币流动。商品市场交易中的公共风险带来了经济法律制度的完善，如物权法、合同法；而随着市场的发展，要素市场，尤其是金融市场不断发展，金融衍生工具的日益复杂化，带来更多新的公共风险，催生出金融监管制度。

在每一项制度的背后，实际上都有公共风险的身影。不然，该项制度就不会存在。任何制度（包括显性的制度和隐性的制度）之所以存在，皆是缘于公共风险的存在。制度存在，其背后的公共风险就会化解于无形，形成一种相对确定的环境。在这种环境中，我们只是感觉到制度的存在，而难以感觉到公共风险。可一旦制度被废除，结构解体、秩序消失，其背后的公共风险就会显现出来。试想一下无政府主义的环境，就不难想见其景象。战后的伊拉克、阿富汗，地震后的海地，经济自由主义下的美国金融等，都给我们提供了思考的例证。

公共风险是不确定性给集体成员带来损害的可能性。作为一个概念，或者观念，其作用是形成公共风险理性，把个体意志凝聚为公共意志，团结起来，实现共同行动。集体行动的结果是带来某种确定性。公共风险本身是不确定性导致的，但其功能指向是确定性。作为一个事实陈述，公共风险是一种社会引力。通过公共风险理性，它使社会产生向心力、凝聚力、内聚力；产生社会共识、共同价值观和公共权力；形成制度、规则、秩序和结构；推动不同层次的制度变迁、社会进化。假如一个社会只有个体的利益追逐，而没有公共风险带来的约束，则整个社会就会解体，好比地球等行星与太阳之间只有斥力而没有引力一样，整个太阳系也就不复存在。过度的个体权利诉求构成社会内部的斥力，公共风险则是约束这种斥力的社会引力，在两种力的共同作用下，社会才得以存在，即产生集体存在的确定性。20世纪30年代，面对日本的侵略，中华民族面临生死存亡的那种强烈危机意识，带来了全国人民的大团结，放弃了党派之争、阶级之斗，个人有钱出钱，有力出力，甚至不惜牺牲生命，经过8年的艰苦奋战，中华民族才得以依然屹立于世界民族之林。这个历史事件就是一个有力的证明。爱国之心这种情感，是历史上的公共风险和公共危机通过公共风险理性酝酿出来的，并在文化传承中转化为一种本能。

公共风险的上述作用是隐性地存在的，通常以国家利益或公共利益的面目表现出来。历史上的皇权制度，实际上也是公共风险推动的结果。一个一统天下的皇帝带来的秩序较之于群雄割据、相互征战的社会无序状态，前者自然是人心所向的共同选择。从历史的角度来观察，我们只能是从"可见"的制度"化石"（政治架构、文化传承、价值观念等）来了解当时曾经发生了什么样的公共风险。对于现实，我们也只能是通过思想实验来感受公共风险的作用。公共风险的隐蔽性、累积性和爆发性特征，使它通常是以各种公共危机来表现其作用的。历史和现实中的各种公共危机，是各种新制度形成的土壤。经济危机会产生新的制度，如1929~1933年的资本主义世界大危机，导致了社会保障制度、最低工资制度、福利制度及其许多新法的产生。经济危机迅速改变了市场万能论的认识，政府干预成为一种正式的制度安排。同样，政治危机、社会危机都会促使制度创新，推动制度变迁。

公共危机给社会带来的代价是巨大的。如要避免危机，就要研究公共风险的产生、演变和化解。不了解公共风险，公共危机就无法避免。但从现实来看，对公共风险的研究几乎是一个空白。这反映出公共风险理性的发育明显滞后。而从微观领域来看，个体风险理性得到了高度发展。从 1921 年奈特（Knight）发表《风险、不确定性和利润》以来，无论是风险管理的理论、技巧，还是风险管理的实践，都发生了巨大的变化。特别是 Choquet 对不确定性的数学描述，为应付微观领域的不确定性问题提供了重要工具，Schmeidler 以此为基础，将不确定性引入金融市场的研究。资产定价理论、投资组合理论、风险度量理论、决策理论等相关知识门类的不断扩展，以及从各类保险市场的形成，到金融衍生工具的不断创新，都充分体现了个体风险理性的发展。个体风险理性与公共风险理性的这种不对称发展，本身就会产生不确定性，导致公共风险扩散。个体风险理性充分发达，而公共风险理性发育滞后，则意味着个体行为超越了公共约束，其带来的负外部性就会扩大社会公共风险。这好比是一个人一条腿长，一条腿短，其跌到的风险就大大增加。

整体看，人类公共风险理性还处于相当幼稚的阶段。集体遗忘的速度很快，侥幸的集体心理总是战胜预警的集体心理。这就是公共危机为什么总是在历史的银幕上不断重演的重要原因。至今为止，公共风险理性还没有成体系的学科或理论来体现，而只有一些经验的碎片。而现代社会的风险，日益趋向宏观化，整体的不确定性越来越大，公共风险呈现为扩散的状态，在经济、社会、政治和自然环境诸方面都不例外。

人类在追求确定性的过程中，也同时在引致新的不确定性。无论是科技还是制度，本身都在"制造"更多的不确定性，带来更大的公共风险，公共危机发生的频率在加快。为何走到了事情的反面？这是值得我们深思的。也许是人类理性的进化出了问题，尤其是公共风险理性发育迟缓应该是其重要原因。

刘尚希

2010 年 3 月 18 日于新知大厦

目　录

⊙ 论公共风险 …………………………………………… 1
一、风险社会 ………………………………………… 3
二、公共风险理论 …………………………………… 6
三、公共风险与制度的产生及其变迁 …………… 14
四、公共风险与财政 ……………………………… 19

⊙ 公共化与社会化的逻辑 …………………………… 23
一、引言 …………………………………………… 25
二、假设与分析框架 ……………………………… 26
三、公共化与社会化的界定 ……………………… 30
四、公共化与社会化的现代结构 ………………… 34
五、公共化的历史演进过程 ……………………… 40
六、社会化的演进逻辑 …………………………… 49
七、公共化与社会化的逻辑关联 ………………… 54

⊙ **不确定性分析：改革与发展的路径** ········ 61
　一、不确定性：人类对世界本质的新认识 ········ 63
　二、如何理解我国改革发展中的不确定性 ········ 65
　三、中国改革发展中不确定性因素的剖析 ········ 73
　四、不确定性与公共风险 ···················· 77
　五、简短的结论与建议 ······················ 81

⊙ **以公共风险为导向的中国改革** ············ 83
　一、从方法论说起——如何来思考改革 ········ 85
　二、当前面临的主要公共风险 ················ 88

⊙ **财政风险的理论分析** ···················· 91
　一、引言 ·································· 93
　二、财政风险的分析框架 ···················· 93
　三、他人的成果——财政风险矩阵及其不足 ···· 99
　四、财政风险评估的基本框架 ················ 102
　五、我国财政风险的制度特征 ················ 105
　六、现实的思考 ···························· 107

⊙ **公共风险与公共支出** ···················· 111
　一、本文的分析框架 ························ 113
　二、我国目前公共支出范围的基本状况 ········ 116
　三、简要的评价 ···························· 119
　四、重新认识公共支出的性质 ················ 122
　五、以"公共风险"为导向来调整公共支出的配置范围 ···· 126

⊙ 论公共债务的性质 …………………………… 133
一、公共债务的分析与计量 ……………………… 135
二、公共债务与经济总量的关联性 ……………… 141
三、公共债务结构与经济总量的静态对比分析 … 145
四、公共债务与经济总量对比的动态趋势分析 … 150
五、进一步的思考 ………………………………… 153

⊙ 宏观金融风险：基于公共风险视角的分析 …… 157
一、宏观金融风险的界定 ………………………… 159
二、中国宏观金融风险：分析与判断 …………… 163
三、中国防范宏观金融风险的回顾与评价 ……… 168
四、防范宏观金融风险的财政措施 ……………… 172

⊙ 面对公共危机的财政应急反应机制 …………… 179
一、引言 …………………………………………… 181
二、公共风险与公共危机是现代社会的常态 …… 181
三、应急反应机制是公共财政框架中不可或缺的
重要组成部分 ………………………………… 184
四、构建公共财政应急反应机制的基本思路 …… 191

⊙ 民生财政：以人为本的财政观 ………………… 199
一、民生是一个永恒的主题 ……………………… 201
二、民生是国家财政的普照之光 ………………… 205
三、民生财政的基本职能 ………………………… 209
四、当前民生财政的政策重点 …………………… 216

公共财政：公共化改革的一种转轨理论假说 …… 223
- 一、"公共财政"概念的由来 ………………………… 225
- 二、"公共财政"的中国语境 ………………………… 226
- 三、公共财政是中国财政转轨的一个理论假说……… 228
- 四、公共风险是引导财政改革的那只"看不见的手"…… 230
- 五、"公共财政"的内在逻辑 ………………………… 233

中国财政分权的公共风险导向 …………………… 237
- 一、财政改革的历程：让利——放权——分权……… 239
- 二、理想化的分税制不适合我国国情………………… 241
- 三、进一步的改革：建立"辖区财政" ……………… 242
- 四、财政改革的不确定性：以公共风险为导向
  进行分权改革 ……………………………………… 243

财政的观念与观念的财政 ………………………… 245
- 一、作为"制度"的财政，它是一种组织结构，或者说是
  一种制度安排 ……………………………………… 248
- 二、作为"收支"的财政，它是一种数量关系 ……… 249
- 三、作为"部门"的财政，它是一个职能机构 ……… 250
- 四、作为"社会"的财政，它是公共性的 …………… 252
- 五、作为"老百姓"的财政，它应当是民主的 ……… 255
- 六、作为"国家"的财政，它是国家权力的重要组成部分 …… 258
- 七、作为"信用"的财政，它是一种债权债务的法律关系 …… 259
- 八、作为"工具"的财政，它是一种经济杠杆 ……… 260

构建和谐社会与财政的任务 ……………………… 263
- 一、引言 ……………………………………………… 265

二、构建和谐社会：财政的战略任务 ……………………… 266
　　三、手段与目标：财政与和谐社会的相容性分析 …………… 268
　　四、当前财政面临的任务 ……………………………………… 271

⊙ "三财之道"中的政府行为分析 ……………………………… 279
　　一、生财之道中的政府行为 …………………………………… 281
　　二、聚财之道中的政府行为 …………………………………… 287
　　三、用财之道中的政府行为 …………………………………… 291

⊙ 财政改革三十年的逻辑线索 …………………………………… 295
　　一、让利：财政改革的起点 …………………………………… 297
　　二、放权：财政改革的探索 …………………………………… 298
　　三、分权：建立新的财政运行机制 …………………………… 302
　　四、和谐：财政改革的趋向 …………………………………… 310

⊙ 财政与宪政 ……………………………………………………… 317
　　一、宪政与财政的中国语境 …………………………………… 319
　　二、宪政财政与公共风险 ……………………………………… 320
　　三、面临的不确定性 …………………………………………… 321
　　四、新的财政空间 ……………………………………………… 324

⊙ 公共消费：一个简要的分析框架 ……………………………… 327
　　一、已有的研究 ………………………………………………… 329
　　二、公共消费的定义 …………………………………………… 333
　　三、公共消费与公共风险 ……………………………………… 338
　　四、公共消费与宏观经济平衡 ………………………………… 343
　　五、公共消费与经济发展的可持续性 ………………………… 346
　　六、公共消费与社会正义 ……………………………………… 349

⊙ 从公共投资到公共消费：财政政策选择 ……… 353
- 一、引言……………………………………………… 355
- 二、相关概念………………………………………… 356
- 三、简要回顾：扩大公共投资的财政政策………… 359
- 四、扩大内需：关键在于消费……………………… 363
- 五、公共消费的作用………………………………… 369
- 六、结论与建议……………………………………… 378

⊙ 消费状态：检验改革发展的尺度 ……………… 383
- 一、引导改革的最终都是消费问题………………… 386
- 二、当前"消费状态"的分析与判断……………… 387
- 三、改革发展的趋向………………………………… 390

⊙ 消费率、经济脆弱性与可持续风险 …………… 395
- 一、消费率的含义及其基本判断…………………… 397
- 二、消费率与宏观经济的脆弱性…………………… 402
- 三、消费率与经济发展的可持续风险……………… 406
- 四、结论与建议……………………………………… 410

⊙ 农民"就业状态"与现代化进程中的风险 …… 413
- 一、农民"就业状态"的含义……………………… 415
- 二、重新认识农民就业问题………………………… 417
- 三、农民的就业状态决定了中国现代化的进程…… 423
- 四、改善农民就业状态既是当前的任务，也是
  长期的目标……………………………………… 430

⊙ 乡镇机构改革的风险："循环改革" ……… 437
  一、城乡分治体制是当前农村问题的总根源 ……… 440
  二、乡镇改革要以乡镇功能重构为目标 ……… 441
  三、农民负担重是乡镇机构庞大造成的吗？ ……… 442
  四、农村税费改革之后，乡镇政府的出路就是被撤并或变为派出机构吗？ ……… 444
  五、为8亿人提供公共服务，乡镇一级的机构和人员当真是太庞大了吗？ ……… 446
  六、推进小城镇建设是撤并乡镇的理由吗？ ……… 448

⊙ 基本公共服务均等化：一项重要的公共政策 ……… 451
  一、公共服务的内涵 ……… 454
  二、基本消费平等化是化解公共风险的现实要求 ……… 458
  三、实现基本公共服务均等化的设计理念和基本路径 ……… 460
  四、实现基本公共服务均等化的方案选择 ……… 464

⊙ 基本公共服务均等化与政府财政责任 ……… 467
  一、基本公共服务均等化的含义及其目标 ……… 469
  二、公共服务与公共财政 ……… 473
  三、基本公共服务均等化的辖区财政责任 ……… 480
  四、简短结论和建议 ……… 482

参考文献 ……… 485
后记 ……… 495

论公共风险

阅读提示：

公共风险是私人风险异化的结果。在一个由众多个体组成的群体社会中，公共风险是进化的原动力，国家、组织、制度、法律、文化、公共伦理、社会习惯、大众观念、公共理性等公共性东西都是公共风险导致的，进而也可以说，连社会本身的形成和存在也是公共风险（潜在的公共危机）和公共危机（现实的公共风险）塑造而成的。日常的一些通俗表达，如"改革是逼出来的"、"要有忧患意识"、"生于忧患，死于安乐"，其背后的东西都是公共风险。公共风险被公共理性所感知，进而形成一种不同社会阶段和时期的特定公共意识，并转化为社会的集体行动。从特定时期发生的公共危机背景下来观察，这个过程是显性的，很容易看到。该文形成于1999年，后来成为作者许多文论的思想基础和观察视角。

Essay on Public Risk

Abstract

Public risk is the result of private risk. In the group society consisting of multitudinous individuals, public risk is the motive power of evolution. All the public matters such as nations, organizations, institutions, laws, culture, public ethics, social habits, masse concepts and public reasons are resulted from public risk. Thus, it can be concluded that the formation of society and its existence are induced by public risk (the potential risk) and public crisis (realized public risk). Some daily expressions such as "reformation was forced to bring about", "man should be mindful of potential danger" and "live in the jeopardy, die in the coziness" are relevant to public risk. Public risk is perceived by public reason and then forms a specific public awareness of a different society period and phase and transfers into collective actions. Observed under the public risk of a specific period, this process is clear and noticeable. This article was written in 1999, and later it has become the base and observation viewing angle for the author's theses thoughts.

一、风险社会

现代社会是一个到处充满风险的社会。个人、企业、政府,每一天都面临着各种各样的风险。除了来自自然界的风险(如地震、干旱、洪涝、台风、流行病等)以外,社会经济运行过程中产生的风险日益成为我们生存与发展的最大威胁。对一个股票投资者来说,面对变幻莫测的股市,有可能一下单就被套牢,甚至血本无归;对一个实业投资者来说,面对繁杂多变的市场,某项决策失误也许就会导致破产;对一个国家来说,通货膨胀、失业、货币体系的崩溃,都可能引致严重的社会动荡,爆发全面危机。1998年印度尼西亚出现的社会骚乱和政权更迭,就是由金融危机所引发的。这些年世界各地接二连三爆发的金融危机,似乎在提醒我们,人类社会的演进已经进入一个新的历史阶段:风险社会。

风险社会的特征

风险社会至少有以下特征:

1. 各种各样的风险无处不在、无时不有,任何经济主体,包括个人、企业、政府,都无法回避

风险由一种偶然现象已经变为一种经常的普遍现象。交通的快速发展,致使交通事故日益上升为人类的头号杀手;经济的快速成长,总是伴随着失业、破产,而且频率越来越快;农业种植技术的迅猛发展,使食物产量成倍增长,但营养成分却在减少,面临着新的营养不良。诸如此类,风险已经蕴藏于人们经济生活的各个角落。

2. 经济社会运行过程中的风险（包括人类活动引致的自然界风险）对人类社会生存与发展的威胁已经大大超过单纯来自自然界的风险

例如，1929～1933年的经济危机使资本主义世界的社会生产力倒退了许多年，工业产量普遍下降；1997年的东南亚金融危机导致快速成长起来的东南亚国家的经济严重衰退，其破坏性是一般自然灾害所无法比拟的。而80年代初，阿根廷、智利的银行危机所花掉的费用达到了国内生产总值的40%。①

3. 风险累积速度加快，传染性增大

分工的日益细化，使社会再生产过程中的产业链条越来越长，每一个环节面对的不确定性都在增加，风险局部累积的速度在加快。以计算机为基础的通讯技术（特别是网络技术）的发展，在提高效率的同时，却使社会经济运行的稳定性大大降低，某一个环节的问题足可以导致整个系统的瘫痪。局部性风险演化为全局性风险的速度在加快，甚至用"突发"二字来形容也不过分。伴随全球经济一体化进程，风险的传染性大为增强，可以很快地从一个地区传到另一个地区，从一个国家传到另一个国家，某一个国家的危机甚至可以衍生为世界性的危机。至今还在产生影响的涉及许多国家和地区的东南亚金融危机，就是首先从泰国爆发，然后传到印度尼西亚、菲律宾、韩国，由亚洲然后传到俄罗斯以及拉美许多国家。

风险社会中的政府责任

面对风险社会的来临，我们缺乏足够的理论准备和相应的制度安排。面对各种各样的风险，哪些应由个人来承担？哪些应由企业来承担？哪些应由政府来承担？各自应当负起什么样的责任？在这方面，现在我们还无法提供圆满的理论说明。从风险的角度来说，市场化改革的

---

① 国际货币基金组织：《世界经济展望》(1998)，中译本，中国金融出版社出版。

过程，就是试图通过制度选择来逐步明晰风险、分散风险的过程，使社会经济运行中的风险通过市场机制来动态地化解，从而防止风险累积，以达到降低整个社会经济系统的风险的目的。在体制转轨的过程中，原来完全由政府承担的风险，有的变为主要由个人来承担，如就业、医疗费用、接受高等教育等；有的逐步变为由企业来承担，如产品积压、经营亏损以致破产关门等，政府只承担有限责任。这些都可看做是分散风险、建立风险防范机制的步骤。但总体来说，各经济主体承担相应风险的理论图景是不清晰的，以致在改革过程中时常出现各种错位。财政的极度弱化，尤其是中央财政能力的急剧下降，就是对风险过程认识不足所造成的。西方经济理论从市场角度对微观主体承担的风险提供了比较全面的理论解释，如风险决策理论、风险管理理论等，对于正在建立市场经济的我国而言，都有重要的借鉴意义。但对于政府承担的风险，则还没有建立起相应的理论来说明，在我国更是一个空白。因此，在我国经济市场化的过程中，政府面临着哪些风险？应该承担什么样的风险？如何去承担风险？这是迫切需要我们研究的重大课题。

那么，从一个什么角度来研究政府承担的风险呢？我们知道，风险是指遭受损失（损害）的一种可能性。对个人而言，是指收入、财产、精神以及生命遭受损失（损害）的可能性。对企业来说，是指收入、资产（有形和无形）遭受损失以至破产的可能性。如果比照下一个定义，对政府来讲，风险就是指政府收入、财产遭受损失的可能性。如此一来，财政减收、增支、财政赤字扩大、债务增加等，就都可视为政府的一种"损失"。显然，按照研究企业风险的思路来研究政府承担的风险，把政府仅仅视为类似于企业这样的经济主体是不恰当的。在经济分析中，把政府当做一个经济主体是可以的，但政府同时又是一个公共主体。政府属于公共权力机构，它无独立于人民利益以外的自身利益可言，当然也就无所谓"损失"。

因此，对作为公共主体的政府来说，风险是指对社会公众造成损害的可能性，或者说是对整个社会经济发展造成损害的可能性。这样的风险就是公共风险，政府财政则为化解公共风险提供财力支撑，即对公共风险进行干预。1998年财政赤字和债务规模的大幅度扩张，就是政府为化解公共风险——经济波动风险而采取的干预措施。

二、公共风险理论

公共风险的定义

从风险的来源分析，有来自自然界的风险；有来自人为的风险，小的如偷盗、抢劫、破坏、操作失误引起事故，大的如索罗斯这类国际炒家的恶性炒作，这类风险也叫作社会风险；还有来自经济运行过程中的风险，如价格变化、利率调整、经济波动、环境恶化等。从这些风险的属性及其化解、防范方式来看，可划分为两大类：私人风险（或个体风险）和公共风险。前者是指产生"私人"影响，可以由个人和企业承担的风险；后者是指产生"群体（或社会）"影响，个人和企业无法承担的风险，也就是只能由政府来承担的风险。在这里，我们假定政府是理性的，政治运行是基本稳定的。因此，我们没有把政治问题所引发的风险包括在分析范围之内。

私人风险的分散、转移及化解和防范是通过分散的市场机制来实现的。如保险市场为家庭提供财产、医疗、意外伤害等方面的保险。企业则通过科学决策、加强管理、改善服务来减少和防范风险。在市场制度下，风险与收益对称。要想获得收益，则必须承担风险，这是市场经济的铁律。也正是风险的存在，才导致了企业之间的竞争，使资源配置的效率大大提高。

但有些风险是无法通过市场机制来化解和防范的，如贫穷，就无法由市场来提供保险。再如"三角债"，当成为一种大量的普遍现象时，意味着信用陷入危机，单靠企业无能为力，市场调节已经不能发挥作用。类似于这种市场无法化解的风险，就表现为公共风险，只能由政府出面来集中解决。

公共风险的形成

1. 公共风险是私人风险的异化

公共风险作为一种独立的风险形态，不是凭空产生的，而是由私人风险转化而来，或者说是私人风险异化的结果。

我们假设一个没有政府的社会，个人（家庭）和企业是这个社会的消费者和生产者，那么，一旦出现风险，不论是自然风险、社会风险，还是经济风险，都只能是由分散的个人和企业来承担。风险的发生是不确定的，风险在时间和空间上的分布也是不确定的，对个人和企业来说，风险一旦变为现实所造成的损失有两种情况：

一是损失不关联。只是对某一个人或某一个企业造成损失，这个损失不论程度大小，可能是减少了收入、财产，也可能是企业破产、人身伤害。这就是说，风险事件的发生是独立的，在甲发生，并不意味着在乙也必然发生，不产生连带性影响。

二是损失相关联。甲的损失会引起乙的损失，而乙又引起丙的损失，以至群体成员都先后遭受损失；或者是一部分群体成员同时遭受损失，以致对未直接遭受损失的其他群体成员也产生了不利的影响。

前一种情况下的风险，就像大海中的小波浪，尽管此起彼伏，但不会影响社会经济这个汪洋大海的平静，这无疑属于私人风险，完全应由个人和企业来处置。而后一种情况下的风险，就像是在小波浪的相互推拥之下而形成的滔天巨浪，给整个社会造成威胁。从其风险归属来看，这也属于私人风险，因为它给个人和企业造成了风险损失。但更重要的是，这种私人风险同时造成了"社会性"后果，因而这种风险天然地就带上了"公共性"色彩，转化为公共风险。如果没有社会公共机构（政府）出面，而任由社会成员采取"个人自扫门前雪"的办法来处置这种风险,那么,这种风险就会对整个社会造成极大的损害,甚至可以导致这个社会消亡。旧社会瘟疫的流行造成了许多村落不复存在;1998年我国出现的特大洪涝灾害,若是没有政府出面,恐怕许多县市也将从地图上消失。

这告诉我们,风险一旦转化为公共形态,就有了自己独立的运动形态,并由此必然产生一个社会公共机构(政府)来化解和防范这种风险。这既是一个逻辑的过程,也是一个历史的过程。

2. 公共风险是历史的

随着技术的改进和社会的进步,人类防范风险的能力大大提高,许多公共风险降低到最低限度,甚至不再是公共风险。

如过去长期危害社会的麻风、天花、霍乱,在医疗技术很低的情况下,是很可怕的一种"公共风险",但现代医疗技术已经完全控制了这种风险。再如战争,现在已经不是那种随时都可能爆发的公共风险。

但与此同时,也带来了许多新的公共风险。当汽车还是奢侈品的时候,尽管时有事故发生,但属于私人事务;而在汽车日益普及化的今天,交通混乱所带来的风险就是一种公共风险,故世界各国的交通管理都是由政府来承担的。货币也是如此,早期的纸币都是由私人银行(钱庄)发行的,现在之所以都归政府控制,就是因为纸币的广泛使用产生了公共风险。再如,第二次世界大战以前贫穷与富有(分配不公)基本上是个人的事情,受穷的风险完全由个人来担当。但后来发现,穷人太多不仅影响经济增长,而且还影响社会稳定,这时,贫穷就不再完全是个人的事情,而具有了公共风险的性质,政府有责任帮助穷人。因此,第二次世界大战以后,尤其是20世纪五六十年代之后,西方发达国家(OECD)对家庭的转移支付急剧扩大,占GDP比重由1960年的6.8%上升到1995年的15.4%,占全部公共支出的比重达到36.2%。[①]

诸如此类的事实表明,公共风险呈不断扩大的趋势。也正是因为公

---

① 傅志华:《市场经济国家的公共财政实践》(内部稿),1999年。

共风险的扩大，才促使政府规模不断扩张，财政规模也相应增大。

3. 公共风险的特征

从前面的分析中，我们不难看出，公共风险具有以下特征：

一是关联性。公共风险在发生过程中，对个人和企业来说，是相互关联的，因而具有"传染性"。如破产，在市场经济中是经常发生的事情，但这个企业破产了并不必然地引起其他企业也破产（当然在某种特殊情况下，也会引发破产风潮），自然属于私人风险。再如癌症是很可怕的一种疾病，但不会传染，完全是个人风险。而艾滋病则不同，传染很快，危害社会，构成公共风险。"三角债"也是如此。

二是不可分割性。公共风险对每一个人和企业来说，是必然的，不可逃避的。如通货膨胀，在未来一个时段的哪个时间发生是不确定的，但只要发生，每个社会成员都不可避免地要遭受损失，尽管其损失的大小可能不一样。再如交通规则，假如某一天被取消，驾车随心所欲，那么，整个交通都会瘫痪，谁也无法避免由此带来的损害。

三是隐蔽性。公共风险很难正面识别，往往累积到了快要爆发的程度才被发现。如财富分配两极分化所引发的公共风险是在人类历史上各种破坏性后果反复出现之后才被社会所认识。同样，现代社会的金融风险在从来不曾爆发以前，并没有意识到它会来临。因此，公共风险的防范在历史进化过程中往往表现为亡羊补牢的事后行为，现在亦是如此。

公共风险产生和扩张的原因

在一个鲁滨逊式的社会是无所谓公共风险的，因为所有风险都由他一个人来承担。对他而言，私人风险和公共风险是合二为一的。那这就是说，只有在起码是2人以上构成的一个"集体"社会，风险才会呈现出"公共性"特征。因此，公共风险的产生是和"社会性"联系在一起的。

一个社会面临的风险来自两个方面的不确定性：自然环境的不确定

性和社会发展过程内部的不确定性。

与过去相比,现代社会的科学技术水平有了极大的提高,但人类对大自然的认识仍只是冰山一角,人类面前的大自然仍然是神秘莫测的,是不可捉摸的。人类在大自然面前还仍然如同一个婴儿。自然界各种风险至今威胁着人类社会的生存与发展。

但一个很重要的威胁是来自社会经济运行过程内部的不确定性及由此导致的各种危机。首先是各种自然的分工与差别,使互动过程中的社会成员之间难以沟通、协调,构成各种社会矛盾和冲突的自然基础。如男女之间、种族之间、地域之间以及每个人天然禀赋的差别等,使社会运行变得扑朔迷离,使人类对自身社会的认识比对自然的认识更加困难。其次是社会分工使个别的生产过程社会化,劳动产品变成了社会产品,社会成员之间的相互依赖使彼此协作变得须臾不可离开,不确定性由此产生。一旦协作过程中的某个环节出了问题,整个社会经济的运行就会失常。经济危机即是由这种不确定性导致的一种公共危机。

而公共风险的扩大则是由社会分工的发展所带来的。社会分工由劳动分工发展到哈耶克所说的"知识分工"[①](邓正来,1998),使社会对知识的依赖性不断增大。知识的分工使知识的生产成几何级数增长,而知识的增长又加快了知识的分工,使社会成员之间、生产环节之间的依存性比以前更大,由此产生的不确定性也就更大。作为知识物化形态的技术的进步,使社会日益被技术所主宰。如电脑的普及,使当今社会变成了"数字化生存"[②]的时代。电脑带来了高效率,同时也给整个社会、给我们每一个人带来了更大的风险。1997年香港新机场货运系统电脑发生故障,导致大量货物滞留,给许多相关企业和消费者造成了未曾预料的损失。假如不是机场,而是美国或俄罗斯的核武器库电脑控制系统失灵而引发导弹发射,那么造成的就不单是财产损失,而是整个人

---

① 邓正来:《自由与秩序——哈耶克社会理论的研究》,江西教育出版社出版1998年版。

② 尼葛洛庞帝:《数字化生存》(中译本),海南出版社出版1997年版。

类的灭顶之灾。这并非是杞人忧天。再如克隆技术作为生物基因工程领域的最高成就，带给社会的也不仅仅是喜悦，而是一种新的风险。社会的日益技术化在使经济运行过程的不确定性大大增加的同时，也使社会发展的方向面临着更多的不确定性。

而社会经济的市场化发展方式，使分工和技术所引致的经济运行内部的不确定性达到了前所未有的程度，由此导致的公共风险也是无与伦比的。

市场经济是高度货币化的经济。货币本来是一种交易的手段，但在货币化的经济中已经变为一种目的。一旦成为一种目的，便使货币被赋予了生命，变成了一种独立的运动。这时，货币与整个经济脱节的可能性就产生了。经济的高度货币化带来了经济的金融化。资本市场如股票市场、债券市场、期货市场等的发展，为资源的优化配置确实起到了一种催化剂的作用，加快了要素的流动与重组，提高了资源的利用率和有效性。但资本自身一旦成为商品，成为交易的对象，便变为一个自我繁殖系统而不断膨胀，各种金融衍生工具的不断创新就说明了这种膨胀的势头。这种建立在"虚假"基础上的交易规模的迅速扩大，促使整个经济泡沫化。按照美国人的估算，目前全世界贸易总额不到每天金融交易的1%。[①] 不言而喻，泡沫一破，便是一场危机。金融化的经济不可能没有泡沫，而有泡沫就难以避免危机。这是经济发展到这个阶段所形成的一种内在逻辑。

此外还应该指出，分工和技术的发展作为造成公共风险扩大的基本因素，与制度选择是密切相关的。换句话说，分工和技术的发展总是在选择的一定制度下实现的，不同的制度选择会塑造出不同的公共风险形成机制。

在计划经济体制条件下，与一个人的社会差不多，几乎无私人风险可言，所有的风险都是公共风险。家庭是企业（集体）的附属物，而企

---

① 林顿·拉鲁什：《当前全球货币金融体系面临着崩溃的巨大危险——大多数获诺贝尔奖的经济学家是庸医》，载于《经济研究参考》1999年第7期。

业（集体）又是各级政府的附属物，通过这种附属关系链条，私人风险就一层一层无障碍地转化为公共风险。这一点在城镇尤其明显。企业是国家的，个人也是国家的，一切都由国家包起来。这种制度安排导致个人经济行为缺乏内在的风险责任约束，也是个人风险意识无从产生，从而致使资源的有效利用和使用缺乏内在动力。在这种体制条件下，尽管分工和技术发展造成的不确定性并不明显，但由此造成的资源破坏和极大浪费，使整个社会生存与发展的不确定性成倍放大，公共风险进一步加大。我国改革开放之前长期面临的食品短缺就充分说明了这一点。因此，在集权体制下往往形成一种风险快速累积机制，导致公共风险迅速扩大。

而在市场经济体制下，风险是动态化解和分散承担的，虽然市场运行失调衍生出的公共风险呈扩大的趋势，但由于风险明晰、责任清楚，不会造成集权体制下的那种风险快速累积，因而更有利于社会经济系统的稳定。

公共风险的一般构成与范围

人类社会发展到今天，在各个不同的历史时期面临的公共风险是不同。不难想像，自然经济社会与市场经济社会面临的公共风险，无论是内容还是形式，必然会有很大的差别。在这里，主要就市场经济社会面临的公共风险做一概观性描述。

市场就像一个游戏场所，凡是参与者就得遵守游戏规则，对自己的行为负责，自担风险。如果说市场经济就是风险经济，那么，正是私人风险的明晰才使市场有效运转。假如像传统的计划经济一样，没有明晰的私人风险，那就不会产生竞争，也就不会有市场经济。可以说，市场经济和私人风险明晰是同义语。在社会分工不断细化的情况下，个人风险意识的内在化，使市场机制成为人类社会进化过程中的一种风险化解机制。

在市场经济社会，只有市场机制化解不了的风险，才会转化为公共风险。进一步说，市场机制化解风险的能力越强，公共风险就可以减少。在这个意义上，市场机制也是防范公共风险（扩大）的一种机制。在这里，市场机制实际上成为一种判别准则，即市场能化解的风险是私人风险，而市场机制不能化解的风险则是公共风险。若以此为依据来界定，那么以下内容属于公共风险：

——外来侵略和内部战争；

——公共伦理和社会道德衰落，缺乏基本的社会信用；

——法律机制不健全，公共秩序陷于混乱；

——失业与贫穷；

——市场垄断；

——公共设施与服务的短缺；

——环境污染；

——经济波动。

诸如此类的风险均是市场不能化解的风险。所谓市场不能化解的风险是指个人和企业在主观和客观上都不愿意也无法承担的风险。如外来侵略，是私人客观上无法去承担的风险，也是任何一个社会都存在的公共风险；再如公共设施，是私人在某种市场条件下无力承担的风险，因为风险无法明晰。这与市场经济水平和市场机制的完善程度相关。

从风险成本的角度来说，公共风险的边际成本太高，对私人而言趋向于无穷大，是分散化的市场所不能容纳的。有的公共风险是绝对的，只能是由政府来承担；而有的公共风险是相对的，可以根据市场状况和政府的某种目标来决定是否界定为私人风险。如公园、道路、桥梁等一些公共工程的建设，既可以完全由政府来承担风险成本，也可以让私人参与来分担风险成本，假如风险界定不存在困难的话。

随着市场经济的不断发展和市场机制的不断完善，有些公共风险也可转化为私人风险，这是随之变化的。这从发达国家与发展中国家在这个方面的差别可以看出来这一点。在发展中国家，许多被界定为公共风险，由政府来承担风险成本的社会基础设施，而在发达国家却被界定为私人风险，由个人或企业来承担其风险成本。所以，从发展中国家的角度观察，随着市场发育水平的提高，只能由政府来干的事情有些可以逐步交给市场去完成，也就是由公共风险逐步转化为私人风险。

对于我国这样的转轨国家，公共风险一方面随着工业化水平的提高而不断增大，另一方面随着市场化体制的建立而相对缩小。前者从分工和技术的角度决定公共风险增大的必然趋势，后者却是从制度变迁的角度决定公共风险与过去相比将会相对缩小。工业化水平的提高，分工细化使交易的复杂化程度增加，买与卖脱节的可能性加大。相反，市场机制的完善会使市场机制的自我调节能力提高，从制度上防止了私人风险向公共风险的转化。

因此，可以这样说，我国的市场化改革是防范和化解公共风险——落后就要挨打，就有被开除"球籍"的危险——累积的一项战略性安排。

三、公共风险与制度的产生及其变迁

如果把我们的视野从市场经济社会扩大到历史长河之中，那么就会发现，各种制度，包括市场制度在内，都是公共风险的产物。

公共风险与组织、制度及国家

人类社会在进化的过程中为什么会形成组织、产生制度？或者说"社会"之所以成为社会的原因是什么？这是一个非常复杂的问题，在这里仅仅是提出这个问题，并做一简要的阐述。

现代社会是组织化程度很高的社会。作为社会细胞的家庭是最基本的组织，而国家则是社会最高形式的组织，在这两端之间还存在着各式各样的具有不同功能的组织。恩格斯在著名的《家庭、私有制和国家的起源》一文中，从家庭的起源出发，阐述了国家和公共权力的形成。罗纳德·科斯在其1937年发表的论文《企业的性质》中，从交易费用的角度对企业这种组织和制度的产生做了说明。诸如此类的探索加深了人类对自身社会的认识。

但从公共风险的角度来看，对组织的形成和制度的产生则可以提供一个更一般的解释。家庭制度的演变最终在一夫一妻这种形式上稳定下来，之所以"是一个伟大的历史的进步"，不仅是因为它同奴隶制和私有财富一起，开辟了一个一直继续到今天的时代，更重要的是它防止了因群婚杂交而导致人种退化以致消亡的风险。在这里，家庭成为人类本身进化过程中的一种风险防范机制。或者说是物种退化的风险——群婚杂交所导致的各种不良后果的反复出现——推动了家庭制度的演变。国家的产生也是如此。恩格斯在《家庭、私有制和国家的起源》中的一段话，说明国家本身也是一种风险防范机制，或者说是公共风险——社会内部矛盾和冲突——导致了国家的产生：

"国家是社会在一定发展阶段上的产物；国家是表示：这个社会陷入了不可解决的自我矛盾，分裂为不可调和的对立面而又无力摆脱这些对立面。而为了……不致在无谓的斗争中把自己和社会消灭，就需要一种表面上驾于社会之上的力量，这种力量应当缓和冲突，把冲突保持在'秩序'的范围之内；这种从社会中产生但又自居于社会之上并且日益同社会脱离的力量，就是国家。"

由此不难得出一个结论：公共风险是人类社会进化的原动力。

从历史的角度来看，也清楚地证明了这一点。在人类的童年时期，食物的来源完全依赖于大自然，食物来源的不确定性以及自然环境的各种变化对生存都构成巨大威胁，求生存的本能在进化过程中迫使分散的个体无意识地联合起来，形成一个个社会——群落，以共同对付不确定的自然风险,由此促成了原始的组织和社会。这个时期的组织往往是规模很小,而且很不稳定,在寻找食物的迁徙过程中,甚至一次突发的灾害就可导致整个社会的毁灭。进入野蛮时期,随着狩猎经济向农业经济(动物驯养和谷物种植)的转变,食物来源扩大且更加稳定,原始部落和氏族社会的规模也相应扩大。这个阶段的社会组织性增强,但其制度是原始共有制,所有的风险都是公共风险,所有的资源也都是共同所有,因而也没有产生凌驾于社会之上的公共权力。这个过程很像生命的进化过程,在单细胞阶段,生命已经产生,可调节生命活动的中枢神经并不存在。经过漫长的岁月,偶然的、易变的组织在各种自然风险的作用下逐渐变成了稳定的组织,且范围不断扩大。组织规模的扩大增强了抵御自然风险的能力,这个自发过程的结果反过来促进了社会组织的进一步发育。但与此同时,各种来自组织内部的矛盾和冲突也不断增加,并威胁着社会的生存与发展。这时,产生于组织内部的公共风险——各种矛盾和冲突,替代自然界的风险成为人类进化过程中的主要威胁,如果不能及时化解这种风险,那么呈现出组织性的人类社会就面临着自我毁灭的危险。为避免这种结局,公共权力作为一种自然的结果就由此产生了,从而出现了国家。

如果把国家本身视为一项制度的话,那么,国家的出现则是人类历史上的第一次制度大变迁。因此,从人类社会发展的历史过程来观察,组织、制度以及国家都是在进化过程中的一种自发的无意识结果——化解、防范公共风险的一种机制。这就像生物进化到高级阶段以后,为防止有机体自身不协调而导致自我毁灭,由神经中枢来统一指挥和协调各个器官的活动。

这说明,组织、制度并不是某个人的精密设计和发明,而是在人类面临的公共风险的自然作用下而产生的。反之,如果没有公共风险,组织就成为多余,人们遵循共同的行为准则——各种制度——就没有必要,当然也就不会有行使公共权力的国家的出现。

公共风险与制度变迁

制度是指各种规则即由此形成的秩序。只要是对人们的行动有约束力的规则都构成制度，如政治结构、行政命令、操作规程、法律法规以及各种习俗、习惯、宗教、文化传统以及伦理道德等。马克思主义者是从阶级的角度来阐述制度变迁的，而且主要是从社会制度这个层次来把握的，认为阶级斗争是基本的推动力。

而西方学者多是从成本—收益的角度来解释的，交易费用的概念成为普遍流行的一种范式，认为制度变迁的动力是为了减少交易费用。自从罗纳德·科斯创立产权理论以来，这种分析方法被广泛运用。实际上，这是一种"原子论"的方法，而且总是假定经济人理性的存在，其局限性是十分明显的。道格拉斯·C·诺思在分析意识形态的作用时就明确指出了这一点（诺思，1994）。上述方法针对市场内部而言是有用的，可一旦超出市场决策领域基本上就无用武之地。企业被看做是降低交易费用的一种制度变迁或是经济组织形式的一种替换。从市场的角度来观察无疑有其合理性，但人类社会进程中的各种制度变迁是不可能都用成本—收益分析方法来衡量和评判的。如伦理道德对人们行为的影响是很难用成本—收益方法来解释的，义务献血对个人来说明显是成本大于收益。因此，要对制度变迁寻求一个更合理的解释，必须超出"商人思路"，从社会整体来考察。

从制度对行为影响的方式来观察，制度可分为两类：一是显形制度，表现为命令与服从的等级关系，对行为影响呈现出外在的强制性特征；二是隐形制度，表现为一种平等的关系，对行为影响呈现出内在的自觉性特征。

从哈耶克的文化进化论思路来分析，显形制度的变迁直接表现为一种理性活动，是人为的作用，改革、改良以致暴力都可成为制度变迁的方式。而隐形制度表现为互动过程中非理性的结果，是长期历史积淀形成的，并内化到人们行为之中而变为一种自觉的行动，公共伦理以及法律均是如此。尽管有人会对某些伦理条规和法律规定提出异议并加以反对，但谁也不会反对公共伦理和法律本身。这类制度的变迁是一个缓慢的自生自发过程，很难人为加以改变，而且往往是不可选择的。过去我们选择了社会主义制度，但却无法选择历史留给我们的遗产——中国的伦理道德和文化传统。我们在改革的过程中，可以借鉴国外的成功经验，但对于伦理道德和文化传统则是无法借鉴的，更不能用外科手术的方法来加以移植。

如果说隐形的制度是土壤，那么，显形的制度则是根植于土壤之中的一棵大树。正是隐形制度的不可选择性，使人类社会的演进保持着稳定性，而不致于发生某种突变而导致人类社会的紊乱和退化。这构成了化解和防范公共风险的第一种机制。

隐形制度发挥基础性的作用，显形制度只有在这个基础上才能发挥应有的功能。显形制度使社会运行保持在某种可选择的秩序之中，不致于使社会陷于混乱之中而停滞不前。这便构成化解和防范公共风险的第二种机制。

在上述两种机制的综合作用下，保证了社会进化过程中的稳定、秩序与和谐。我国有句众所周知的民谚：没有规矩，无以成方圆。翻译成学术语言，规矩就是制度，方圆就是秩序，没有制度，就没有秩序，没有秩序的社会就会走向消亡。这就是一个社会的公共风险。在这里，需要同满足需要的手段总是一同产生，防范公共风险的需要推动着制度的变迁。

历史地看，公共风险总是自发地引致隐形制度，并构成人们心目中天经地义的行动规则，在人类理性的作用下，有些隐形的制度就会转化显形的制度。氏族群落组织演变为国家的过程就是如此。此外，像孝道、婚姻、货币、市场在历史上一度表现为一种"惯例"，而在现代社会却表现为显形制度，对公共风险的防范体现出某种强制性特征。尽管隐形制度和显形制度有不同的变迁方式，但变迁的原动力都是公共风险。每一项制度变革与其说是人们在追求自我利益过程中达成的某种协议，倒不如说是人们在规避公共风险——负面利益——的过程中达成的某种契约。若把公共风险比作地基，把利益比作竖立在其上高楼，那么，高楼的存在，要以地基不塌陷为前提。货币制度的历史演变过程就很清楚地表明了这一点。货币从某种偶然的商品，发展到大家公认的金、银，以至到现代社会的纸币和电子货币，以及由此带来的货币管理的变化，这整个过程都是在公共风险的推动下实现的。货币一旦出现及由此而产生的路径依赖性，就使每个交易参与者面临的公共风险——例如货币数量对交易价格的影响——因此而形成，而且随着交易总规模的扩大而不断加大。对个人而言，货币带来了交易的便利，但以货币的稳定为前提，否则，给交易者带来的可能就不是利益，而是损失。这说明，从逻辑上看，首先是公共风险而不是个人利益在推动制度变迁。进一步的推论是：个人利益是在社会集体地规避公共风险的条件下实现的。所谓"覆巢之下，必无完卵"，就表达了这层含义。

化解公共风险的过程也就是制度变迁的过程。这既可以表现在宏观层次，如前面提到的货币制度就是在宏观层面上来化解公共风险，最终体现为政府的行为；也可反映在微观层次，如企业制度就是在微观层面上来化解公共风险。企业制度是在面对分工和技术发展的条件下不确定性增加的一种防范机制，通过企业这种组织形式，不仅是减少了交易费用，更重要的是减少交易中的不确定性，从而减少了风险。通过企业制度使私人承担风险的能力提高，减少了社会风险累积，阻止了公共风险的过快扩张。在这个意义上，市场机制成为整个社会的风险分散机制，它使每个市场参与者在资源配置的过程中都承担相应的风险责任，并使风险和利益对称，从而造就了竞争和效率。

四、公共风险与财政

公共风险与社会是相伴而生的。社会之所以不仅能生存，而且还能不断发展，关键在于其制度结构。前面已经谈到，制度是公共风险的产物。那么，不言而喻，一定的制度结构总具有与其对应的削减公共风险的能力。社会的前进过程很像飞机的飞行过程，飞机能够飞行在于其特定的组织结构，它具有克服地心引力和空气阻力的功能。社会的发展也是通过其制度结构克服公共风险所造成的各种阻力而实现的。

社会的制度结构是一个系统，由多种制度组合而成。不同的制度在这个系统中对公共风险的防范具有不同的作用。如伦理道德实现对人行为的基本规范，产生社会基本秩序，防范社会互动过程中所产生的紊乱。再如市场制度实现对人经济行为的规范，产生经济秩序，防范交易过程中的无序。各种制度从不同的侧面来防范公共风险，起着保护社会稳定和发展的作用。

财政作为化解公共风险的一种手段，与其他制度一样，对防范公共风险起着不可或缺的作用。但财政在整个制度结构中具有特殊的地位，这表现在以下两个方面：

一是财政承担制度成本。无论是显形制度，还是隐形制度，其形成和运行都是有成本的，这种成本属于社会成本或外部成本，是不可能由私人来承担的。公共伦理和法律、宗教习惯甚至包括一些民俗，都需要国家去维护，或提供正常运行的环境。至于显形制度的运转，如企业制度、行政制度，更是需要国家去维护。而国家本身作为最大的一项制度，以财政为经济基础，须臾不能离开财政的支撑。公共风险导致了制度结构的产生，那么，这种制度成本亦可看做是防范公共风险的代价。

二是财政承担最终风险。一个社会，有各种各样的公共风险，有些可以通过相应的制度来化解，如乡规民约、公共伦理对化解一些内部矛盾和冲突有很好的效果，但不少还得诉诸公共权力机构。再如邻里乡亲互帮互助的传统，对应付自然灾害发挥着积极作用，但最终还是离不开国家的帮助。这从过去到现在都是如此。在现代社会，健康的金融体系和健全的金融监管对化解金融风险——现代社会最不可忽视的一种公共风险——十分重要，但后盾还是得靠财政来保证。

在市场经济社会，市场制度是防范个人自由导致公共风险累积的一种有效制度。进入市场，风险自担，这种行动准则可化解因个人行为而引发的公共风险，如社会失衡。对比我国股票市场建立之初的情况，就不难理解市场制度的这种作用。在刚刚开放股票市场之际，我国的市场制度还很不健全，自担风险的理念还未建立起来，以致一度出现股市下跌，股民游行找政府的怪现象。在当时老百姓的观念中，赔本的风险应当由政府来承担。这就是市场制度不健全情况下出现的公共风险。假如市场制度是健全的，那么由个人投资失败所引发的上述公共风险就完全可以化解而不再存在。

在市场经济社会，市场制度成为一种基准，即市场机制化解不了的风险，才是公共风险，确切地说是"剩余"的公共风险，也就是财政承担的最终风险。而被化解掉的公共风险，即通过市场制度化解的公共风险，只有当市场制度被破坏时才能显现出来。像自然规律一样，只有当规律被违反时才感觉到规律的存在。也正是在这个意义上，市场制度与其他制度一样，是公共风险的产物。正因为市场制度化解公共风险的能力有限，故需要财政来弥补。就此而言，在整个制度结构中，财政处于边际位置，是防范公共风险的最后一道防线，即财政总是最后兜底。换句话说，财政是公共风险的最终承担者。这就是财政的本质。

在此应当指出，财政最终承担的公共风险与制度结构有紧密的联系。财政总是兜底的，但最后兜多少，则与整个制度结构密切相关。在一定的社会经济发展阶段，公共风险的规模和范围是相对固定的，假如制度结构合理，风险责任明确，使公共风险都能在相应的层次化解掉，那么，"剩余"的风险就相对减少，财政的压力就可相对减轻。反之，在制度结构滞后于社会经济发展阶段的情况下，风险不能明晰，不能在相应的层次化解，那么，转移到财政身上的风险就会增加，财政最终承担的公共风险就会相对增大。这在我国市场化改革的过程中，风险向财政转移的情况并不少见。如国有企业风险责任不明晰，财政实际上是承担无限责任；再如政府部门之间职责不清，风险责任难以明确，致使财政承担的风险大大增加。因此，要减少财政最终承担的风险，根本途径在于完善制度结构，实现风险责任明晰化。

公共化与社会化的逻辑

阅读提示：

公共化和社会化是人类发展的两个侧面。从历史的角度来看，公共化和社会化是同时并进的，从逻辑的角度来看，公共化和社会化是互为条件，互为因果，彼此渗透的。在公共风险的推动下，公共化过程也是公共权力、法律、制度和各种公共组织形成、演进的过程，这个过程的逻辑结论是：所有人的自由发展是每一个人自由发展的条件。而在个体自利动机推动下的社会化过程，是分工、交换、产权的演进过程，同时也是人的社会化过程，这个过程的逻辑结论是：每一个人的自由发展是所有人自由发展的条件。这两个过程是相互补充的，在交互影响的过程中推动人类文明螺旋式上升。

此文的雏形产生于上个世纪90年代中期，在对"公共风险"没有概念的情况下，对公共化和社会化的区分一直陷于迷雾之中。初稿写于2007年初，后断断续续修改成型。

The Logic of Publicization and Socialization

Abstract

Publicization and socialization are dual aspects of human development. From the historical perspective, publicization and socialization have been evolving simultaneously. From the logic perspective, publicization and socialization are pre-conditions to one another, and have a reversible causal relationship with one another. The two processes also penetrate into one another.

With the existence of public risks, the process of publicization is a process in which public powers, laws and regulations, institutions and various kinds of public organizations are formed and developed. The logic end of this process is: The free development of all people is the pre-condition for the free development of each individual. On the other hand, the process of socialization in which all individuals are motivated by self interests is the process when labor is divided, trading is done and property rights are developed. It is also the socialization process for people. The logic end of this process is: The free development of each individual is the pre-condition for the free development of all. In short, the two processes are supplementary to each other, and are interacting with one another in promoting the human civilization in a spiral rise.

一、引　言

"公共"一词的使用频率越来越高，遍及到整个社会科学领域，如公共财政、公共经济、公共产品、公共服务、公共政策、公共管理、公共行政、公共职能、公共领域、公共事务、公共需要、公共文化、公共权力、公共理性以及公共哲学等。历史地看，"公共"或具有"公共性"的东西都是"公共化"的结果。当前国家财政的改革强调"公共化"导向，实际上就隐含着"公共财政"是"公共化"的一种结果。由此看来，"公共化"分析就变成了理解与"公共"联系在一起的所有事务的一把钥匙。而在过去的学术话语中，"社会"、"社会性"和"社会化"是主导词汇，这是与马克思和恩格斯的思想相联系的。马克思从劳动的私人性和社会性的矛盾出发，揭示了商品生产的内在矛盾和资本主义的基本矛盾，并最终得出结论：私有制与社会化大生产的矛盾必然导致资本主义被社会主义所取代。"社会化"作为马恩思想中的一个重要范畴，是他们分析社会发展历史趋势的基本工具，也是证明资本主义必然被社会主义取代的逻辑支撑点。现在，对"社会化"这个概念的使用频率在下降，而"公共化"的使用频率在上升。这种现象究竟是同义的不同表达，还是暗示着我国学术思想的一种变化？若两者是不同的概念，那么，"公共化"在现代社会的语境中究竟是什么内涵？它与"社会化"的联系与区别又是什么？这些恐怕是与"公共"沾边的所有学科都需要回答的基本问题。

在本文的分析中，"公共化"和"社会化"无疑地是被视为两个不同的范畴，尽管它们之间有不可割断的联系。二者内设的问题也是不同的：前者回答的问题是为什么会产生群体（集体）[①] 行动？作为群体行动的结果，道德、文化、法律、制度、规则等"公共品"存在的价值是什么？或者说为什么而存在？后者即"社会化"回答的问题是为什么个体之间的联系越来越紧密？"生物的人"为什么会变成"社会的人"？分工的结果是什么？从人类社会发展的历史过程来看，"公共化"与"社会化"是同时存在的两个过程，存在不同的逻辑起点、动力机制、表现形态和历史目的。下面拟在提出一个分析框架的基础上，逐步展开讨论。

二、假设与分析框架

从生物或动物的视角来看，人类无疑是地球上会思考、有情感的一个动物种群，与地球上其他的动物种群是并存的。就此而言，人类是以"群体"的形式而存在的。从我们每一个人的角度来观察，人类是一个个分散并存的生物个体，每一个生物个体有自己独特的遗传基因、性格、思维和习惯，以及各自的生存和发展道路。在这个意义上，人类是以"个体"的方式存在的。这样，我们就可以假设，从人类诞生的那一天开始，人类就是以"群体"和"个体"的方式同时存在着和发展着，直到现在和将来。虽然"群体"和"个体"的内涵随着人类发展的历史而改变，从"数量群体"进化为"有机群体"，从"生物个体"进化为"社会个体"，但二者并存进化的状况不曾改变。这样，人类的发展和人类的活动实际上是以两条路径同时演进的：一条以群体为逻辑起点，一条以个体为逻辑起点。第一个逻辑起点产生的是公共化过程，第二个逻辑起点产生的是社会化过程。或者说，公共化总是和"群体"及其行为、结果相联系的，而社会化总是和"个体"及其行为、结果相联系的，二者服从于两条不同的演进逻辑。

[①] 与"群体"相近的词还有"集体"、"共同体"、"集团""联合体"、"整体"等，在本文的分析中，是当做与"个体"相对应的同义词来使用的。

公共化的出发点是着眼于群体的安全和利益，因而总是和公共风险有内在关联。在生产力水平很低，改造自然的能力很弱的条件下，人与自然的矛盾是主要的，因为来自于自然的各种灾害，以及其他动物种群对人类的侵害，构成威胁着人类群体安全的公共风险。历史上许多文明的突然消失，就足以证明产生于大自然的公共风险对人类群体安全的影响程度。但随着人类改造自然的能力逐步提高和人口的增长，人与自然的矛盾逐渐退居次要位置，而人与人之间的矛盾成为主要矛盾，人类群体内部的各种冲突成为人类群体安全的主要威胁。这种产生于人类群体内部的公共风险——人类群体内部的各种冲突致使人类自我毁灭的可能性——导致了国家的产生，国家也就成为凌驾于个体之上防范和化解上述公共风险的内生工具。霍布斯、恩格斯和卢梭等思想家用不同的表述方式都对此有过深刻的论述。公共风险引致公共化的过程，衍生出公共权力、法律、制度、规则、组织以及伦理道德和文化。同时，这个公共化的过程也使人类群体由人类早期的"数量群体"逐步演进为"有机群体"，就像生命的进化过程，从单细胞的堆砌，到形成肌肉组织、骨骼、心脏和大脑。这时，人类群体进化为一个有机的整体，国家成为这个有机体的大脑，以公共理性来履行公共权力，捍卫这个有机整体的安全，并协调有机体内部的各种活动，化解各种冲突和矛盾，形成人类社会的内部秩序。静态地看，这种秩序状态是理性设计的结果，表现为主观努力的产物。但动态观察，尤其是从进化的观点来看，这种秩序状态不是理性的设计，而是像哈耶克所说的"自发扩展"的产物。这个自发扩展的动力来自于各种公共风险给人类群体的整体压力和威胁。各种组织、规则和制度以及文化伦理，无一不是为防范和化解公共风险，以捍卫群体安全而历史地形成的。公共风险是那只人类群体后面的老虎，构成公共化的历史动力，而公共化的结果（或目的）就是防范和化解公共风险，为个体的自由全面发展提供条件，表现为公共化的各种人类活动、规则、组织，包括国家自身，都是化解公共风险的历史产物。在这个意义上，公共风险是因，而公共化过程则是果。

在人类群体演进的同时，人类个体也在另一条逻辑路径上同时演进，这就是社会化的过程。社会化是以人类个体为逻辑起点，在劳动分工、生产分工和知识分工的过程中，个体之间的联系变得日益紧密和相互依赖的历史过程。无论是"生物个体"，还是"社会个体"，都是具有生命的"细胞"，正如《自私的基因》一书中所描述那样，有自发的自利动机。这种动机来自于保全自身的需要，因为"个体"环境自它诞生的那一刻起就处于不确定性状态，种种不确定性产生的风险随时都可能把它毁灭。应对不确定性产生的自利动机逐渐地内化为"个体"的一种本能。人类个体自利的本能渐渐地外化为逐利的行为和活动，并在和环境的相互作用中，外化的行为和活动也逐渐地以个体理性的形式而表现出来。动物的自利行为一直处于本能的状态，表现为一种条件反射；而人类个体自从区别于动物之后，自利行为由本能发展为一种理性的算计。当劳动成为自利动机的主要手段之后，分工就开始萌芽了。通过无数的劳动实践，发现分工更有利于自利动机实现的时候，分工就会由偶然的行为变成经常和普遍的行为，并逐渐地固定下来。从原始的自然分工，到三次社会大分工和现代社会的复杂分工，都是在人类个体逐利动机的推动下实现的。分工提高了劳动效率，有了更多的剩余产品，从而产生了私有制和交换。从第一次交换中尝到甜头以后，交换便从偶然的活动，变为经常的、普遍的活动。交换更好地满足了人类个体的逐利动机，从而反过来又推动了分工的深化。

　　分工促进了社会生产力的发展，使人类群体防范和化解风险能力不断提高，个体自利的动机带来了整体的发展。但另一方面，人类个体在分工中不断地被分化，历史上的三次社会大分工，造就了农民、牧民、手工业者和商人，奠定了部门分工的基础。不同部门的分工形成了阶级、阶层，并在此基础上发展出形形色色的利益集团。随着分工的深化，人与人之间的矛盾也不断加深，利益日渐多元化和多层化，个体利益的保护也就成为迫切需要同时解决的问题。从自然占有，到劳动产品的占有，再到剩余价值的占有，原始的产权制度也逐渐发展为以宪政为基础的现代产权制度。产权制度是在分工与交换的相互推进的历史过程中形成的，反过来又成为推动分工与交换不断深化的保障机制。作为社会化的高级形态，现代市场经济就是在个体逐利的推动下，以分工、交换与产权构成的一种逻辑结构为基础历史地演进而来。

分工的深化使劳动过程、生产过程趋向集中和规模化，尤其是随着劳动手段日渐被机器所替代，社会化大生产也日渐形成。与自给自足的小生产不同，劳动者之间的联系被专业化的协作过程建立起来。一条流水线的正常运转，离不开劳动者之间的相互配合和协作。社会分工的细化使这种状况不仅存在于工厂的生产过程，而是扩散到社会生活的各个方面，尤其网络技术的飞速发展和广泛使用，社会日渐"网络化"，人类个体是这张大网上的一个个网结，人类个体之间的联系变得日益紧密和相互依赖，全球化更是加深了这种状况。与劳动和生产过程的社会化相伴随，人类个体行为、价值观念也随之社会化，"生物个体"也就随之蝶化为"社会个体"。

社会化的过程是一个同化的过程和一体化的过程，同时也是一个多元化的过程。社会化不但没有消灭个体差异，相反地更激化了个体差异的表现强度，并使自利的内涵从经济上的个体保全上升到个体价值的实现，以求更高程度的个体发展，马斯洛的层次需求理论揭示的就是社会化过程中个体自利动机的升华。社会化程度越高，多元化程度也越高。因为个体越是被同化，个体价值就越要体现，追求自我价值实现的愿望就会越强烈，这就造成了以市场竞争为基础的社会不同层面的多种竞争。这种多元化的力量会使分工更细化、专业化程度更高，反过来又刺激了社会化的加深。

通过上面的分析，我们不难发现，公共化和社会化是人类发展的两个侧面。从历史的角度来看，公共化和社会化是同时并进的，从逻辑的角度来看，公共化和社会化是互为条件，互为因果，彼此渗透的。在公共风险的推动下，公共化过程也是公共权力、法律、制度和各种公共组织形成、演进的过程，这个过程的逻辑结论是：所有人的自由发展是每一个人自由发展的条件。而在个体自利动机推动下的社会化过程，是分工、交换、产权的演进过程，同时也是人的社会化过程，这个过程的逻辑结论是：每一个人的自由发展是所有人自由发展的条件。这两个过程是相互补充的，在交互影响的过程中推动人类文明螺旋式上升。

表1　　　　　　　　"公共化"与"社会化"的逻辑

	公共化	社会化
逻辑起点	群体	个体
动力机制	公共风险	个体逐利
演进方式	组织与规则	分工与合作
高级形态	民主政治	市场社会
理性样式	公共理性	个体理性
保障机制	公共权力	个体权利

三、公共化与社会化的界定

公共化的定义

在日常话语、理论研究以及社会实践中，人们对较多使用的"公共"及其相关概念都有约定俗成的解释，这些理解都在一定程度和一定层面上对"公共"及与其相关的客体作出了描述。但由于角度和所关注问题的不同，这些理解有很大歧义。要明确界定"公共化"的定义，需要首先对"公共"的定义进行语义学分析。

公共的汉语解释

1. "公"与"共"的定义

《现代汉语辞典》① 对"公"的定义大体有六个方面：一是属于国家或集体的（跟"私"相对）；二是共同的、大家承认的；三是属于国

---

① 中国社会科学院语言研究所词典编辑室：《现代汉语词典（修订本）》，商务印书馆1998年版。

际间的；四是使公开；五是公平、公正；六是公事、公务。按照上述定义，至少可以明确："公"是以人类群体为出发点、个体以平等参与的民主方式公开解决公共事务的一种活动状态。

《现代汉语词典》对"共"的定义大体有三个方面：一是相同的、共同具有的；二是共同具有或承受；三是在一起、一齐。按照上述定义，至少可以明确："共"必须以个体的群化为条件，目的是解决个体无力解决的问题。

2. "公共"与"公共化"的定义

在辨析了"公"与"共"的定义之后，我们可以对"公共"的定义做一考察。《现代汉语词典》对"公共"给出了如下解释：属于社会的或公有公用的。在这里，社会泛指由于共同物质条件而互相联系起来的人群。词典对"公共"的定义较为模糊，但通过对"公"与"共"的理解，不难看出，所谓"公共"，是相对于人类群体而言的，具有解决个体无法解决的共同事务的属性。

"化"在汉语中经常被加在名词或形容词之后构成动词，表示转变成某种性质或状态。在这里，"公共化"也就意味着人类需要采取集体行动来解决公共事务的过程，并由政府来代表群体意志，这个过程进入现代社会则以民主、公平与公正为特征。

"公共"的英语解释

从英文的角度来研究"公共"（public）的含义，也许能够在西方的语境下对其内涵的理解得到一些启示。《朗文当代高级英语词典》①对"public"给出了六个方面的解释：（1）connected with all the ordinary people in a country, who are not members of the government or do not have important jobs。（2）available for anyone to use。（3）connected with the

---

① 英国培生教育出版有限公司：《朗文当代高级英语词典》，外语教学与研究出版社2004年版。

government and with the services it provides for people。(4) known about by most people。(5) intended for anyone to know, see or hear。(6) a public place usually has a lot of people in it。大体可以看出，在西方文化中"公共"含有大众、公用、政府服务、众所周知、公开、公共场所等含义，它反映的是与社会成员相关联，但并不指向个体而指向社会整体（群体）的事务或活动。

从上面的考察可以看出，不论"公共化"的定义如何下，它总是相对于"群体"这个整体系统而言的，即公共化的主体是群体，而不是个人，否则，公共化就是多余的了。从系统论的角度来看，公共化也就是系统化、结构化，形成不同于要素之和的系统功能。

社会化的定义

所谓"社会"，泛指的是由于共同物质条件而互相联系起来的人群，[①]而"社会化"，则表示的是这种联系在质与量上的加深。在马克思的理论中，"社会"是与自然相对立的概念，也是与分散的个人相对立的概念，无论是哪一层含义，都是指人与人的关系。"社会化"就是指由自然的变成人类社会所特有的，由分散的、彼此独立的变成集中的、相互联系的一种状态。在这里，社会化总是相对"人类个体"而言的，离开个体，则无所谓社会化。

就与自然相对立的含义来说，人作为生物体本身是属于自然的，因此，人与自然相对立的东西，不可能是人本身，而是这种个体以外的东西，即人与人的关系。这种关系是多方面的，其中一部分仍然是自然的、与动物相同的或相似的关系，例如血缘关系，而大部分人与人之间的关系则是人类所特有的，例如生产关系或经济关系、政治关系、民族关系、国家关系等。从这层意义上来说，所谓"社会化"指的就是从自

---

① 中国社会科学院语言研究所词典编辑室：《现代汉语词典（修订本）》，商务印书馆1998年版。

然的变成人类所特有的,这包括两个方面:一是生产的社会化,包括生产资料的使用、生产过程和生产目的的社会化。人类正是通过劳动和生产使自己越来越远离动物性。人类劳动与生产从原始的采集、狩猎、捕鱼发展到农业、畜牧业、家庭手工业和机器工业,这本身就是一个社会化的过程。生产的社会化使人类越来越脱离动物界,人类文明由此不断演进。生产社会化程度越低,意味着生产的个体性越强,受自然制约越大,其自然属性就越强;反之,生产的自然属性就越弱,在这种生产状态下,人类个体之间的联系就越来越广泛和普遍。因此,生产的社会化程度是反映人类脱离动物性程度的重要指标。另一方面是人的行为规范、价值观念的社会化,使"生物人"变成具有相互联系的"社会人"。如果说前者是经济学意义上的社会化,则后者是社会学意义上的社会化。

就与分散个体相对立的涵义来说,社会化是分工直接导致的。正是社会分工造成了劳动私人性与社会性的矛盾,解决这个矛盾的惟一办法就是交换。正是通过交换,私人劳动才转化成为社会劳动。为交换而生产,也就意味着商品生产的出现,这既是商品生产的起因,也是个体社会化的起点。只要存在分工,一切商品的生产,对于生产者个体来说,一开始就是社会性的生产。从这个意义上讲,个体的社会化是通过分工,也就是通过生产的社会化实现的。生产越是"社会化",商品交换的程度就越高,个体社会化的程度也越深。马克思在论述商品的使用价值时,明确地指出:"要生产商品,他不仅要生产使用价值,而且要为别人生产使用价值,即生产社会的使用价值"。马克思甚至直接把分工同"生产的社会性"看做一回事,他认为分工的发展就是生产的社会性的发展,并指出:"交换的需要和产品向纯交换价值的转化,是同分工,也就是同生产的社会性按同一程度发展的"。①

可见,劳动的社会化是个体社会化的实现途径,而劳动的社会化则是劳动分工的结果。劳动分工的不断深化,推动着生产社会化,进而推

---

① 马克思、恩格斯:《马克思恩格斯全集》(46卷上),人民出版社1979年版。

动人类个体社会化的进程。但这个过程只是把分散的个体变成了相互联系和彼此依存的个体，也就是具有社会关系的个体。在逻辑上，社会化过程并不能使自利的个体嬗变为具有共同意志的人类群体。人类群体的形成却是公共风险使然，并以氏族公社或国家的出现为标志，尽管公共风险与分工有密切的联系。

四、公共化与社会化的现代结构

公共化的现代结构

1. 公共化的主体是人类群体

公共化以人类群体为主体，即所有的"公共"范畴，都是针对人类群体而非个体表述的。所谓人类群体，并不是个体的简单堆砌。群体是由具有共同需要的个体组成的一个有机整体，在现代社会通常以"人民"这个集合概念来表达。从费尔巴哈到马克思，都意识到了人是以"类"的方式存在的，[1] 这个"类"就是群体的另一种表述。群体的进化与个体的进化尽管是同时并行的，但各有不同的进化机制。这就好比人的进化和人的细胞进化具有不同的进化机制一样。群体是公共化的逻辑起点，也是公共问题的思维路径，这是研究"公共问题"的逻辑源头，与从"个体"出发的社会化理论研究是根本不同的。

2. 公共化过程以公共风险为动力

人们因为一些共同事务联结起来，产生了"公共"范畴。这些"公共事务"，本质上是公共风险。公共风险本身的演变与扩展，又进一步加深了人类群体的公共化程度。所谓"公共风险"，即能够产生

---

[1] 马克思曾说过："人不仅仅是自然存在物，而且是人的自然存在物，也就是说，为自身而存在着的存在物，因而是类存在物。"见《马克思恩格斯全集》第42卷，人民出版社，第169页。

"群体（或社会）影响"，又无法由社会个体承担的风险，它具有如下三个特征：首先，内在关联性。公共风险在发生过程中，对所有社会个体，如企业和家庭来说，是相互关联、相互影响的，因而具有"传染性"。其次，不可分割性。公共风险对每一个企业和家庭来说，是必然的，不可逃避的，遭受损害的几率是相同的。第三，隐蔽性。公共风险很难正面识别，往往累积到了快要爆发的程度才被发现、才引起重视。①

汉娜·阿伦特曾经说过："一切人类活动都要受到如下事实的制约：即人必须共同生活在一起"，同时，"人们是在匮乏和需要的驱使下才共同生活在一起的"。② 这里的"匮乏和需要"，就是早期人类群体所面临的公共风险。也就是说，只有公共风险，才会产生一种新的力量，即把分散的个体力量凝聚起来，卢梭所阐述的那种"社会契约"才会形成，公共意志和集体（群体）行动才会产生。当然，随着人类社会的生产力与生产关系的不断变迁，公共风险的内容也在不断变化，但是公共风险过去是、现在是、将来也是公共化过程的惟一动力。

3. 公共化过程以公共权力为依托

权力是指一种强制力量或支配力量，体现公共意志，因而是公共的。它来自于对天赋的个体权利保护的需要，因为各种各样的公共风险会侵害个体权利，但又凌驾于社会个体之上，因而权力是属于群体的，或是人民的，而不为个体所拥有。一切政治的关系最终都归结为权力与权利的关系，即对公共权力的制衡和对个体权利的保护。权力的"公共性"可以归结为它的目的——防范与化解公共风险的任务，维护所有社会个体的公共利益。

人类是个体与整体的统一，人类社会的存在，是无数个体结合成一个整体的过程。公共权力不是伴随着国家的产生而产生的，它也不会随

---

① 见本书前面的《论公共风险》一文。
② Hannah Arendt: The Human Condition, Garden City& New York: Doubleday Anchor Books, 1959。

着国家的最终消亡而消亡，只要有人类群体存在，公共权力就是永恒的，只是在不同的人类文明发展阶段有不同的表现形式。有乐队存在，就一定会有指挥。为了达到服务群体、应对公共风险的目的，利用公共权力是一个方便和科学的办法，只有使用公共权力，汇聚集体的力量，才能最大程度地节约风险应对的成本，减少对个体的可能危害。作为手段的公共权力来自于公共目的的要求。公共权力的主体，在原始社会还不能采取国家或政府的形式；随着剩余产品的出现与扩大，国家取代了原始公社的形式，并逐渐形成了接受公众委托、拥有公共权力、服务公共意志、防范与化解公共风险的公共部门。

4. 公共化过程以民主为形式

民主形式无非是权利本位的逻辑延伸，是公共权力对个体差异的包容和认可，也是对个体权利的尊崇。凡是出于公共目的的任何事务，社会个体都有参与或自由发表意见的权利。

从现代社会来看，民主是公共化的政治基础。从历史角度来看，民主是公共化的结果，是长期公共化的历史沉淀物。对处于不同发展阶段的国家来说，在有些国家，民主已经成为公共化的政治基础，而在有些国家，民主政治还是一个追求的目标，还依赖于公共化的推进来实现。从根本上讲，公共化的过程就是一个民主化的过程，因为公共目的的对象物——公共风险的防范和化解，依赖于个体智慧的群化、个体力量的群化和个体意志的群化，也就是平常所说的集中民智、调动群众的积极性并汇成一股劲。而这个过程是离不开民主这种形式的。民主是一种实践活动，既是公共风险推动的结果——民主的反面，即独裁就是一种公共风险，也是防范和化解公共风险在现代社会所必须采取的形式。只有公众广泛参与到公共决策与监督之中，并对之形成影响，公共化过程才可能健康有序，人类文明，包括个体文明和群体文明的进步才有坚实的政治基础。

与民主紧密相联系的是公开与透明。这既是民主化的要求，也是防止公共权力异化而制造新的公共风险的制度保障。民主本身就蕴含着这样一种自然的要求,即凡是出现于公共场合、纳入公共视野的东西都能够为每个人所了解、看见和听见,具有最广泛的公开性。"事物……脱离其黑暗的、隐蔽的存在形态"是进入"公共领域"的前提条件,① 可见,公开透明是公共权力主体行使公共权力的前提,是保证政府合法行政的基本原则。在公开与透明的要求下,政府被要求只从事防范与化解公共风险的工作,剩下那些"无关的东西"自动地变成了"私人事务"。这样,政府的行为就受到了实时的约束,公共化的公共目的也就有了切实保证。

5. 公共化过程以公共理性为指引

人是理性的动物。与个体理性不同,公共理性是基于人类群体而言的,是指对公共风险状态的判断、推理、预期等理性活动,是形成公共意志的基础。公共理性既是人类长期应对公共风险过程中因"条件反射"进化而成的一种结果——集体思维,也是现代社会防范与化解新的公共风险的历史性前提。

公共理性体现的是个体的理性能力与道德能力的有机总和,是群体存在与发展的理性基础。公共理性的成熟,就像一个人的成长过程,需要经历不同的历史阶段。一般地,人类群体从公共风险恐惧到公共风险意识,再发展到公共风险理性,以至于最后形成一种公共风险文化,必须经历漫长的历史变迁,并与人类文明的进步而相伴随。虽说现代人类文明已经进入一个以物质文明为核心的高级阶段,但人类群体的公共理性还并未达到成熟的阶段。

社会化的现代结构

社会化既是劳动、产品和生产的社会化,也是人类个体的观念、思想、价值、意志、思维的社会化,这是理解人类文明演进和人类个体发

---

① 汉娜·阿伦特:《公共领域和私人领域》,《文化与公共性》,生活·读书·新知三联书店2005年版。

展的基本线索。

1. 社会化以人类个体为主体

社会化以人类个体为主体,即所有的"社会化"问题,都是针对人类个体而非群体来表达的,人类个体成为社会化研究的逻辑起点。

所谓人类个体,并不是对现实生活中相互区分的每个人的简单描述,而是有着深刻的理论内涵。在不同的历史阶段,人类个体有不同的含义。例如,在原始社会人类个体多数处于被奴役的状态。人类文明发展到今天,人类个体应是有独立人格的人,也就是人的自由性和创造性,具有独立思考、独立选择的权利,在个体自主性基础上具有对社会共同体负责的精神。在这样的"个体"基础之上,社会化才能避免社会达尔文主义,社会化过程才会与公平、正义相容。个体是社会化的逻辑起点,也是社会问题的思维路径,即社会问题的解决必须立足于对个体意志、行为、反应、影响的研究,这与对以"群体"为逻辑基础的公共理论研究不同的地方。

2. 社会化以个体逐利为动力

在人的独立、自由得到尊重,在人格、尊严、机会等方面的平等得到肯定之后,所有的社会个体就会成为具有独立利益、独立目标、独立价值追求的主体。在利益动机的驱动下,人们追求自己的物质利益,获取财富,并实现主体自身的价值。①

逐利行为推动了分工,而分工导致了社会化生产方式的产生,给个体逐利提供了新的方式和途径。与自给自足的生产方式相比,社会化的生产方式使个体的逐利行为不再是孤立的、分散的,而是相互联系的,并以某种组织的形式出现。现代企业即是一种分工合作的新型逐利行为。而市场给个体逐利提供了一个平台,只要逐利者遵守规则,就可以进入这个平台而有机会获取更多的利益。这一方面给逐利的个体带来了更大的利益满足,另一方面同时创造了一种新的生产力——分工协作形

---

① 李钢:《市场经济的伦理基础》,载于《人民论坛》1998年第11期。

成的"集体力",整个社会的效率也得到提高。

个体逐利动机是以人类个体为研究对象进行社会化考察的自然结论,并构成社会化演进的动力。否认这一点,也就否认了分工,以生产社会化为核心的整个社会化过程就将不复存在。显然,这与历史显示的情况是相悖的,个体逐利动机存在也是一个历史的结论。

3. 社会化以产权为保障

从历史来看,产权是一切个体权利的基础。社会化以个体逐利为动力,明晰与保护私人产权也就成为应运而生的事情,因为产权是逐利的保护器。只要承认个体逐利的合理性,私人产权的合理存在也就是顺理成章的。这里讲的产权,不是指与他人无关的一个人对物的权利,而是一种相对于其他人来说,某一个体具有的特定权利,即人与人之间的权利关系。用德姆赛茨的定义就是:"产权就是使一个人或其他人受益或受损的权利。"

如果个体财产在获取渠道、方式上是正义的,持有获取的财产也就是正义的,财产权利应当受到尊重和保障。儒家学说认识到,"有恒产者,有恒心;无恒产者,无恒心"。[①] 只有财产权利受到公共权力的尊重和保障,个体预期才会形成,个体行为才会稳定,这样,社会的基础秩序才能稳固地建立起来。通过产权保障使社会个体有"恒产"、"恒心",整个社会系统就会趋于稳态结构,社会生机与活力才可能呈现。

4. 社会化以分工为基础

没有分工,就没有社会化。在马克思看来,社会分工同生产的社会性是一回事,他认为分工的发展就是生产的社会性的发展。无论是交换的需要,还是产品向纯交换价值的转化,都是同分工,即生产的社会性按同一程度发展的。这样,在个体逐利动机引导下的生产社会化,实际上就表现为经济生活中以分工为基础的专业化。

---

① 杨万江:《儒商伦理形态——儒家文化传统下的现代商业伦理建设》,载于《杨万江现代新儒学文集》,中国广播电视出版社1993年版。

专业化分工是现代社会的一个基本特征。劳动分工经历了自然经济与市场经济两种状态，市场经济是比自然经济分工精细得多的经济形态；从分工的内容来说，劳动分工包含产业分工与知识分工两种状态，知识分工是比产业分工具有更大影响力和更复杂的分工形态；从分工的地域来说，劳动分工日益国际化，其地域边界从社区发展到城市、省、国家，乃至全球，国际分工日益凸显。正是分工的深化，才使社会化过程变得复杂化，增加了社会化的不确定性和风险。正是在这一点上，社会化和公共化才产生了更紧密的逻辑联系，从而对二者认识上的混淆也从这里开始。

5. 社会化以个体理性为指引

独立人格、个性突出、理性分辨与判断能力，是形成个体理性的基础。对于理性的定义，美国经济学家罗伯特·奥曼认为："如果个体在既定的信息下最大化其效用，他就是理性的"；1998年诺贝尔经济学奖得主阿马蒂亚·森说："经济学理性的涵义有两种：一是个体追求某种工具价值的最大化；二是个体决策过程在逻辑上的无矛盾"；纳什则把理性理解为"作为内在一致性"的理性，经济上的个体理性就在于个体自身利益的最大化。

个体理性以个体自身利益的算计为基础，但并不排除有利他的考虑，如个体社会责任感的存在，是个体理性趋于成熟的一个重要标志。个体理性的成熟，会使社会化过程更有效率和更加有序。

五、公共化的历史演进过程

在初步明确了"公共化"的含义之后，本部分将从历史变迁的视角研究公共化的起源与发展，这包括了公共化的条件、动力、根源、内容与演变。

人类的群体存在

上文在分析公共化本质的过程中提到了，公共化的主体是人类群体，公共化是一种群体行动的逻辑。那么，要想了解公共化的源头，就必须从人类群体的出现谈起。就人类本身而言，我们很难准确地给人类群体的出现时间作出界定，实际上，自从劳动催生了现代意义上的"人"以来，人类就在群体的方式下生存。进一步地，如果我们再向前追溯，在人类产生之前的动物界，就已经有了"群化"的痕迹。

1. 动物的群化

动物的群化是指多个动物个体形成一个有机整体的规律，表现为动物统一体。动物的"群化"是在漫长的生物进化过程中基于种族繁衍、相互扶助、共同抵御族群风险等原因而出现的生物习性。从某种意义上，可以说自从地球上有了生命，生物体"群化"的进程就开始了。

当然，动物的群化是在较低水平上发展的。其具有如下几个特征：一是邻近原则，即只有地理上相互靠近的动物个体才能形成一个有内聚力的整体；二是相似原则，即只有同种动物或彼此种属相似动物才有可能形成整体；三是连续原则，即动物群落表现为按一定规则连续分布的同种动物个体；四是封闭原则，即生物群落一旦形成，便具有较强烈的封闭与自我保护意识。[①]

2. 人类的群体生存方式

生产劳动推动了从猿到人的生物进化，真正意义上的人类出现了。在产生之后的早期发展阶段，人类同样结群而居，目的也是为了种族繁衍、相互扶助、共同抵御来自大自然的公共风险。当然，随着人类的不断发展与进步，人们结成群体的状态、方式与内容已经有了很大的改变，但是，人类永远也无法摆脱群体生活的存在方式。

---

① 林玉莲：《环境心理学》，中国建筑工业出版社 2005 年版。

人类的群体生存在更高级、更复杂的水平上发展着。它表现在两个方面：一方面是群体的组织形式日益灵活；另一方面是群体的实践内容日益丰富。之所以说人类群体的组织形式更加灵活，是指随着现代通讯技术与交通工具的快速发展，人类的群体组织逐渐摆脱了动物群化中的邻近原则和连续原则，人们有条件在更松散的形式上集合起来，也有条件把起先由于受到地理条件限制而难以联合的个体组织起来；之所以说人类群体的实践内容更加丰富，是指虽然形式上群体的联系松散化了，但是在内容上，群体的紧密程度却在不断加深，即人们在实质上是越来越依赖于群体的存在与其作用的发挥。

相似原则与封闭原则仍然是现代人类结成群体的必要条件。相似原则是人类个体形成整体的基础，只有人们在某些方面具有相似性或同一性，如面临共同的公共风险等，人们才会在特定的目标下组织起来；封闭原则是基于人类群体自我保护的需要而产生的。任何一个人类群体都不会是漫无边界的，而是必须有它确定的界限，并以此与其他群体相区别。一旦某一群体形成之后，群体的发展会以个体的向心力为基础并具有自我加强性。

公共风险在公共化中的决定性

上文已经述及，公共化以公共风险为动力，也就是说，公共风险是推动公共化前进和发展的力量。这种动力体现在两个层次上：一方面，公共风险促成了人类群体的形成；另一方面，公共风险推动了人类群体公共化的发展。无论从质的方面还是量的方面，公共风险都是公共化产生与发展的决定性要素。

1. 公共风险决定了人类群体的形成

在人类的童年时期，食物的来源完全依赖于大自然，食物来源的不确定性以及自然环境的各种变化（地震、洪水、海洋灾害和气象灾害等）对生存都构成巨大威胁，求生存的本能在进化过程中迫使分散的个体无意识地联合起来，形成一个个社会——群落，以共同对付不确定的自然风险，由此促成了原始的组织和社会。

原始的群落往往是规模很小且不稳定的，在寻找食物的迁徙过程中，甚至一次突发的灾害就可导致整个社会的毁灭。进入野蛮时期，随着狩猎向农耕的转变，食物来源扩大且更加稳定，原始部落和氏族社会的规模也相应扩大，这一阶段的集体组织性增强了，人类个体结群的方式也逐渐稳定了下来。①

人们结成群体的原因在于防范与化解公共风险，这也是群体公共化中唯一的"公共事务"。因为只有公共风险才与个体的共同利益有内在关联性，它的防范与化解直接关系到群体的存在与发展，因而成为群体唯一的公共事务，而那些与公共风险无关的东西就自动地变成了一桩桩私人事务，由个体分散解决。

公共风险是群体的唯一公共事务，并不意味着私人事务是不重要的或无关痛痒的，相反，许多重要的事务都只能在私人的空间内存在，因此，汉娜·阿伦特把"公共"的东西描述为"宏伟"而不"迷人"的。之所以防范与化解公共风险成为群体中的"宏伟"事件，正是由于它不能容纳其余对群体无关紧要的事务。

2. 公共风险决定了群体公共化的程度

在群体延续和公共化不断发展的历程中，还存在一个对公共化程度的量进行考察的问题，也就是说，要对公共化程度是否加深、在多大程度上加深进行研究。

公共风险的状态和内容决定了公共化的水平与程度，公共风险与群体公共化程度呈正相关关系。公共风险到底处于收敛还是发散，其来源是社会矛盾还是人与自然的冲突，是源自国际社会还是国内，这些方面实际上决定着公共化的水平。

从较长的人类历史发展时期来看，公共风险产生后，是呈扩张状态

---

① 见本书前文《论公共风险》。

发展的，由此导致公共化程度不断加深。一个社会面临的公共风险来自两个方面的不确定性：自然环境的不确定性和社会发展过程内部的不确定性。自然界的各种风险至今还威胁着人类社会的生存与发展，而更多的公共风险则来自社会经济运行过程内部的不确定性及由此导致的危机，公共风险的扩大是由社会分工的发展所带来的，系统性风险已日益成为现代科技发展的最大隐患。

不确定性是公共风险的来源

既然公共风险是公共化的源动力，那么对公共化的源流研究就要求我们对公共风险进行更深入的探讨，本部分与下一部分将从来源、内容、变迁三个角度对公共风险的运动加以阐述。

不确定性是人类对世界本质的新认识，它是世界的基本性质，确定性只是不确定性世界在时空上的特例。人类社会对世界的认识，经历了一个从简单到复杂、从肤浅到深刻、从低级到高级的过程，自然科学告别牛顿时代，标志着确定性世界观的终结，代之而起的是不确定性的新认知观。从人类社会发展总体而言，世界的不确定性深刻地体现在各个方面。除了经济领域的金融风波、市场变化、经济波动外，政治领域的治乱兴衰、朝野纷争，还有冲突、战争、灾难、疫病、工业与环境事故等均是不确定的。人类面对风险的束手无策，正是不确定性未被人们认识的结果。

不确定性是一个中性的范畴，不带有"好"与"坏"的价值判断。它与公共风险是两个既相近，又存在差异的概念。不确定性对于未来事件的结果不产生唯一影响；而公共风险一旦形成，便会伴随危机。但是，从本质上讲，任何公共风险都源于世界的不确定性。正是这种不确定的属性蕴含着风险形成的可能，并进而转化为危机。当然，世界的这种不确定性被人们认识、理解之后，人类的主观活动就会更具有适应性，并逐渐形成公共风险意识，增强群体抗击公共风险的能力。

公共风险的内容及其变迁

人类社会发展到今天,在各个不同的历史时期,面临的公共风险是不同的。自然经济社会与市场经济社会面临的公共风险,无论是内容还是形式,都必然会有很大的差异。然而,按照发生公共风险的不同领域归类,大致可以把公共风险的内容分为三种。

1. 自然领域的公共风险及其变迁

早期自然领域的公共风险具有"单纯"性,即公共风险的内容不因"人"的出现与作用而发生变化(虽然"人"出现之前那些风险不是严格意义上的"公共风险"),它主要包括一些大的自然灾害:海啸、地震、泥石流、洪水、干旱等。

随着人类生产力的迅速提高,特别是工业革命以来,人类认识自然与改造自然的能力不断增强。这时,"单纯"自然领域的公共风险固然存在,但人类的行为加重了自然界本身具有的风险:一方面,人类为了改善生产生活而破坏了自然环境和自然规律,从而引发了包括"温室效应"、食品污染、沙尘暴、赤潮、转基因食品、化学物质扩散、废气、放射性物质、病原体以及有毒物质对人类健康的伤害等方面的问题;另一方面,人的流动大大加速了自然灾害的转移和扩散,如"洋垃圾"在全球范围内的流动、某些动植物的跨国移动对接受国生物圈造成的破坏等。

2. 经济领域的公共风险及其变迁

在不同的经济发展阶段,经济领域会存在不同的公共风险,这些风险种类大致包括金融风险、贸易风险、失业风险、通胀风险、衰退风险等。在自然经济阶段,由于自给自足与较少的贸易行为,经济领域的公共风险主要表现为脆弱的生产力,对自然的依赖性很大。在计划经济时代,由于经济权力的高度集中,因"计划能力"的不足易在实践中造成的公共风险主要是经济效率低下,以及经济社会发展缓慢,在内部表现为人民生活长期得不到改善,外部表现为国家竞争力的弱化。市场经济大大促进了生产力的发展,人类在这一体制下创造了丰富的物质文明,但与此同时,经济危机和金融危机也随之伴生,高度金融化的经济也变得更加脆弱,越来越不平衡和不稳定,经济领域公共风险的广度和深度超出之前的任何时候。通货膨胀(紧缩)、经济萧条等问题也长期困扰市场经济国家,成为现代经济发展中抹不去的阴影。

随着分工的深化,投入产出的链条越来越长,经济部门、行业以及经济区域之间的相互依赖程度也随之加深,由经济过程本身内生出来的这种公共风险呈现为扩散的趋势。

3. 社会领域的公共风险及其变迁

这里所谓的"社会领域",是从宏观的意义上表述的,它是政治、文化、意识形态等诸多方面的总和。社会总是处于不断的变化之中,多元化是其演变的趋势。这种多元化,包括了利益格局、行为观念、生活方式、个体角色等方面。社会领域的公共风险,集中地表现为分化与失序两种类型。

按照社会学的观点,社会分化是指社会结构系统不断分解成新的社会要素,各种社会关系分化重组最终形成新的结构的过程。它不仅包括社会异质性增加,还包括社会不平等程度的变化。我国的社会分化,具有一定的特殊性,不仅包括领域的分化和区域的分化,还有阶层分化、组织分化、利益分化和观念分化等内容。[①] 社会分化不断积聚,就有可能引发社会失序,因为社会中各种利益集团的变动和重组,不可避免地对社会稳定产生着下列影响:一是动摇传统社会结构的超稳定性;二是引起社会地位的重新排序;三是分化瓦解原有的社会规范和社会交换规则;四是分化的不均衡性导致新的结构性失衡和冲突。

一般地说,公共风险的总体变化趋势是扩散的,虽然随着人类认识能力的不断提高,应对风险的方式和手段也在不断进步,但人类自身的

---

① 文军、朱士群:《社会分化与整合及其对中国社会稳定的影响》,载于《理论与现代化》2000年第12期。

活动同样在以更快的速度制造出新的公共风险。各种新的流行病的出现就是一个有力的证明。在联系日益紧密的现代社会，公共风险所蕴含的能量在急剧扩大，一旦转化为现实危机，给人类造成的损害将会远远大于过去，而且持续的时间将会更长，甚至是灭顶之灾。

公共风险的应对依赖于制度创新

从制度本身来研究制度的定义，很难找出一个统一的或是大家认可的答案。"制度"一词，在中国思想史上久已有之，《商君书》中就曾有过这样的叙述："凡将立国，制度不可不察也，治法不可不慎也，国务不可不谨也，事本不可不抟也。制度时，则国俗可化而民从制；治法明，则官无邪；国务壹，则民应用；事本抟，则民喜农而乐战"。[1] 按《辞海》解，制度的第一含义便是指要求成员共同遵守的、按一定程序办事的规程。汉语中"制"有节制、限制的意思，"度"有尺度、标准的意思。这两个字结合起来，表明制度是节制人们行为的尺度标准。在一般意义上，我们所指的制度就是以某种明确的形式确定、由行为人所在组织进行监督和用强制力保证实施的行为规范。纵观人类历史长河，我们不难发现，各种制度都是公共风险的产物。同时，组织、制度的变迁，又对防范与化解公共风险起到关键作用。

对于人类社会在进化过程中形成组织、制度的原因，从公共风险的角度来看，不妨对家庭和国家这两种处于社会最低和最高形式的组织加以考察。之所以说一夫一妻制的家庭制度是一个伟大的历史进步，不仅是因为它同奴隶制和私有财富一起，开辟了一个一直延续至今的时代，更重要的是它防止了因群婚而导致人种退化以致毁灭的风险。在这里，家庭成为人类本身进化过程中的一种风险防范机制；国家的产生也是如此，恩格斯曾说："国家是社会在一定发展阶段上的产物；国家是表

---

[1] 张宇燕：《经济发展与制度选择》，中国人民大学出版社1992年版。

示：这个社会陷入了不可解决的自我矛盾，分裂为不可调和的对立面而又无力摆脱这些对立面。而为了……不致在无谓的斗争中把自己和社会消灭，就需要一种表面上驾于社会之上的力量，这种力量应当缓和冲突，把冲突保持在'秩序'的范围之内；这种从社会中产生但又自居于社会之上并且日益同社会脱离的力量，就是国家"。可见，正是"组织内部矛盾和冲突"带来的公共风险导致了国家的产生。因此，从人类社会发展的历史过程来观察，组织、制度以及国家都是在进化过程中的一种自发的无意识结果——防范与化解公共风险的一种机制。①

显性制度和隐性制度是制度的两种形态，前者使人类社会的演进保持着稳定性，后者使社会运行保持在某种可选择的秩序之中，不至于使社会陷于混乱而停滞不前。尽管正式制度与非正式制度有不同的变迁方式，但变迁的原动力都是公共风险，变迁的整个过程都是在公共风险的推动下实现的。制度变迁的过程也就是防范与化解公共风险的过程。这既可以表现在宏观层次，如政府行为；也可以表现在微观层次，如企业行为等。

人类对公共化的认识过程

人类群体的公共化程度是随着公共风险的演变不断提升的，但对公共化这一过程的认识却没有如公共风险那样长的历史。按照认识论的规律，人类对公共化的认识，将经历一个从公共风险到公共理性，再到公共文化的过程。在这一过程中，人们逐渐对公共化的本质有所把握，并最终将其化为人们的思想、观念和行动。

人们最先感受到的是公共风险，这是公共化的现象。如果说2003年SARS的突然爆发使国人真切体会到群体所面临公共风险时的恐惧的话，那么2004年以来发生的一系列事件，如电力恐慌、石油短缺、禽

---

① 见本书前文《论公共风险》。

流感以及印度洋海啸则给了人们更切实的感受。通过对这些公共风险的反思与分析，逐渐形成一种群体的公共理性，并以追求群体的安全和利益为目的。

公共理性形成之后，会逐渐渗透在人们生活的所有层面，同时，这种理性的影响甚至能够决定一个社会的整体发展方向，这时，公共文化形成了。从概念上说，公共文化就是人类在社会历史发展过程中所创造的物质财富和精神财富的总和，特指公共的精神财富。这种公共的精神财富，发展到现代社会就包含了民主、自由、平等、博爱、公平、正义等思想，这些思想一旦掌握了多数的社会个体，特定的公共文化就形成了。

群体公共化的进程是不会停滞的，公共风险源于世界的不确定性，而不确定性又是世界的固有本质，这样，公共风险推动着公共化的演变和发展。与此同时，人们对公共化的认识也将不断深入，并最终在文化这一精神层次上实现对公共化的真正理解。

六、社会化的演进逻辑

社会是人类存在的方式之一，人类个体是它的基本单位，社会化描述的是由分工带来的个体之间日趋紧密的联结过程。考察社会化水平的发展，不能不从社会化的逻辑起点、方式、动力演变、形态、主体意识等方面进行研究。

1. 个体存在及其发展动力

人首先是作为个体存在的，"自我实现"的目标将每一个特定的人类个体与其他个体区别开来。对于个体存在的人，他所具有的理性、伦理、道德、个人价值等属性，不同的学科有不同的阐述，西方经济学中的"经济人"假设是最富有影响的。

"经济人"假设最早源于亚当·斯密在1776年出版的《国富论》。

斯密认为"利己性"是经济人的本性,"利己心"是每个人从事经济活动的动机。之后,约翰·斯图亚特·穆勒在1836年发表的《论政治经济学的定义》一文中指出,"经济人"有两大特征:一是自私;二是完全理性。"经济人"就是会计算、有创造性、能寻求自身利益的最大化的人,由此,"经济人"的利己本性发展为最大化原则。当然,从理论基础来说,完全理性的"经济人"并不真正存在于现实生活之中,人类个体的行为有着其深刻的复杂性,但是,"人的行为永远都是在约束条件下的最优行为",① 这一点却是确定无疑的。

"经济人"是对在理论经济学体系中充当分析基点的个人行为的一种假设性表述,是在理论层次上提炼出来的一种经济活动中以自身利益追求为核心理念的抽象人格。物质生活是人类生活的第一个重要方面,因而个体对自身利益最大化的追求首先表现为个体逐利行为,并因此而衍生出其他个体行为。但是,按照严格的自利行为特征来说,经济人绝不会自觉地把行为限制在互利的界限之内,更不会自觉地把个人利益置于他人利益之下或自觉遵守道德和制度规范。因此,有效的制度安排和合理的制度结构既能为个人提供利益激励和比较充分的自由选择空间,也能够为人们建立比较有效的利益约束和行为规范,从而在人类个体之间架起一座沟通的桥梁,这对于弥补个人理性的不足是极端重要的。

2. 个体发展的方式

在个体逐利和自我实现这一抽象人格的驱使下,如何能更快、更有效率地积累物质财富,成为个体发展中面临的关键问题。从人类历史发展的长河来看,劳动分工是实现上述目标的有力工具和必然选择。埃米尔·涂尔干对分工做了如下描述:"它增加了生产的能力和工人的技艺,所以它成了社会精神和物质发展的必要条件,成了文明的源泉。"②亚当·斯密则说:"劳动生产力上最大的增进,以及运用劳动时所表现

---

① 张宇燕:《经济发展与制度选择——对制度的经济分析》,中国人民大学出版社1992年版。

② 埃米尔·涂尔干:《社会分工论》,生活·读书·新知三联书店2000年版。

的更大的熟练,技巧和判断力,似乎都是分工的结果。"① 马克思指出:"一个民族的生产力发展的水平,最明显地表现在该民族分工的发展程度上。"② 个体获利水平和财富积累数量的增加表现为社会经济的发展,而分工和专业化所导致的生产方式变革无疑是经济发展的主要特征。

生产的分工和专业化是一个事物的两个方面。专业化就是一个人或组织减少其生产活动中不同职能的操作种类;或者说,将生产活动集中于较少的不同职能的操作上。分工就是两个或两个以上的个人或组织将原来一个人或组织生产活动中所包含的不同职能的操作分开进行。分工越是发展,一个人或组织的生产活动越集中于更少的不同的职能操作上。从理论上分析,分工和专业化的经济性,或者说分工和专业化给人们带来的利益,大致有提高生产效率和节约资源的直接经济性和为生产方式的其他创新提供条件的间接经济性两种,它们都促进了生产力的发展和个体获利的增加。③

3. 专业化的形式变迁

从形式上讲,劳动的专业化包含了产业分工与知识专业化两种状态,知识专业化是比产业分工具有更大影响力和更复杂属性的专业化形态。

在知识经济时代到来以前,传统的劳动专业化配置的是"给定"的资源,那个时代的典型特征是以劳动和资本为主要的生产要素,"劳动专业化"是人们关注的核心问题。恩格斯在《家庭、私有制和国家的起源》一书中论及了人类历史上的三次社会大分工,即游牧部落从其余的野蛮人群中分离出来;手工业和农业的分离;商人阶级的出现。这三次劳动的专业化发生于人类野蛮时代的中后期,经过这三次大分工,人类进入了文明时代。传统的劳动专业化提高了人类的生产力水

---

① 亚当·斯密:《国民财富的性质和原因的研究(上卷)》,商务印书馆1981年版。
② 马克思、恩格斯:《费尔巴哈》,《马克思恩格斯选集(第1卷)》,人民出版社1972年版。
③ 盛洪:《分工与交易——一个一般理论及其对中国非专业化问题的应用分析》,上海三联书店、上海人民出版社2006年版。

平，极大地推动了人类社会的进步。

从广义上讲，知识专业化也是劳动专业化的一种，社会科学的产生，包括哲学、逻辑学、政治学的产生都是社会专业化分工越来越细的结果。但是，知识专业化与传统的劳动专业化截然不同，哈耶克曾说："知识分工至少是与劳动分工同等重要的问题，甚至是经济学中的中心问题"。在真实世界里，任何人都不可能知道所有的事件及事件发生的原因，每个人所拥有的知识占全社会知识总量的微不足道的一部分，或者说个体不可能掌握完全的信息，这即是类似于劳动专业化的"知识专业化"。如何运用知识，即让分散的知识如何有效协调的问题，是"知识专业化"背景下经济学的核心问题。随着现代科学技术知识的快速发展与累积，知识在经济社会发展中的地位越来越重要，直至代替资本而成为经济社会中起主导作用的生产要素：一方面，知识专业化大大加快了人类文明进程，为生产力的迅速提高奠定了重要基础；另一方面，"知识分裂"也产生了学科之间的系统风险，它们之间的信息不对称成为迫切需要解决的问题。

4. 市场经济与劳动分工

市场伴随交换产生，是随着分工逐渐发展的，劳动分工需要市场，但市场经济却没有从一开始就取得统治地位。从早期偶然的、局限的市场到后来经常的、扩大的市场，体现着社会分工的深入和劳动生产力的不断提高，可见，市场受分工水平的限制。但是，另一方面，分工亦受到市场范围的限制。亚当·斯密认为，市场的扩张十分重要，它使经济关系网络进一步专业化成为可能，并容纳了分工的深入。分工的深入使生产、分配、消费等各个环节的联系更加紧密，并产生了大量专门化的组织以及知识，这些专门化组织除了满足人们的多种需求外，还相互支持，分担或减少了风险，是市场机制的自动稳定器，如商业保险与股份公司等。

从劳动分工的发展历史上讲，它经历了低级阶段，即自然经济的劳动分工与高级阶段，即市场经济的劳动分工两种状态，后者是比前者分工精细得多的经济形态。在自然经济条件下,各个经济实体分散地实现自给自足,他们之间很少有物质交换发生,"个体彼此间或许只存在地域的联系,利益的同一性并不能使他们彼此间形成共同关系,并进而形成全国性的联系",这时的劳动分工水平是比较低下的;① 市场经济则与自然经济完全不同。市场经济通过细致的社会分工使生产出现了集中化与分散化同时并存的二重化现象,一方面是经济个体从事的劳动越来越专业,另一方面是经济个体间越来越形成了一种休戚与共的紧密联系,整个社会由于劳动分工形成了一个扁平化的网络,分工越发展,网络越紧密。分工与社会化按同一程度发展,不仅是社会生产力发展的结果,也是生产力发展的主要途径,因此,市场经济创造出了比自然经济多得多的社会财富,大生产最终取代了传统的小生产。

需要特别指出的是,在人类的经济形态由自然经济过渡进入市场经济之后,市场经济不仅是分工的产物,还成为了推动分工进一步发展的重要力量,即劳动分工在市场经济中具有内在的自我加强性。在市场体制下,劳动分工日益成为一种绝对的行为规范,否则就会被淘汰。

5. 社会化程度的不断加深

对于社会化产生、发展的研究必须立足于人的个体,因为这不仅是社会化的物质起点,也是社会化的终极目标。人的一般本性是在社会实践中变化、发展形成的,马克思说:"一切唯心主义者(包括文艺复兴时期的)和旧唯物主义者他们没有注意到这些人使自己和动物区别开来的第一个历史行动并不在于他有思想,而是在于他们开始生产自己所必需的生活资料。他们不懂得劳动实践是人性生成的动力源泉,不懂得人是劳动的产物,也没有看到'人即使不像亚里士多德所说的那样,天生是政治动物,无论如何也是天生的社会动物',人在其现实性上,是一切社会关系的总和。社会关系实际上决定着一个人能够发展到什么

---

① 马克思:《路易·波拿巴的雾月十八日》,《马克思恩格斯选集(第一卷)》,人民出版社1995年版。

程度"。①

可见，研究人的社会性与社会化的发展对研究社会问题、公共问题有着本质意义。由于劳动专业化的不断发展，人的社会化程度也在日益提高，在人类社会进入近代史以前，已经经历了漫长的分工和专业化的发展，达到了某种分工和专业化的水平。但在之前，分工和专业化的发展是异常缓慢的，在相当长的时间里没有什么明显变化，以至被人们认为是停滞的，这一时期社会化的发展也是缓慢的；在进入近代以后，分工和专业化突飞猛进，甚至可以说，分工和专业化的发展就是近代经济史的主要特征。② 现代劳动分工已经把人类个体紧密地纳入社会化的范围之内，并且这种趋势还将随着个体的逐利动机不断继续下去。

随着社会化程度的不断加深，人类逐渐形成了个体理性，它成为个体应对社会化这一历史进程的指引。这时的个体理性，已经融合了"自然秩序"和"社会秩序"的双重内涵，成为成熟的市场经济微观主体的价值导向。

七、公共化与社会化的逻辑关联

弄清楚公共化和社会化的逻辑路径，有助于我们把握二者的区别与联系，进而更清晰地认清公共化与社会化的内容、范围和边界，这对于不同的活动主体、不同的主体行为及其解释都具有前提性意义。

（一）公共化与社会化的区别

1. 逻辑起点不同

公共化的逻辑起点是人类群体，而社会化的逻辑起点是人类个体，

---

① 参见：《马克思恩格斯全集》第 1、3、23、42、46 卷。
② 盛洪：《分工与交易———一个一般理论及其对中国非专业化问题的应用分析》，上海三联书店、上海人民出版社 2006 年版。

这也就是说，一切"公共"的问题，都是围绕着群体的意识、行动与要求展开的；而所有"社会"的问题，则要基于个体的意识、行动与要求。逻辑起点的不同，为我们思考"公共化"与"社会化"的关系，提供了理论上的界分。

在理论研究中，并未真正厘清"公共化"与"社会化"这两个概念在逻辑基础上的差异。流行的公共产品理论用"排除法"的手段将公共产品在逻辑上依附于私人产品，即"市场不能做的，就是政府需要做的"。这种思维逻辑无异于说，公共产品决定于私人产品，公共支出的范围决定于私人产品存在的范围。实际上，只要我们对"公共"与"社会"的逻辑基础稍加分析就可以看出，"公共产品"实际上与"私人产品"有着天然的差别，"泛市场分析"的方法并不能延伸到公共领域，"社会化"范畴内的"私人产品"概念，并不能成为"公共化"范畴内的"公共产品"概念的基础。换言之，基于市场分析方法论述的"公共产品"的内涵与外延，在逻辑上是不能成立的，其概念本身也是模糊不清的。[①]

不同的逻辑起点，自然地决定了公共化和社会化有不同的演变路径，对处于其中的各类主体行为自然也会产生不同的影响，形成不同的认识和观念总结。公共化和社会化铸就了不同的人类思维和不同的实践活动。

2. 终极目标不同

公共化的终极目标是群体安全，而社会化的终极目标是自我实现。

群体安全是公共化的最终目标，也只有群体安全才能赋予公共化以逻辑合理性的意义。一个群体当前行为的方向和强度，是群体的内部动力、内部特征和当时所处的群体可感知的环境力量相互作用的结果，这一结果的目标，就是为了求得群体安全。事实上，群体安全已经成为一种社会文化，所谓一个群体的安全文化，是群体的价值观、态度、能力

[①] 见后文《公共风险与公共支出》。

和行为方式的综合产物，它决定于安全管理的目标、保卫安全的行动作风和工作熟练程度。安全文化通常表现为三种力量：信念的自导力、道德的自律力和心理的自激力，群体安全是社会发展的基础与保障，也是群体价值观、道德准则和行为规范的一种融合。

马斯洛理论认为，自我实现是人本质所具有的最高需求，个体存在于现实生活的意义就在于追求自我实现。生理上的需要、安全上的需要、感情上的需要、尊重的需要和自我实现的需要是人类个体需要自低至高的五个层次。当然，谈个体的需要，不能抛开特定的社会条件、人的发展以及人的实践，对于个体而言，逐利是实现自我需要的物质基础和实践保证，因此，虽然人类个体社会化的终极目标在于求得自我实现，但是我们同时必须承认，社会化的直接目标在于个体逐利。

虽然纯粹意义上的自我实现对于每一个人来说都是不可能的，但是人类个体仍在向这个目标努力，因为越接近这一目标，人的存在便越有意义。

（二）公共化与社会化的联系

公共化与社会化是同时产生、互为条件的。从人类历史的起源考察，自从有了人类活动，公共化与社会化就同时开始发展了。在它们发展、演化的过程中，两者还相互促动、相互制约。

1. 公共化与社会化同时产生

承认人类以个体和群体两种方式存在，并且两者处于并列关系，就必须承认公共化与社会化同时产生。

实际上，人不仅生活在社会领域中，而且生活在公共领域中，也就是说，从劳动促成了真正的人类以后，人类就有了两方面的行为：一方面，作为个体的人，在不断地追逐利益与求得自我实现；另一方面，作为群体的人，又必须面对群体所需要解决的公共风险。人来源于动物界这一事实已经决定人永远不能完全摆脱兽性，如果说人作为个体与群体同时并存这种状态与动物有相似之处的话，那么"社会化"与"公共化"早在人类产生之前的动物界里就已经存在了，这种追逐个体利益与寻求群体安全的特征并不为人类所独有。因此，我们在考察"人"的公共化与社会化时，当然容易发现，这两者是同时作为人类行为的特征而在人类产生之初就已经具备的。

从整体上看，经过漫长的发展过程，人的社会化程度已经很高，但从个体看，人首先还是自然人，人个体的社会化，是个体主观追求所致的结果，这种结果反过来造成了个体对社会和他人的依赖。与此同时，人的公共化也演进到了与社会化同样的水平，但无论公共化的内容如何改变，其本质都是要防范与化解公共风险。人的公共化，是自然和社会变迁对群体的必然要求和影响，是群体的自我保护。

2. 社会化对公共化有重要影响

社会化的程度越高，公共化的外延就越大。换言之，社会分工越发展，群体的公共化水平就越高。之所以如此，是因为社会化直接对公共化的发展动力——公共风险产生影响，公共风险扩张的原因就在于社会化的进步。虽然自然领域的公共风险比社会领域的公共风险历史要长久，但群体面临更多的威胁还是来自于社会运行过程内部的不确定性及由此导致的各种风险和危机。生产专业化带来的系统性风险是社会领域公共风险的主要方面，它是随分工深化、社会化程度提高而不断积累的，这在实践中使公共化的外延持续扩大。

在一个社会特定的制度下，随着该社会的社会化程度不断提高，分工带来的"系统性"风险在各类公共风险的中日益突出。分工越来越复杂，在一个链条或一个系统中，某一个或某几个要素如果出现问题，会给整个系统涉及到的要素造成损害。而在社会分工程度不高的社会中，局部的问题不会影响到系统本身的功能，不会造成传染性的影响。这从我国处于二元状态的城市社会和农村社会的对照中就可以看得很清楚。例如水的供应，在农村并未构成公共化的内容，因为水还未成为商品，没有纳入以分工为基础的专业化生产过程；而在城市，水成为商品，已经完全进入到社会大生产过程之中，某一个水厂出现问题，如停水和被污染，就会成为重大的公共事故，影响到整个城市社会。社会化不断发展，由公共化进程催生的制度就需要不断完善。现代社会的"系统性"风险要求制度不断提高系统的可靠性和容错率，具备跨部门整合社会资源和保证分工有效性的能力。而当社会分工从劳动分工发展到哈耶克所说的"知识分工"后，社会对知识的依赖性就大大加深了。知识的分工使知识的生产呈几何级数增长，而知识的增长又加快了知识分工，使社会成员之间、生产环节之间的依存性比以前更强，由此产生的不确定性和公共风险也就更大。①

3. 公共化对社会化产生约束

既然群体对个体是一种哲学意义上的否定，那么在实践中必然表现为公共化对社会化的约束，即凡是公共化的东西都对个体行为形成约束力。

公共化对社会化不能抽象地形成约束，它总是表现为公共风险、制度等内容对个体行为的某种制约。

个体基于逐利和自我实现的目的而采取行动，必须考虑到群体的整体利益，否则，由于个体的不当行为给群体带来公共风险以至公共危机时，群体的风险和危机也必将影响到个体，并对所有个体造成损害。因此，社会化一方面需要公共化的保护，另一方面也必须接受公共化的制约。制度的起源和发展也是类似的道理，制度作为防范与化解公共风险和公共危机的产物，它的产生与它对个体的约束力同时出现，这种对个体的约束力也正是制度的生命力。

公共化对社会化形成的约束，在现代社会，必须建立在民主的基础之上。也就是说，公共风险的识别与防范、公共危机的应对和制度的确立、执行，都要求个体承担相应的义务，这种义务的产生，必须要有民主化的程序，而不能是对个体的随意、主观的强迫。

---

① 见前文《论公共风险》。

公共化的程度不断加深，它对个体社会化进程的约束也在不断加深。无论是公共风险和公共危机的扩大导致个体对社会化进程的选择更加理性、更加科学，还是社会制度的日趋健全和完善对个体形成更全面和更深刻的约束，都是公共化对社会化约束的深化。这种深化的约束，与特定的社会、经济、自然环境和生产发展水平是分不开的，此外，还要受到社会意识和文化的综合制约。随着公共化进程的有序展开，个体也将在更趋理性的基础上推进社会化进程。

公共化与社会化的逻辑起点虽然不同，各自具有各自的属性和演变路径；但是，另一方面，两者又互为条件，相辅相成，从两个方向共同推动着人类社会的变迁与进化。

例如在市场经济社会，由于广泛的分工，使人类个体之间的联系变得日益紧密，但另一方面，由于更激烈的各种竞争，也使人类个体之间变得越来越相互"疏远"，出现了所谓"熟悉的陌生"这样一种矛盾的现象。在没有公共风险的状态下，人类个体之间是一种"紧密的疏远"状态，而当公共风险来临时，如外来侵略、公共灾难，人类群体及其行为就会呈现出来。

不确定性分析：改革与发展的路径

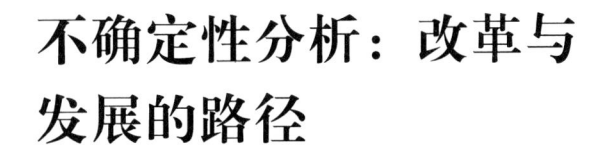

阅读提示：

　　自1926年德国科学家维纳·海森堡提出著名的不确定性原理之后，传统的确定性世界观被颠覆了。不确定性是一种新的世界观。从确定性到不确定性的逻辑前提转换，必然引导人类重塑自身认知世界的思维模式与判断标准。中国的改革发展是人类进化史上的重要篇章，但其中充满了不确定性，包括改革发展的路径、过程、结果都是无法预知的。只有充分认识了不确定性，才能应对不确定性所引致的公共风险与公共危机。此文写于2006年。

Analysis of Uncertainty: The Path of Reform and Development

Abstract

Since German scientist Werner Heisenberg had raised the famous theory of uncertainty, traditional world view has been dramatically changed. Uncertainty theory provides a new way of perceiving the world. This logical premise of certainty to uncertainty, inevitably leads human beings to remodel their own thinking patterns and judgment standards for the perceptions of the world. China's reform and development is an tremendous chapter in human evolution history, but uncertainty fills it, including the unforeseeable ways, process and results of the reform and development. Without a fully comprehension of uncertainty, we are not capable of coping with public risk and crisis induced by uncertainty. This article was written in 2006.

我国改革发展中的不确定性在各个方面的体现，涉及到政治、经济、文化、军事、自然、意识形态的各个方面。中国作为一个大国，不确定性带来的公共风险在某一领域一旦演变成危机，势必引起其他领域内的连锁反应，对整个改革发展造成冲击，甚至全面倒退。国外的一些教训，如俄罗斯改革造成的国力衰退、东南亚金融危机造成的经济衰落、阿根廷发展失误引发的社会动荡等，都可以成为我们引以为鉴的案例。我们之所以要有强烈的忧患意识、风险意识和危机意识，根源就在于改革发展本身就是一个不确定性的过程，并不是只要高举了改革发展的大旗，改革发展就会自然成功。

改革也好，发展也好，既需要"大无畏"的精神，更需要谨小慎微，一招不慎，就可能丧失改革发展的成果。历史上的种种失误已经延滞了民族复兴的进程，在现有的国际政治经济格局下，我们再经不起改革发展失误所带来的时间损失，再也耽误不起了。可依据确定性思维对改革发展的盲目乐观，这本身就是最大的风险，对改革发展构成严重威胁。因此，重新审视改革发展的不确定性，十分必要。

一、不确定性：人类对世界本质的新认识

人类对世界的认识，经历了一个从简单到复杂、从肤浅到深刻、从低级到高级的过程。自然科学告别牛顿时代，标志着确定性世界观的终结，代之而起的是不确定性的新认知观。德国科学家维纳·海森堡在1926年最先打破了传统科学理论的宿命观念，提出了"不确定性原理"。继爱因斯坦之后最杰出的理论物理学家史蒂芬·霍金，在他的《时间简史》一书中指出："海森堡不确定性原理是世界的一个基本的

不可回避的性质。"① 克莱因也在其《数学：确定性的丧失》一书中指出：

"数学不再是一门精确性的学科"，"数学曾经被认为是精确论证的顶峰、真理的化身，是关于宇宙设计的真理，现在则认为这是一个错误的观点"。②

1986年在英国皇家学会为纪念牛顿《自然哲学之数学原理》一书出版300周年纪念大会上，著名流体力学权威詹姆士·莱特希尔发表了一份"道歉宣言"，他说：

"今天，我们深深意识到，我们的前辈对牛顿力学惊人成就的崇拜，促使我们认为世界具有可预见性。的确，我们在1960年以前大多倾向相信这种说法，但现在我们知道这是错误的。我们曾经误导了公众，向他们宣传说，满足牛顿运动定律的系统是决定论的，可在1960年后这已经被证明不是真的，为此我们愿意向公众道歉。"③

确定性只是我们认识到的这个世界的一种特例，就像直线只是曲线的特例一样，不确定性才是世界的本质。

自然科学研究思维的这种革命性变化，对社会科学的研究，尤其是对一直梦想变成"硬科学"的经济学研究来说，无疑会产生巨大的影响。经济学的研究对象比自然科学的研究对象更具有不确定性，更难找到规律，不确定性思维可能比确定性思维更适合于经济学的研究。经济学家们一直在模仿自然科学的思维和方法，面对自然科学领域确定性世界观的终结，当前在经济学研究中被认为是最前沿的分析方法或许在自然科学看来已经落伍了。深刻认识人类经济社会活动的不确定性，对更好地把握我国改革、发展的实践进程大有裨益。

从人类社会发展总体而言，世界的不确定性深刻地体现在各个方面。除了经济领域常见的市场变化、经济波动、金融动荡、贸易争端之

---

① 史蒂芬·霍金：《时间简史》，湖南科学技术出版社2002年版。
② M. 克莱因：《数学：确定性的丧失》（Mathematics: The Loss of Certainty），湖南科技出版社2001年版。
③ 转引自付立：《认识内在的随机性》，载于《学习时报》2005年1月31日。

外，还有政权更迭、制度变革、自然灾害、各种人畜疫病、工业与环境事故等均是不确定的。国际社会的各种冲突，如战争、制裁、恐怖主义等，以及人们日常生活中所能感受到的各种情形——吃、穿、住、行的选择，也是"不确定性"远远多于"确定性"，只是传统的思维让我们意识不到罢了。经济的全球化和人类追求的技术进步，深刻加剧了我们这个世界的不确定性，正如社会学家 Urich. Beck 所描述的那样，人类社会已经进入到"风险社会"的新阶段。一度使人类充满自信的科学与技术，在面对越来越多的风险和危机时，愈益感到束手无策，显示出人类在不确定性面前的无助。

这告诉我们，对已经取得高度文明成就的人类来说，以确定性为逻辑前提的决定论知识系统已无法应对普遍存在的不确定性，既定的科学思维模式需要彻底、全面反思。对于在研究方法上日益向自然科学靠拢的社会科学而言，更需要摆脱已经习惯了的思维定势，因为社会科学研究领域面对的几乎都是"不确定性问题"，经济学更不例外。跳出关于"客观规律"的探求与纷争，遵循不确定性的思维，也许能给我们带来一片新的天地，甚至是以前不曾认知的世界。只有充分认识了不确定性，我们才能应对不确定性以及由此引致的公共风险和公共危机。

二、如何理解我国改革发展中的不确定性

不确定性是世界的基本性质，确定性只是不确定性世界在时空上的特例。① 这种新的认识使未来科学研究以及我们的经济理论将不可避免地发生根本性的变化。在人类走向文明的历史路途中，我们人类遭遇的种种冲突与曲折均源于世界本身的各种不确定性，同时，也正是种种不确定性所引致的公共风险与公共危机推动着人类社会的进化与进步——

---

① 但在当今流行的认识中恰恰对此弄反了，把"确定性"当成了世界的普遍性质，而把"不确定性"当成了一种特殊情形。

观念、组织、制度、规则以及国家的形成与变迁。人类的认知能力不断提高，似乎减少了我们身处其中的这个世界的不确定性，但同时也遭遇越来越多的不确定性问题。

中国的改革发展是人类社会迄今为止最重要的变化与进步，无疑也将不可避免地要面对种种不确定性及其风险，包括路径的不确定性、过程的不确定性和结果的不确定性等。在此，我们必须有一个清醒的基本判断，即以往依据"确定性"所建立的各种前提性假设，都必须重新思考。我们常说，在全球化背景下，中国的改革发展既面临着各种机遇，处于战略机遇期，也面临着各种挑战。其实，机遇也好，挑战也罢，都是不确定的，有利因素和不利因素不是固定不变的，在不确定性的过程中，它们是相互转化的，也可能是单向转化的，有利因素变得更多或者不利因素变得更多，关键是看我们如何认识和把握。

不确定性是一个中性的范畴，不带有"好"与"坏"的价值判断。一方面，正是世界发展过程的不确定性给中国的发展、中华民族的复兴提供了机会。如果世界发展格局的走向就像地球的运动轨迹那样确定，发达国家永远是发达状态，落后国家一直是落后状态，那我们就没有任何崛起的机会了。世界的发展不存在科学宿命论。谁也不能预测世界未来的强国是谁。

但另一方面，也正是这种不确定性，给中国才带来了真正的挑战。一百多年来，追求强国富民、民族复兴的梦想从未中断过，但各种内外因素交织形成的不确定性使中国未曾走向富强，直到最近的二十多年，取得了令世人瞩目的经济成就，中国在世界上的地位才开始逐渐被改变。民族复兴之路还很长，必须密切关注来自国内外的各种不确定性因素对中国改革发展带来的冲击，加强和深化不确定性问题的研究，并将其纳入中国未来改革发展的不确定性风险管理序列之中。

只有认识了不确定性，才能应对不确定性。

对于有着特殊历史背景与国情的中国来说，当前关于改革发展不确定性的基本判断是：中国的改革发展所面临国际环境越来越多变，国际竞争越来越激烈，安全形势越来越复杂；国内经济、社会领域和自然领域的矛盾越来越突出，越来越多元；各种不确定因素涉及到自然、经济、社会和国际等方面。从总体上看，这些不确定性因素相互交叉，容易造成"不确定性叠加"从而遭遇完全陌生的公共风险和公共危机。

事实上，历史已经进入一个"风险社会"的新阶段。我们的目标已经明确，但我们面对的问题以及解决这些问题达成目标的方式却是不确定的。具体来说，发展、改革、稳定的方式实际上都处于不确定的状态，传统的方式已经不适应了，新的方式的探索会遇到很多我们意想不到的情况。面对以上错综复杂的形势，没有任何所谓先验的或现成的路径可以依赖，我们必须在新的历史时期摆脱思维惯性与传统模式，从一个更宏观、更富有创新思维的视角去探寻和应对不确定性带给我们的挑战。

改革的不确定性

顾名思义，改革就是改变与革新。从经济与政治领域来说，就是指当某一种体制、制度、规则、框架在实际运行过程中，不能达到理想的预期效果，或出现违背初衷的负面效应时，对其进行的调整或转换。改革本无先例可寻，改革的过程实质上就是试验、试错的过程。回归到中国实践，改革已成为全社会的共识，改革成为推动发展的驱动力。改革与发展之间的辩证关系，正如小平同志所说，"发展才是硬道理"，改革的终极目标无疑是实现更快更好的发展。在这里，我们姑且不论中国多年改革取得了何种成效，单从各种需要解决的社会矛盾不但没有迎刃而解，反而越发尖锐与紧迫来看，有必要对改革进行一次深层次的反思。

诚然，中国的诸项改革在酝酿、出台与实施之前，其初衷都是为了化解亟待解决的现实问题，但改革的对象是一个非线性的"复杂系统"，政治、经济与社会交互影响，即使是经济领域的改革也不会是纯粹的"经济改革",与意识形态、公众评价以及专家解读都有密切的关联。以 GDP 来衡量,中国以往的改革总体上是成功的。但这并不意味着现有的改革路径在时间的方向上可以一直延续下去。

成功总是一个"过去时",不代表未来。未来是不确定的,未来的改革路径、改革过程和改革结果等都是不确定的,谁也无法预知。同样,在空间意义上,一个地方、一个行业、一个企业所取得的局部成功,并不能复制、扩展到全局,因为空间环境同样也是不确定的,否则,就不会出现"橘逾淮而北为枳"。① 改革的影响因素是不确定的,改革的实施路径是无法照搬的,改革的判断标准不是一成不变的,改革的实践效果是不可预测的。

用确定性的思维框架来套改革中充满不确定性的现实,就会使改革走偏,甚至改出一个我们根本就不想要的东西来。中国的改革到底如何深化,仅仅靠决心、勇气是远远不够的,需要更深层次的研究。如果说,"大胆地试"是从前改革的特征,需要的更多是决心和勇气,那么,在改革的新阶段,需要的更多是"深入地研究",用新的理论来指导改革。

1. "不确定性"给改革带来的现实矛盾

从经济体制改革来说,我国前阶段的经济体制改革虽然取得了不小的进展,但是其推进的速度、力度、深度和协调度远远不够。速度不够是指有些改革进展缓慢,推进之艰难超出预计,以至于改革处于"胶着"状态;力度不够是指对于计划经济体制的核心部分,如行政垄断行业等,攻坚的力度不够,尤其是对既得利益集团的阻挠和干扰缺乏突破力,有的地方甚至出现了体制复归现象;深度不够是指有些改革尚属浅层次,农村土地制度、国企产权制度、政府职能转换、社会分配制度等,都存在一些深层次问题有待突破;协调度不够是指在不同领域、不同地区、不同行业之间的改革缺乏整体协调与平衡,整个社会缺乏改革

---

① 《周礼·考工记·序官》。

的协调机制。

这就是中国改革所面临的现实。追根溯源,在这些矛盾的背后其实都体现着现实世界不确定性的本质:在速度问题上,如何寻找一个最佳的改革推进速度,是逐步推进,还是快速推进,这存在一个全盘考虑的风险与不确定性;在力度方面,改革如果是充当一视同仁、铁面无私的"包公",全面整改所有行业,那么关系到国计民生的一些传统垄断性行业将会出现怎样一种局面,着实难以预料;在深度方面,是彻底打破现有的制度框架、组织结构、利益分配格局、企业管理模式,还是在向纵深行近的过程中,逐步进行微调,也存在很大的不确定性;在改革协调方面,由于不同的区域、城乡之间存在很大差异性,改革既不能"齐步走",也不能"各自走",而理想的协调模式又难以发现,在不确定性面前,中国的改革面临种种需要破解的难题。

2. 以不确定性思维推进市场化改革

中国的改革是从传统的计划经济体制转向社会主义市场经济体制。社会主义市场经济体制是一个全新的概念,需要我们对之借鉴、理解、深化与创新。在改革推进与理论创新的过程中,面对不确定性带来的难题与困惑,我们势必需要对以往的改革模式进行反思。"十一五"规划中已明确指出:中国经济体制改革要抓住关键时期,使改革向纵深推进。这意味着,传统的改革路径和改革方式并不一定依然适应,需要进行新的探索。

改革的路径依赖,与其说是一种社会现象,倒不如说是"确定性思维"泛化导致的一种后果。这种思维的突出特征是把改革视为一个"工程"看待,以工程设计的思维来设计改革。我们知道,无论多么复杂的工程,都必须以"确定性"为前提,地基的地质构造、工程结构、使用的材料等都必须通过精确计算而确定下来,然后按照施工蓝图精确施工,允许有一定的误差,但不允许有不确定性存在,否则工程就会垮塌。这种思维蔓延到改革过程之中,就出现了"系统工程"、"离市场经济还有多远"、"离公共财政还有多远"的概念和说法,作为一个比喻未尝不可，但以为改革就像工程施工，先设计一个蓝图，然后按部就班地施工就万事大吉了。果真那么简单，那么，我们就可以准确地预期"改革工程"完工的日期了。事实上，这是不可能的。我们可以对改革设计出一个蓝图，但绝不可能设计出一个改革的"施工图"或"路线图"来。因为许多未知的因素靠我们现有的确定性知识系统是无法驾驭的。社会是一个复杂系统，制度、组织、成员等社会"硬件"和观念、意识、价值等社会"软件"都处于互动状态，现有的确定性知识系统还无法对社会的演进过程进行精确的计算。因此，改革需要的不是确定性的"工程思维"，而是不确定性的"社会思维"。

市场化是中国改革的方向，这已经是共识。但到底是一个什么样子的市场化，以及建成一个什么样子的市场经济体制，这恐怕难以预测。每一个人心目中所想的和所要的那个市场经济都是不同的，因为这涉及到每一个人未来的利益。市场化改革是一个不确定性的过程，所以从本质上讲，改革只能是以公共风险为导向，"摸着石头过河"，不可能以工程施工的方式来推进和深化改革。只有在公共风险导向下，改革、推动改革以及如何改革的共识才能真正形成，才能引领未来，才能使改革向纵深推进。

依据不确定性可能引致的公共风险，就可以对改革的路径、改革的过程以及改革的结果进行分析和判断。改革本身源于公共风险——传统体制下的低效率、贫穷，① 推及一般意义上，改革成功与否的最终标准是：公共风险是降低了还是扩大了。改革路径的选择、改革过程的快慢以及改革结果的可接受性，都可以从公共风险来衡量。凡是有助于降低公共风险的改革，就可以判定为"正确"的改革；凡是可能引致新的公共风险或进一步扩大公共风险的改革，就可以判定为"错误"的改革。现阶段的市场化改革需要重点抓住以下几个方面，因为这几个方面显露出的公共风险最为明显，对全面、协调和可持续发展的牵制最大。

---

① 之所以把低效率、贫穷判定为公共风险，因为它危及国家、民族的命运，也威胁执政党的地位和政权的稳定。

一是推进微观经济主体改革，重点是对国有企业、国有商业银行和国有事业单位改革；二是推进要素市场的改革，在"十一五"期间，重点是资源、资本、土地、劳动力、技术和管理市场改革，克服"要素双轨制"问题；三是推进政府自身改革，其核心点是转换政府职能，扩大行政透明度；四是推进社会管理和政治体制，继续推动民主化进程，实现社会化与公共化的良好协调。

发展的不确定性

发展是一个民族生存与持续的永恒主题，对于长期被贫穷落后的阴影所笼罩的中国来说，发展的任务显得尤为紧迫。对于发展问题的认识不能简单地从静态的、平面的角度去理解，发展应是一个动态的、立体的、内涵丰富的过程，在不同的历史阶段，发展会有不同的模式。从根本上讲，这与某一历史时期所面临的某种特殊的不确定性有内在关联。发展体现出的是一个国家的综合实力与竞争力。发展是多元要素的组合，其外延涉及到经济、社会、人文、自然、军事等各个方面。发展本身就是无数不确定性因素的集合。中国在从传统的农业社会向工业社会、信息社会过渡的过程中，由于国情、意识形态、利益格局的制约，二十多年高速发展的背后，存在许多涉及全局性的严重隐患。出口导向、粗放式增长、以"物"为中心等这些具有依赖性的因素，将会放大中国经济全面、协调和可持续发展过程中的不确定性。

面对发展路径选择，在《中共中央关于制定国民经济和社会发展第十一个五年规划的建议》中指出：要以科学发展观统领经济社会发展全局，把经济社会发展切实转入全面协调可持续发展的轨道。必须保持经济平稳较快发展，必须加快转变经济增长方式，必须提高自主创新能力，这无疑是对中国未来发展道路的明确指引。

中国的经济发展，其目标应是向工业化与信息化迈进。但中国目前所处的环境与第二次世界大战后的新兴工业化国家又有很大差异，"大国经济"如何转型是摆在我们面前的一大难题。总体上看，发展路径摸索的不确定性增加了，进入工业化中后期我们面临着诸多带有中国特殊性的困难。新的发展路径要求我们以内需为导向，转换经济增长方式，以人为本。这种路径转换不可能是一条笔直的高速路，或许根本没有现成的道路可循，需要我们开拓出一条新路来。无论是老牌工业化国家，还是新兴工业化国家，都无法为我们提供这方面的直接经验。这些转型过程中的不确定因素，是巨大的公共风险，成为我们必须正视的挑战。不确定性就其本意而言，是人们事先无法预测的，在不确定性与公共风险面前，如果没有事先的理论准备和防范机制，则可能导致发展路径转换的失败，从而引致公共危机。

改革开放20多年来，中国经济的快速增长，直接依托于一种有特色的增长模式：政府与市场共同推动，尤其是各级地方政府之间的竞争与市场竞争的"叠加"给经济注入了强大动力。政府竞争以GDP为导向，带来了所谓的"低成本优势"，尤其是低地价、低工资；市场竞争以社会需求为导向，带来了供给能力的快速扩张，形成了出口依赖型、技术依赖型和原材料依赖型的所谓"世界制造中心"。这种增长模式的利弊在不同的阶段是不同的，进入现阶段，能源、资源、环境、利益诉求的制约性日益增强，其弊端也越来越大。尤其是融入全球化所内生的不确定性，使这种增长模式难以持续。国际市场是一国政府无法驾驭的，能源和原材料市场、产品市场、技术市场的全球规模虽在不断扩大，但贸易的自由化程度并没有随之扩大，相反各种贸易壁垒有增无减。中国成为世界制造中心与英国在工业革命时期成为世界制造中心的情形已不可相提并论，其本质的差异在于"不确定性"所带来的深刻影响。政府近几年提出的诸如科学发展观、构建节约型社会、建设创新型国家等，实质上都是应对未来不确定性的战略思路。节能降耗、自主创新以及环境保护等战略措施的施行，并不是为了解决过去的历史老账，而是为了应对未来不确定性可能导致的公共风险和公共危机——经济社会发展不可持续。因此，寻求一个适合中国国情的新的发展模式，着眼点不是过去,也不是现在——这都已经是确定的,而是未来——这是不确定的。

中国今后经济社会发展的过程,实际上也就是寻找新的发展模式的过程。不言而喻,这个过程本身是不确定的。

三、中国改革发展中不确定性因素的剖析

改革发展的不确定性,是由多种不确定性因素集合而成的。从大类来看,这些不确定性因素来自于四个方面:大自然、经济领域、社会领域和国际环境。其中任何一方面的不确定性因素对改革发展都有重大的影响,下面对此做一个简要描述。

(一) 来自于大自然的不确定性

与人类社会的早期相比,对大自然我们已经了解了很多,但要清醒地看到,我们未知的还要更多。人类对大自然的认识与把握也许还只是停留在一些"确定性的特例"表象之上,对更具一般性的不确定性的认识还未真正起步,其中蕴含的巨大风险与破坏力,是人类的想像力所不能及的,即使是物理、化学这些严密的自然科学,有时也只能望洋兴叹。由于环境污染加剧所造成的地球温室效应正在加速发展,正如英国环境首席科学家皮尔斯·福特所说:"这意味着有关全球气温变暖的预测必须重新评估,如果二氧化碳的年平均增长率持续上升,情况就会变得很糟,我们的处境将是灾难性的"。[①] 美国经典灾难电影《后天》所表现的那种场面正是现代科学所无法把握的"不确定性"带来的巨大灾难。海啸、地震、泥石流、洪水、干旱等自然灾难给人类带来了巨大

---

① 《大气中二氧化碳浓度提高正在加速》载于《科技日报》2004年10月15日,转引自http://database.cpst.net.cn/popul/views/artic/41015091544.html。

损失，而全球气候的不确定性变化则从根本威胁人类的生存环境。

我国是一个自然灾害频发的国家，有几亿人次每年不同程度地遭遇各种各样的自然灾害，每年有上千万人成为自然灾害的受害者。据统计，2006年8月全国共12 829.3万人受灾，紧急转移安置311.9万人，因灾死亡661人，失踪168人；倒塌房屋25.8万间；因灾直接经济损失613.9亿元。① 频发的严重自然灾害会使经济运行和社会生活变得更加不确定，不排除引发经济危机和社会危机的可能性。在社会经济的快速发展阶段，人与自然间脆弱的平衡屡屡被打破，发达国家在100多年里陆续出现的环境问题，在中国20多年里集中出现，环境危机的频率将会越来越高。与此相关的流行病也成为影响人类生存的一大杀手。SARS、口蹄疫、疯牛病、艾滋病、禽流感等，这些严重疫病可能会引致全球经济衰退。

大自然的种种不确定性都会叠加到经济、社会过程中去，从而成为改革发展不确定性的重要来源。

（二）来自于经济领域的不确定性

不确定性是转轨经济的一个基本特征。经济转轨的核心是经济增长方式的转换，即从粗放式增长到集约式增长的转换。这种转换的不确定性首先体现在动力问题上。如果政府与市场能在协同的基础上形成合力，就会形成转换的巨大动力。但政府与市场的关系处于复杂的不确定性状态之中，角色的准确"归位"十分困难，政府与市场造成"内耗"的可能性是存在的，因而造成转换动力不足，甚至失去动力的可能性难以排除。转换经济增长方式离不开自主创新。而创新是具有显著不确定性特征的活动，无论是原始创新、集成创新、还是引进消化吸收再创新，其创新过程、创新速度、创新结果都难以预料。

---

① 《民政部通报8月份全国自然灾害救助工作情况》，民政部网站2006年9月7日，http://www.mca.gov.cn/news/content/recent/20069795635.html。

其次，体制转换成本不断加大，中国有句古语"行百里者半九十"，改革进入深层次的难度会陡增，这其间的组织成本、协调成本、制度构建和维护成本等改革成本都会迅速提高，如果不能通过发展来消解，那么体制转换就会滞后，甚至不能实现。从这里看出，改革与发展本身实际上互为不确定性因素。

其三，发生在中国的这场转轨与世界经济会产生强烈的互动，这种相互作用的力度、范围、方向都难以预测。中国经济"大进大出"的这种格局与世界经济的摩擦愈演愈烈，能维持多久不可预料。若不可持续，则建立在这种格局基础之上的中国经济的快速增长有可能突然"失速"。

其四，进入工业化中后期，随着人均收入的上升，要素成本也随之上升，会导致目前增长方式下的减速效应。也正因为这一点，经济界有人主张不能过快地给工人涨工资，以免妨碍经济增长。若长期维持低工资局面，消费需求不足，增长最终也得滑落。这个度如何把握难以确定。

其五，人口与人力资源的约束加重。我国是人口大国，人口压力能成为人力资源优势，则未来经济发展就会产生源源不竭的动力；若不能，人口压力就会变成未来经济发展的巨大阻力。人力资源体现在劳动力素质高低。而我们面对的现实是高素质劳动力极其短缺。农村劳动力87%是初中以下水平。城市技工短缺，尤其是高级技工严重短缺。2004年在40个城市调查显示，我国技师和高级技师占全部技术工人的比例不到4%，而企业需求的比例是14%以上。具体看，企业对高级技师、技师、高级工、中级和初级工的需求人数与求职应聘人数之比分别是2.4∶1、2.1∶1、1.8∶1、1.5∶1和1.5∶1，供求之间存在相当大差距。[1]全国高级技工人数仅占技工总数的3.5%，与发达国家占40%的比例相

---

[1] 劳动和社会保障部课题组：《关于技工短缺的调研报告》，《经济参考报》2004年9月8日，转引自http://news.xinhuanet.com/fortune/2004-09/08/content_1957487.htm。

差甚远。全国仅数控机床操作工就短缺60万人。① 不难想像,在劳动力素质低下的基础上,经济增长方式的转换、产业结构的升级以及自主创新能力的增强将无法实现。可见,"人"成为我国经济发展过程中最大的不确定性因素。

上面列举式的分析表明,未来经济发展中的不确定性因素不是在减少,而是在增加。

(三) 来自于社会领域的不确定性

当今社会处于日新月异的变化过程中,社会呈现出日益多元化的趋势,包括利益格局多元化、行为观念多元化、生活方式多元化,人作为社会活动的主体所扮演的角色也呈现出多元化。在中国经济转轨的同时,中国社会也在进行转轨,要做到和谐转轨,关键是让社会大众而不是少数人能够享受到改革发展的成果。要逐步做到共同富裕,社会平等,使社会大众的基本权利都能得到维护,如教育权、健康权、就业权,这就要求我们必须逐步缩小城乡、区域的分配差距等。这本身就是一个十分复杂的过程,其中蕴含的不确定性体现在诸多方面。

首先,新兴行业的出现、传统产业的没落、社会分工的细化、教育程度不同而带来的收入分配的差异、新社会阶层的出现,都使得个体行为在利益的驱动下产生不同以往的复杂性与不确定性。其次,随着社会信息化程度的提高,由于信息不对称、信息泛滥、信息污染所带来的信息风险,也将增加社会的不确定性因素。其三,在城市化和工业化过程中,大量农民的社会角色的转换与现行制度之间产生冲突的可能性加大,这种角色转换放大社会运行过程中的不确定性。其四,执政党作为一个权力实体,在它行使职能时,与公众的关系亦变得微妙而模糊。最后,物质利益关系的全面渗透,不可避免地带来信仰危机,娱乐业与媒

---

① 新华网 http://news.xinhuanet.com/misc/2006-06/13/content_4688467.htm。

体业的兴起,用"短、平、快"的刺激与喧哗替代了理想的支撑与精神的皈依,信仰贫瘠所引致的社会风险是潜在的,且这种风险的颠覆力极强。

(四) 来自于国际环境的不确定性

中国的发展离不开世界。任何政治经济实体都不可能脱离国际环境而快速发展,中国正在以惊人的速度和平崛起,并日益成为推动世界经济快速增长的巨大引擎。虽然和平、发展与合作仍旧是国际政治环境的主题,但中国这一在发达国家眼中堪称为意识形态异端的超级大国,其发展已超乎了西方国家的想像与预测。因此,他们试图用中国威胁论、崩溃论制约中国的发展,这就给我们的国际环境带来了极大的不确定性。

全球化正在成为世界发展的主要驱动力。现在看来,加入 WTO 对我国的影响并不像我们最初预料的那样会体现在几个主要的产业上,世贸组织的影响将通过其规则影响我国经济和社会发展的深层次结构。在全球化的进程中,新贸易保护主义将会极大地影响中国融入世界经济体系。

外交风险同样是我们必须面对的不确定性。这主要体现在台湾问题导致中美之间出现直接的军事对抗形势,台湾问题的复杂性正在于美国对亚洲事务的介入,换句话说,台湾问题是美国全球战略的一部分,在未来相当长一个时期内,美国不会放弃对台湾问题的干预,这大大增加了解决台湾问题的难度。大陆与台湾之间的摩擦将长期存在,并会不断对经济、社会发展造成或大或小的冲击。

四、不确定性与公共风险

不确定性与公共风险是两个既相近,又存在差异的概念。不确定性对于未来事件的结果不产生唯一性影响;而公共风险一旦形成,便会伴随危机。从前文的论述中不难看出,中国在改革与发展过程中所面临的众多不确定性因素正呈现逐步扩大的趋势,改革与发展失误概率也将增大,公共风险趋于发散的状态。

公共风险之所以在目前呈现出扩大趋势,直接原因是在谋求发展以实现经济转轨的过程中所暴露出来的制度性缺陷。从计划经济转向市场经济,是全面而深刻的社会变革,既是一种经济体制的变革,更是一种思维逻辑的变革,这种变革没有任何现存模式可以套用。因此,在摸索的过程中,新旧制度并存导致制度结构的整体功能下降,使从前不曾显现的公共风险在转轨过程中显现出来并与新的公共风险"叠加"到一起,从而使整个公共风险逐步扩大。这主要体现为如下几个方面:

(一) 经济衰退的风险

前面分析的不确定性因素都可能引致经济衰退。而应对不确定性的"利器"就是健全的制度,但体制转轨中面临的恰恰就是制度缺陷的普遍存在。当前的经济不平衡在加剧,这个局面,以前谁也不曾预知。究其原因,体制环境、政策引导是主因。可以说,是制度的种种缺陷造成了经济的严重不平衡。解决问题的办法还得靠改革的深化,以形成新的制度环境,进而改变各级政府行为和企业行为的方式和动机。现有的制度环境是培养"经济机会主义"的温床,从地方政府到企业,实行的都是一种机会主义战略,追求短期效用,把各种风险转移给未来。

能否通过改革来矫正制度的缺陷,从而缓解经济不平衡状况,实际上也是不确定的。因为改革需要"共识",而"共识"只有在公共风险即将转变为公共危机的状态下才可能形成。经济衰退的风险能否避免,取决于社会公共理性对公共风险的态度和敏感性。对未来的悲观判断也许能带来乐观的未来结果。

例如不合理产业结构的形成很大程度上是投资者的"错误"所致,

而投资者的错误却与决策体制和国民经济体制相关，亦即投资决策者不承担风险责任和没有充分的行业信息。许多投资项目建成投产以后才发现产品没有市场，造成积压，尤其是重复建设，导致了生产能力的大量过剩。经济衰退风险并不一定是经济运行的自发作用结果，更大程度上是由于制度不能及时化解风险而引致的风险累积，是长期以来投资体制的缺陷造成的。投资错误产生的风险当时没有显现出来，但却通过产业结构的固化积淀而累积下来，达到一定的临界值，便转化为经济衰退的风险。从这里可看出，公共风险具有很大的隐蔽性。

（二）社会分化的风险

社会在转型过程中，流动速率提高是社会发展的结果，并与社会分化在一定意义上为正相关关系，在社会流动的过程中，社会分化的风险扩大。原有身份等级权利的滞留导致了权利不平等，如城市制度对农村剩余劳动力的歧视，如部分城市已有的户籍制度改革大都有利于社会中上层（高学历、高收入、高职称人员）等，从而导致了非政府主导的水平流动的再分化，并引发社会阶层分离的公共风险。其中最典型的是数量庞大的社会弱势群体，对他们而言，从就业市场的角度看，他们往往被排除在正式职业以外而具有高度的流动性；从收入的角度看，他们处在社会结构的"底层"，处于经济社会发展过程之外；从制度体系观察，他们由于缺少制度保障而被边缘化，其权利经常受到损害；从社会组织来看，他们缺乏组织资源和团体资源可利用，表现出分散化、个体化特征。转型社会中的弱势群体，事实上处于"重度"社会边缘化状态。另外，非政府主导下的农村劳动力大规模流动对中国城市化的影响、城市下岗职工缺乏新的劳动技能而失业或走向非正规就业、大量低学历青年向消费性服务业转移等，都隐含着种种不确定性引发的社会维度的公共风险。

(三) 社会失序的风险

在改革开放取得举世公认的巨大成就的同时，毋庸讳言，我国的社会运行也出现了一些严重的矛盾和问题，突出表现在改革发展不确定性引发的社会失序、心理失衡。不确定性与社会失序是正相关的，不确定性程度越高，社会失序就会越严重。由于产业结构调整、社会保障体系、教育卫生、收入分配、"三农"等方面暴露出来的问题，使得社会矛盾与冲突日益加剧。诸如拖欠农民工工资、歧视农民工就业、农民工子女就学等问题。由于城乡之间、区域之间、产业之间等占有资源的不同，造成不同人群之间收入和福利差距越来越大，利益关系愈来愈复杂，社会的内聚力逐步减弱。社会失序会造成社会动荡，阻碍改革发展的步伐。因此，如何处理改革发展和稳定的关系，如何用一种新的改革发展思维来统一和提高中央和地方各级领导的认识，已经成为摆在政府和理论研究者面前的一个重大课题。

(四) 改革开放"误入歧途"的风险

我国当前的整个改革是以市场化为导向的，其目标就是建立起社会主义市场经济体制，这种导向现在已经成为一种社会共识。但在改革开放的整体推进过程中，目前明确了的只是改革开放的大体方向，其目标模式并未被界定，由于改革开放本身的不确定性，使得我们无法对改革"彼岸"的图景有一清晰描绘。这样一来，我们就很容易落入一个"循环改革"的危险境地而不知，即改革开放有误入歧途的风险。目前理论界与实践部门都在谈改革，但是也许我们在不知不觉中改出了一个我们不想要的市场经济体制，或称"坏的市场经济"。

改革开放的不确定性，需要我们找到指导改革并应对不确定性的有效方法。实际上，长期引导我们改革开放的并不是所谓的理论，而是现实中的公共风险以及由此可能导致的公共危机,我们在探索中前进的每一步改革都是公共风险引导的结果。因此,要避免误入歧途,要对改革开放有强烈的风险意识,并以改革开放中的公共风险来衡量和判断我们前进的方向、进程和成果。以一个想像的或临摹的"市场经济体制"作为标准来衡量与判断现实中的改革开放,那将是极其危险的。市场化改革只具有"工具价值",我们能建成一个什么样的市场经济体制,事先谁也不能预知,只能是在公共风险的引导下,一步一个脚印前进,才可能实现中华民族复兴的伟大目标,也就是规避了民族的公共风险与公共危机,成为全球化竞争中的胜利者。

五、简短的结论与建议

自然与社会充满了不确定性,这种不确定性将会给社会成员带来公共风险与公共危机。公共风险与市场机制的规则不相吻合,只能按照集体行动的逻辑,以政府为主导来防范和化解,也就是要由政府来承担起相应的责任。

旧的观念必须加以革新,对以科学宿命论为特征的传统世界认知观进行改造,有助于我们与时俱进地更新观念,提高对经济社会发展不确定性的认识,树立强烈的忧患与风险意识。

观念是指导人类行为最深层的、也是最容易固化的因素。改革发展总是要求人们观念的革新,而一旦人们的观念发生改变,对生产力的促进作用是巨大的。树立新观念,充分认识"不确定性是世界的基本性质",是防范与化解公共风险的理论前提。这种新思维、新观念对指导我国当前的改革开放实践至关重要,它关乎改革发展的兴衰成败。

如何努力减少我国当前改革开放发展过程中的种种不确定性因素,科学发展观为我们提供了总体的应对之策。但最终要落实到制度上,这样才可能减少不确定性,防范、化解公共风险。制度既是不确定性引发的公共风险导致的,也是防范和化解公共风险的手段和工具。加快制度创新,对于防范和化解公共风险具有极端重要性。与发展进程相比较,制度变革显得滞后了。这种滞后放大了不确定性,从而扩散了公共风险。

对于各级政府部门而言,加快制度创新的核心就是打破既有的"风险大锅饭"体制,强化各级政府、各个部门、企业以及个人的避险动机,从体制上尽快形成"利益与风险对称"的机制。没有这种体制"大锅饭"的彻底打破,中国的改革就永远只能进行一半:有利益的激励,而无风险的约束。这就好比一辆只有油门而无刹车的汽车在路上狂奔,其风险是不言而喻。各级政府之间、政府与各企业之间、不同届别的政府之间的风险责任应当明确界定,形成规范的风险责任分担机制。

此外,建立健全公共风险的预警系统和应急反应机制,在"风险社会"来临之际尤其显得迫切。公共风险的预警系统与应急反应机制属于国家危机管理系统,包括平时监控、实时分析、数据计量、危情报告等内容。从理论上讲,公共风险的应急反应机制至少应包括目标系统、应急决策系统、应急动员系统和应急反馈系统等。在应对自然灾害、安全事故、疫病控制等突发公共事件方面,有了很大的改进,但应对经济领域,特别是金融风险与金融危机的应急机制建设,还需要加快步伐。应急反应机制的建设是一个复杂的过程,涉及到方方面面,难以一蹴而就。不论公共风险的预警与应急反应机制建设得如何,只要在决策中总是能够考虑到这些因素,就会增强对改革发展的不确定性控制,从而提高抗击公共风险的能力。就此而言,风险观念要先行。

以公共风险为导向的中国改革

阅读提示：

改革是一个复杂的系统工程，但不能用"工程思维"来思考改革，因为我们不知道改革的"彼岸"在哪里，因而也不知道还要走多远，更是画不出一条改革的"路线图"；我们想要建立的那种理想的体制模式到底将会是什么模样，谁也无法预知，因而我们无法设计出一个"施工图"像盖房子一样按部就班地来实施我们今天的改革。无论从历史来观察，还是从逻辑来推演，引导改革的只能是公共风险。公共风险既是我们改革的动力和压力，也是判断改革方向和正当性的基本准则。此文是基于2005年上半年在一次关于改革形势分析会上的发言而形成的。

China's Reform Logic: Public Risk

Abstract

China's reform is a complicated systematic project, but cannot be considered with "project thinking" for we do not know the outcome or how far it is going to be. There's no such things as "blueprint", thus it is not applied to "engineering thinking". None of us can predict how the ideal system model would look like, and therefore we are unable to design a "shop drawing" for the reform to carry out our present reform following the prescribed order like building a house. Observed either from historical perspective or logical view, the reform can only be driven by public risk. Public risk is both the driving force and the pressure for the reform, but also the basic standard to determine the direction and the legitimacy of the reform. This article is based on a speech at a meeting about China's reform analysis in first half of 2005.

一、从方法论说起——如何来思考改革

我国当前的整个改革是以市场化为导向的,其目标就是建立起社会主义市场经济体制;与此相关的公共领域的改革是以公共化为导向的,如公共财政、公共管理等,其目标就是建立一个关于公共事务的有效决策机制。在改革开放的初期,我们对此并不清楚,或者说在整个社会没有达成共识。经过十多年的摸索,直至邓小平 1992 年南巡讲话之后,市场化改革的这个方向才得以真正明确;与此相连的公共化改革也得以确定。对于改革的方向,现在已经成为一种社会共识,似乎是没什么可说的了,没有人会反对市场化导向的改革。

事实上,"改革"已经成为当今中国的另一种社会意识形态,只要高举改革的旗帜,就几乎无人敢唱反调。但问题是,我们仅仅是明确了改革方向,"目的地"在哪儿?还要走多远?对此恐怕很难说清楚。这也就是说,我们通过改革所要建立的社会主义市场经济体制到底是个什么样子?能不能设计出一个"施工图"像盖房子一样按部就班地来实施我们今天的改革?如果回答是肯定的,那我们就可以把今天的改革事业当成一个"工程"来对待,并用"工程思维"来判断我们的改革是否偏离了方向,就可以知道我们改革的进程如何,以及还需要走多远和怎么走,甚至可以宣布,在某年某月可以建成社会主义市场经济体制的大厦。如果回答是否定的,则意味着市场化导向的改革只是给了我们一个大体的方向,以及沿着这个方向进行改革的一般原则,如产权明晰(无论公共产权,还是私人产权)、利益与风险对称、竞争环境要公平、政府行为要规范等。除此以外,没有更多的信息来判断我们改革的进程。改革的"彼岸"并没有一个清晰的图景,或者说改革的目标模式所提供的信息是不充分的。这就产生了一个问题：我们的市场化改革已经走了多远？有没有偏离市场化改革的方向？我们还有多长的路要走？我们凭什么来对此作出判断？如果不能判断，则就会引出另一个问题，即改革的方向是否出了偏差我们也无法判断。这样一来，我们就很容易落入到一个危险的境地：陷入"循环改革"而不知。大家都在喊改革，也许不知不觉中就改回去了，或者误入歧途，改出了一个我们不想要的市场经济体制，或如吴敬琏先生所说的"坏的市场经济"。这是一个改革逻辑上的悖论。

那我们有什么办法来避免这种情况的发生呢？在学术界，通常是以国外的市场经济为"标杆"来判断的，譬如美国的市场经济如何，我们的市场经济还差多远，总是有意或无意地拿西方发达国家来做我们改革的"模板"。看看别人是怎么搞市场经济的，也许能给我们一些启示，进行比较研究确有必要，但改革中的"拿来主义"是行不通的。过去临摹前苏联的体制，事实证明是失败的；今天临摹美国的体制也不会成功。历史和逻辑都可以证明，模仿他国，此路不通。还有什么办法呢？要避免落入"循环改革"的陷阱之中，及时纠正改革中出现的偏差，我感觉，泛泛地谈论一般性的原则是没用的，必须从一个新的角度来考虑，以寻求一个新的判断准则。

这就让我想起来我们为什么要改革呢？是理论上证明了计划经济有重大缺陷？恰恰相反，当时的理论解释认为计划经济有许多的优越性，即使用现在的理论来证明，只要信息充分，计划经济与市场经济是等价的。其实，引导我们改革的不是理论，而是现实中的公共风险以及由此可能导致的公共危机。"落后就要挨打"，这是中国近代史留给我们的最深刻的记忆。20世纪80年代中期，上海的《世界经济导报》发起了一场关于中国"球籍"的大讨论，其大意是如果中国不加快发展，中华民族不但难以自立于世界民族之林，甚至有被开除"球籍"的危险。"球籍"是什么？那就是我们全体国民所面临的公共风险（即潜在的公共危机）。没有这样的公共风险，改革开放能在中国的大地上展开吗？

能形成改革开放的共识吗？这是不言而喻的。

事实上，我们在探索中前进的一步步改革都是公共风险引导的结果。没有公共风险，从根本上讲，整个改革就是多余的，更不要说改革的动力和改革的共识。尽管这在社会的"公共显意识"（如政府的文件、流行的理论）中并未充分反映出来，但却是实实在在存在的，或者说是作为社会的一种"公共潜意识"而存在的。2003年的"非典"带给我们的震撼可以说是公共风险引导改革的一个有力证明。如果我们再进一步观察，不难发现，公共风险既是我们改革的压力和动力，同时也是我们进行改革的目标指向。我们改革的目的是什么？是为了建立一个市场经济体制？为改革而改革？显然不是，那就是：防范和化解公共风险（潜在公共危机），实现中华民族的伟大复兴。建立市场经济体制只是我们达到这个目的一个手段或工具。市场化改革只有"工具价值"，不是我们追求的目的，防范公共风险，以避免公共危机才是我们集体行动所追求的终极价值之所在。

那么，现在的改革到底应该怎么走？用什么方式来判断改革是否出现了偏差？在这里我们可以从公共风险中引申出一种新的判断标准：是否有利于防范和化解公共风险。如果是，则改革是正当的；如果不是，则改革不具有正当性。这个方法既可以用来对整个改革进行判断，也能用来对局部的某一项改革进行分析。循着这个思路，我们不难对当前的改革作出新的分析和判断。总之，改革只是手段，不能从改革本身来判断改革的正当性；市场化只是一个方向，也是一个手段，也无法从市场化本身得出有意义的结论，只有从与公共风险的联系中才能看出各项改革的真正意义所在。以市场为导向来推进各项改革，相对于计划经济而言是有意义的，正如GDP的增长对于贫穷而言具有意义一样。但当改革进入一个新阶段，尤其是市场化改革已经明确，并已经成为社会共识的情况下，继续以"市场化"来引导各项改革，则有可能落入到我们前面所提到的改革陷阱之中。因此，在改革方向已经明确的条件下，改革的导向不应是作为手段的市场，而是公共风险。只有这样，才可能避免为改革而改革，为市场化而市场化。

对社会大众而言，只有公共风险才是绝对的公共利益，其他均可归结为个体的利益，或者说，除了防范公共风险是公共利益，其他的都是非公共利益。站在这个角度来看，以公共风险为导向的改革实质上是以公共利益为导向的改革，只有服从于这个公共利益，改革才不会出现偏差，才能真正体现我们改革的终极价值。

二、当前面临的主要公共风险

以公共风险为导向来推进宏观改革，那就要搞清楚当前面临的主要公共风险，这样改革才能有的放矢，真正起到防范和化解公共风险的作用。当前面临的公共风险，主要有以下几个方面：

1. 市场竞争的逆向淘汰

一般地说，市场竞争的结果是优胜劣汰。但凡事不能想当然，历史上曾经有劣币驱逐良币的现象，现在的市场竞争也出现了类似的现象。最主要的是市场竞争环境不公平，首先是内外资企业的不平等，外资企业税负轻，而内资企业税负重，这必将淘汰一些高效率的内资企业，而保留下低效率的外资企业。公有制企业和非公有制企业之间也有类似的情况，前者占有了大量的资源，而产出效率并不高；而相对有效率的非公有制企业，却很难得到资源，例如贷款。在这种不公平的竞争环境下，竞争的结果就是逆向淘汰，即低效率的淘汰高效率的；无效率的淘汰有效率的。不管这种逆向淘汰是什么程度，但只要存在，那就是一种公共风险，将会恶化资源配置，从而降低国家的竞争力。

2. 收入分配的逆向调节

这表现在多个层面，对个人收入分配的逆向调节尤其突出，个人所得税主要由工薪阶层缴纳就是一个有力的证据。城乡之间的收入分配、区域之间的收入分配存在同样的问题，并已存在多年。尽管本届政府已经意识到这个问题,并着手解决,如加大对欠发达地区转移支付的力度、公共支出的增量向农村倾斜等,但由体制造成的问题非一日之功所能解决。如果整个社会造成了一种"马太效应",穷的越穷,富的越富,"让一部分人先富起来"变成了"只是一部分人富起来",势必导致社会的分化,加剧整个社会的利益失衡,最终使社会失序,经济、社会的发展都将难以持续。

3. 政府间关系隐性复归

我国之所以有今天的伟大经济成就,是与"行政性分权"的改革分不开的。正是这样的改革充分调动了地方的积极性,改善了资源的配置,提高了产出水平。但这种改革的成果在现行的审批体制下和转移支付不断加强的趋势下,地方的自主权在缩小,地方对中央的依赖性在增强。解决基层问题的时候,中央政府成了主角,而地方政府反而却成了配角。无论是大问题还是小问题,都已经到了没有中央批示就难以解决的地步。这预示着政府间关系在复归,各种各样的风险也在向中央转移,向中央集中和积聚。

4. 经济、社会发展失衡

经济快速增长,而社会发展严重滞后。上不起学、看不起病的人不是在减少,而是增加。究其原因,这不是由市场分配差距扩大造成的,而是社会事业发展长期受到资源配置的约束所致。义务教育、公共卫生长期投入不足,尽管现在大有改善,但至今也没有满足其基本的需要,在农村尤其如此。长期来的"以GDP增长为纲"的指导思想以及由此形成资源配置的倾斜是导致这种公共风险存在的根本原因。要化解这种公共风险还需长期不解的努力。

5. 资源、环境的压力不断增大

我国现有的人均GDP仅为发达国家的十几分之一,还需要大力发展,而中国人多物薄,人口占世界的1/5,而耕地、水、能源、各种矿产等,按照人均来计算,都处于世界的末位。如石油,是世界平均水平的1/10,若达到美国现有的消费水准,每年需要50亿吨以上,把全世界的石油给中国也不够。一方面，经济快速增长，另一方面，资源和环境的承载力已日益趋向极限。中央提出发展循环经济，构建节约型社会是防范和化解这种公共风险的战略性措施，但实施的难度也是可想而知的。

6. "风险大锅饭"的制度性存在

改革开放打破了利益大锅饭，而风险大锅饭却依然存在。有利益的普遍激励，而无风险责任的严格约束。企业的风险（包括金融企业）向政府转移、政府各部门的风险向财政转移、下一级政府的风险向上转移、本届政府的风险向下一届政府转移，最终的结果必然是由中央政府财政最后来兜底。一旦出现兜不了底的情况，那就如防洪堤坝决口，一场公共危机将难以避免。如何对付这种公共风险，现在似乎还没有找到有效的对策。

要化解上述公共风险，没有改革是不行的，而且需要深层次的改革，如政府公共收入制度的改革、公共支出结构的改革、政府职能的改革、政府间关系的改革、宏观调控体制的改革等。正是公共风险凸显了这些改革的必要性和紧迫性，否则改革就无从谈起。以公共风险为导向来推动这些改革，就是说，改革既要依据公共风险来逐步实施，也要以化解公共风险的程度来衡量其有效性，决不能就改革来论改革。

财政风险的理论分析

阅读提示：

　　政府既是一个经济主体，也是一个公共主体，本文从公共主体身份出发，构建了一个财政风险的理论分析框架，以区别于政府以经济主体身份承担的财政风险。财政风险是私人风险转化为公共风险时的产物。财政风险的大小与制度变迁的速度有关。评估财政风险应从两个方面入手：一是政府拥有的公共资源，二是政府应承担的公共支出责任和义务，就债务论债务是没有意义的。我国的财政风险处于发散的状态，呈不断扩大的趋势，原因在于制度缺陷导致的"风险大锅饭"，破坏了收益与风险对称的基本规则，从而形成了一种风险累积和集中的机制。从改革的指向来看，除了构建激励机制之外，还有一个重要的方面是建立不同层面的风险约束机制。此文写于2002年。

Theoretical Framework of China's Fiscal Risk

Abstract

How to prevent and defuse fiscal risk is a worldwide topic. In this paper, the author presents a fiscal-risk framework based on the concept that the government is a public entity instead of an economic entity. In the opinion of the author, fiscal risk emerges when private risk develops into public risk, and it is relevant to institutional evolvement. Two aspects will be discussed when evaluating fiscal risk. The first is about public resources owned by the government, and the second is about its responsibility and obligation on public expenditure as it is meaningless to only concern the pubic debt. The author also points out that fiscal risk in China spreads widely due to institutional flaws where the basic rule for the symmetry of return and risk has already been destroyed and various risks are thus generated and centralized. Finally, the author argues that the emphases of reform in the near future are to create risk-constraining mechanisms in various levels.

一、引　　言

如何防范财政风险，保持财政的稳定性和可持续性，已经成为一个世界性的课题。一些国际组织，如世界银行、国际货币基金组织、欧盟近几年都在加强对财政风险的研究，并明确提出了在政府财政报告中披露财政风险的要求。世界各国都在关注财政风险问题，有些国家已经迈出了实质性的步伐。如美国、新西兰、加拿大、南非、巴西、哥伦比亚等国家都力图在一定的法律框架下来防范财政风险的累积和爆发。

近几年来，我国对财政风险的研究日益深入，并引起了社会各个方面的关注，尤其是各级政府对财政风险的认识已经发生了很大的变化。朱镕基总理在2000年的《政府工作报告》中明确提出"要认真警惕和防范财政风险"。立法机关对财政风险问题也提出了明确要求，第九届全国人民代表大会第五次会议在关于2001年决算和2002年中央和地方预算的决议中提出了"注意防范财政风险"。但与实践的要求相比，财政风险的理论研究仍显得相当滞后，因而防范财政风险的制度框架建设现在还处于模糊的状态，真正"破土动工"还需时日。为此，本文试图从理论入手，构建一个分析框架，并在此基础上，提出了防范财政风险的大体思路和政策建议。

二、财政风险的分析框架

财政风险的内涵

尽管现在对财政风险的研究日益增多，但对其内涵的界定还没有一个公认的统一说法,从其现有的文献来看,多数侧重于从政府债务的角度来研究,也有的是按照传统的收、支、平、管的思路来研究的,诸如收入风险、支出风险、赤字风险、债务风险等。这种研究对认识财政风险有一定的作用,但缺乏内在的联系,无法形成一个对财政风险的整体性认识。

我们认为,单纯从某一个方面出发是不够的,如研究债务风险,仅仅就债务论债务没有意义,必须把它和清偿债务的资源联系起来。而且,不仅仅是借债才会形成债务,拖欠的款项、应办而没有办的事务,实际上都构成债务。债务是未来的支出成本,反映的是未来的支出压力,体现出未来一个时期政府的支出责任和义务。因此,财政风险应当是未来出现政府支付危机的一种前奏反映。但财政风险不等同于财政危机。财政危机是确定性的事件,而财政风险是不确定性的事件,只是一种可能性。按照这个思路,我们给出财政风险如下定义:

政府拥有的公共资源不足以履行其应承担的支出责任和义务,以至于经济、社会的稳定与发展受到损害的一种可能性。

在表现形式上,首先可能是赤字不可持续,即不可能再用扩大赤字的办法来扩大支出,这主要来自社会压力或政治压力。其次是债务不可持续,也就是不可能再通过借债来维持或扩大支出,这主要来自资本市场的约束和社会对政府信誉的动摇。再次是财政不可持续。当上述办法失效之后,政府只能是冒险运用征税权来扩大其拥有的资源,如果这条路也走不通,那么,财政就到了不可持续的地步,以至于爆发财政危机。最后,这种风险或危机反过来渗透到经济、政治领域,就会导致经济衰退和政治不稳定。

政府作为双重主体的假定

任何风险都是由一定的主体来承担的,从不同的主体身份出发,其所承担的风险内容是不同的。

在现代社会，政府（或国家）是个双重主体：既是一个经济主体，也是一个公共主体。作为经济主体，政府与企业、个人等经济主体在法律上处于平等的地位，拥有相应的权利与义务，它维护的是政府自身的公共产权。在经济分析中，时常把政府当做一个部门与企业部门、家庭部门平等并列起来，形成"三部门经济"模型或"四部门经济"模型（加上国外部门）。这时，政府的身份地位与企业是类似的，它有自己的人员、财产，也有自己的责任，要受私法的约束与调节，如政府与企业签订的合同就属于私法范畴。当政府侵害了其他经济主体的权益时，政府同样要作出赔偿。从这种主体身份出发，政府面临的财政风险与企业是类似的，如财产损失风险、人员伤害风险、赔偿责任风险以及投资失败风险等。这些风险都可能导致未来财政资源的流出。政府是由各个部门和各种非盈利组织构成的，它们都是独立的法人，各有其相应的权利和责任，是公共产权的直接行使者。上述各种风险在现实中都是反映在政府各个部门和各种非盈利组织，但最终都是政府财政的风险。假如某个政府部门的办公大楼被火烧毁，风险损失得通过财政拨款来弥补。再如，执法中的责任风险损失最终也得通过公共预算来解决，尽管其应承担的责任归属于该部门。毫无疑问，这类风险都构成财政风险的内容。对这类财政风险的管理可采取类似企业的风险管理方法，如购买商业保险办法来分散和转移风险。B. J. Reed 和 John W. Swain 在《公共财政管理》（第二版）一书中对此做了较为全面的分析。

应当指出，从经济主体身份出发所讨论的财政风险是指在既定的政府预算框架下执行预算过程中产生的风险，是属于"怎么做"这个操作层次的风险，与政府的政策目标无关。在这个层次上，政府只是承担法定的责任和义务。

而政府作为公共主体，政府财政风险是指政府决策层次的风险，即政府在决定要"干什么"的过程中所承担的风险。这是与既定制度框架下的政府职能及其政策目标紧密联系在一起的。如政府发行公债的风险、给企业融资提供担保的风险、以及金融机构不良资产在一定条件下转移到政府头上的风险，等等，诸如此类的风险都是与政府作为公共主体的职能及其具体政策目标有关。从公共主体的身份出发，政府要承担的支出责任与义务，不仅包括法定的，也包括法律没有规定或认定但社会公众认定的支出责任和义务（即推定的）。在这个层次，政府要做的就是承担公共风险，维护公共利益，要受公法的调节与约束，如政府对农村合作基金会的破产清偿就是属于公众期望和社会压力所引致的支出责任和义务。

政府的双重身份假定实际上是对政府的一种双重约束。政府是公共权力的拥有者和执行者，很容易侵害企业、个人等经济主体的权益，为了约束政府的这种行为，就必须给政府从法律上设定另一种身份，即在"怎么做"这个层次，把它降到与其他经济主体平等的地位，视为一个普通的经济主体和法律主体。同时，为了约束政府不作为，必须从法律上给政府另一种身份，也就是在"干什么"这个层次，让政府去承担社会其他经济主体所无法承担的风险——公共风险，以公共主体的身份起最后"兜底"的作用，从而实现经济、社会的稳定和发展。从历史和逻辑的角度来看，政府的经济主体身份是从公共主体身份派生出来的，或者说是市场经济以及在此基础上的民主政治制度内生的一种结果。

区分以上两个不同层次的财政风险是必要的，因为针对不同的风险，需要采取不同的管理方式和应对措施，笼统地说防范财政风险，很容易导致概念混淆而模糊我们的视线。在此，我们讨论的财政风险问题，是从政府的公共主体身份出发的，不涉及以经济主体身份所承担的财政风险。

财政风险的确认

风险是指向未来的，而未来是不确定的。抽象地说，财政风险来自于不确定性。这种不确定性，既来自于政府管理、政策调整，也来自于宏观经济环境以及社会结构的变化。一般地而言，以下三种情况中的任意一种情况的出现都意味着财政风险：

a. 公共资源确定，而支出责任与义务不确定；

b. 支出责任与义务确定，而公共资源不确定；

c. 两者均不确定。

公共资源、支出责任与义务的不确定性大小与工业化、市场化程度以及社会结构、社会心理密切相关。进一步说，与特定历史条件下的政府与市场关系有着内在的关联性。

政府拥有的公共资源包括资产存量和收入流量，后者主要以税收和收费两种收入形式存在。在工业化、市场化程度较低的条件下，整个经济的组织化程度处于较低级的阶段，各种经济组织正处于发育的过程之中，规则、秩序、管理、协调，以及各种理念，如诚信意识、法治观念、纳税习惯等达不到成熟的形态。在这种状况下，影响政府收入的不确定性因素很多，如2000年、2001年我国税收收入的增长达到20%以上，而到2002年上半年却突然降了一半多。资产存量看似是确定的，实际上也处于不确定性状态。资产存量中除了现金不需要变现之外，其他都有一个变现的过程，而这个过程的实现却是很不确定的。如国有股减持的搁浅，就是一个很典型的案例。

而政府支出责任和义务的不确定性更多地与经济结构、社会结构以及社会心理有关。经济结构的调整与升级往往会引发大量破产和失业。国家与社会的关系以及在这种关系结构支配下形成的社会心理，对各种社会压力和政治压力的形成起着决定性的作用。当老百姓多数有一种对政府的依赖心理时，公众期望上升，政府的支出责任和义务就会大大扩展。在体制转轨时期，国民个人的独立自主精神与对政府的期待是同时并存的，在一些因素的刺激下，国民对政府的诉求可能出现突发性的增加，进而导致政府的支出责任和义务出现超常规增长。而且，从法律性质上来看，由此增加的支出责任和义务大多是推定的，而不是法律认定的。

因此，就我们目前所处的历史阶段来说，上述的第三种情况是我们面对的现实。这意味着现阶段的财政风险有进一步扩大的环境和条件。

财政风险的性质

财政风险来自于私人风险的转化。总的说，企业、个人及其他机构应承担的风险在一定的条件下都有可能转化为财政风险。

其转化的临界点是私人风险变为公共风险。如当一些破产事件（即使是私人公司）可能导致经济、以至社会不稳定的时候，破产带来的私人风险就变异为公共风险。这时，政府出面救助是不可避免的。什么样的私人风险以及在什么情况下转化为公共风险，这需要政府适时作出判断，过早或过时的救助都会带来不良的后果。

公共风险的形成是一个社会契约的形成过程，是一个慢变量。当多数社会公众认为私人风险应当由政府出面救助或承担最基本的支出责任时，私人的事情就变成了社会的事务，即私人风险就变成了公共风险。在此，依然通行"多数原则"。这种偶然的救助一旦变为法律的规定，就成为政府法定的公共责任与义务。贫困、失业在历史上曾经是纯粹个人的事情，在现代社会，都需要政府给予最基本的救助。反贫困、反失业已经成为世界各国政府共同的责任和义务。这种变化表明，一个新的社会契约——政府有责任和义务帮助穷人和失业者——形成了。这就是说，社会公众形成了一种共识：现代社会的贫困、失业不再是单纯的私人风险，而是会影响社会全体成员的公共风险。

对政府财政来说，它应该、而且只是承担公共风险。财政风险是政府承当和化解公共风险过程中可能出现的一种结果，就像消防队在救火过程中可能出现的人员伤亡和财产损失一样。问题是，当政府对自身应当干什么、不应当干什么缺乏清醒的认识和严格的程序约束时，政府的一些自以为是的政策往往会引致超常的财政风险，甚至演变为经济危机。从世界范围内看，这样的案例几乎经常发生。有些财政风险是政府错误决策导致的，并非私人风险转化而来，或者说在边际的意义上，政府的错误决策放大了私人风险，因而使之转化为了公共风险。

既然财政风险属于公共风险，那么，在既定的制度框架内，它不能被转移，也不能被分散。如果能转移和分散，那也就无须财政来"兜底"了。这种性质决定了防范财政风险不能采取类似企业风险管理的办法，而只能从制度变迁来寻找根本出路。

由于制度变迁不是一个快变量，这使财政风险往往无法及时、动态地化解。加上财政风险本身具有隐蔽性，因而很容易导致风险累积，增大风险压力。这使财政风险的爆发呈现出突发性的特点。不爆发则已，一旦爆发成为财政危机，就具有很大的破坏力，对经济、社会产生难以估量的严重后果。就此而言，无论怎样去警惕财政风险，都是不为过的。

至于政府财政为什么要"兜底"，则产生于一种历史的内在规定性，或者说是社会进化的一种结果。也可以说是在社会进化和变迁过程中，形成的一种制度安排。而政府财政"兜底"的多少，抑或财政风险的大小与一定历史条件下的整个社会制度结构状况密切相关。限于篇幅，在此不展开分析。

三、他人的成果——财政风险矩阵及其不足

国外对财政风险的研究萌芽于 20 世纪的 80 年代末，真正深入的研究则在 90 年代。其代表人物是世界银行的高级经济学家 Hana Polackova Brixi。她围绕政府"或有负债"问题，撰写了一系

列的文章，① 也许是受所属单位要求的限制，她的研究主要是政策性的，理论性的分析和阐述显得不足。这也是国外财政风险方面文献的共同特点。

但由她提出的财政风险矩阵（见表1）却是一个理论上的贡献。在风险矩阵中，她提出了两个新概念："隐性债务"和"或有债务"，并对其做了明确的界定和区分，这对全面分析和评估政府债务无疑提供了一个有用的工具。这至少在两个方面起到了积极的作用：

一是更新了对政府债务的传统认识，扩大了对公共债务的观察视野，运用这一方法能够更真实地全面反映政府的债务状况。长期以来，对政府债务的认识局限于显性的直接负债（即矩阵左上方的内容），大大缩小了政府未来的财政成本和可能的支出压力。尤其对处于转轨过程中的我国来说，其缩小的程度更为严重（主要是关注矩阵左上方中的内债一项）。我们过去对政府赤字和债务规模的讨论完全是基于表面的情况，即使到了现在，经济学界在讨论积极财政政策的国债发行空间时，也依然是就国债来谈国债，对政府国债以外的其他债务毫无知觉。这说明，要更新传统的政府债务观念在我国还是艰巨的任务。

对于这一点，20世纪90年代初期我们就已经注意到了。之后，我们在1997年初发表的一份研究报告《财政风险：我们的看法与建议》中明确提出了"准国债"的概念，试图改变人们对政府债务的传统认识。虽然这个概念在一定程度上被接受，但由于缺乏明确的分类标准而难以实际应用。现在看来，用财政风险矩阵的方法来对政府债务进行分类是比较科学的。

---

① 主要有：《政府或有负债：一个隐性的财政风险》（1998）、《财政调整与政府或有负债：捷克和马其顿的案例研究》（1999年）、《政府或有负债：对捷克共和国的财政威胁》（2000），另外，她还对匈牙利、保加利亚、泰国、印度尼西亚等国家的或有负债问题做过专门的研究。

表1　　　　　　　　　　　政府财政风险矩阵

债务	直接负债（在任何条件下存在的债务）	或有负债（在特定事件发生情况下的债务）
显性的（由法律和合约确认的政府负债）	1. 国家债务（中央政府借款和发行的债券） 2. 预算涵盖的开支（非随意性支出） 3. 法律规定的长期性支出（公务员工资和养老金）	1. 国家对非主权借款、地方政府、公共部门和私人部门实体（发展银行）的债务担保 2. 国家对各种贷款（抵押贷款、学生贷款、农业贷款和小企业贷款）的保护性担保 3. 国家对贸易和汇率的承诺担保 4. 国家对私人投资的担保 5. 国家保险体系（存款保险、私人养老基金收入、农作物保险、洪灾保险、战争风险保险）
隐性的（反映公众和利益集团压力的政府道义责任）	1. 未来公共养老金（与公务员养老金相对的） 2. 社会保障计划，如果不是由法律作出硬性规定 3. 未来保健融资计划，如果不是由法律作出硬性的规定 4. 公共投资项目的未来日常维护成本	1. 地方政府或公共实体、私营实体非担保债务（义务）的违约 2. 银行破产（超出政府保险以外的救助） 3. 实行私有化的实体债务的清偿 4. 非担保养老基金、就业基金、或社会保障基金（对小投资者的保护）的破产 5. 中央银行可能的负净值或对所承担义务（外汇合约、货币保护、国际收支差额）不能履行 6. 其他紧急财政援助（如在私人资本外逃的情况下） 7. 改善环境、灾害救济、军事拨款

资料来源：Hana Polackova Brixi and Allen Schick（2002）。

二是体现了"谨慎原则"。从会计学家的眼光来看，谨慎原则的重要性是无须多言的，从理念到实践，这条原则贯穿于会计核算的整个过程，会计确认、计量、报告等每一个环节都要体现这条原则，以保证企业经营的稳健性。对政府财政来说，这条原则同样不可或缺。但长期来，我们对政府财政运行并没有采取谨慎的态度，对各种不确定性因素以及由此带来的风险和损失没有作出充分的估计，从而使决策者丧失了应有的警惕性而盲目乐观，以至于使政府财政时常处于脆弱性状态。尤其在政府债务确认、计量和报告方面，谨慎原则基本上没有被采用。不体现谨慎原则的制度安排很容易隐藏风险而引致财政不稳定。风险矩阵的提出，实际上是把"谨慎原则"引入到政府财政领域，这就要求，对政府的各种债务引发的风险应在预算决策过程中有充分的估计和准备。不言而喻，这对保持财政的稳健性和可持续性具有极其重要的意义。

但从上述"政府财政风险矩阵"的内容来看，与其说是"风险矩阵"，还不如说是"债务矩阵"，它反映的主要是政府债务的四大类型及其基本特征。可以说，具有不同特征的政府债务是政府财政风险的重要来源，但从中并不能直接得出政府财政风险的状况。也就是说，Hanna Brixi 提出的财政风险矩阵可以用来评价政府的债务状况，但并不能反映出政府财政风险的大小。因为就债务论债务无法说明财政风险的大小，只有当债务与清偿债务的资源联系起来时，债务的分析才有意义。

也许 Hana Brixi 意识到了这一点，她从可用财政资源的角度又提出了财政风险的"对冲矩阵"，把两个矩阵联系起来，可以看出四大类型的政府债务与其可用财政资源的对应关系。这对控制财政风险有一定的启示作用，即当财政风险达到一定的临界点时，可按照"对冲矩阵"的布局来调动财政资源，"兵来将挡，水来土掩"。但问题依然没有解决，即财政风险的大小，还是不能从两个矩阵的联系中显现出来。因此，评估财政风险的状况还需要从其他的途径来寻找。

四、财政风险评估的基本框架

在前面，我们给出了财政风险的定义，同时，对政府拥有的公共资源与政府应承担的公共支出责任和义务的不确定性作出了初步的分析，在此，我们进一步讨论财政风险的评估框架。

财政风险评估的两个基本面

按照前面的分析，要评估财政风险必须从两个方面入手：

——政府拥有的公共资源。

这包括存量资源和流量资源两个部分，① 前者指拥有的各类资产，如我们通常所说的国有资产、国有资源、土地以及金融资产等；后者指可预期的各种收入来源，如税收、收费、资产收益、债务收入等。由于政府的流量资源规模与经济的总体规模及其变化密切相关，因此，在分析政府拥有的公共资源时，应置于经济总量及其变化的背景下，不能做孤立的考察。

除了拥有的资源以外，在特定情况下还应当考虑政府虽不拥有，但政府可支配的资源，最典型的是国有银行的资金。这类资源的动用会使政府的预算约束放宽，扩大政府政策的运用空间，但同时会产生财政机会主义，逃避预算约束，导致未来财政成本的扩大。如在实施积极财政政策过程中，大量的银行配套资金进入国债投资项目，实际上就是政府绕过预算约束动用可支配资源的一个实例。

——政府应承担的公共支出责任与义务。

这可以借鉴"财政风险矩阵"来分析。从法律的角度来看，政府应承担的公共支出责任与义务包括两个部分：一是法律明确规定的，或政府行为引致的法律责任。凡进入预算决策范围的事项，实际上就是法律"明文"规定的政府应承当的支出责任和义务，如公务员的工资、基础教育拨款、基础科学研究支出等。同时，还有一些没有进入预算决策范围，却是由政府引致的事项，如各种类型的担保和保护伞。这些事项往往不在当期的预算报告中反映，但却是政府实实在在应当承担的连带法律责任，当担保失败时，替人偿债就是政府的法定义务，尽管这种义务是未来的。二是推定的责任和义务。这是指依据法理精神和政府作为公共主体的性质，而推定给政府的责任和义务。这些责任和义务是由公共风险转化而来，是社会其他法律主体无法承担的，最明显直观的是对自然灾害的救助。再如，当金融机构（即使是私人金融机构）面临破产时，从法律上讲是金融机构自己的事情，但事实上政府很难袖手旁

---

① 在后来的研究中，对此做了扩展，把政府拥有的资源扩展为经济资源、政治资源和社会资源。请参见作者主笔的《财政风险及其防范的研究》，经济科学出版社 2004 年出版。

观，因为这时社会面临着很大的公共风险。一旦其真正破产，会产生多米诺骨牌效应，对整个经济和社会造成严重不良后果。尤其在国民经济日益金融化的时代，政府的这种推定责任和义务将会不断增多。此外，还有一些是与社会结构相关的推定责任和义务。

　　从确定性程度来分析，政府应当承担的公共支出责任与义务也包括两个部分：一是确定性的支出责任和义务。这种支出责任和义务不受其他任何事件的影响，在任何条件下都是需要政府出面来承担的。如公债的到期兑付、社会保障计划的实施、公共投资项目正常运转的维护成本等，不论法律是否作出明确的规定，都是政府的支出责任和义务，尽管在时间上有的是在当期履行，而有的是在未来履行。二是不确定（或有）的公共支出责任和义务。这类支出责任和义务要靠未来特定事件发生或不发生来证实，即可能发生，也可能不发生，因而是不确定的。但这种不确定性并非是一种人为的任意猜测，而是基于过去和现在已经发生的事实为基础的。如担保失败、金融机构破产之类事件发生的可能性是可以预期的，尽管准确的判断依赖于未来状况来证实，但至少可以得出这种可能性的大小，即事件发生与否的概率。当概率超过50％时，即可以认为这类事件发生的可能性很大，需要政府财政做好充分准备；而当概率低于或远远低于50％时，则表明这类事件发生的可能性很小，政府可以不予考虑。如何对此作出估算，现在还没有完备的方法和技术，但这并不等于无所作为，至少在预算决策时，就应充分考虑这种不确定的公共支出责任和义务。这对防范财政风险，或减少财政风险具有关键性意义。

评估的基本框架

　　政府的公共支出责任和义务最终都反映为政府的各类债务，故我们可用公共意义上的债务来表示。这样，财政风险的状况可通过以下三个层次的分析来评估。

第一个层次，公共债务与公共资源存量的对比分析。通过这一层次的分析，可发现财政风险是扩散，还是收敛。如果具有扩散的特征，则进入第二层次的分析。

第二个层次，公共债务与公共资源流量的对比分析。通过这一层次的分析，可发现财政风险扩散的程度。如果扩散的程度很大，即超出了现有的财政能力，则进入第三个层次的分析。

第三个层次，公共债务与经济总规模的对比分析。通过这一层次的分析，可发现财政风险是否处于可控的范围之内。

我们按照这个框架曾经做过实证分析，形成了一个初步的成果（刘尚希、赵全厚，2002），结论是：近期看，财政风险处于可控状态，但呈不断扩大的趋势。

五、我国财政风险的制度特征

财政风险呈不断扩大的趋势有某种必然性，从世界各国来观察，也具有某种共性。这是在全球经济变革的大背景下出现的。就我国来看，这是在国民经济市场化、工业化、金融化和城市化的过程中产生的，是这个过程的快速变化超出了制度变迁的速度所导致的一种结果。因此，要究其原因的话，财政风险的不断扩大是制度安排出现时滞造成的。换句话说，这是改革滞后于发展导致的。进一步分析，整个改革的滞后，形成了一种风险传导机制，使社会经济生活中各个过程和各个环节的风险不断地积聚和集中，"百川汇成海"，致使财政风险不断扩大。那么，这种风险传导机制是怎样形成的呢？

改革打破了"利益大锅饭"，而"风险大锅饭"依然如故

改革是从物质刺激入手的，使社会形成了多元化的利益主体，并使

其各自有了明确的利益边界，原来你中有我、我中有你的"利益大锅饭"被彻底打破。这就是说，通过20多年的改革，形成了一个有效的激励机制，各个不同层次的利益主体都有了强烈的利益动机。企业、个人、各级政府及其各个部门的利益日渐清晰，由此形成了一种以"逐利"为动力的竞争局面。但另一方面，风险责任的界定却是相当模糊，甚至根本就没有界定，仍在吃"风险大锅饭"。在国有企业、国有金融机构与国家的关系上，"盈了归己，亏了归国家"的局面并没有发生实质性的变化，政府承担着无限的责任和风险。在各级政府之间，下级政府的一切债务实质上都是上级政府的"或有债务"，上级政府承担着替下级政府最后清偿债务的潜在义务，而分税制只是解决了一个利益的分配问题。在政府的各个部门之间，各个部门都有权力在预算决策范围之外进行各种"准财政"活动，却不承担由此产生的风险责任。在各届政府之间，本届政府可以通过大量融资来搞各种"建设"，只享受由此带来的各种好处，而风险却可以推给下一届政府。这种缺乏风险约束的激励，尤如脱缰的野马，随时可能把经济、社会之车带入沟壑，甚至深渊。改革的使命仅仅完成了一半——建成了激励机制，而另一半——构建风险约束机制，还只是刚刚破题。打破"风险大锅饭"将是今后整个改革的重心。

"风险大锅饭"破坏了"利益与风险对称"的基本原则

利益与风险对称，是市场经济社会的基本原则。作为经济原则，每一个经济主体在追逐自身利益时，就必须承担相应的风险，而且是低利低风险，高利高风险。这既是规则，更是一种内在理念，约束着各个经济利益主体的行为方式。只有这样，市场竞争才会有序而富有效率。作为社会原则，它映射到社会的各个层面，政府也不例外。作为公共机构，政府自身及其各个组成部分，都有自身的利益，同样，不论其以何种形式去追求利益（如政绩、权力、影响力、经济利益等），也应当承当相应的风险（法律追究、行政处罚、经济损失、名誉扫地等），而不论其动机是不是出于公共利益。也只有这样，政府之间的竞争、政府各个部门之间的竞争才能有序而富有效率，公共利益才不会沦为一个谁都可以打的旗号。但"风险大锅饭"打破了利益与风险对称这条基本原则，并形成了一种普遍的社会心理（如"不找市场找市长"），大家都只想得到利益，而不想承担任何风险。风险自担的理念在我国还只是一株幼苗，随时都可能夭折。

利益与风险不对称，致使风险不断积聚和集中

风险自担理念的缺乏，利益与风险的不对称，导致风险责任不明晰，使风险不断地向中央财政积聚和集中。国有企业、金融机构的风险，如亏损或破产，最后的债务清偿总是转移到各级政府身上；政府各部门的融资、担保，债务清偿的责任往往最后全部转移到政府财政部门；下级政府的财政风险，如工资拖欠、无力清偿债务，上级政府很难"见死不救"，层层传递，最后中央兜底。本届政府面临的风险总是可以"金蝉脱壳"，转移给未来的政府。这种不以风险责任的界定为基础的风险转移，导致风险快速积聚和集中，使财政风险悄无声息地急剧放大。缺乏风险分担的法律框架是当前经济体制和行政体制的根本缺陷，也是导致财政风险呈不断扩大趋势的深层原因。

六、现实的思考

防范政府财政风险的基本思路

防范政府财政风险的根本途径在于加快改革的步伐，这既包括经济

体制的改革，也有行政体制的改革。通过制度创新来弥补现行体制的内在缺陷。在进一步完善激励机制的同时，要建立覆盖社会经济生活各个方面的风险责任约束机制，打破"风险大锅饭"，使社会每一个成员、每一个机构、每一级政府、每一个部门和单位都有明晰的风险责任，形成一种具有法律效力的风险分担机制。这样，社会经济生活中的各种风险就可以在相应的层次和相应的环节化解，抑制道德风险，减少风险的积聚和集中，从而达到控制财政风险的目的。

——清晰界定各级政府之间的风险责任，防止下级政府随意地向上级政府转移自身应当承担的财政风险。对于最低限度的不可避免的救助，应建立一种制度安排，让下级政府清楚地了解在什么样的情况下上级政府才会救助，强化各级政府规避风险的动机，提高其防范风险的努力程度。

——在优化政府各部门职责配置的基础上，重新审视政府部门之间的财政关系，明确各个部门的风险责任。对于融资、担保等财政经济行为应在统一的框架下实施，建立统一的规则，防止各个部门各行其是，偏离整体的目标。

——对于国有企业和非盈利组织，既要有明确的授权，也要有清晰的可操作的风险责任，使其在经营权的层次上形成利益与风险的对称机制。建立内控制度，防止所有者权益被"内部人"控制，同时形成风险约束，强化经营者的避险动机，让经营者自我控制盲目的融资和投资行为，防止拿着国有资产去冒无谓的风险。在此，明晰所有者和经营者各自的风险责任，并使这种风险责任建立在法律的基础之上是至关重要的，比理想化的"政企分开"更具有可行性和可操作性。

——针对金融机构的特殊性，政府的目标不应放在事后的救助上，而是改革和完善整个金融业的经营体制，形成一种良好的制度安排，把金融风险控制在萌芽状态。一是分业还是混业经营，应尽快明确其方向；二是对于小额贷款形成明确的制度框架；三是强化金融机构内部的资产、负债管理，引导其采用先进的管理方法和管理技术，如内部评级、风险敞口评价、风险定量模型等，动态地控制金融风险的产生。

——建立新的政府评价机制，从时间上明确各届政府之间的风险责任，防止政府隐藏任期内的风险，或向未来转移风险。

防范财政风险的政策路径

——提高政府债务的透明度。借鉴 IMF 和欧盟披露财政风险的规则，建立我国的财政风险披露机制。尤其对政府的或有债务，应尽可能全面披露。

——建立政府财政风险预算。对于可量化的政府债务，应进入政府的预算安排。这要求改变现行的仅仅编制年度预算的做法，编制中长期预算，同时改变政府会计基础，逐步采用权责发生制，编制政府资产负债表和年度财务报告。

——建立针对政府政策措施的未来财政成本的评估分析制度，测量各项政策可能引发的财政风险。

——动态评估政府财政风险敞口，尽可能让已经发生的风险通过一定的技术手段显现出来，防止在操作层面上（非制度层面）隐藏财政风险，以帮助政府决策。

——控制赤字和债务的增长速度，并使之尽可能低于经济增长率，以防止财政风险的扩散。在已有的债务存量难以清理和缩减的情况下，只要债务增量控制住了，财政风险的扩散速度就会下降，随着时间的延长，财政风险在理论上可趋向于收敛。这进一步告诉我们，财政风险不是来自过去和现在，而是来自于未来。因此，防范财政风险的重点，不在于已有公共债务规模大小，因为历史已经无法改变，而是如何对未来的各种不确定性作出一个科学的制度安排。

公共风险与公共支出

阅读提示：

公共支出范围"缺位"和"越位"的问题长期存在，至今也没有找到一个有效的解决方法。这导致了替代市场、妨碍社会公正和经济、社会可持续发展等问题。究其根源在于存在于我们观念中的一个潜在假设：政府配置资源具有天然的合理性。计划经济体制正是基于这样一个假设而建立起来的。尽管市场化改革取得了很大的进展，但计划经济条件下长期养成的思维习惯仍在使我们不由自主地从上面这个假设出发来考虑各式各样的问题。这使政府承担着无限的支出责任和风险。要改变这种状况，我们必须建立一个新的理论假设：政府存在的天然合理性在于防范和化解公共风险（在不同历史条件下，其表现形式不同）。本文以此为逻辑起点，提出了两个基本观点：一是公共风险决定公共支出；二是公共支出的使命是防范和化解公共风险。在此基础上，本文构筑了界定公共支出范围的两种基本方法——风险归宿分析法和反向假设分析法。此文写于2002年初。

Public Risk and Public Expenditure

Abstract

There have long been problems that public expenditure are absent in some areas where it should play a role while overdoing in some other areas. Problems including substitution market, interference of social justice and economic and social unsustainable development etc. are all rooted in the underlying assumption in our concept that the government resource allocation is of natural rationality. The establishment of planned economy is based on such assumption. Although the marketization reform has achieved great progress, the thinking habit that long formed under the condition of the planned economy still makes us spontaneously consider all kinds of issues starting from the abovementioned assumption. This makes the government shoulder infinite expenditure responsibility and risk. In order to change this situation, we have to establish a new theoretical assumption: the existing governmental natural rationality is to guard against and defuse the public risk (under different historical conditions its form is different). Based on this logica, this article put forward two viewpoints. One is that public risk determines the public expenditure, and the other is that the mission of public expenditure is to guard against and defuse the public risk. On this basis, this paper structures two basic methods to define the range of public expenditure: risk incidence analyusis and reverse assumption analysis. This paper was written in 2002.

公共支出范围的界定是公共支出分析的重要内容。从现有的学术文献来看，这方面的分析多处于原则性的一般论述上，到底如何界定，还缺乏深入的理论说明和有效方法。本文试图从现实的描述及其评价入手，从"公共风险"的角度提出界定公共支出范围的基本思路与方法。

一、本文的分析框架

引发我对公共支出范围这个问题进行思考的缘由不是书本，而是我国的现实经济生活。改革开放以来，尤其是进入 20 世纪 90 年代以后，在我国的现实经济生活中，出现了一种非常奇特的现象，例如：一方面，许多地方的公职人员（如公务员、教师等）工资不能及时发放、九年制义务教育得不到足额的政府拨款；而另一方面，各级政府把不少资金用于一般企业的挖潜改造和亏损补贴，甚至新办起不少企业（公司）、宾馆（招待所）。面对这种现象，我国的学术界把它通俗地概括为财政"缺位"和"越位"。在这种概括的背后实际上潜藏着这样一个问题：公共支出范围是由什么来决定的？极端的观点是归结于政治，认为公共支出的配置是在作为经济学科分支的公共财政范围之外决定的，公共支出的决策是政治性的，不属于理性的分析和讨论。布坎南（James M. Buchanan）在分析传统财政原则时批判了这种观点，并认为这会大大地限制公共财政理论的有用性（布坎南，1991 中译本）。

实际上，这个问题至今没有解决好。从政府与市场的关系出发来进行分析是一个有益的的观察视角。西方财政学中关于国家的职能，或者说政府对经济的干预，都是从这个视角进行分析得出的结论。亚当·斯密最早对政府的职能作出了界定，认为政府有三项职能：一是保护国家不受外来侵略，二是保护社会社员不受任何其他人的侵害和压迫，建立公正的司法机关,三是必要的公共工程建设。公共支出范围由此决定。至于政府的职能是由什么决定的,斯密并没有做进一步的阐述,而是运用"排除法"和经验观察直接得出的。即假设自由市场经济是天然合理的(具有公平与效率),在这个前提下,只有市场无法发挥作用的领域,才是政府活动的范围,也就是公共支出配置的范围。所以,斯密以"市场能干的,政府就不要去干"为标准,判定政府应只是一个"守夜人"。如果市场不存在失灵的领域,那么,按照斯密的逻辑,政府也没有存在的必要。西方财政学后来的发展基本上都没有离开斯密的这个逻辑,只是充实了一些新的内容。这主要有两个方面:一是福利经济学。从社会福利最大化的角度,承认自由市场经济不能达到帕累托效率,需要政府来干预。这给政府职能的决定提供进一步的规范性解释,即借此可以回答"政府应该干什么"以及公共支出应该配置到什么范围。但注重规则和过程而不看重结果的布坎南对此表示强烈反对,认为"社会福利"是一个虚幻的概念,不存在所谓的"社会福利函数"。因此,在布坎南撰写的《公共财政》一书中丝毫见不到福利经济学的影子。二是公共产品(服务)理论。这在古典经济学的早期就已经萌芽,后经威克塞尔、马斯格雷夫、萨缪尔森等人的努力,公共产品理论才真正成型。公共产品具有"非竞争性"和"非排他性"两个特征,这决定了公共产品不可能由市场来生产和提供,这只能由政府来完成。现在,公共产品理论实际上已经扩展为解释国家职能的理论,布坎南在他的《公共财政》一书中把共同防御、法律和秩序、环境控制、货币稳定、管理措施以及再分配都视为公共产品。这样,广义的公共产品理论给政府的存在以及政府干预提供了一个更详尽的解释。公共支出范围由此可以得到一定程度的说明。

　　但这种在"市场失灵"基础上比照私人产品来分析公共产品的方法,依然没有摆脱"排除法"的局限性,即公共产品在逻辑上依附于私人产品而存在。把除"私人产品"之外的所有产品统统都归属于"公共产品"的思维逻辑,无异于说,公共产品决定于私人产品,进一步的推论就是，公共支出的范围决定于私人产品存在的范围。这使公共产品理论缺乏一个独立的稳固根基，而且也使对性质上与私人产品完全不同的公共产品的分析缺少独立的方法，导致市场分析方法滥用，以至于公共产品的"供应"问题一直未在理论上有新的进展。

其实，只要我们稍加分析就可以发现，公共产品与私人产品的性质完全不同，前者是不可能由后者来决定的。那么，公共产品的形成是由什么来决定的呢？或者说，为什么会存在公共产品？我认为，公共产品是由公共风险决定的，换一个说法，公共产品是化解和防范公共风险的一种结果。政府生产和提供公共产品的过程，也就是化解公共风险的过程。每一种公共产品都是为化解某一种公共风险而"设计"的。如果把公共风险比作危害社会的魔鬼，那么，公共产品就是一只魔瓶。只要公共产品存在，危害社会的魔鬼就会化解于无形。可一旦它被打破，公共风险这个魔鬼就会显露原形，危害整个社会。如"公共安全"是一项典型的公共产品，若是它被"打破"，将会怎么样呢？那就意味着生命与财产随时都有可能被剥夺。再如"环境控制"，如果取消关于环境的各种法规和措施，那我们赖以生存的家园都将遭到破坏。如果说，从历史的角度来看，现在已有的公共产品表现为一种结果，那么，从未来的角度观察，政府即将生产和提供的公共产品则是化解和防范公共风险的手段和工具。从这里不难看出，公共风险是推动公共产品"更新换代"的原动力。事实上，政府的职能在这里也得到了一种实证性的独立解释，政府职能及其变化同样决定于公共风险，而与虚拟性的所谓"市场缺陷"[①]无直接关联。这样，公共支出范围的决定一旦在理论上确定下来，解决现实中的问题——界定我国现行的公共支出范围就找到了依据和相应的方法。

---

① 所谓市场缺陷或市场失灵，实际上是一个虚拟的问题，这就像把火车因为不能在公路上运行，而判定火车具有缺陷一样。市场机制的作用本来就是有限的，把它作用范围以外无法解决的问题视为其"缺陷"，有点强加的味道，在实证逻辑上难以成立。这是"泛市场主义"或者说"市场扩大化"导致的结果。

二、我国目前公共支出范围的基本状况

我国目前的公共支出范围是历史地形成的。从政府的支出项目上来看，既有用于一般公共服务的，也有用于经济建设的，这主要有：基本建设支出、增拨企业流动资金、挖潜改造资金和科技三项费用、地质勘探费用、工交商部门事业费、支援农村生产支出和各项农业事业费、文教科学卫生事业费、抚恤和社会福利救济费、国防费、行政管理费、政策性补贴支出等。2000年中央与地方的决算表对公共支出范围给出了一个现实的描述，请看表1。

表1　2000年中央与地方公共支出范围及各支出项目比重

中央		地方	
项目	比重(%)	项目	比重(%)
一、基本建设支出	9.84	一、基本建设支出	9.97
二、挖潜改造和科技三项费用	2.42	二、挖潜改造和新产品试制费	5.64
三、流动资金	0.49	三、流动资金	0.20
四、地质勘探费	0.43	四、地质勘探费	0.40
五、工业、交通、商业部门事业费	0.41	五、工业、交通、商业部门事业费	0.98
六、支援农村生产支出和各项农业事业费	0.76	六、支援农村生产支出和各项农业事业费	6.29
七、文教、科学、卫生事业费	2.81	七、城市维护建设支出	4.92
八、抚恤和社会福利救济费	0.02	八、文教、科学、卫生事业费	22.35
九、社会保障补助支出	0.42	九、抚恤和社会福利救济费	1.92
十、国防支出	11.77	十、社会保障补助支出	4.41
十一、行政管理费	0.28	十一、国防费（民兵事业费）	0.08
十二、公检法司支出	0.46	十二、行政管理费	8.54
十三、武警部队支出	1.86	十三、公检法司支出	6.51
十四、外交支出	0.52	十四、武警部队支出	0.12
十五、对外援助支出	0.45	十五、外交外事支出	0.08

续表

中央		地方	
项目	比重(%)	项目	比重(%)
十六、支援经济不发达地区支出	0.07	十六、支援经济不发达地区支出	1.12
十七、政策性补贴支出	6.35	十七、其他支出	7.88
十八、税务等部门事业费	2.95	十八、税务等部门的事业费	4.35
十九、其他支出	1.35	十九、政策性补贴支出	3.61
二十、教育费附加支出	0.00	二十、教育费附加支出	1.19
廿一、行政事业单位离退休经费	0.42	廿一、行政事业单位离退休经费	3.97
廿二、全国社会保障专用基金	2.95	廿二、上解中央支出	5.46
廿三、国内外债务付息支出	7.18		
廿四、中央补助地方支出	45.8		

资料来源：《中国财政年鉴2001》，中国财政杂志社2001年11月第1版，第283~286页。

无论中央，还是地方，公共支出的范围几乎一样，不同的只是在支出结构上有一些差别。剔除政府之间的支出流动这个因素，整合起来看，目前的公共支出范围至少表现出以下几个特点：

一是支出重心摆在经济建设方面。从支出项目的排序和经济建设方面的支出项目在所有支出项目中所占的比例就可以看出这一点。经济建设方面的支出项目都排在首位，而且，用1/4的支出科目来反映经济建设方面的支出内容，这较之包含广泛内容的文化、教育、科学、卫生等社会性支出仅用一个科目来笼统地反映，表现出非常大的反差。也许支出科目的分类不足以说明问题，从实际的支出比例来分析，应当更有说服力。从表1看，在中央支出中，用于企业挖潜改造、科技三项费用和流动资金拨款三项支出占中央全部支出的比重达到2.91%，高于文化、教育、科学、卫生四项事业费支出所占的比重。在地方同类支出中，前一个比重低于后一个比重，但也达到5.84%，与其他各项支出相比并不算低。从总的来观察，在各个不同时期，经济建设费占全部财政支出的比重是下降的，从1965年的55.24%下降到1995年的41.85%，到2000

年再进一步下降到36.18%，但和其他支出项目相比仍然是遥遥领先。这说明，目前的公共支出范围仍是围绕"经济建设"这个中心而延伸开的。

二是范围宽泛，看不出明显的边界。套用一句老生常谈的话，"统支"的色彩很浓。公共支出无论达到多大的规模，公共支出配置的范围不可能是无限的，应有明晰的边界。反过来说，若在一个无明确边界的范围内来配置公共支出，则意味着所有的支出都被"摊薄"了，各项支出都处于短缺状态。2000年的公共支出规模达到15 886.5亿元，比1990年增长了4倍多，但发不出工资的现象反而愈加普遍了。这从一个侧面佐证了目前公共支出范围无明确边界的这个特点。

三是没有统一的规则。在现行公共支出范围内，没有一个统帅全局的通行规则，各项支出存在、抑或扩增的依据是各不相同的，很难用一个统一的尺度来衡量。如支持国有企业技术改造，其理由是国企技术落后；而扩大社会保障支出，其依据是稳定社会的需要。类似这样的依据和理由可以找出无数条，因而花钱的地方也就会达到无数个。这就是说，现行的公共支出范围被不同的规则割裂开来了，形成了许多小的支出范围。这使决策者产生幻觉，觉得什么都重要，什么都要保，结果使公共支出很难有效地进行控制。在这样的情况下，支出的正当性失去了统一的标准，支出的不合理配置当然也就无法避免了。

公共支出范围的这些特点是在特定历史背景下形成的。计划经济是政府主宰一切、干预一切的经济。在政府主宰一切的条件下，公共支出范围就没有必要划分边界，也无须有通行的统一规则。政府的需要就是最高的规则。市场化改革的推进，使政府走下了无所不能的神坛，变为了一个"有限的政府"。这时，政府干什么或者不干什么，需要重新界定。20多年的改革，使市场的作用日益扩大，在资源配置中，市场已经处于基础地位。但由于这方面本土化理论研究的滞后，政府究竟干什么，与市场的边界如何确定仍是十分的模糊。另外再加之政府是市场化改革的发动者和推动者，"政府的需要"仍是通行的标准，公共支出到底在多大的范围内配置，纳税人的声音很微弱，主要还是由政府（实际上是代表政府的各级行政长官）说了算。至此，我们不难理解，计划经济下形成的公共支出范围为什么能够一直延续到今天。

三、简要的评价

自1978年改革开放以来，政府的支出规模不断扩大，支出结构也发生了一些变化，但整个支出范围还是基本没变，与计划经济时期大同小异。这不仅反映在预算表格上，而且也表现在实际的支出中（参看表2）。经济建设费、国防费的比重在下降，社会文教费、行政管理费的比重在上升。公共支出比重的这种变化，也许预示着公共支出范围的变迁，但还处于量变的阶段，公共支出范围并没有实质性的改变。

表2　　　　公共支出范围以及主要支出项目的比重变化　　　　%

年份	经济建设费	社会文教费	国防费	行政管理费	其他支出
1965	55.24	13.63	18.86	5.73	6.54
1985	56.25	20.40	9.56	8.52	5.27
1995	41.85	25.74	9.33	14.6	8.47
2000	36.18	27.61	7.6	17.42	11.19

资料来源：同表1，第354~355页。

按照市场化改革的要求，市场在资源配置中发挥基础性作用，这就意味着政府与市场要有一个分工。价格信号可以发挥作用的领域，亦即竞争性领域应当交给市场来配置资源；相反，价格信号失灵的领域，亦即公共领域才是政府配置资源的领域。按照这一要求来衡量目前的公共支出范围，它不仅包括市场不起作用的公共领域，而且也涉及到市场正在发挥作用的竞争性领域，表3粗略地描述了这种状况。

表3　　　　　　　　　主要公共支出项目的领域划分

竞争性领域	公共领域
基本建设支出	国防费
增拨企业流动资金	行政管理费
挖潜改造资金	公检法司支出
科技三项费用	外交外事支出
地质勘探费用	武警部队支出
工交商事业费	文化、教育、科学、卫生事业费
支援农业生产支出	各项农业事业费
政策性补贴	抚恤和社会福利救济费
	社会保障支出

注：这种划分是十分粗略的，一些项目有交叉，如基本建设支出中有用于公共工程的经费，而在划到公共领域的各种事业费中，也有属于竞争性的内容。

公共支出范围涵盖了性质完全不同的两个领域，使政府与市场的分工在决策中变得很模糊。在这种模糊的决策中，政府往往不经意地干了市场该干、也可以干好的事情，而一些完全应该由政府承担起的支出责任，却反而搁在了一边。公共支出的配置范围与我国市场化实际进程的背离（若把政府预算外支出考虑进来，其背离的程度会更大），势必引发政府与市场的矛盾和冲突。当前经济、社会中的许多令人关注的热点问题，如农民负担、分配不公、工资拖欠、环境污染、失业增加、结构扭曲等，实质上都是政府与市场的矛盾、冲突的反映。在市场化改革不断推进的过程中，公共支出范围调整滞后，使因市场化而显现出来的许多矛盾和风险难以及时解决和化解，以至于问题越积越多。归纳起来，至少已经呈现出以下三大问题：

——替代市场，妨碍市场竞争。这表现在两个方面：一是政府直接投资办企业。现有的国有企业一部分是在计划经济时期建立的，另一部分是在改革开放以后，甚至是近几年建立起来的。尤其是地方政府，以财源建设的名义搞了不少的非公共性项目。在预算内支出紧张的情况下，就利用预算外资金，或者以政府的名义来融资办企业。所办的企业，不仅有实体性企业，也包括非银行金融性企业，诸如各种信托投资公司，几乎全国遍地开花。这些企业现在多数处于破产的边沿，已经给政府带来了沉重的债务包袱。如中国农业信托投资公司、广东国际信托投资公司的破产，就是十分典型的案例。二是给予各种各样的补贴。既有如税收减免、亏损补贴、贷款贴息、或直接增加投入等生产性补贴，也有针对流通领域的各种价格补贴，以及消费性补贴。这些补贴不只是加重财政负担，更重要的是干扰了价格信号，误导资源的流向与配置，妨碍市场竞争。我们已经习以为常的这些替代市场的做法，不但没有弥补市场的缺陷，相反还抑制了市场发育和经济效率的提高。与此有些关联的垄断经营、政府采购市场的非公平开放、不恰当的管制等也导致了市场的不公平竞争。因非本文主题，在此不展开论述。

——不利于社会公正与社会公平。随着国民经济市场化程度的提高，在资源配置不断优化和经济快速增长的同时，总是会伴随着"社会分层"的出现。由于个人禀赋、知识水平、机遇与环境的不同，在自由选择的市场竞争中，总会有一些人沉到社会的底层，构成弱势群体和低收入阶层。对这些社会成员及其家庭，需要政府来关注，给其提供各方面的帮助，如教育、医疗、培训、就业、救济、扶贫等。这既是人文关怀精神的体现，也是化解社会矛盾的需要。但由于公共支出范围调整的严重滞后，对市场化过程中出现的种种问题，没有体现出政府应有的作用。如农民负担问题长期得不到解决，与公共支出的配置范围过于偏向城市密切相关。不少县、乡长期拖欠现职人员和离退休人员工资，使目前的收入分配差距进一步拉大。许多地方的基础教育得不到保障，知识的缺乏使相当一部分社会成员及其家庭缺乏基本的生存能力，拉大了未来的收入分配差距。同时，这也是导致暴力、犯罪、吸毒、卖淫等社会问题的基本原因。诸如此类的问题都是在市场化背景下产生的，这急需政府通过调整公共支出范围来应对。

——不利于经济、社会的可持续发展。如果说，市场化凸显出社会公正与公平的重要性，那么，工业化则提出了可持续发展的要求。工业化提高了生产率，充裕了社会财富，推进了物质文明。但与此同时，其负面效应也十分明显。废水、废气、废料的不断增多,带来了环境的污染与破坏。酸雨、臭氧层的变化、气候变暖、空气质量下降、水体污染等,使我们的生存环境受到威胁。工业化、城市化的推进,导致可耕地不断减少,粮食与庞大人口之间的矛盾加剧。生物技术、基因食品、网络技术等工业化带来的高科技,其负面影响对人类生存安全和经济安全都构成潜在的威胁。我们是发展中国家,工业化还没有完成,追求工业化,必然要面对这些问题。在过去的工业化运动中,我们忽略了其负面效应,以至于引发了环境危机。现在,我们已经开始意识到了这一点。但传统的公共支出配置范围却难以满足可持续发展的要求,甚至产生了妨碍。市场可以推进工业化,却不能解决上述问题,惟有依靠政府。就此而言,公共支出范围的调整显得更为急迫。

四、重新认识公共支出的性质

公共支出的配置范围与其性质有关。一般地说,公共支出的性质决定其配置的范围。我国目前公共支出范围调整滞后,并导致上述种种问题,首先与对公共支出的性质缺乏认识有关。

西方国家对公共支出的认识,是以"市场失灵"为逻辑起点,来确认公共支出存在的合理性和必要性,并以此来界定公共支出的范围。既然市场失灵是公共支出存在的依据,那么,公共支出的配置范围就只能是在市场失灵的领域,即公共领域。如果在此之外配置公共支出,则改变了公共支出的性质,违背了公共支出自身的要求。如火车,只能是在铁轨上运行,若是把它配置到公路上去,则无疑地违背了火车运行的基本原理。这时候,要么改变火车的性质,把它改装成为汽车,使之符合在公路上运行的要求;要么就是翻车,造成事故,给铁路和公路运输都造成损失。在现实生活中,谁也不会把火车挪到公路上去,因为两者的不匹配是一目了然的事情。但对于公共支出,就不是那么易于把握,把它错位配置到非公共领域,就不是没有可能的。要是在理论上对公共支出性质的认识很模糊,错位配置的可能性就更大了。我国公共支出存在大量错位配置的情况,与此密切相关。

西方经济学认为,以下事务是市场不能解决的,属于公共领域的问题,需要政府承担起这方面的支出责任(即生产或提供公共产品)。

——法律秩序、公共安全等;

——生产和消费中的外部效应,包括负的外部效应,如污染,以及正的外部效应,如基础科学研究;

——垄断;

——收入分配不公;

——信息不充分;

——经济波动;等等。

这是西方国家在200多年的市场经济实践基础上,对政府的支出责任及其公共支出的配置范围,经过长期研究得出的理论解释。这种解释是有用的,对于正在市场化的我国来说,许多方面可以借鉴。

进一步分析,在这种解释的背后,隐藏着一个重要的理论假设,即市场经济有其天然的合理性,是一种价值尺度,是衡量和判别所有问题的基准。这样一来,市场经济本身就成为确定政府支出责任,界定公共支出范围的出发点和基本依据。甚至连政府存在的必要性和合理性,都是从市场(失灵)推导出来的。要不是因为市场失灵,政府也没有存在的必要。这就是现代西方经济学解释公共支出的逻辑。

若是改变上述理论假设,所有结论就会完全不同。假如政府配置资源具有天然存在的合理性,那么,市场存在就只有在"政府失灵"的领域才有必要。按照传统经济学的解释,政府是不会失灵的(或者说失灵的范围很小,市场只需起一个"补充"的作用)。以这种逻辑来推断,政府的支出责任是无限的,公共支出具有无限的可替代性,如替代企业支出、家庭支出等,其配置的范围当然也就没有边界。从这里我们不难看出,我们目前的公共支出范围的确定,实际上是以后一个假设为前提的。这个假设前提不变，现行公共支出范围的调整不可能有实质性的变化。对目前公共支出范围"越位"和"缺位"的感性认识不是今天才有，大家都在提出这个问题，但为什么至今难有进展，其根源在于其理论上的假设前提没有变。也许在口头上，大家都在说，要借鉴西方市场经济国家的经验与做法，但骨子里的东西，对不少政府官员来说，仍是传统的。长期习惯了的思维逻辑总是会不由自主地冒出来，从政府自身出发来考虑和判别所有的问题。因此，要重新界定公共支出范围，那就要重新设定我们的理论假设。

在市场化背景下来探讨公共支出的性质，我们可以借用西方市场经济国家的上述理论假设，从市场经济的角度来观察和看待我们当前面临的各种问题。从逻辑上看，西方对公共支出的性质及其配置范围的理论解释在一定程度上是成立的。但这种解释是从规范意义上来阐述的，即：基于市场经济的社会价值观念来给出一种正面的肯定性的判断：政府"应该"承担什么样的支出责任，"必须"履行什么样的职能。

在此，我们提出一种实证性的理论说明，即：基于市场经济这个条件，给出一种反面的否定性判断，对于市场解决不了的问题（如前面所提到的），如果政府"不"承担相应的支出责任，那么，市场经济社会将会出现什么样的景象？可能会陷入一片混乱之中，导致诸如法律秩序丧失、生命与财产随时都有被剥夺的危险、相互欺诈、以邻为壑、环境污染、两极分化、经济动荡等。概括起来，这些都是"公共风险"，可能会给社会全体成员都带来损害。这样的景象，当然是谁也不愿看到的。在社会历史进程中，由于公共风险未被当时的人们所认识而变成了事实的情况并不少见，资本主义初期的社会景象即是一个很典型的例子。最后的结论是，对于市场解决不了的问题——公共风险，还得由政府这个公共机构来承担起责任。在这个类似于几何反证法的过程中，显示出的意义似乎是殊途同归，结论一样，只是用了另一种方法来证明而已。

其实，真正的意义不在于这里最终得出的结论，而是通过反证法的过程，能使我们观察到公共支出存在的深层原因——公共风险。不是市场失灵，而是公共风险，使公共支出才有了终极存在的合理性和必要性。这种分析不是从既定事实来得出结论，而是依据不确定性的情况（公共风险）来考虑政府的支出责任及其支出范围，以防范上述景象变成事实。这就是说，不要让过去的东西牵着我们的鼻子走路，而应让不确定性的未来来引导我们前进的方向。只有未来的不确定性——各种风险，才是我们决策的真正依据。我认为，从这个角度来解释公共支出的性质，也许更具有说服力。

根据上面的解释，我们可以归纳出这样一种逻辑关系：公共风险——公共产品——公共支出。对这个逻辑关系式进行简化，则有：公共风险——公共支出。这比借助于市场失灵来解释公共支出的性质更具有直接性和客观性。一方面，公共支出是公共风险要求的一种结果，即公共风险决定了公共支出，它因公共风险的产生而存在，随公共风险的扩大而扩张。另一方面，公共支出又是化解公共风险的手段或工具，即公共风险是通过公共支出而化于无形的，故上面描述的极端混乱景象在现实生活中并未呈现出来。问题与解决问题的手段总是一同产生。但若没有了这个手段，那么，化于无形的公共风险就会完全地呈现在我们的面前。或者，当这个手段的配置滞后于公共风险的变化时，一部分公共风险同样会以各种不同的形式凸显出来。前面我们谈到公共支出范围调整滞后而导致的三大问题，实际上就是这一种情况的描述。这就像战争与军队的关系，前者决定了后者存在的必要性；而后者又是防范战争，求得和平的手段，可一旦没有了军队，战争可能就会马上来临。

公共支出决定于公共风险，同时，它的使命又是化解公共风险，使之消于无形。这就是公共支出的性质，成为重新界定公共支出范围的基本理论依据。

五、以"公共风险"为导向来调整公共支出的配置范围

一个社会总是会面临着各种各样的风险。从性质上来分析，社会风险可以划分为两大类：一是私人风险，二是公共风险。前者是指产生"孤立"影响的风险。风险事件的发生是独立的、偶然的，在 A 发生，并不意味着在 B 也必然发生，不会产生连带性影响。这类风险可以将其责任进行明晰界定，由市场机制来承担和化解。如保险市场，通过将风险在时空上分散、转移，使企业和家庭的某种风险化于无形。市场经济可以说是风险经济，其基本规则是利益与风险对称。追求自身利益，就要承担相应的风险，对自己的行为负责。这个规则与私人风险的性质相吻合，因此，私人风险可以通过市场机制来防范和化解，公共支出无须涉足。

而后者，即公共风险则不同，是指产生"社会性影响"的风险，具有很强的外部性。它有三个特征：

一是内在关联性（或传染性）。公共风险在发生过程中，对企业和家庭来说，是相互关联、相互影响的，因而具有"传染性"。如癌症，是一种很可怕的疾病，但不会传染，是一种私人风险。而艾滋病则不同，有很强的传染性，危害社会，构成公共风险。

二是不可分割性。公共风险对每一个企业和家庭来说，是必然的，不可逃避的。如通货膨胀、环境污染、刑事犯罪等，在未来发生的时间、方式是不确定的，但社会成员遭受损害的可能性是同等的，谁也无可逃避。

三是具有隐蔽性。公共风险很难正面识别，往往累积到了快要爆发的程度才被发现、才引起重视。如分配不公导致的两极分化，其产生的公共风险——使社会陷入动荡、无序状态的风险——是人类历史上破坏

性后果反复出现之后才被社会所认识。如环境污染引发的公共风险——威胁人类生存的风险——也往往是等到非常严重的地步才引起重视，采取措施。再如生物技术、网络技术，对人类社会未来发展带来的公共风险，现在还未被认识到，也许同样要累积到一定程度的时候，才能被社会所认识。因此，公共风险的防范和化解通常表现为亡羊补牢的事后行为。历史上是这样，现在亦同样如此。

上述三个特征决定了公共风险的属性，它与市场机制的规则——市场参与者的风险责任必须是明晰的——不相吻合，说明公共风险只能按照集体行动的逻辑，由政府来防范和化解，也就是要由政府来承担起相应的支出责任。

在市场经济社会，政府与市场的分工，实质上是不同性质风险的归宿划分。私人风险与市场相匹配，公共风险与政府相匹配。这种对应关系作为一种制度安排，应当说是一种有效的选择。这已为中外社会实践正反两个方面的经验教训所证明。很显然，这种对应关系是调整公共支出范围的基本出发点。

以此为起点，再结合前面关于公共支出性质的讨论，下面，我们将运用两种方法来分析公共支出范围的界定过程。

风险归宿分析法

这一方法的理论依据来自"公共风险决定公共支出"的原理。按照这条原理，界定公共支出范围的关键在于公共风险的确定。不言而喻，只要把公共风险与私人风险区分开来，公共支出的范围自然也就随之确定了。但在现实经济生活中，要把两者直接区分开来并不是一件很容易的事情。尤其对于一些还未被我们所认识的风险来说，要直接分清它们是属于公共风险，还是属于私人风险就更难了。在此，我们可用风险归宿法来解决这个问题。

面对经济、社会中各种各样的风险，我们难以直接判别其属性。但风险总是有一个最终的归宿,俗话说,"跑掉了和尚,跑不了庙",我们只要找到其归宿,风险的属性也就一目了然了。在市场经济条件下,风险归宿一是市场,二是政府,或者两者共同承担。这样,我们就可以分以下几个步骤来分析:

第一步,假设我们面对的所有风险都是私人风险,没有公共风险,都可以交给市场去防范和化解。作出这个假设的理由,来自市场经济的历史必然性和天然合理性。

第二步,分析各种风险的具体内容及其属性。如教育,有普通教育、职业教育、成人教育、远程教育、留学教育、特殊教育、干部教育等。其中普通教育又可以分为学前教育、小学教育、初中教育、高中教育、高等教育等。按照第一步的假设,所有这些种类的教育全部交给市场,政府不承担支出责任。这时候,我们对各种教育可能的状况及其导致的风险进行评估。下面我们以基础教育、高等教育和留学教育为例来做一个简单的说明。

表4　　　　　　　　教育由市场负责情况下的风险状况

项　目	可能的状况	风险内容	风险属性	未来支出责任
基础教育	短缺	文盲增多 劳动力素质下降 国民素质下降 扩大贫困	风险不可转移	政府承担
高等教育	不足	高级人才不足 国民素质不高 技术进步放慢	风险可以部分转移,如引进外部人才,鼓励自学等	政府与市场可共同承担
留学教育	充足	经营性风险	无关联性	市场承担

顺便指出,这里的风险评估与企业的风险评估有很大的差异,其目标、方法都是不同的。

第三步,确定风险归宿。根据风险评估的结果,确定所有风险的归宿。若风险仍回归到政府,也就是说,政府现在不承担支出责任,将来还得承担，则表明这种风险是公共风险，需要政府"马上行动"，现在就必须作出支出安排去防范和化解。这个过程可用识别"飞去来器"这种玩具来做个比喻。面对许多的玩具（表示风险），在分不清"飞去来器"（表示公共风险）的情况下，不妨假设，这些玩具中没有"飞去来器"（即全部是私人风险），然后，把这些玩具一件件甩出去，观察他们飞行的路线，若是发现一些玩具甩出去之后，又重新回到了原来的出发点，则可以确定，这些玩具就是"飞去来器"（公共风险）。上面例子表明，如果现在放弃基础教育的支出责任，虽会减轻现在的财政压力，但未来支出责任仍会回到政府身上，即风险归宿是政府，属于公共风险，因而政府在确定现行的支出范围时，应承担起基础教育的全部支出责任。而高等教育的风险归宿部分是政府，政府承担部分支出责任。而留学教育的风险归宿不是政府，故政府不承担支出责任。

第四步，按照上面的步骤，对假设情况下的所有风险逐一作出评估，即可确定公共支出的配置范围。

反向假设分析法

这一方法的理论依据来自"公共支出的使命是防范和化解公共风险"的原理。根据这条原理，界定公共支出范围的关键，是检验现有的公共支出是否已经全部用于防范和化解公共风险。下面，我们用反向假设分析法进行检验。

这个方法的基本内涵是：如果政府不承担某项支出责任，结果会怎么样？变坏——导致公共风险；不变或变好——没有导致公共风险。若是前者，表明政府承担的支出责任是正当的，符合上述原理；若是后者，则表明政府承担的支出责任是不正当的，因为它违背了公共支出的使命。

这个过程可以分为以下几个步骤：

第一步，假设所有的公共支出项目都是不正当的。作出这项假设的理由是，公共支出的配置范围不具有天然的合理性。

第二步，对各项支出的正当性，用反向假设法进行检验。我们以公检法支出、挖潜改造支出和流动资金拨款三项支出为例来简单说明。实际上，对于大类支出项目很难直接判断：正当或不正当，因为大类项目下还有许多的子项，只有当各个子项都被判定为不正当的条件下，才能说这个大类支出项目是不正当的。因此，正当性检验应从各个子项开始，先判定子项范围是否合理。为简化起见，这里仍是以大类项目来分析。

表5　　　　　　　　公共支出项目的正当性检验

项　目	若取消，是否引发公共风险	风险内容	是否正当
公检法支出	是	犯罪率上升；生命与财产没有保障；失去社会公正等。	是
挖潜改造支出	否	无	否
流动资金拨款	否	无	否

第三步，对正当性检验的结果进行汇总，去掉非正当性的支出项目，新的公共支出范围也就确定下来。

上述两种方法不是截然分开的，实际上是同一个问题的两面，因而这两种方法是互补的。第一种方法可以解决我们平常所说的"缺位"问题，通过对各种风险归宿的分析，"筛选"出公共风险，可以使所有的公共风险自然地与公共支出相匹配，从而弥补支出"缺位"。第二种方法可以解决"越位"的问题，通过反向假设检验，"越位"的支出项目自然消除，使所有的公共支出与公共风险相匹配。这样，"缺位"与"越位"没有了，公共支出范围的调整也就到位了。

扩展的分析

对这两种方法加以扩展，可以用于其他方面的分析，不只是用于界定公共支出范围。如可以用来进行公共支出的效率分析。事实上，运用上述方法界定支出的过程，同时也是一个效率分析过程。合理的支出范围，就可以保证最大的效率。西方国家流行的成本—效益分析有很大的局限性，只能孤立地说明这项支出的效益（或效应），无法指出它是否"越位"。微观效益无法说明该项支出的正当性。而上述两种方法则弥补了成本—效益分析的不足。

加入公共风险的排序分析内容，上述两种方法还可以用来对所有支出项目进行排序，帮助确定预算分配的重点和轻重缓急。

另外，和部门预算方法结合起来，可以用来编制长期预算。基数法是以"过去"为基础来编制预算，这很容易导致偏差累积，随着时间的推移，就会造成公共支出的"缺位"与"越位"。零基预算法，是以"现在"为基础来编制预算，这很容易忽视未来趋势，迷失方向和目标，造成新的偏差。而若用上述"风险归属分析法"和"反向假设分析法"两种方法来编制预算，则这些缺陷均可消除。因为上述方法是以"未来"为基础的。风险本身就是指向未来的，即通过对未来的分析来确定现在的预算。"未来决定现在"的逆向思维，可以使预算与未来趋势更加吻合。而且，预算目标内在于预算编制过程之中——防范和化解公共风险，使之最小化。编制预算的过程同时就是分析、防范和化解公共风险的过程，这样，预算编制就不会、也不可能偏离它自身的目标。

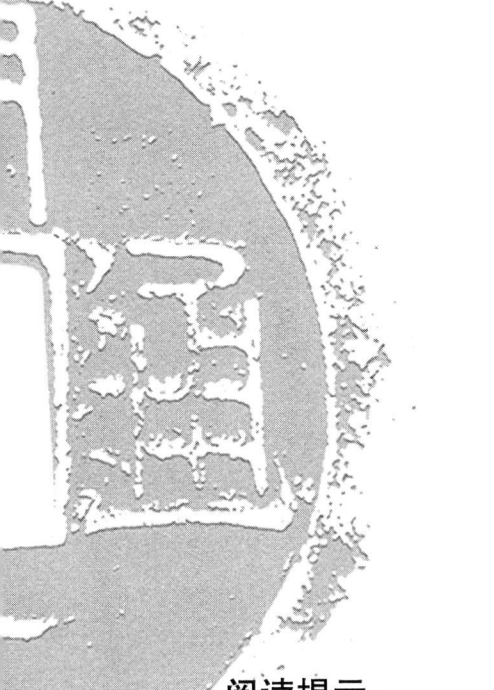

论公共债务的性质

阅读提示：

在干预公共风险的过程中，政府会承受各种各样的支出压力，这些支出压力表现为政府的各种形式的负债，即未来一个时期政府资源的流出。作为公共主体，政府面对的债务是不确定的，不能仅仅从会计学角度来认定。公共债务与经济总量是一种历史的循环关系，不同的循环状态决定了政府财政风险是趋向收敛还是发散。不同的债务结构对经济总量及其增长产生不同的影响，因而具有不同的风险。认清不同公共债务类型的来源、不确定性程度及其风险可控性，是把握公共债务与经济总量的关联向哪一种循环转化的重要一环，仅仅关注债务总量是远远不够的，抽象地谈公共债务负担率的高低没有意义。改善公共债务结构，降低整个公共债务的不确定性程度至关重要，这比控制债务规模更迫切。此文写于2003年。

The Nature of Public Debt

Abstract

In the process of intervening public risk, government will endure various expenditure pressures. This spending pressure comes from various liabilities that will eventually result in future outflows of public resources. As a public entity, the debt that the government faces is uncertain which can not be affirmed only from the accounting angle. There is a kind of historical circulation existing between public liabilities and aggregate economy. Different circulation state determines whether fiscal risks will diverge or converge. Different structures of public liabilities has different impacts on aggregate economy and its growth, thus has different fiscal risks. Identifying the resources of different public debts, their uncertainty degree and the risk controllability is a critical link of transformation direction of the correlation the public debt and economic aggregate. It is far from enough to just pay attention to the debt amount. It is pointless to talk abstractly about public debt ratio. Improvement of the structure of public liabilities is more urgent than controlling the scale of debt. It is of great importance to curbing the uncertainty degree of public liabilities. This paper wes written in 2003.

我们曾从政府拥有的资产存量和收入流量两个方面分析了公共负债的风险状况（刘尚希、赵全厚，2002），在此，我们引入经济总量来做进一步的分析。经济总量既可以是存量指标，也可以是流量指标，由于存量指标不具有可获得性，在我们的分析中仅仅采用流量指标（GDP 或 GNP）。

一、公共债务的分析与计量

公共债务的内涵

公共债务（或叫政府债务）是一个广泛使用而又含混不清的概念。曾经一个时期，公共债务仅仅是指国债，即由财政部发行的各种债券，如国库券、凭证式债券、记账式债券、定息债券、附息债券、长期建设债券等。1998 年启动积极财政政策之后，经济学界关于政府发债空间的讨论大多都是仅就国债而言的，很少涉及国债以外的其他政府债务。

1996 年，我们在一个研究报告中开始使用"准国债"的概念，当时感觉到仅仅考虑财政部发行的国债远远不足以反映公共债务的全貌。之后，随着 Hana Polackova Brixi 提出的财政风险矩阵引进到国内有关公共债务的一些分析中来，"隐性负债"和"或有负债"的概念也广泛流传开来。公共债务的外延大大地扩展了，丰富了人们对公共债务的认识。但公共债务的真正内涵以及确认标准依然处于五花八门的理解之中，或者说，在多数情况下，研究者更倾向于分析所谓的债务口径问题，而较少考虑公共债务的内涵和确认的标准。

在我们的传统思维中，对公共债务的理解一直是会计学意义上的，并沿用会计学上确认债务的标准来认定公共债务。其实，这是远远不够的。从会计角度来理解的公共债务只是在会计记录上可观测到的政府负债事项。由于会计记录的对象都是客观事实,且是过去或现在已经发生的,以此认定的公共债务都是"事后的",如政府财政部门及其他部门发行的各种债券、借款和拖欠;其他公共机构和公共企业的负债等。从会计学的角度来看,没有发生的债务事项是不能进入会计记录的,因此,按照会计标准认定的债务都是一种"历史债务"或叫做"客观债务"。如果仅仅是针对经济主体而言,例如像企业、公司等,这无疑是可行的。

但政府不只是一个经济主体,同时还是一个公共主体(刘尚希、2003),这种双重性使政府债务的认定变得复杂起来。作为公共主体,政府的使命就是防范和化解公共风险,维护社会的公正与公平,这就命中注定地必须承担大量的"推定债务",即社会公众认为"应该"由政府承担的债务,或者说是"道义上"的债务。而这类债务只有到了发生的时候才能真正确定,换言之,要由未来特定事件的发生来证实。如对重要金融机构濒临危机时的救助,在现代社会,政府是无法逃避的。这等于说,事情还没有发生,但支出的责任已经记在了政府的头上,政府随时准备着清偿这笔债务。在日益复杂且不确定性程度不断增大的经济、社会中,作为公共主体,政府面临的"不确定性债务"将会越来越多,在时间之矢飞向未来的过程中,不知什么时候就会有一笔债务落到政府的头上。

回头看过去的历程,由政府承担的不少债务是事先并没有预料到的。如果说,作为经济主体,政府面临的债务是相对确定的,适用于会计学上的债务认定标准,那么,作为公共主体,政府面对的债务则是不确定的,不能仅仅从会计学角度来认定。公共债务的内涵随着历史的变迁注入了"不确定性"的内核,不论是已经发生的,还是有待证实(相对于观测者而言,还没有发生)的债务事项,结果都是一样:导致未来财政资源的流出。

因此,从公共主体这个角度来观察,政府未来的支出责任才是确认公共债务的惟一依据。也就是说,政府在未来一个时期要清偿多少债务,仅仅凭"现在"是说不清的,只有从"未来"着眼,才可能真正把握。这其中蕴涵着一个思维方式的转换:不是从过去、现在来推断未来状况,而是相反,从未来的不确定性分析来判断现在的"真实"状况。

公共债务矩阵

按照公共债务的不确定性程度大小,可区分为两个层次:

第一个层次是确定负债(或叫"直接负债")和或有负债,前者是指任何情况下都存在的负债,与其他事件的发生无关,就此而言是确定的,不确定性为零;后者是指在特定情况下才存在的负债,与其他事件的发生相关,因而是不确定的。

第二个层次是法定负债(或显性负债)和推定负债(或隐性负债)。前者是指通过法律、契约或承诺等形式确定的负债,是确定的;后者是根据将来可能出现的情况推定的负债,可以说是道义上的负债,其责任边界是不清楚的,因而是不确定的。

这两个层次相互交叉,构成了不确定性程度不同的四种类型的政府债务:法定的确定负债(直接负债)、推定的确定负债(直接负债)、法定的或有负债和推定的或有负债。借用 Hana Polackova Brixi 的财政风险矩阵,其关系可用下面的矩阵来表示。

表1　　　　　　　　　　公共债务矩阵

	不确定性程度 小 ——→ 大		不确定性程度 小 ↓ 大
	确定负债(直接负债)	或有负债	
法定负债(显性负债)	1. 债务事项确定; 2. 债务要素如金额、期限、债权人等确定。	1. 或有事项确定; 2. 债务事项不确定; 3. 债务要素不确定。	
推定负债(隐性负债)	1. 债务事项确定; 2. 债务要素不确定。	1. 或有事项不确定; 2. 债务事项不确定; 3. 债务要素不确定。	

公共债务的计量

从公共债务矩阵来看,真正确定的债务仅仅是矩阵左上方的一块,即确定的法定负债,① 只有这一类债务才可以用会计的方法来观测和计量。而其他类债务用传统的眼光来看,还算不上真正的债务,因为它们并没有发生。从风险的视角来分析,过去、现在没有发生的,不等于将来也不发生,这就需要根据经济、社会运行状况推算出未来一个时期需要政府承担的支出责任。如政府担保的连带责任,公民养老、医疗、失业的基本保障,以及未来一个时期公众认为应该由政府承担的各种支出责任等。以此得出的公共债务在会计记录上是查不到的,只是分析的一种结果。不言而喻,通过分析、评估来认定的这类政府债务是不确定的,其计量只能是估算。

1999年,经济学家樊纲提出了"国家综合负债"的概念,他认为国家综合负债包括政府债务(国债)、银行坏债和全部外债,经过估算,1997年底中国的国家综合负债率为47.07%。财政部的楼继伟副部长在2002年3月份的一个国际研讨会发言时表示,乐观地估计,如果加上或有债务,全部债务占GDP的比重在40%与50%之间,悲观一点的估计,在70%与100%之间(潘圆、袁铁成,2002)。根据世界银行的估计,中国所有公共债务(包括显性及隐性债务)累积起来,估计已经达到GDP的100%。②

2002年,我们曾经按照财政风险矩阵对2000年的公共债务进行了估算。其中,直接负债规模为58 186亿元,政府或有负债规模达到58 609亿元(刘尚希、赵全厚,2002)。在这里,我们试图有所前进,根据可获得的资料,分析、测算了到2001年底为止的公共债务规模。

---

① 在严格的意义上,这类债务也是不确定的,因为存在利率、汇率风险。
② http://www.chinahighway.com/dpinfo.php?infoid=9535。

表2　　　　　　　公共债务规模（截止到2001年底）　　　　　亿元人民币

	确定负债 （无条件的支付责任）		或有负债 （特定条件下的支付责任）		总计
法定负债（由法律明确规定的或政府以各种形式承诺的支出责任）	1. 国债	15 608	1. 其他公共部门（如政策性银行、铁道等）发行债券⑤	7 324	
	2. 特别国债	2 700	2. 外债⑥ （折算为人民币）	14 093	
	3. 以国务院部委借入的主权外债①	4 109	其中：登记外债	9 958	
	4. 欠发工资②	65	未登记外债	4 135	
	5. 未弥补政策性亏损③	7 456	3. 与国债投资配套的资金⑦	14 200	
	其中：粮食亏损	7 000	4. 政策性银行的不良资产	72	
	棉花亏损	456	5. 政府各部门（为融资办的融资机构不良资产）		
	外贸亏损	—	6. 政策性担保公司不良资产		
	6. 乡镇政府负债④	2 500	7. 资产管理公司当年处置后未能收回的资产⑧	984	
			8. 政府各部门为引资而担保的其他债务	—	
小计		32 438		36 673	69 111

① 据中国人民银行的统计，2001年底以国务院部委借入的主权外债余额为496.9亿美元，折算为人民币为4 109亿元。

② 据地方上报数字统计，截至2001年底，各地共拖欠当年国家统一政策规定的工资65亿元，主要发生在中西部地区的县乡两级。

③ 2001年，粮食收购部门累计亏损达7 000亿元；棉花部门达456亿元。这是政府应支未支而形成的债务，构成政府显性的直接负债。

④ 中国乡镇将近5万个，平均每个乡镇负债400余万元，1999年乡镇负债为2 200亿元左右。也有人估计，目前全国乡政府一级的负债大约为3 000亿元。加上县一级政府的负债，总数估计在5 000亿元之上。在这里，我们取低值，设定2001年乡镇债务为2 500亿元。

⑤ 1999年公共部门债务余额达到7 324.4亿元，比1995年的2 344.1亿元增加了4 980.3亿元；公共部门债务余额占GDP的比重由1995年的4.0%提高到1999年的8.9%。

⑥ 2001年我国政府外债为9 958亿元（扣除主权外债的余额）。另据国际清算银行的估计，目前我国未登记外债规模大约有500亿美元，折算为人民币4 135元（胡少维，2001）。二者累计为14 093亿元人民币。

⑦ 截止到2001年底，累计发行长期建设债5 100亿元，建设国债带动了各方面的投入，到2001年底累计可完成投资19 300亿元（李建兴，2002）。扣除国债5 100亿元的直接债务，大约有14 200亿元构成政府的或有负债。

⑧ 截止到2001年底，四家资产管理公司通过国内外召标拍卖、合资、重组等多种创新性实践，累计处置资产1 245亿元，以现金方式回收的资产261亿元，本文只是作粗略的计算。http://www.yn.xinhua.org/ynnews/zt/2002/zhrjj/z01.htm。

续表

	确定负债 （无条件的支付责任）		或有负债 （特定条件下的支付责任）		总计
推定负债（政府职能中隐含的应由政府承担的支出责任）	1. 社会保障基金缺口		1. 国有商业银行不良资产②	18 000	
	其中：养老基金缺口①	40 000	2. 国有企业未弥补亏损	7 531	
	失业救济缺口	—	3. 农村合作基金不良资产	3 000	
	医保基金缺口	—	4. 资产管理公司留存不良资产③	12 687	
	2. 农村社会保障缺口	—	5. 拖欠企业在职职工、下岗职工和农民工的工资④	894	
	3. 国债投资项目资金缺口	—			
小计	40 000		42 112		82 112
总计	72 438		78 785		151 223

在表 2 的基础上，我们基本确定了 2001 年我国政府负债的基本规模为 151 223 亿元。对于或有负债事项和推定负债事项，是根据其外部性影响的大小以及引发公共风险的可能性来认定的，既不能说它们一定会导致未来财政资源的流出，但也不能说一定不会导致未来财政资源的流出。面对两种可能性的存在，从风险理念出发来判定，我们不能做乐观的假设，宁肯信其有，不可信其无。或有负债转化为确定负债的概率

---

① 据国家体改部门与国外保险机构联合进行的一项课题研究推测，近年我国养老金隐性债务累积规模按相关因素的平均水平计算，将高达 40 000 亿元左右。

② 到 2001 年，其不良资产积累到 1.8 万亿元，占全部贷款的 26.6%，大大超过了银行的自有资本金（吴敬琏，2003）。

③ 资产管理公司于 2000 年收购国有商业银行不良资产 13 932 亿元，截至 2001 年底，通过国内外招标拍卖、合资、重组等多种创新性实践，累计处置资产 1 245 亿元，则资产管理公司当年未处置的不良资产 12 687 亿元。吴晓灵，2002：《中国银行业不良资产处置的经验和教训》。http://www.yn.xinhua.org/ynnews/zt/2002/zhrjj/z01.htm。

④ 因拖欠民工工资而引发社会问题的事件不断增多。2003 年 1 月 21 日，南京一工地 300 余民工辛苦干了一年却要不到工资，拖欠金额不下 500 万元，老板躲着不见人，无奈之下，民工只好上街游行。

在 0 和 1 之间，这里我们假设为 0.5，① 则调整的政府负债规模为 111 830.5 亿元。从这个估算结果来看，2001 年的公共债务存量超出了当年的经济总量规模（2001 年名义 GDP 为 95 933 亿元），其比率达到 116.6%。这表明我国公共债务负担率比我们表面看到的要高了许多。

二、公共债务与经济总量的关联性

在政府财政风险的分析中，债务负担率（公共债务与经济总量之比）是一个常用的指标。但在运用这个指标时，公共债务与经济总量是分别当做分子与分母来看待的，似乎二者是独立的变量，彼此不相关联。可实际上，公共债务与经济总量是相互影响的，我们不能做单边假设来观测其中一个变量的变化。那种假设公共债务总量不变，而只要经济持续增长就会降低风险的观点是不现实的。

公共债务的性质：政府防范公共风险的一种结果或手段

从国库收支平衡理论来看，政府的债务是政府收支不平衡出现了赤字而导致的。如果没有赤字，政府也就没有借债的必要。从单纯的财政收支来分析，公共债务是，也仅仅是和赤字联系在一起的，至于赤字起因何在，则无关紧要。

如果把观察的视野从收支上移开，就会发现政府债务的起因有很多。在多数人反对政府借债的古典自由主义时期，政府债务主要源自于战争。在那个时代的人们看来，在平常情况下，政府借债是

---

① 这种假设应该是比较保守的，因为从目前占相当规模的或有负债的回收率可以证实这一点。当初国家针对四大专业银行分别成立四个资产管理公司时，预期不良资产回收率为 50%，实际结果只有 30% 左右，参见http://www.bicpa.org.cn/yndt/xgcjxx/1226094056.htm。

把资本变成了收入，具有非生产性，会妨碍经济发展。而到了政府干预主义时期，也就是凯恩斯主义流行以后，政府债务主要起因于政府的各项干预政策。借债（或变相地借债，如担保）变成了政府实现施政目标的重要手段。可以说，公共债务是政府政策的附属物。

若进一步从风险防范的角度来观察，公共债务是政府防范公共风险，化解公共危机的产物。战争、经济萧条、大量失业、两极分化等，都属于公共风险与公共危机，政府举债实际上由此而起。在公债产生的早期，战争与之有不解之缘。正如亚当·斯密所说，只有在战争期间，举债才是必要的和合理的。到20世纪30年代，经济危机成为政府举债的又一个正当理由，凯恩斯理论和罗斯福新政证明了政府举债的有效性。从历史过程来看，不论对政府举债的看法如何变化，恐怕都无法否认公共债务的产生、扩大与公共风险、公共危机有内在的联系。从过去到现在，也许惟一能够成立的命题便是：只有公共风险、公共危机才催生了公共债务，才使公共债务具有历史的正当性。反过来换一个说法，公共债务的使命仅仅在于防范公共风险和化解公共危机。

古典自由主义者反对政府借债，是以公共债务妨碍资本形成，不利于经济总量的增长为依据的，而凯恩斯主义者则主张政府大肆举债，是以公共债务能扩大有效需求，可促进经济总量的增长为根据的。看似不同的主张实质上有一个共同的逻辑起点：公债的生产性和非生产性。从中世纪的经院哲学家托马斯·阿奎那、十字军东征以后的法国财政学家吉恩·波丹、英国的哲学家大卫·休谟到亚当·斯密、大卫·李嘉图和萨伊，都是一口咬定公债是非生产性的，进而反对政府举债。凯恩斯主义却是从有效需求的角度来证明政府举债具有生产性，能增加国民收入，因而极力主张政府通过发债来促进经济增长。这种主张一直延续至今。

作为公共主体，政府的功能是难以用生产性或非生产性的概念来涵盖的。若从公共风险角度来分析，则不难看出，不论是经济自由主义时期，还是政府干预主义流行的时期，公共债务对经济总量的影响总是以公共风险和公共危机来导向的，或者说，公共债务与经济总量的内在联系是以公共风险、公共危机为媒介的。公共债务作为政府的一个手段，其作用在于减少了经济、社会运行过程中的不确定性，如支持了战争，或熨平了经济波动。从这个视角来观察，就不再需要考虑公共债务是生产性还是非生产性，是用于积累，还是用于消费，只要看它是否用于防范公共风险和化解公共危机。如果是，则就可以说，公共债务是正当的和合理的。

这个结论将改变一个根深蒂固的传统观念：公共债务只有用于积累才是有益的，用于消费就会导致危机。

公共债务与经济总量是一种历史的循环关系

从统计的角度来看，公共债务本身不会增加或减少经济总量，像征税一样，只是改变了资源的用途和配置方式。现代经济学证明，这种改变将优化资源配置，扩大就业，增加经济总量；而经济总量的扩大，又为政府举债提供了更大的空间。由此看来，公共债务与经济总量是相互推进的一种历史循环。这似乎被萨缪尔逊所说的话印证了："在1970年看来是一笔庞大的债务，在今天看来是微不足道的。我们的儿子认为是巨大的债务将被我们的孙子看来是不重要的东西"，因为经济总量扩大了。[①] 若果真如此，研究公共债务的风险问题就变成多余的了。其实，这只是一种表面现象，仅仅是一种经济学的逻辑假设。公共债务对经济总量的正面影响是通过防范和化解公共风险而实现的，并不是无条件地总是对经济总量增长产生促进作用。当面临公共风险和公共危机时，公共债务会对资源配置产生积极影响，因为可

---

① 萨缪尔逊：《经济学》上册，商务印书馆1980年版，第524页。

以减少未来的不确定性，从而促进经济总量增长；在相反的情况下，公共债务就会对资源配置产生消极影响，表现为扩大不确定性，故而妨碍经济总量的增长。通俗地说，公共债务只能用于雪中送炭，而不能用来锦上添花。或换言之，公共债务是一味"药"，只能用来治病，不能用来壮身，这是公共债务存在的约束条件。否则，就会给政府带来巨大的财政风险。

这表明，公共债务与经济总量的循环存在两种可能的状态：良性循环与恶性循环。在良性循环状态下，公共债务引发的财政风险是收敛的——公共债务促进了经济增长，而增长又为债务的清偿提供了更大的空间；而在恶性循环状态下，公共债务引发的财政风险是发散的——公共债务拖累了经济增长，而增长的迟缓又会引发更多的公共债务，进而加重对经济的拖曳。能否进入良性循环状态，关键在于公共债务的制度安排，即对政府在什么情况下可以使用债务手段（发行债券或替人承担债务），以及如何使用债务。现代社会的政府总是存在一种锦上添花的倾向，当制度安排缺乏或制度安排有缺陷的情况下，公共债务很可能陷入与经济总量的恶性循环之中。过度地使用债务手段会使政府不适当地支配了过多的资源，同时又加重了政府清偿债务的支出压力。不言而喻，在债务的拖累下，经济总量相对萎缩，政府"借新还旧"的空间相应地缩小，从而加剧政府财政风险。在债台高筑的情况下，政府有两种选择：一是挤压其他的支出，以腾出资金来清偿到期的债务；二是增加税收或增发新债。前一种选择很可能带来政府"欠账"，增加另一种形式的债务；而后一种选择会拖累经济。无论作出何种选择，都会导致政府财政风险转向发散状态。

稍微总结一下，我们不难得出如下结论：

一是公共债务引致的风险不能仅仅从其规模大小来看，还要看它与经济总量的循环性质，是在良性循环状态，还是处于恶性循环状态；

二是不能简单地从观测公共债务规模占经济总量的比重大小来判断风险状况，必须分析公共债务存在的约束条件是否具备；

三是公共债务与经济总量是互动的,控制债务增量固然重要,解决债务存量更是前提,不能一厢情愿地认为,只要经济增长了,债务比重下降了,风险就可以得到控制,因为债务存量会妨碍经济增长。

三、公共债务结构与经济总量的静态对比分析

从前述的公共债务矩阵可以看出,公共债务有四种类型,严格地说,每一种债务的性质、来源、影响以及不确定性程度都是不同的,从而与经济总量的关联也是不一样的,必须分别加以分析。

1. 公共债务的定性结构

对公共债务矩阵加以简化,我们可以得到较为直观的公共债务的定性结构。

表3 公共债务的定性结构

Ⅰ. 确定的法定负债	Ⅱ. 或有的法定负债
Ⅲ. 确定的推定负债	Ⅳ. 或有的推定负债

公共债务类型Ⅰ是确定的法定负债,这是一种常规的债务类型,也是我们在各种分析中说得最多的。在性质上,这类债务通常是依据国家的相应法律法规形成的。如财政部发行的国债,都是依据全国人大每年审议通过的国家预算而确定的,随意性很小。即使要追加发行,也需要通过全国人大常委会审议通过。至于因拖欠而形成的债务,同样要受相应的法律规范的约束,构成法定义务。这类债务在法律关系上、债权人与债务人的界定上都是十分清晰的,符合会计学上的债务认定标准。相

对而言，这类债务的透明度和确定性程度较高，易被社会公众关注，其风险可控性较大。

债务类型Ⅱ是或有的法定负债。这种债务在现实生活中很多，但长期来被忽视了，没有意识到这是公共债务的一部分。如政府及其各个部门为工商企业提供的各种形式的担保、政府各行业主管部门发行的债券和借款、政策性机构的债务等。从性质上来看，这类债务与政府具有十分明确的法律关系和法律责任，但不具有"首先"的清偿义务，即只有等到"第一义务人"出现了债务清偿困难的时候，政府才作为法律上的"第二义务人"出面承担偿债责任。对于这类债务，政府到底要替"第一义务人"承担多少往往是不明确，或者说，有多少要通过国家预算来偿还是不确定的。因此，这是一种具有很大不确定性的法定负债，其风险可控性较小。

这类债务在世界各国普遍存在，在发展中国家尤甚，常常成为政府实施某种政策的重要工具。如在结构调整、招商引资、促进出口、对某些企业给予支持等方面，通常较多地运用法定或有负债。在一定意义上，这也是政府调控经济、防范风险的一种方式。这与通过财政部发行国债相比，具有简捷、方便的优点，省去了许多政治决策程序，方便政府实施。但这种优点同时也是缺点，由于不列入预算，约束性弱、透明度低、风险隐匿，往往导致政府过度使用这种方式来追求任期内的政策目标。特别是在财政机会主义盛行的情况下，这类债务很容易造成财政风险累积，一旦爆发，将带来严重财政危机。

债务类型Ⅲ是确定的推定负债。从性质上看，这类债务不是法定的，而是社会公众"推定"给政府的，属于道义上的债务。与法定负债相比，这类债务不是政府主动引致的，而是作为公共主体不得不承担的一种道义责任。从债务来源上看，政府是被动的；但从防范和化解公共风险的角度来观察，政府又是主动的。政府之所以要主动接受这类债务，因为政府的使命就是防范和化解公共风险，正可谓"我不入地狱，谁入地狱"。另外，在经济学的意义上，政府主动承担比一味地推脱也更有利于降低未来的社会成本。

尽管是一种道义上的债务，但同时也是政府的确定负债。因为债务事项是确定的，虽然债务要素如债权人、金额、期限等并不清楚。例如，为了防范公共风险，政府承诺要扩大社会保障范围，为更多的社会公众提供基本的养老、医疗、救济等，这就意味着政府作为债务人与公众（总体）作为债权人之间的权利义务关系已经确立，即债务事项已经成立，但不受具体的法律规范的调节和约束。每一个社会成员都可以期待政府为他提供基本保障，然而提供的标准、金额、时间等要素并没有明确的法律条文，更谈不上具体到每一个人的债权。在此意义上，政府只是负有道义责任，因而属于推定负债。相比之下，确定的推定负债有较大的不确定性，其风险可控性较小。

债务类型Ⅳ是或有的推定负债。在性质上，这类债务也不是法定的，来源于社会公众的意愿、要求和压力。确切地说，凡是有可能引致公共风险的任何债务或损失，那怕是私人的，都可成为政府的或有的推定负债。如对金融机构危机状态下的救援、重大自然灾害的救助等，都可判定为或有的推定负债。在现代社会，金融机构的危机、货币的不稳定、严重的利益冲突、重大自然灾害等极有可能引发广泛的公共风险，危及社会公众利益，影响经济、社会、政治的稳定性。现代社会演进过程中的不确定性日益增大，公共风险出现的频率越来越高，这就要求政府去化解，亦即承担起相应的支出责任。但在事件发生之前，政府要承担多少是不确定的，从观测者"现在"的眼光来看，未来的支出责任是或有的，而且是推定的，因而归属为或有的推定负债。

在四大债务类型中，或有的推定负债具有最大的不确定性，其风险可控性最小。这类债务隐蔽性强，可预见性差，一旦发生，对政府财政的冲击力也是最大的。因此，这类债务是主要的财政风险来源。

通过上述分析，公共债务的定性结构可作如下归纳：

表 4　　　　　　　　　公共债务类型的比较

	确定负债（直接负债）	或有负债
法定负债（显性负债）	1. 性质：法定债务 2. 来源：政府举借 3. 透明度：高 4. 不确定性：小 5. 风险可控性：强 6. 影响：增加政府所拥有的资源	1. 性质：法定责任和义务 2. 来源：相关政策所致 3. 透明度：低 4. 不确定性：大 5. 风险可控性：弱 6. 影响：扩大政府可支配资源
推定负债（隐性负债）	1. 性质：道义上的债务 2. 来源：政府的长远规划与承诺 3. 透明度：低 4. 不确定性：较大 5. 风险可控性：较弱 6. 影响：改变政府的资源配置，降低未来社会成本	1. 性质：道义上的责任和义务 2. 来源：政治、社会压力所致 3. 透明度：很低 4. 不确定性：很大 5. 风险可控性：很弱 6. 影响：改变政府与市场的分工，降低未来社会成本

当我们对公共债务的认识很不全面的情况下，往往误以为公共债务是政府工具箱中一个随取随用的东西，没有意识到使用这个手段的约束条件，导致债务手段被滥用。① 这样，公共债务反过来就会拖累经济，极易陷入恶性循环，扩散财政风险。就公共债务的历史缘由来讲，我们与其说四类公共债务都是调控手段，倒不如说它们都是一种结果，是政府干预公共风险时的产物。这种认识也许更有助于准确把握公共债务与经济总量的内在关联性，从而避免把公共债务仅仅理解成一个孤零零的数字。

公共债务的数量结构

根据前文对公共债务的估算，在这里我们不难得出公共债务到

---

① 进入现代社会，政府举债却陷入了一个误区。不论是经济不景气的时候，还是经济繁荣甚至过热的时期，举债成为政府几乎须臾不可离的手段。我国国债（内债）年度规模1990 年不足 100 亿元，到 1994 年就突破了 1 000 亿元大关，而这个时期我国经济正处于过热的状态。凯恩斯主义颠覆了传统的认识，提出国债有益无害，甚至认为无须偿还，可以靠"借新还旧"永恒地循环下去。这无疑地走向了另一个极端。

2001 年止的数量结构。

表 5　　　　　　　　我国 2001 年公共债务的数量结构

	确定负债（直接负债）		或有负债	
	金额（亿元）	占 GDP 比重（%）	金额（亿元）	占 GDP 比重（%）
法定负债（显性负债）	32 438	33.80	36 673	38.20
推定负债（隐性负债）	40 000	41.70	42 112	43.90
合计	72 438	75.50	78 785	82.10

从 2001 年的数字来分析，公共债务结构大体均衡，不存在畸轻畸重的格局。但这种格局并不能说明风险状况趋好，因为不同类型债务的风险权重不同。按照风险权重由高到低来排列四类债务，应该是如下顺序：

或有的推定负债 Ⅳ——或有的法定负债 Ⅱ——确定的推定负债 Ⅲ——确定的法定负债 Ⅰ。

在债务总规模一定的条件下，债务 Ⅳ 占 GDP 比重越高，公共债务整体的不确定性程度就越大，对经济持续增长的不良影响就越大，财政风险也就越是趋于发散状态。反之，若债务 Ⅰ 所占比重越高，则公共债务整体的不确定性程度就越小，对经济持续增长的负面影响越小，财政风险也就越是趋于收敛状态。

从法定负债与推定负债的对比来看，后者占 GDP 的比重均高于前者。债务 Ⅳ 和债务 Ⅲ 占 GDP 的比重分别达到 43.9% 和 41.7%，而债务 Ⅱ 和债务 Ⅰ 的比重都不足 40%。从确定负债与或有负债的对比来观察，也是后者高于前者。或有负债合计占 GDP 比重为 82.1%，而确定负债合计所占比重为 75.5%。这就是说，不确定性程度大、风险可控性弱的债务类型占 GDP 的比重较不确定性程度小、风险可控性强的债务类型比重要高。从前面的定性分析不难得知，这种数量分布加大了整个公共债务的不确定性,降低了公共债务总体风险的可控性。

从透明性来分析,在现有统计制度和政府会计制度下,只有债务Ⅰ比较透明,而其他三类几乎都是隐匿的。就2001年的数字看,恰恰是债务Ⅰ的比重最低,为33.80%,而其他隐匿性的债务占GDP的比重反而更高。这种"冰山式"的债务结构会产生最大的信息不完全性,误导决策,最容易落入恶性循环的陷阱,进而妨碍经济增长的可持续性。如果这种公共债务结构抑制经济总量的扩大,也就意味着政府可动员的资源相对地减少,政府防范财政风险的回旋余地也相对缩小。这说明,2001年的公共债务结构趋于风险发散状态。

从上述分析可以想到,不同的债务结构产生的影响可能相差甚远,仅仅从债务总量来判断是远远不够的。也许由此可以解释,为什么有的国家债务负担率很高,却运转正常,而有的国家债务负担率并不高,却发生了危机。不同的债务结构,具有不同程度的不确定性和风险可控性,对经济总量的影响自然也大相径庭。看来,债务结构的分析与债务总量同等重要。

四、公共债务与经济总量对比的动态趋势分析

前面的分析是在假设公共债务和经济总量都不变的情况下进行的,这里的分析则要考虑二者的变化趋势。

1. 总量的动态分析

若把公共债务与经济总量抽象为两个数字进行对比,则结论表现为债务负担率的三种变化:经济增长快于债务增长,负担率下降;经济增长低于债务增长,负担率上升;两者增长率一样,负担率不变。从实际观测的两个年度来看,债务负担率是上升的。这说明,公共债务的增长率远远快于经济总量。这是否意味着风险在扩大呢?

表6　　　　　　　　　公共债务负担率变化

年份	公共债务（亿元）	经济总量（亿元）	负担率（％）
2000	87 490	89 442	97.82
2001	111 830	95 933	116.60

注：2000年的公共债务数字来自我们以前的估算（刘尚希等，2002）。

单就总量而言，公共债务的快速增长意味着政府要动用越来越多的财政资源，同时也表明，政府要从社会资源中支配越来越大的份额。联系到我国正处于市场化过程之中的现实，政府支配的资源份额扩大，也就是市场配置的资源份额的缩小，不言而喻，这与市场化进程是相悖的。如果说，推进市场化是提高效率、促进经济增长的一个重要途径，那么，公共债务的快速增长无疑会起阻碍作用，不利于经济的持续增长，除非是处于公共危机状态。这也就是说，在非危机状态下，公共债务的快速增长将导致它与经济总量的关系陷入恶性循环：债务增长——拖累经济——经济增长缓慢——债务扩张。如何防止出现这种恶性循环应成为我们的着眼点，这比单纯地强调通过经济增长来控制风险，或者通过控制债务增长来防范风险是更有效的一种办法，因为一旦落入恶性循环，无论是经济增长，还是债务规模，两者都将难以被左右。

进而言之，这就需要政府对公共危机转向的临界点——来临的状态与消退的状态——作出一个大体准确的判断，以考量公共债务作为手段使用时出现的各种可能性。这是一个基本前提，也是一个约束条件。若是忽略这一点来谈债务对经济的影响及其风险，则难以得出合乎逻辑的结论。

因此，我们不能机械地认为，债务负担率上升就是风险加大，债务负担率下降就是风险缩小，关键是要看债务负担率变化的条件和环境。如果是处于公共危机的前夕或之中，债务负担率即使上升，则其风险可能反而是减少的，或趋于收敛；否则，债务负担率即使下降，则其风险可能反而会扩大，或趋于发散。因为前一种情况可能带来良性循环，而后一种情况可能导致恶性循环。由是观之,孤立地谈债务负担率的变化是没有意义的。

结构的动态分析

前面的分析告诉我们,不同的债务结构对经济总量的影响是不同的,经济总量的状况又反过来决定了可动用资源的空间大小,其风险状况也不一样。尽管在这里我们无法得出未来的公共债务结构,但我们可通过对不同债务类型的分析来判断债务结构的走势,从而观察风险的状态。在这里只是提供一个分析思路,未及展开。

一般地说,公共债务与经济的工业化、市场化、金融化和全球化过程中出现的公共风险密切相关,是政府需要去干预那些公共风险而导致的。如环境问题、失业问题、基本生活保障问题、金融失稳问题等,都是现代化过程中的公共风险,需要政府去化解,在政府拥有的公共资源具有较大不确定性的情况下,通常会引发了各种类型的公共债务。而干预公共风险过程中的机会主义行为和短期化行为,往往又进一步加大了公共债务的规模。

具体而言,以下三个方面会加剧公共债务结构的变化:

一是我国正处于在社会转型时期,工业化、市场化、金融化和全球化都处于快速的交织变化状态,经济、社会运行中的公共风险明显增多,这些公共风险将表现为政府的推定或有负债。换句话说,政府的突发性支出将会增加。

二是与政府政策目标相关的法定或有负债,将随着政策的变化而变化。如为中小企业融资建立担保公司、为招商引资给予各种承诺,等等,都在不断地扩大。这都会相应地体现在政府的法定或有负债方面。

三是政府的各种保险计划正处于扩张之中,如社会养老保险计划、社会医疗保险计划、社会失业保险计划、工伤保险计划,以及与弱质产业相关的农业保险计划,等等。这些保险计划的扩大无疑会增加政府的推定负债。

这些变化不仅会扩大公共债务的规模，而且将加大公共债务的不确定性程度，使政府财政风险趋于发散状态。

再从经济总量的变化来看，不确定性因素在增加。我国刚刚进入人均 GDP 达到 1 000 美元的阶段，消费结构、产业结构、金融结构、分配结构以及市场结构等正处于转换过程之中，具有更大的不确定性，在增长中极易出现失衡。经济总量增长的不确定性与公共债务的不确定性一旦形成"叠加效应"，很容易落入到"公共债务——经济总量"的恶性循环陷阱之中。如果出现这种情况，财政风险将会成倍地放大。

五、进一步的思考

公共债务既可以促进经济增长，扩大经济总量，也能够拖曳经济增长，相对缩小经济总量。在前一种情况下，财政风险将趋于收敛；在后一种情况下，财政风险将趋于发散。究竟出现何种情况，这要看初始条件。这个初始条件要从公共债务产生的客观历史过程中去寻找，其答案是：公共风险与公共危机。这是与政府作为公共主体的使命相联系的。这既是一个必要条件，也是一个约束条件，若不具备，将导致后一种情况，形成"公共债务——经济总量"的恶性循环。当债务存量达到一定的规模，这个循环会加速，最终以财政危机，以至经济危机而终结。因此，从其约束条件来看，公共债务只能用来防范公共风险和化解公共危机，并进而历史地表现为公共风险与公共危机的产物。

与公共主体相联系的公共债务，与会计学上的认定标准是不同的，从而形成了矩阵式的债务结构。不同的债务结构对经济产生不同的影响，因而具有不同的风险状态：趋向收敛或者发散。认清不同债务类型的来源、不确定性程度及其风险可控性，是把握公共债务与经济总量的关联向哪一种循环转化的重要一环，仅仅关注债务总量是远远不够的。要改善政府的财政风险状态，必须改善公共债务结构，降低整个债务的不确定性程度，在一定意义上，这比控制债务规模更重要。

由此，有以下结论：

1. 公共债务的存量与增量同等重要，不能假设只要控制住了增量，经济增长了，公共债务负担率就可降下来

从循环的角度来分析，债务存量会拖累经济增长，规模越大，拖累效应越是明显。只有尽快地解决债务存量——包括法定负债和推定负债，才能缓解对经济的拖累，从而真正控制住债务增量。1999年政府成立四大资产管理公司来处理国有银行的不良资产，实际上就是化解政府的或有推定负债存量的一个重大举措。目前政府采取的国有银行改革措施，也是为此而服务的。国有银行的不良资产是政府最大的或有推定负债，如果久拖不决，将严重威胁经济增长的可持续性。法定负债同样如此，这是不言而喻的。我们无法把大量的公共债务存量抛在一边，一心去等待经济总量的增长，并寄希望于以此来减少风险。

2. 改善政府的财政风险状况，重心应放在降低不确定性程度上

不确定性总是存在的，无论公共债务，还是经济总量，但我们可以尽力"减少"它们的不确定性。比较而言，经济总量的不确定性程度受很多因素影响，难于控制，而公共债务的不确定性程度相对来说具有一定的可控性。从现实可操作性来看，应以公共债务为起点，并通过降低公共债务的不确定性程度，来减少对经济总量的扰动和妨碍，防止产生不确定性"叠加"和陷入恶性循环。

3. 降低公共债务的不确定性程度，重点在或有负债

具体来说，控制债务类型Ⅳ的增长是最重要的，其次是控制债务类型Ⅱ和债务类型Ⅲ的增长，最后才是控制债务类型Ⅰ的扩张。这是风险控制的一个基本次序。但从现实来看，最易于控制的是债务类型Ⅰ，最难于控制是债务类型Ⅳ，因为前者相对透明，而后者最不透明。这是一

个难题，而要解决这个难题，必须从公共债务产生的源头入手，而不是等到公共债务形成的时候再来控制。如前述的银行业不良资产，是最典型的政府的推定或有负债，只有先有效控制了银行业的不良资产增长，政府的这一项推定或有负债才可能得到控制；退而言之，即使已经形成了大量的不良资产，也必须尽可能地降低这些或有债务向确定债务转化的概率。只有这样，才可能真正有效地控制债务类型Ⅳ的增加，从而降低公共债务总体的不确定性程度。由此不难想到，提高公共债务的风险可控性，须以整个制度安排的协调配合为前提，头痛医头，脚痛医脚，则无法解决问题。

4. 强化预算约束，尽力减少政府的财政机会主义行为

联系到现实中的债务类型Ⅳ大多与政府的财政机会主义行为相关，如政府融资性公司的债务、银行业的不良资产、农村合作基金会的坏账等，多数是政府绕开预算约束行事，利用金融资源来替补财政资源而导致的。债务类型Ⅱ和债务类型Ⅲ的状况与此类似。就此而论，控制或有债务与推定债务的增长，首先要减少政府的财政机会主义行为，强化预算对政府活动范围的约束性。解铃还须系铃人，政府的财政风险控制还得靠政府自身的改革。

5. 科学地应对公共风险与公共危机，减少政府干预的失误

失误会引发不同类型的公共债务。如1998年经济增长滑坡，政府的公共风险压力很大，当时选择的主要干预手段是发行长期建设国债。用这个手段来干预经济衰退的风险，会不会引发新的风险呢？如财政风险。对此，我们当时来不及进行评估。现在回过来看，干预有成效，但不能说没有失误。发行长期建设国债，不只是直接增加债务类型Ⅰ，也扩大了债务类型Ⅱ，与国债项目配套的大量信贷资金实际上等于政府的担保贷款，构成政府的法定或有负债，其规模达到14 000多亿元。正面看，拉动了社会资金，但同时也增加了大量的公共债务。现在也许可以不认这个账，若干年后这可能又构成银行新的不良资产，最终也会回归到政府自身，只是时间后移了。

"萧瑟秋风今又是,换了人间"。干预公共风险的时机、工具,应根据不同类型的公共风险来作出评估和选择,并逐步建立起针对不同公共危机的应急反应机制,尽可能减少政府干预公共风险与公共危机中出现的失误。

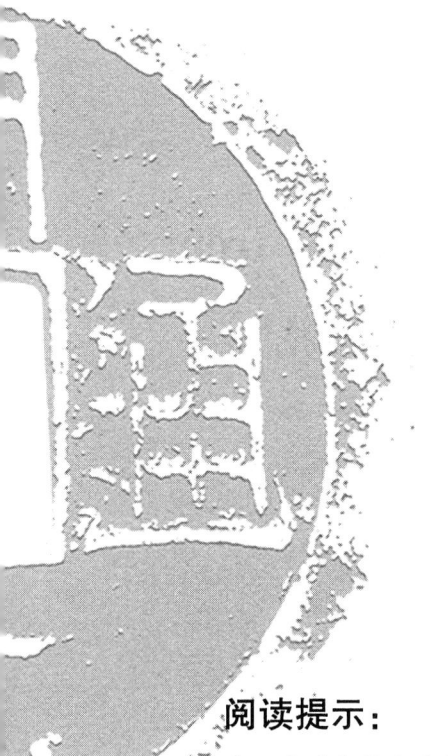

宏观金融风险：基于公共风险视角的分析

阅读提示：

宏观金融风险属于公共风险，其责任主体是政府，而微观金融风险属于个体（私人）风险，其责任主体是金融机构。中国的宏观金融风险仍处于发散状态，呈现出行业特性（风险业）与金融转轨风险"叠加"的特征。当前的金融改革既是防范宏观金融风险的战略举措，其改革本身也是宏观金融风险的重要来源。政府防范宏观金融风险需要改变"一事一议"的个案处理方式，迫切需要建立防范和化解金融风险、金融危机的应急反应机制，并把宏观金融风险纳入国家财政风险管理框架，以避免政府财政责任变为仅仅是事后买单。此文写于2006年。

Macro-financial Risk: Analysis from the Public Risk Perspective

Abstract

Macro-financial risk belongs to public risk and its responsible entity is the government. While the micro-financial risk belongs to individual (private) risk and its responsible entity is the financial organization. China's macro-financial risk is still emanative taking on the "accumulation" characteristic of industry features (risk industry) and finance shunt risk. The current financial reform is a strategic initiative to guard against macro-financial risks, in the same time the reform itself is an important source of macro-financial risks. The government needs to get rid of the old fashioned approach of "One Project One Discussion" in order to establish emergency mechanisms to prevent and defuse financial risks. To avoid the situation that government responsibility only to become "pay the bill after the even", public financial risk management must take macrofianancial risk into account. This article was written in 2006.

金融风险是指金融交易过程中因各种不确定性因素而导致损失的可能性。从层次论来分析，可分为宏观金融风险和微观金融风险。这两者在风险主体、形成机理、经济社会影响以及风险管理等方面都有明显的区别，尽管二者有广泛的联系。宏观金融风险的主体是国家，或者说是整个社会公众，而微观金融风险的主体是金融机构。风险承受主体的不同，也就决定了二者具有不同的性质及其应对方式。宏观金融风险属于公共风险，无疑地需要政府来承担相应的责任；微观金融风险属于个体风险，自然要让市场主体来防范和化解。我们在讨论金融风险时，长期来是没有做这种区分的，以至于对金融风险防范的责任边界十分模糊，甚至出现"错位"，把政府的责任交给了市场主体，而本属于市场主体的责任却又由政府揽过来，给出了错误的信号，从而引发逆向选择。自1997年东南亚金融危机以来，我国政府对金融风险的防范十分重视，但由于上面的原因，成效并不十分理想。本文正是因现实中的问题而导出了金融风险的层次论，并据此来展开分析。

只有宏观金融风险才属于公共风险，与政府的财政责任有内在的关联性，构成财政风险的重要来源。而微观金融风险，如利率风险、汇率风险、信用风险、流动性风险等，则是个体风险，主要是金融机构内控的日常任务，与政府的财政责任无直接的关联性。只是当微观金融风险向宏观金融风险转化时，才会与政府的财政责任产生逻辑的联系。

一、宏观金融风险的界定

风险是金融活动的基本特征和属性，其基本原因在于金融交易较之于其他交易具有更大的不确定性。这种不确定性可能给金融交易造成损失，甚至可能造成金融机构破产，并可能引发金融危机，这种可能性就是金融风险。

对金融风险的分类可以有多种，如按照金融行业划分，可分为商业银行风险、证券市场风险、期货市场风险、信托业风险和外资外债风险等；按照金融风险的来源又可分为信用风险、流动性风险、市场风险、内控风险、政策性风险、国际风险等；按金融风险的不同成因，还可分为体制性金融风险、市场内生的金融风险等。总之，研究目的、研究对象不同，研究者可以采取不同的分类。在这里，是从另一个角度把金融风险分为两个层次：一是微观金融风险，二是宏观金融风险，其依据是风险后果的影响范围及其相应的承担主体。如果金融风险带来的后果是孤立性的、个体性的，不产生连带性影响，则是微观金融风险，如利率风险、汇率风险、信用风险、流动性风险等一般情况下都不会产生关联性；如果金融风险带来的后果与此相反，是整体性的、关联性的，则是宏观金融风险。

顾名思义，微观金融风险是指微观主体即金融交易人的金融风险。金融交易人既可以指法人，如银行、证券公司、信托机构、保险公司等金融机构，也可以是自然人，如股票、期货、债券、外汇等金融资产的投资者。自然人金融风险可归结为个人理财的范畴，谈到防范金融风险时，在一般语境下多指向金融机构。微观金融风险转化成现实所产生的影响有二：一是损失，如资产缩水、投资损失、收益减少、严重亏损等；二是破产。如果风险失控而日益累积就会导致这种结果。另外某种突发性事件也可导致金融机构破产，如巴林银行的倒闭就是如此，究其原因是原有的风险控制机制在新的不确定性面前失效了。在现实生活中，损失类风险是经常发生的，如出现呆账等。也可以说，只要有金融交易，这类风险就不可避免，风险防范的目标是使之控制在可承受的范围之内。而破产类风险出现的频率则相对要低得多，某个金融机构一旦达到这种风险状态，也就可以说该金融机构已经面临危机。

宏观金融风险是从微观金融风险转化而来的。转化的条件有二：一是损失类风险在行业内普遍累积，并已达到破产的临界点。如我国的银行业积累了大量的不良资产，各个银行自身已经无力化解，实际上已到了破产的边沿，不得不由国家出面来剥离。再如证券业大量挪用客户保证金，全行业形成巨额亏损，面临着整个行业倒闭的风险，不得不由政府出面来实施大规模的关闭、重组。二是破产类风险引发连锁反应。如某一个金融机构破产可能会引发社会预期改变，产生存款挤兑风潮、资产价格急剧波动、外资大规模流出、货币大幅度贬值等。尤其当单个金融机构达到相当大的规模时，其利益相关者也会构成一个巨大的群体，在这种情况下，无论该机构是公有还是私有，如果任其破产就会带来巨大公共风险，政府救援不可避免。21世纪初美国政府出面挽救私人所有的"量子基金"就是一个典型例证。上述两个条件，只要具备其中一个就意味着微观金融风险已经转化为宏观金融风险。一旦转化为宏观金融风险，就表明金融风险的性质发生了变化，从个体（私人）风险变异为公共风险，风险承担主体相应地也就从微观主体即单个金融机构转变为政府。我国政府采取大规模的金融救援行动，也就是基于这种判断。当然，这其中还有所有者这一层关系的存在也是导致政府采取救援行动的原因。政府防范和化解宏观金融风险的行动给金融机构造成了某种期待，只要有事政府会来兜底。这使金融机构对防范微观金融风险的动机和动力不足，甚至不顾风险而盲目交易。这就需要政府对此实行严格的监控，并通过多方面的改革来强化金融机构的避险动机并提高其避险能力。中国建设银行创设"首席风险官"职位，是金融机构防范风险方面的一个标志性事件，表明我国金融风险的防范在微观主体层面已开始从理念变为机制和制度。

微观金融风险的分析很多，并都有相对比较成熟的工具和方法，由于都是市场领域的风险，西方金融机构的许多做法都可以借鉴。而宏观金融风险的分析在我国缺乏深度和广度，也是由于它与一国的经济体制、社会结构、发展历史和文化传承有更为紧密的关联性，可借鉴的少，故这方面的研究相对薄弱。因此，宏观金融风险的研究更需要立足于国情来进行创新性探索。

对政府和公众而言，金融危机直接来自于宏观金融风险。《新帕尔格雷夫货币与金融大辞典》对金融危机的定义就是"金融危机是社会的金融系统中爆发的危机,它集中表现为全部或大部分金融指标急剧、短暂和超周期地恶化,这些恶化的金融指标包括短期利率、证券、房地产和土地等资产的价格、企业破产数和金融机构倒闭数"。防范和化解宏观金融风险,就是为了避免金融危机的爆发。不言而喻,宏观金融风险管理的对象是整个金融体系的稳定性,其表现形式为银行危机、货币危机、债务危机、资产价格泡沫化等宏观态势出现的可能性。

应当说,理论界已经在关注宏观金融风险的研究。如美国经济学家克罗凯特(Crokett A.,1977)注意到这种现象,提出了金融系统性风险的概念,"由于金融资产价格的异常、剧烈波动,或由于许多经济主体和金融机构负担巨额债务及其资产负债结构趋于恶化,使得它们在经济冲击下极为脆弱,并可能严重影响国民经济的健康运行"。[①] 国内学者在探讨这个问题时,有的将宏观金融风险直接定义为系统性金融风险。也有的重新定义,如尹音频(2001)认为,宏观层面的金融风险是指由于经济制度缺陷与宏观调控偏差所导致的金融风险,它是指整个金融体系面临的风险。也有学者从区别于系统性风险的角度来重新定义,其理由在于金融系统性风险是从金融风险在金融系统的表象上对全局性金融风险进行描述,而宏观金融风险则是从经济与金融的多视角、多层面对能够影响经济、社会、政治稳定的金融风险形成和发展的分析(刘立峰,2000)。其实,关键不在于用什么词语,而在于观察的角度。站在个体的角度来看,金融系统性风险也是微观金融风险的分析范围,在作出各种金融决策时,是不能忽视的重要方面,特别是在金融全球化环境中,他国的系统性风险是各个金融机构需要深入研究的重大问题。而站在宏观角度观察,金融系统性风险则就转换为宏观金融风险的研究内容,是与"金融危机"相联系的。研究宏观金融风险是为了更好地

---

① Crokett A., 1977. "The Theory and Practice of Financial Stability", Essays in International Finance, No. 203, April, 1997. 引自李心丹、钟伟:《国外金融体系风险理论综述》,载于《经济学动态》1998年第1期。

定位政府在其中的责任,尤其是财政责任。因为金融风险一旦上升到宏观层面,其性质就发生了变化,成为公共风险,其风险责任主体也就转换为政府。就此而言,研究宏观金融风险是为政府决策服务的,而研究微观金融风险则是为金融机构等微观主体的决策服务的。

二、中国宏观金融风险:分析与判断

现象分析

中国目前宏观金融风险仍集中在国有商业银行。虽暂时不会出现金融危机,但现阶段的金融安全是有条件的,随着我国金融业对外开放和资本项目可自由兑换的推进,我国的金融安全将面临严峻的考验。

银行业的风险因素主要表现在以下三个方面:一是不良贷款比率仍居高不下。据银监会的资料,2004年9月末,我国银行业不良贷款余额1.7万亿元人民币,其中国有银行占92%,股份制商业银行占8%,以"不良贷款/GDP"这一指标来衡量,已经接近20%。二是资产盈利能力低。银行业长期形成的单一经营模式依然如故,甚至愈加严重。在全部营业收入中,传统贷款利息收入占到66%,资产收益来源单一。2003年我国境内14家商业银行的平均资产收益率仅为0.23%,净资产收益率为7.29%,远低于发达国家或地区的银行业。三是商业银行的资产负债期限结构匹配不合理。据中国人民银行的资料,我国全部金融机构活期存款余额与定期存款余额比例从2000年的39.4%上升到2004年9月末的54.4%,提高了15个百分点。而与此相对,同期中长期贷款余额与全部贷款余额的比例从23.7%上升到38.1%,提高14.4个百分点。[①] 银行业资产长期化,而负债短期化的趋势,势必增大银行业的

---

① 转引自《大公国际:银行业风险正在增加》,载于《经济展望》2005年第4期。

流动性风险、利率风险和信用风险。四是银行业的组织结构、治理结构仍滞后于市场化的进程,特别是 2006 年之后外资银行进入的限制被撤销所带来的巨大挑战扩大了银行业的风险。组织结构和治理结构是银行业整体变迁中的慢变量,但又居于核心地位,相对于快速的市场变化,成为至关重要的长期风险因素。特别是随着加入 WTO 过渡期的结束,外资金融机构将享受同中资金融机构同等的国民待遇,市场竞争将愈发激烈,国有商业银行的传统市场份额、客户质量、储户结构乃至管理人才、创利能力等将会受到严重挑战。

证券市场的风险日益凸显。2002 年 5 月底,118 家证券公司净资产额为 917 亿元,不良资产却高达 460 亿元,不良资产率超过 50%。近两年证券公司接二连三的关闭重组,如大鹏证券、汉唐证券、五洲证券、南方证券等案例,实际上已经充分证明了风险的严重性。

保险市场相当脆弱。标准普尔信用评级发表的题为《中国保险业信用前瞻 2005～2006》的报告指出,目前中国保险业发展迅速,总体进步较大,但在如定价、准备金水平和公司治理等方面还不成熟,尤其考虑到日趋激烈的市场竞争和潜在增长所需的资金,中国大部分保险企业的资本基础依然偏弱,① 应对风险的能力较差。目前保险机构的基本财务状况不佳,据钟伟等人研究,这主要表现在:一是中国保险机构盈利能力低,靠自身的积累化解资本金不足和不良资产的可能性不大;二是中国保险机构的不良资产比率难以估计,早在 2001 年 10 月,中国各保险企业的不良资产就已经达到 114 亿元人民币,三是中国保险机构的资金运用能力低。② 监管层实际上也已经意识到了问题的严重性,提出了"以风险为基础的动态监管"理念,③ 但要真正变成一种制度安排,

---

① 《东方早报》2005 年 6 月 25 日,转引自http://www.whb.com.cn/wxpd/caijing/bx/t20050625_553958.htm。

② 钟伟等:《中国金融风险评估报告》,载于《中国改革》2004 年第 3 期,转引自http://www.usc.cuhk.edu.hk/wk_wzdetails.asp?id=3149。

③ 《21 世纪经济报道》2006 年 2 月 11 日转引自http://news.ins.com.cn/2006/02/11/09171085.html。

则还有很长的路要走。

地下金融市场的隐性风险不小。据中央财经大学一个课题组的调查表明，中国地下金融的信贷规模介于7 400亿元~8 300亿元之间。全国20个被调查省、区、市的地下金融规模与正规金融规模的比例平均为28.7%，也就是说，被调查地区的地下金融规模已接近正规金融规模的三成。尤其在农村地区，超过半数的借贷来自地下金融。① 地下金融的"发达"是自然融资契约对现行垄断制度的一种无声抗议，随着民间金融的逐步放开，地下金融有浮上水面的迹象，隐性风险将会逐渐地显性化。

国际资本流动的风险。据估算，我国1987~1997年的11年中，资本外逃数额累计达2 457.62亿美元，平均每年外逃223.42亿美元；世界银行方法与摩根担保方法估计出的数值分别为2 032.47亿美元和1 529.11亿美元，平均每年外逃额为184.77亿美元或者139.01亿美元。在情况最为严重的1997年和1998年，资本外逃额分别为364.74亿美元和386.37亿美元，2000年则高达480亿美元左右，比外商对华实际投资的407亿美元还要多。从世界范围来看，我国已成为仅次于委内瑞拉、墨西哥和阿根廷的第四大资本外逃国。② 这种状况至今未有好转，2004年资本外逃2 062.11亿美元，2005年的资本外逃规模略低于2 000亿美元。③ 资本外逃是隐性的资本流出，如果资本项目放开，显性的资本流动规模可能会更大，其风险是不言而喻的。

成因分析

中国的宏观金融风险除了金融行业本身的风险特性之外，与体制转

---

① 《中国新闻周刊》2005年1月19日，转引自http://finance.sina.com.cn/g/20050119/23231306451.shtml。

② 顾列铭：《资本外逃：中国金融之大患》，http://std.xjtu.edu.cn/html/xinxi/2004/04/5749.html。

③ 《中国经营报》2006年1月7日，转引自http://news.cnfol.com/060107/101,1277,1632790,00.shtml。

轨密切相关。体制转轨不可避免地使金融业的风险呈现出一种"叠加效应":行业风险+改革风险。体制转轨过程中,财政减税让利,财力拮据,银行和股市实际上成为政府的两大融资工具,为"改革"、"发展"和"稳定"提供财力上的支撑,直接承担了相当一部分体制转轨成本。同时,作为国有企业的四大商业银行和主要的证券公司,又有一般国有企业的缺陷:风险责任模糊、预算约束软化、逆向选择严重,这客观上扩大了宏观金融风险。

长期来,财政与银行被认为是政府的两个"钱袋子",一旦这种认识变成了一种制度安排,要改起来就不是轻而易举的事情。国有银行有明确的行政级别(非银行金融机构大体也是如此),一直类似于行政机关。商业化改革进行了多年,现在又在进行股份化改制,但原有的行政机关性质至今也未能从根本上去除,一条腿在市场,而另一条腿仍站在行政机关的序列,履行着不属于商业银行的职能。如在产业结构调整过程中,各级政府都采取各种行政措施要求银行向一些指定的行业给予资金的支持,形成了大量指令性贷款。据人民银行估计,20世纪90年代以来,指令性贷款约占国家银行贷款总量的1/3,大多形成银行不良资产。此外,政府为维护社会安定还要求银行发放本应由财政弥补的国有企业亏损贷款和安定团结贷款,把有偿性的银行资金作为公共资金来加以分配,其结果是进一步增大了银行等金融机构不良资产比率。对各种金融机构的紧急救援,近年来成为央行的重要职能,实际履行的是公共财政职能。这种把银行当成政府"钱袋子"的做法成为我国宏观金融风险扩散的一个重要原因。

由于财政这个"钱袋子"在长期的减税让利政策导向下,一直是囊中羞涩,财力拮据,只能是挤信贷资金,导致信贷资金财政化,扭曲了金融与财政的关系。1998年之后,财政收入实现了快速增长,但财政又承担了拉动经济和扩大公共服务的重责,长期扭曲的财政—金融关系并未得到调整。这是赤字货币化在中国转轨环境中的一种隐性表现形式,也是赤字货币化的一种特殊转化机制。对政府来说,利用银行这个

"钱袋子"有许多的好处，一是成本低廉，二是不列入赤字，无须经过人大审查程序。在短期化动机驱使下，由于财政脆弱，利用银行等金融机构来实现政府意图的倾向至今没有扭转，有些地方甚至还在进一步强化。这无疑会扩散宏观金融风险，并最终将回归到财政自身。

在这样的体制环境中，势必产生双向的道德风险，即资金的供应者和需求者都依赖于政府，漠视风险的存在，更谈不上通过健全内控机制去规避风险。资金需求者靠政府获得资金，一开始就没有偿还贷款的意图，甚至是当成财政资金来使用；而资金的供应者，即贷款人知道有政府最后兜底，尤其是那些指令性贷款更是不用担心，随意贷款也就在所难免。这就造成了一种"风险大锅饭"的体制性存在。① 上一届政府实行的贷款责任人终身负责制，实际上就是针对此而采取的措施。但这种追求零风险的做法又有矫枉过正之嫌疑，不符合市场化的基本规则，实际上走到了另一个极端。曾经一度出现的"惜贷"与此有关。如果银行的资产运用受到不正当的限制，资产与负债不匹配，银行实力受损，最终也会加大宏观金融风险。因此，在银行等金融机构未成为真正的市场主体的条件下，无论政府采取什么样的干预措施，都会成为宏观金融风险扩散的重要成因。

总之，宏观金融风险扩散是由多种因素综合作用所致。虽然从定义来看，某个金融机构的风险属于个体风险，而不属于性质上定位为公共风险的宏观金融风险，但从我国金融业的实际状况来观察，单一金融机构的风险演变成为宏观金融风险是很容易的事情，因为我国的银行集中度很高，尤其是国有银行，任何一家国有银行出现问题都有可能演变成一场宏观金融风险。在这样的高危情境下，国有银行的改革无疑地成为我国宏观金融风险的重要风险因素，如果改革不成功，其后果将不是某一个金融机构的损失，而是产生全面性的冲击，危害经济、社会的稳定。因此，国有银行改革的风险应视为新时期宏观金融风险的重要内

---

① 详见拙作《中国财政风险的制度特征："风险大锅饭"》，载于《管理世界》2004年第5期。

容，而不宜简单地把国有银行改革看成是防范宏观金融风险的重大举措。

在体制转轨过程中，政府与市场的关系处于不确定性状态，国有银行的商业化在未彻底完成以前，其职能难以有清晰而准确的定位，时而发挥政府"钱袋子"功能的情形难以避免，这构成了国有商业银行风险责任不明晰的体制基础。市场体系的发育和完善是一个循序渐进的过程，尤其是金融市场的发育需要更严格的体制环境，当体制还未完善时，不可能有完善的金融市场和规范的市场主体行为。金融机构内部控制机制的不健全是市场不完善的结果，实际上也是整个体制变迁过程中出现制度"真空"的结果。通过分析宏观金融风险的成因，使我们不难发现，政府的体制安排与宏观金融风险的关系更为密切。

三、中国防范宏观金融风险的回顾与评价

防范宏观金融风险的政策措施

20世纪90年代以来，我国在防范宏观金融风险方面采取了一系列措施。在制度建设方面，如1994年出台了《中国人民银行法》，从法律上保持了中国人民银行的相对独立性；2000年以后国务院严令各行降低不良资产率，为防止国有商业银行的不良资产扩大，国家又出台了贷款责任人终身负责制制度。在补救措施方面，财政部发行特种国债以补充国有独资商业银行的资本金；加快国有商业银行呆账的冲销，并改革了提取和冲销银行呆账准备金的方法；商业银行逾期一年贷款的应收未收利息不计入商业银行营业税税基；农业发展银行逾期贷款的利息，由地方政府财政偿还；商业银行和其持股的证券公司、信托投资公司脱钩，其股权采取无偿划拨的方式；中央财政承担中央银行损失的部分老贷款及其利息；中央财政直接偿付被关闭金融机构的主权外债；中央财

政完全承担资产管理公司（下称 AMC）的最终损失；之后又动用450亿美元外汇储备向中国银行和中国建设银行注资，以利于其股份制改造；动用 150 亿美元外汇注资工行，并进行财务重组，等等。

自 20 世纪 90 年代中期以来，我国金融机构出现一股重组浪潮。与发达国家的金融机构重组不同，我国金融机构重组主要是为了化解宏观金融风险。1995 年，中银信托被责令停止整顿，1996 年广东发展银行收购其债务和分支机构，同年申银万国证券公司合并，光大国际信托公司实施债权转股权，永安保险公司被人民银行托管、重组、增资扩股。1997 年，海口 33 家城市信用社被海南发展银行收购。1997 年 1 月中农信公司被关闭，由中国建设银行托管债权债务和分支机构。1998 年 1 月中创信托投资公司被关闭，由人民银行托管；1998 年 1 月海南发展银行被关闭，中国工商银行托管；1998 年君安证券公司与国泰证券公司合并；1998 年 10 月广东国际信托投资公司被关闭，1999 年 1 月进入破产程序；1999 年 2 月中国投资银行被国家开发银行收购，1999 年 3 月其分支机构由光大银行收购；2003 年 12 月，新华证券被撤销；2005 年 4 月，老牌南方证券宣布破产清盘，如此等等。国家清理整顿信托投资公司、城市信用社、农村基金会和证券公司，中国人民银行发放了数以千计的再贷款，用于解决自然人的债务清偿，并由财政部门提供担保。

表1　我国政府在金融机构关闭、重组方面采取的财政性措施

1. 注资	1998 年 3 月，财政部发行了 2 700 亿元特别国债，用于补充国有独资商业银行资本金。地方政府在地方性信托投资公司、城市商业银行和城市信用社的增资扩股中也注入一部分资本金，以缓解支付困难。 2003 年，政府动用 450 亿美元外汇储备向两家国有商业银行注资，以加速其股份制改造进程。 2005 年，政府动用 150 亿美元外汇储备给工行注资，并同时进行财务重组。
2. 债务转股权	1996 年 10 月，中国光大信托投资公司不能支付到期债务，中央银行决定将约 50 亿元的债权转为股权，从而避免了信托公司的倒闭。 1999 年成立四家资产管理公司，专门处置国有独资商业银行不良资产，同时实施"债转股"。

续表

3. 金融化的财政措施	在处理金融机构关闭、破产或者为化解金融机构的支付危机中,中央银行往往再贷款予以支持。中央银行的再贷款损失实际也属于中央财政损失。
4. 地方财政的支持	在地方金融机构破产后,地方财政出资偿付自然人的存款债务,如广东国际信托投资公司境内自然人存款的偿付;动员地方国有企业注资有问题的金融机构,缓解支付危机;对本地有支付危机的金融机构予以税收减免;以其他优惠条件让本地企业收购金融机构的不良资产变现。
5. 中央财政的暗补	国有商业银行在接受被关闭金融机构的资产债务后,减免该银行一定期限内应缴的中央银行贷款利息,减免的部分实际上属于中央财政的补贴;或者,该银行上缴的利润减少了,相应减少了中央财政收入。
6. 中央财政直接偿付	中央财政偿付被关闭金融机构的外债,这些外债多为应付国际金融机构的主权债务。

评析

回顾政府防范宏观金融风险的过程,不难发现有两个明显特征:一是政府高度重视;二是力度很大。特别是几次向国有商业银行大规模注资以及剥离不良资产种种措施,都反映出政府在防范金融风险方面的决心。应该说,政府防范宏观金融风险的效果是明显的。我国这些年经济持续高速发展,经济没有出现大的波动,金融平稳运行,与政府防范宏观金融风险的一系列政策措施分不开。但同时也有不少地方需要我们反思。

1. 政府的财政责任

政府作为公共主体的责任是化解公共风险。其途径有二:一是通过建立新的制度安排来化解;二是通过财政兜底。[①] 对于前者而言,主要是指通过改革来打破"风险大锅饭",对各行为主体的风险责任界定清楚,尤其是金融部门与财政部门的风险责任要作出制度性的安排。这就

---

① 关于政府双重主体假定的论述,参见前文《财政风险的理论分析》。

涉及到在改革、发展、稳定方面二者各自应当担负什么样的风险责任以及能担负什么风险责任。可以说,在理论上对此是没有说清楚的,因而在实践中也就出现了种种"错位",金融部门履行了财政的职能,而财政部门履行了金融的职能。这一方面就导致了风险责任的混淆和部门之间的相互推诿,另一方面,使政府在决策时更容易采取"哪个顺手用哪个"的机会主义策略,而难于做到"桥归桥,路归路",一开始就分清各自应该履行的职能。当风险达到一定程度并转化为公共风险或公共危机时,通常会出现"病急乱投医"的情景,或由央行再贷款,或由财政买单,实际上最后都是由财政用纳税人的钱来买单。这就涉及到了财政兜底的问题。从理论上讲,不论是什么原因所致,也不问银行的所有制成分,也不管是银行还是其他的金融机构,只要其风险已经构成公共风险,政府财政就要承担化解的使命。这就是说,让金融部门去化解公共风险,眼前减轻了财政压力,但终究性是"政策性"的事务,最终会回归到财政自身,只不过是时间上的早晚问题。中央银行作为货币政策制定和执行部门,对稳定货币负有日常监控的重要责任。如果货币稳定真有什么风吹草动的话,财政也是难以置身事外的。因此,从财政兜底的基本属性出发,由央行来化解和承担宏观金融风险,并以此来减轻财政负担,那实际上就是让央行通过印钞票来承担财政功能,即隐性财政赤字货币化。偶尔为之,也许不会有太大的问题,但长期如此,势必引发恶性通货膨胀,甚至导致货币危机。这种局面是谁也不希望看到的。

2. 处理的方式方法

我国防范宏观金融风险的明显特征是个案处理法,"一事一议",针对某家银行,某个信用社,或某家证券公司来逐个处理,缺乏可以预知的一般规则和处理流程。在宏观金融风险来临时,有关方面通过协商谈判来解决。可以说是头痛医头,脚痛医脚。这种防范宏观金融风险的方式,具有较大的随意性,有明显的长官意志偏好,其缺陷极其明显。一是缺乏系统性,没有从制度上明确规定相关方的责任和处理原则,更谈不用上用法律的手段来解决。二是方法比较原始，缺乏国外一系列风险评估的手段。三是没有前瞻性。临时化解风险的后果是金融或财政成本巨大，并且缺乏效率。由央行首次发布的《中国金融稳定报告》称，"近十年来，国家用巨大的财力和人力化解金融风险"，才保持了金融体系稳定。估算结果表明，从1998年至今，中国为了保持金融稳定，大体上投入了3.24万亿元的成本。① 这种稳定成本今后还将少不了。因此，注重宏观金融风险处理方式的系统性、前瞻性和方法的先进性，也应当成为今后宏观改革的重要内容。

四、防范宏观金融风险的财政措施

强健国家财政

我们已经步入风险社会，如果没有一个强健的国家财政，那整个社会都会变得十分脆弱。② 从防范金融风险的角度来看，至少有两个方面的意义：一是减少职能错位。一些本该由政府财政承担的事务而难以承担，除了理论认识不清的原因外，不少是现实财力拮据而给逼出来的，不得已而为之。财政强健了，因财力困扰而导致的"职能错位"就可以大大减少，进而减少金融部门承担的政策性事务，有利于界定部门风险责任，打破风险大锅饭，为防范宏观金融风险扩散奠定体制基础。二是增强化解宏观金融风险的能力。打铁需要自身硬。国家财政实力雄厚，就能及时有力克服宏观金融风险带来的种种冲击。如果财政脆弱，

---

① 《经济观察报》2005年11月13日，转引自http://www.china.com.cn/chinese/FI-c/1028704.htm。
② 瑞典财政大臣佩尔·努德2005年11月25日在中央党校以《公正、增长与全球化——瑞典的经验》为题发表的演讲中曾专门谈到："强健的公共财政不仅可以减少经济的脆弱性，同时也保证了经济增长质量、低通胀率和较高的工资水平。"见财政部国际司《外事简报》2005年第59期。

防范和应对宏观金融风险和危机的能力就会大打折扣。这从国外化解金融危机的过程中可明显看出这一点。1997年东亚金融危机发生时，泰、韩两国应对金融危机的重要措施就是积极启动财政手段，包括扩大赤字、大规模减税、向遭受沉重打击的金融部门注入公共资金等手段，较快地恢复了经济发展。危机爆发后，由于韩国的财政实力明显大于泰国，韩国政府财政有能力实施大规模的救助措施，不良贷款的消化速度较快，结构重组的成效较为显著。相反，泰国的财政能力相对不足，因此在危机爆发后，尽管政府财政倾力相助，但仍感力不从心，不得不依赖国际援助，妨碍克服危机中的主动性。因此，建立"稳固、平衡和强大的国家财政"，既是防范宏观金融风险扩散的重要前提，也是政府能够应对风险和危机不可或缺的手段。

健全赤字和债务管理

财政赤字和财政债务的扩张会威胁金融稳定。对财政赤字与货币危机的经典解释是克鲁格曼1979年提出的国际收支危机模型。他认为，一国赤字过多，会使货币当局不顾外汇储备无限制地发行纸币，为维持固定汇率制，货币当局又会无限制抛出外汇直至外汇储备消耗殆尽，使货币制度崩溃，引发货币危机。

东南亚国家在1997~1998年金融危机爆发之前，财政保持了盈余，认为"财政赤字"与货币危机无关。其实问题的关键是如何认识"财政赤字"。Daniel、Davis和Wolfe（1997）的研究发现，许多国家未将现金支付纳入预算内，而且在现金支付和财政对银行提供援助之间有很长的时滞。通过使用"扩展的财政赤字"概念，可将主要的可量化的财政成本纳入当期预算内以消除这种时滞。Homi等则提出了"扩展的财政赤字"的局限性，比如不能反映未来宏观经济状况变化对财政的影响、赤字计算方法是基于政府总负债而不是净负债，赤字度量方法未能将政府总（显现）负债变动的政府支出包括进来。① 他们在此基础上，将赤字分为流量赤字和存量赤字（债务），并提出了"精算的预算赤字"概念，得出的结论是货币危机在统计上更显著地与精算的预算赤字相关。

Homi 等的发现具有重大现实意义，即为了防止潜在的货币危机（宏观金融风险的一种），政府必须关注其全口径的财政赤字，有效监控政府债务，包括主权外债和其他形式的负债（包括或有负债）。

（1）政府主权债务可能诱发宏观金融风险和金融危机。1999 年初，巴西一个州政府的债务危机直接导致金融危机。2001～2002 的阿根廷金融危机，是在其债务危机之后 1 个月爆发的。巴西和阿根廷的金融危机已经过去，但政府外债规模依然过于庞大，至今仍困扰着这两个国家。拉美国家的教训已证明，政府主权债务规模要适度，并且政府的举债权限应当集中到中央政府。我国实行分级财政，不少人主张放开地方公债，但对此应持谨慎态度，以避免地方政府行为短期化和地方债务危机而引致金融危机。

（2）有必要对中央政府预算外的显性债务和各级地方政府的显性债务进行全口径预算管理，对公共机构和国有企业的各种欠账、挂账、亏损、不良资产等隐性和或有债务进行有效监控。为此，要做好政府预算会计的基础性工作，逐步编制各级政府的债务预算。要从制度上控制或有负债引致的风险。

把宏观金融风险纳入财政风险管理框架

宏观金融风险与微观层面上的金融风险最大的不同之处在于，前者对社会的辐射面和影响较大，因而本质上属于公共风险，理应纳入财政风险管理框架。由于财政风险管理的内容和因素较多，政府财政部门又

---

① Homi 等：《隐性赤字与货币危机》，第 18～40 页，引自世界银行：《财政风险管理：新理念与国际经验》Mangaing Fiscal Risk New Concepts and International Experience），梅鸿译，中国财政经济出版社 2003 年版。

不可能像过去那样拘泥于仅以个案方式来处理金融事件，而应更多地考虑宏观金融风险对财政总体状况的影响。相应地，财政部门对金融的管理模式也要进行革新，即从国有银行的财务管理提升为对整个金融体系的宏观风险管理，并从动态上监控金融风险向财政的转化。

（1）财政部门应对不同层次、不同类别的金融机构和金融市场进行动态监测，提前进入"角色"，以摆脱事后被动买单的局面。这要求根据不同时期的经济、金融形势，通过全面深入的分析找出财政监控重点，分门别类，区别对待国有金融与民间金融；商业金融与政策金融；正规金融与非正规金融；直接融资与间接融资；资本市场、货币市场和保险市场，探测其中存在的宏观金融风险。

（2）应设计一套财政风险管理程序，来规范政府财政部门对金融体系的负债和其他风险的控制。在制定风险管理程序方面，我们可借鉴加拿大和荷兰的经验。在这些国家，中央机构的审查和实施担保程序包括许多步骤，并强调了减轻政府风险的重要性。在执行程序方面，可将执行风险控制程序交给财政部，[①] 也可像瑞典、泰国和哥伦比亚那样将责任划给债务管理（或类似）办公室。[②] 无论是哪种情形，最重要的是确保执行财政部的风险控制部门有足够的权限和资源，以便能采取措施降低风险。当然，中央银行作为保持流动性的"最后贷款人"，其维持金融稳定方面的职能也应得到保证。这就要求建立财政部、中央银行和各监管部门之间的制度性的协调机制。在应对突发性事件和处理金融危

[①] 例如，在美国，财政部与联邦储备委员会、联邦存款保险公司、货币管理署等机构共同负责银行的监控。自1985年起，美国财政部金融局（OCC）对联邦立案银行的监管，是通过风险评估方式，将为数众多的社区银行以其预警系统——社区银行评分系统（Community Bank Scoring System，简称CBSS）来判定经营状况是否稳定，若测出的银行属高风险群，须采取较严格的监管，财政部派遣检查人员长驻该机构，通过密切沟通及信息取得，可迅速得知该行的重大事件及风险状况，或提高金融机构之检查频率等。其余社区银行若实地检查被评为第四级和第五级，则自动列入问题银行管理范围，若被评为第一、二、三级银行，则利用其预警系统测试该银行状况是否稳定，不稳定者采取项目管理（董小君，2004）。

[②] 参考 Allen Schick：《建立一套财政风险管理的准则》，第349~357页，引自世界银行：《财政风险管理：新理念与国际经验》Mangaing Fiscal Risk New Concepts and International Experience），梅鸿译，中国财政经济出版社2003年版。

机方面,更需要一套事先约定的制度。即使在日常宏观金融风险的监控过程中,也需要不断的信息交流和磋商,才能避免监管的重复和真空,以及政策上的矛盾和反复。

(3) 建立健全财政对金融监控的组织机构。财政是政府职能的重要组成部分。国家财政在整个国民经济中的地位决定了其监控的对象非常广泛,即凡有财政收支、财政管理业务、执行国家财务会计政策的领域,就必然有财政监督,或者说,凡是需要财政最后兜底的领域,就是财政监控的领域。金融业接受财政部门的监控,不只是道理上说得通,而且也有法律的依据。这在《公司法》、《会计法》等法律中有明确规定,而且在《人民银行法》、《商业银行法》中也有明确表示。

就财政对宏观金融风险的监控机构而言,至少有两个方面要加强。其一,对地方金融风险的监管。过去,财政部对国有商业银行的财政监管委托各地财政监察办事机构就地负责,但地方财政部门过去一直没有专门机构和人员实施地方金融监管,监管力量非常弱。为进一步加强对金融业的财政监管,1998年财政部组建了金融司,专司负责对金融企业的财务监督和管理,各省市也应加快相应的组织机构建设。其二,应设立专门负责对宏观金融体系和宏观金融风险的监管部门,而不仅仅局限于对与财政收支有关的具体财务监督上。这一点,对于中央财政部来说尤为重要。

(4) 在具体的预算编制问题上,为了全面地反映政府的金融资产负债状况,建议逐步采用权责发生制方法。我国目前实行的是以收付实现制预算会计制度为基础的财政收支管理模式,财政部每年向全国人大报告的上一年度财政预算执行情况和当年财政预算草案,只是对政府的财政收支安排作出说明和总结,并不包括全面衡量政府资产负债状况和评估财政风险的内容。而采用权责发生制的政府会计基础,按一定的标准确认和反映政府的承诺和负债情况,有助于纠正财务信息失真的弊病,能较真实地反映政府的资产负债状况,并有利于动态分析政府面临的金融风险可能给财政带来的冲击,以此预测宏观金融风险的发展趋向,从而达到有效防范宏观金融风险的目的。

建立化解宏观金融风险和金融危机的应急反应机制

考虑到宏观金融风险和金融危机可能向财政的转化以及对财政预算的冲击,有必要在我国建立公共财政的应急机制(或者叫做财政的应急预算)。显然,建立这种预案的目的是强调对宏观金融风险的前瞻性研究,尽力减少过去那种只有等到宏观金融风险或金融危机到来时才仓促出台应对措施,最大程度地避免头痛医头、脚痛医脚的被动局面,减少财政成本,增强化解风险的效率。

宏观金融风险和金融危机的应急预案内容包括可能的突发性支出和应急的收入来源,可能的财政应急措施。从形式上看,它与滚动预算相似——每年编制,滚动修改,但其侧重点不同。前者侧重于可能的危机状态的预算编制,后者侧重于通常状态下各公共支出项目在各年度之间的衔接。应该说,应急预案是对平时滚动预算的一种补充。

与公共财政的其他应急预案相同的是,需要综合考虑多种因素,如经济运行、社会反应等。不同之处在于,这种预案所动用的财政资源通常较大。2003年爆发"非典"危机,中央和地方财政也只不过拿出100多亿元;而要应对宏观金融风险和金融危机所需的资金将是千亿元级。

因此,有必要建立"公共风险准备金制度",实行基金化管理。其来源可考虑:(1)提高预备费。根据《预算法》第23条的规定,"各级政府预算应当按照本级政府支出额的1%~3%设置预备费,用于当年预算执行中的自然灾害开支或其他难以预见的特殊开支"。在《预算法》修订以前,建议按照法律规定的上限提取,当年应对自然灾害等突发性支出之后的余额纳入准备金,以尽量增强财政的风险应对能力。(2)从中央增发的国债收入,或者每年从财政超收收入中提取。清理回收的财政周转金、国际组织或外国政府的非专项性援助,也可作为准备金来源。(3)各项政府资产收益,如国库库底资金市场化运作收益、公共风险准备金自身的投资收益、土地资产收益、其他无专门用途的资产收益等。

面对公共危机的财政应急反应机制

阅读提示：

如何构建公共财政应急反应机制，筑起国家公共安全的坚固防线，是中国公共财政建设的崭新课题。本文从公共风险与公共危机是现代社会的常态这一基本立论出发，认为应急反应机制是公共财政框架中不可或缺的重要组成部分。在总结国外公共财政应急措施，分析中国公共风险和公共危机的潜在性及当前应急机制的现状与问题基础上，试图勾画出中国公共财政应急反应机制的基本框架。此文写于2003年，该年发生举世震惊的"非典"（SARS）危机。

Fiscal Emergency Response System in the Face of Public Risk

Abstract

It is a brand new subject to structure an emergency response mechanism for China public finance construction, which is also a firm defense for public security. This report, based on the idea that public risk and public crisis is the normalcy in this modern society, argues that an emergency response mechanism is indispensable part of public finance framework. It tries to delineate the framework of China's emergency response mechanisms. Based on a study of public emergency response system in foreign countries, this paper discusses public risk and potential public crisis and the problem of emergency response system in China, and makes an attempt to construct the framework of public emergency response mechanism in China. This paper was written in 2003 when SARS was broken.

一、引　言

"非典"是一场突如其来的灾难，给广大人民群众的生命健康带来了严重的威胁。"非典"也是一面镜子，照出了我们生活中方方面面的不足和缺陷，尤其在公共卫生管理机制方面，更是暴露出了一个重大的缺失——没有建立起突发事件的应急反应机制。"非典"危机来临之际，公共卫生部门反应迟钝，应对匆忙。这是一个深刻的教训。

由此及彼，这个教训不是孤立的、特定的，而是有普适的意义。对照公共财政的建设进程，我国是否已经把建立突发事件的应急反应机制纳入其中呢？这是一个迫切需要研究的重大课题，我们可以从这场"非典"危机中得到一些启示。

二、公共风险与公共危机是现代社会的常态

历史上看，公共风险与公共危机与人类社会相伴而生。社会面临的风险来自两个方面的不确定性：自然环境的不确定性和社会发展过程内部的不确定性。一旦各种不确定性转为现实性，就演变为危机。人类历史上的各种社会形态，也可以说是人类在应对各种公共风险与危机过程中形成的。在一般意义上说，人类社会的各种制度的出现，都是公共风险与公共危机的产物。

在自给自足的自然经济社会，社会分工不发达，加之各种自然屏障的阻隔，社会内部的相互依存性不强，社会成员之间的相互联系主要局

限在自然地理空间的范围内，如自然村落、自然集镇。在经济、社会活动相对孤立和封闭的这种社会形态，公共风险与公共危机的传染性相对较弱，时间上较慢，空间上较小，因而爆发的频率也较低，尤其在经济方面，更不会出现什么经济危机。

在现代社会，自然界各种风险至今威胁着人类社会的生存与发展（一些疾病和地震等），但真正的威胁却来自社会经济运行过程内部的不确定性及由此导致的各种危机。首先是各种自然的分工与差别，使互动过程中的社会成员之间难以沟通、协调，构成各种社会矛盾和冲突的自然基础。如男女之间、种族之间、地域之间以及每个人天然禀赋的差别等，使社会运行变得扑朔迷离，使人类对自身社会的认识比对自然的认识更加困难。其次是社会分工使个别的生产过程社会化，劳动产品变成了社会产品，社会成员之间的相互依赖，使彼此协作变得须臾不可离开，不确定性由此产生。一旦协作过程中的某个环节出了问题，就有可能出现公共风险和公共危机。

公共风险和公共危机的扩大是由社会分工的发展所带来的。社会分工带来效率，计算机、通讯和网络技术的发展又使社会分工日益技术化以及生产和贸易日益全球化，同时也使经济和社会发展运行过程的不确定性已经大大增加。而社会经济的市场化发展方式，使分工和技术所引致的经济运行内部的不确定性达到了前所未有的程度，由此导致的公共风险也是无与伦比的。市场经济是高度货币化的经济。货币本来是一种交易的手段，但在货币化的经济中已经变为一种目的。一旦成为一种目的，便使货币赋予了生命，变成了一种独立的运动。这时，货币与整个经济脱节的可能性就产生了。经济的高度货币化带来了经济的金融化。资本市场如股票市场、债券市场、期货市场的发展，为资源的优化配置确实起到了一种催化剂的作用，加快了要素的流动与重组，提高了资源的利用率和有效性。但资本自身一旦成为商品，成为交易的对象，将极易促使整个经济泡沫化和金融危机的形成。

由于经济的市场化、金融化和全球化，经济社会公共风险和公共危机会一般会通过以下机制传导：（1）溢出效应。一国的货币贬值和股市狂跌通常会通过汇率这一相对价格机制影响贸易和资本的流动，形成他国的竞争性贬值。（2）季风效应。由于主要工业国家商品价格和政策的变化会促成新兴市场国家发生货币和资本危机。（3）传染效应。一国出现危机不仅使投资者对该国失去信心，也会动摇对其他类似国家的投资心理预期，造成危机在国际间传递。①

现代社会的实践，证实了公共风险和公共危机在不断扩大。20世纪80年代末90年代初原苏联东欧国家的解体，使全球公共危机蔓延到"转轨国家"。据统计，从1980年到1996年，共有133个成员国发生过银行部门的严重危机或问题。② 1994年墨西哥爆发金融危机后，迅速传递到巴西和阿根廷等拉美国家。1997年的东南亚金融危机、2000年底的土耳其财政金融危机、2001年的阿根廷经济危机、到前不久的伊拉克战争引发的石油危机和现在遍及全球性的"非典"危机，凡此种种，都表明了公共风险的存在和不可避免性，而且出现的频率在不断提高。在地球村的框架下，各种公共风险（经济、社会、政治等风险）互为因果，相互传染、叠加和扩展，公共危机已经不是偶然现象，可以说是全球化背景下各国面临的一种常态。

政府的使命就是尽力防范和化解经济、社会改革和发展过程中的公共风险，使其最小化，避免使公共风险转化成为公共危机。但由于公共风险具有隐蔽性特征，总是会有一些公共风险转化为现实，即变为公共危机，因此，对政府来说，需要有两手准备：一是监测、防范和化解不断产生的公共风险；二是一旦当公共风险变成了公共危机，突发事件来临时政府如何去沉着应对。经济、社会的"堤防"在各种压力下总是存在溃决的风险，盛世要有忧患意识；可一旦真的出现了"溃决"，政府就应当有一套应急反应机制。今年5月12日由国务院颁布的《突发

---

① 对上述传导机制更多的解释，请参阅安辉，2003：《当代金融危机的特征及其理论阐释》，载于《财经问题研究》第2期。
② IMF, World Economic Outlook, May, 1998。

公共卫生事件应急条例》就是在"非典"危机过程中采取的有力举措，这显示出政府危机管理能力在增强。

三、应急反应机制是公共财政框架中不可或缺的重要组成部分

风险按其性质可以划分为两大类：一是私人风险；二是公共风险。私人风险是指产生"孤立影响"的事件，即不会产生连带性影响。这类风险可以明晰界定责任，由讲求收益与风险对称的市场机制来承担和化解。例如保险市场，通过将风险在时空上分散、转移，使企业和家庭的某种风险化解于无形。但公共风险的特点（传染性、不可分割性和隐蔽性）决定了市场规则不可能发挥作用。因此，当公共风险超过其临界点变成现实，即公共危机时，公共财政从逻辑上和结果上都负有应对公共危机的重任。

公共财政是防范和化解公共风险的最后一道防线，也是应对公共危机的一个必不可少的手段。在国外，公共危机爆发后，政府出面动用一切可用财力和措施出面干预，当国力不足时就只好寻求国际援助。1989年以来，由于政局不稳，保加利亚经济很不景气。为化解危机，1997年新政府上台后，在国际货币基金组织（IMF）的"帮助"下改革，全面推行私有化，拍卖国有资产，以弥补历史欠账；[①] 土耳其在 2000 年11 月和 2001 年 2 月两次发生财政危机，土耳其里拉大幅度贬值，使全国陷入 1945 年以来最严重的经济萧条，政府的做法是向 IMF 借款 300亿美元，向世界银行借款 60 亿美元，在国际经济组织的"指导"下被迫进行改革。[②] 2001 年年底，阿根廷首先爆发金融危机之后，乌拉圭、巴西成重灾区，为缓解危机，都向 IMF 求助。受此影响，其他拉美国

[①] Agency for Economic Analysis and Forecasting, 2002, The Bulgarian Economy in 2002, Business Survey Series.

[②] 新华网 2002 年 7 月 18 日。

家如哥伦比亚、厄瓜多尔、秘鲁、巴拉圭、委内瑞拉等国也先后向 IMF 发出"求援"。①

即使公共危机不是全面爆发，而只是在某一个链条上发生，国外公共财政的应急机制也发挥着作用，以免"全线崩溃"。例如，如果银行不良资产如果过高，就会减弱国际投资者的信心，导致股票下跌和经济衰退时，政府会出面援助。资料表明，在处理不良资产时，印度政府压缩财政开支，用大量预算资金和其他资金对国有银行进行资本重置，弥补贷款损失，提高资本充足率；波兰财政部对国有银行补充资本；1989年8月，美国政府实施了对金融机构改革的救济措施，政府用公共资金直接购买不良资产。②

从过去我国的经验来看，各种公共危机一旦来临，财政总是难以置身事外的。在这次"非典"危机中，财政部门反应及时。截至今年5月14日，中央和地方财政共拿出126亿元用于抗击"非典"（见表1）。与此同时，财政部及时地制定了相应的政策和措施，如对受"非典"影响比较大的行业和企业给予一定时间的税费减免，财政调整了支出结构和进行贴息，农村"非典"患者的医治费用由财政支付、"非典"津贴不纳税等。资金、政策和措施三者并举，对抗击"非典"发挥了公共财政的积极作用。

表1　　　　　　　　"非典"疫情期间财政的投入

	项　目	金额（亿元）
中央		56
	其中：预备费	20
	国债建设中的转出	35
	援助香港防治"非典"物资购置	1
地方		70
	合计	126

资料来源：《21世纪经济报道》2003年5月21日。

① http://www.cfcc.com.cn/comment/C020920.htm。
② http://www.abcdd.net.cn/benke/jinronglilun/lilunfu4.htm。

随着国家综合实力的增强，国家财政实力也不断壮大，拿出几十或上百亿元资金来抗击"非典"似乎是小菜一碟，用预备费即可解决问题。但假如不是几十亿元，而是几百亿元甚至上千亿元呢？我们不希望出现这样的"假如"，但现实中显露出来的公共风险在时刻提醒我们，不断向我们发出警告，是到了该关注的时候了。

1999年，农村合作基金会关闭，当时为了保持社会稳定，政府被迫承担了清偿的责任，结果导致不少地方财政无力承担，不得不向中央银行借钱，至今仍是挂着账，成为地方政府财政的一大包袱，威胁着地方财政的稳定。若考虑到全国目前有1/2的县、2/3的乡都有财政缺口①的现实，可以说，地方财政已经没有多大能力应付公共风险和公共危机引发的突发性支出。

另外，我国经济运行中的公共风险，如国企的社会压力、金融业的脆弱性、失业引起的贫困人口的增加、基础教育的大量欠账和生态环境的不断恶化等，都可能引发财政的突发性支出。② 这次非典危机所暴露的公共卫生领域的脆弱性就是一个有力的例证。

特别是在市场化过程中，我国经济金融化程度不断提高，而且作为WTO成员国，资本账户的开放将是迟早的事情。届时，政府很难控制全球性的短期资本流动，如前所述的公共危机的国际传导机制将会发挥作用。如果考虑到我国银行现有的不良资产率，金融风险转化为金融危机的可能性就更大了。当金融风险超出金融体系自身承受力时，财政的介入和救助不可避免。这时的财政援助就不是几十亿元能够解决得了的。1998年发行2 700亿元特别国债用于国有商业独资银行补充资本金，实际上就是政府财政舒缓金融风险而采取的一项重大措施。类似这样巨额的财政救助在今后的金融改革过程中恐怕难以避免，而能否再次采取发行国债的方式，则是一个问号。

---

① 援引自林光彬，2003：《社会等级制度与乡村财政危机》，载于《社会科学战线》第1期。

② 刘尚希等：2003：《中国：经济运行引致的财政风险》，载于财政部科研所《研究报告》第7期。

1998年，我国经济增长出现了历史性的转折，从长期偏热转向偏冷，经济不断滑坡，面对从未有过的这种情况，政府被迫调整预算，增发国债，当年增发的国债达到1 000亿元。这也是政府财政舒缓经济风险而采取的一项重大政策。以增发国债为核心的积极财政政策至今仍在执行，当出现国债发行困难的情况时，这项政策就无法继续实施下去了，而不管经济是否仍在下滑。若是面对这种境况，政府财政将如何应对？心存侥幸，恐怕是不行的。也许有人会认为，出现这种情况的可能性很小，不必过分担心。但我们不能"赌"，因为这样的情况一旦出现，其后果将是不堪设想的。

再如战争、不知名的传染病、气候反常引发的大涝、大旱、社会骚乱、国际恐怖主义等，诸如此类的公共风险和公共危机在我国这样一个快速转型的现代社会不是在减少，而是在增加。同时，公共风险和公共危机所产生的影响在时间、空间上大大扩大了。不论出现任何类型的公共危机，都会影响到社会的各个方面，甚至触发长期形成的社会隐疾，形成危机叠加效应，导致更大的公共危机，引发巨额的突发性支出。不言而喻，这对公共财政的应急反应能力提出了更高、更严格的要求。

相比之下，我国现有的公共财政应急反应方式明显不适应新时期化解公共危机的需要。其最突出的表现是公共风险意识和公共危机意识不强，思想准备不足，机制建设更是滞后，缺少应急预案和应急管理程序，应急财力方面也谈不上准备充分。虽然在这次非典危机中财政部门表现不错，但主要是"人为"因素，而非有一个完善的应急反应机制在发挥作用。从长期来看，缺乏机制保障的应急反应能力再强也是靠不住的。具体分析，公共财政应对公共危机的能力是不足的。

预备费的功能弱小

应当说，预备费的设置属于公共财政应急反应机制的重要内容。但从现行情况来看，预备费的设置偏简陋，仅仅是一笔机动财力而已，缺少单独的管理机制。根据《预算法》第三十二条的规定,"各级政府预算应当按照本级政府预算支出额的1%~3%设置预备费,用于当年预算执行中的自然灾害救灾开支及其他难以预见的特殊开支"。2003年中央预算本级支出7 201亿元,按此计算,中央总预备费的法定提取额在72亿~216亿元之间。今年中央预算总预备费为100亿元,只占中央本级支出的1.4%,这显然是按照突发性支出发生概率较小的这种估计来设置的。暂且不说《预算法》对预备费上限的规定是否合理,单从实际安排的预备费来看,至少说明两个问题:一是缺乏风险意识,至少是对公共风险及其对财政可能带来的影响没有足够重视,不过是因循惯例而已。二是在方法上不够科学。在预算编制过程中,对"不时之需"这样的突发性支出缺乏深入分析和评估,基本上是经验的和随机的,至少没有足够的证据表明,2003年的中央财政预备费可以低于《预算法》规定的上限。如果考虑到今年6月至8月,中国可能出现南北两个多雨带,全国即将进入汛期,防汛形势严峻,以及地震、森林大火、山体滑坡等无法预见的灾害,不难得知,今年中央财政总预备费很可能将会捉襟见肘。若是再进一步考虑到现代社会的不确定性因素大大增加,现行法律规定的预备费上限显然到了需要改变的时候了。

另外,预备费与年度预算一同安排,实行的是流量式管理,而非基金式管理,不能在年度之间进行调度和平衡,大大限制了预备费在化解突发性支出方面的作用。由于预备费与年度预算绑在一起,没有实行单独管理,即使当年没有发生突发性支出,当年安排的预备费只能当年花掉,不能单独结转到下一年度,这使预备费只能是小打小闹,而难以成为财政的"稳定器"。一旦真正发生了数额较大的突发性支出,当年安排的预备费也就只能是杯水车薪,最后还得靠调整预算来解决问题。这大大削弱了财政的稳定性和可持续性。

应急能力的基础薄弱

这表现在两个方面:

一是制度基础薄弱。也就是说，在政府财政方面缺乏一个风险成本分担的法律框架，例如中央与地方之间、政府的各个部门之间、政府与社会公众之间等，在公共危机状态下，如何分担各自的风险成本。现在的状况是"风险大锅饭"，谁也不知道在公共危机状态下自己应该承担多大的风险成本。如对地方政府来说，风险成本是由自己完全负担，还是由中央政府与地方政府共同负担；若是后者，各自分担的比例是多少，与什么样的条件相关。再如对企业来说，一旦面临公共危机，政府在什么样的情况下给予救助，获得救助的具体条件是什么；在方式上是由企业提出申请，还是由政府直接决定，等等。在这些问题不明确的情况下，各个行为主体的就会行动迟缓，相互观望。如此一来，不仅化解公共危机的效率会大大降低，甚至延长危机状态，而且将会使中央财政在公共危机中陷入被动。虽然在我国具有政治动员的巨大优势，只要把事情提到政治的高度，似乎问题就迎刃而解，但在强大的政治动员过程中暂时隐没的分歧、矛盾和冲突在公共危机状态过去之后依然会再现出来，甚至更加强化。公共部门内部各单位之间、公共部门与社会之间的风险成本若有一个尽可能的明晰界定，则不仅有利于尽快地化解公共危机，而且也能起到防范公共风险的作用。

二是管理基础薄弱。这突出表现在公共财政管理中"风险管理"缺位。公共危机是公共风险的产物或现实结果。要减少公共危机造成的突发性支出，关键在于防范和化解公共风险。这好比建筑物的防震性能，若在设计中被忽略了，则只要发生地震，建筑物必将坍塌，这时，无论防震的应急反应能力多强，也是无济于事。这就是说，如果公共支出的安排不能以防范和化解公共风险为导向，那么，公共财政的应急反应能力将会丧失牢固的基础，一旦出现公共危机，将难于应对。而我们面对的现实恰恰是公共支出的安排长期来未能体现化解公共风险的需要，当前的"非典"疫情就充分暴露出这一点。

其实，政府与生俱来的唯一使命就是防范和化解公共风险，除此以外，就是社会公众的事情或者说是市场的事情。凡是所谓政府"缺位"

的地方，实际上就是已经和显露出公共风险的地方，如公共卫生就不用说了，"非典危机"已经给证明了，其他的，如公共安全、公共秩序、生态环境、基础教育、基本生活保障等领域的公共风险早已萌生。公共财政的风险管理就是如何使这些公共风险最小化，这与微观意义上的风险管理是根本不同的。

法律依据不足

当前我国亟须解决在应急状态下法律依据不足的问题。多数现代法治国家，为了严格地规范在紧急状态时期政府行使紧急权力，要么在《宪法》中规定政府的行政紧急权力，要么制定统一的《紧急状态法》来详细规范在紧急状态时期政府与公民之间的关系。[①] 我国虽然制定了包括《戒严法》、《国防法》、《防洪法》、《防震减灾法》和《传染病防治法》等法律在内的紧急状态法律，但在《宪法》中没有规定统一的紧急状态法律制度，也没有一部统一的《公共危机法》，结果是法律制度单一，影响统一指挥的效果，容易出现政府随意扩大行政紧急权力和损害公民合法权利的现象，也很容易导致在公共危机状态下政府大包大揽，过度提供救助。由于缺乏公共危机的基本大法，我国《预算法》在第七章只是对"预算调整"作出了一些规定，而没有对公共危机状态下的公共财政应急反应予以明确说明。这样一来，在公共危机状态下可能出现这样的结果：政府主管部门的权力膨胀，财政部门被动拨款，有关部门即使乘机"狮子大开口"也难以约束，使预算的编制、执行和监督在公共危机下趋向一种无序状态。

总之，面对永远存在的公共风险和公共危机，迫切需要在政府公共财政框架中建立起应急反应机制，这是公共财政框架不可或缺的重要组成部分。

---

① 《法制日报》2003 年 5 月 8 日。

四、构建公共财政应急反应机制的基本思路

公共财政的应急反应机制应当属于国家应急反应机制的一个重要组成部分,或者说属于国家危机管理系统的一个子系统,它不是独立的。从财政的角度来说,主要是为及时化解公共危机提供财力保障,并辅以相应的政策调整和具体措施。构建公共财政的应急反应机制是一个复杂的系统工程,涉及到方方面面,难以一蹴而就。重要的也许不在于能否马上建成,而是现在就需要我们考虑,并列入我们的行动计划。

理论设计

从理论设计的角度来看,公共财政的应急反应机制包括如下内容:

——目标系统。总的目标是尽快地化解危机和结束危机。但针对不同公共危机来说,其具体的目标是不同的,因而存在多个目标,构成目标系统。公共危机分为三大类:一类是结构良性危机,如不可抗拒的自然灾害、流行性疫病等,社会成员之间有共同利益,有利于形成社会凝集力,共渡难关。一类是结构不良性危机,如各种暴力冲突、恐怖活动、社会骚乱等,社会成员之间没有共同利益,不会产生社会凝聚力,难以通过形成共识来克服危机。再一类是介于两者之间的危机,如金融危机、经济危机等,社会成员的共同利益是不确定的,存在向前两类危机转化的可能,视不同的条件而定。面对三类不同的危机,设定的具体目标也应该是不同的。

——公共财政应急决策系统。主要解决在危机状态下财政权力的界定问题,如立法机构对行政部门的授权和国务院对财政部的授权等。如

调整预算的权力，平时状态下归立法机构，紧急状态下应该授予行政部门。而在行政系统内部，危机状态下的财政权力无论是纵向，还是横向都应趋向集中。

——公共财政应急动员系统。在危机状态可用的公共财政手段或工具，针对不同的危机或根据不同的目标选择不同的工具，并做不同的使用。一般地说，可供选择的应急工具有以下10种：（1）预备费。依据紧急状态下的权力动用预备费。(2）税费。依据不同性质的危机实行紧急减税（费）或增税（费）。（3）内债。紧急增发内债，以应付突发性支出。(4）转移支付。紧急状态下的转移支付是全方位的，例如中央向地方转移；地方向中央转移；地区之间横向转移；政府向居民转移。(5）征用。这主要针对实物，如征用土地、房产、人员等。(6）政府资产。动用政府资产，如拍卖、抵押、租让等。(7）透支。向中央银行借款。(8）担保。(9）外汇储备。(10）外债。向国际金融机构借款。

除了动用预备费以外，使用其他的应急工具都意味着调整预算。在抗击"非典"过程中，财政部就选择使用了预备费、税费、转移支付等应急工具，取得了良好效果。

——公共财政应急反馈系统。对公共危机状态及其变化过程中的政府收支进行及时的监测、分析和反馈，包括政府资金流动过程；企业、单位和居民等各行为主体的反应；政府救助的效果；政府财政行为的社会评价等。针对不同的公共危机，需要监测、分析和反馈的对象是不一样的，如面对社会危机，社会各方的反应和评价是主要的监测分析对象，而对金融危机，则主要监测和分析居民心理和主要经济参数的变化。情况不同，财政应急反馈系统的运行方式也是不同的。

现实对策

在近期，可以着手考虑以下几个方面的问题：

1. 增强预备费的稳定功能

预备费是最常规的应急手段，尤其对数额不大的突发性支出，一般动用预备费即可解决。在公共危机的初始阶段，预备费是首位的应急手段，只有当危急状态超出了预备费的能力时才需要动用其他的应急手段。在某种意义上说，预备费这个应急手段的强弱决定了是否需要启用其他应急手段，以及其他应急手段启用的时间。在预备费很少的情况下，可能一有风吹草动就需要全面调整预算，这不利于财政运行的稳定，而且由此带来的操作成本也很高。我们有"多留财政后备"的财政传统，面对公共风险不断增多的新的历史时期，应发扬传统，把会计学中的"谨慎原则"引入到财政领域中来。因此，我们建议强化预备费的功能。

一是在《预算法》修改以前，按照法律规定的上限提取预备费，而不论预算是赤字还是盈余。

二是对预备费实行基金式管理。每年安排的预备费，在当年没有突发性支出的情况下，或者用于突发性支出后的余额，不得用于其他预算开支，应进入预备费基金。在性质上，预备费基金属于风险准备金，与银行的准备金功能类似。

三是扩大预备费基金的来源，如预算盈余、预算超收收入，原则上应进入预备费基金，不应用于追加其他的预算支出。

2. 建立应急预算

换句话说，就是建立财政的应急计划。其内容是公共危机状态下的公共收支安排，包括可能的突发性支出和应急的收入来源。应急预算的编制应建立在深入分析和谨慎评估未来一个时期可能的突发性支出基础上。应急预算在性质上属于预案，不是在公共危机到来的时候才编制，在形式上也属于滚动预算，每年编制，滚动修改。平时所说的滚动预算主要侧重于支出项目的连续性和年度之间的衔接。而应急预算偏重于可能的公共危机状态下的特殊安排。其实，两者可以结合起来，按照两种情形（平常状态和危机状态）来编制预算即可。也就是两手准备、两套方案，出现不同的情况，执行不同的计划。因此，也可以这样说，建立应急预算是滚动预算的进一步完善。

3. 实施程序化管理

这可以分为两个层次：一是指目标——决策——执行（动员）——反馈——修正目标。这是财政运行在空间上的程序化管理。在任何一个时间段内，财政运行都应处于这样一个不断循环的程序化状态。在危机状态下（特定时间段）不过是加入了一些新的要求和内容，这个循环的程序不会改变。对财政整体来说是如此，对财政的某一个局部或某一个方面来说也应是如此。

二是指预备（平常）——危机——结束（平常）。这是财政运行在时间上的程序化管理。在任何一个空间范围内，财政运行都是处于这样一个不断循环的程序化状态。这是一个客观存在的程序化状态，只是我们平时可能没有意识到这一点，因而财政管理没有遵循这种循环程序。说白了，这是一个财政运行的周期，对经济的运行，我们现在承认这个周期的存在，但在财政上则未必很清醒地认识到了，多数时候是按照没有公共风险和危机来考虑财政运作。在财政上建立第二层次的程序化管理，则意味着财政观念的一种变化，也是财政运作方式的一种变化。对于我们平时理解的财政运行的所谓"正常状态"，在时间上的程序化管理中，则只是一个"预备阶段"而已，不是永恒的，而"危机阶段"也不再是偶然的，而是必然的或必经的一个阶段。因此，所谓的财政正常状态，应该是包含危机状态的一个循环或周期。按照这种认识，财政管理就要转变为财政的周期管理或者时间上的程序化管理。

稍微具体一点说，财政在时间上的程序化管理包括如下内容（参见图1）：

（1）预备阶段（平常状态）。之所以把财政运行的平常状态视为危机状态的预备阶段，旨在推迟危机状态的到来，或使危机状态变得平缓，从而延长平常状态。因此，在这一个阶段的任务是探测经济社会发展中的公共风险和对财政构成突发性支出的压力（亦即财政风险），及时化解公共风险，防止风险累积而转化为公共危机。从这个角度来看，监测、分析公共风险和财政风险是公共财政管理的日常工作内容。

（2）启动阶段（危机状态）。财政一旦面临公共危机，也就意味着财政运行进入危机状态。此时，公共财政应及时启动应急反应机制。此阶段的任务是选择合适的财政应急工具及时地化解危机，尽可能缩短危机状态。根据危机的起因、性质和结构（如利害相关者的多寡、单一性或复合性等）、可控性（如避免升级的可能性）等因素，将财政应急工具进行排队，选择最合适的财政应急工具进行干预。

（3）结束阶段（平常状态）。一旦危机过去，政府便可宣告公共财政应急机制的部分系统（如应急决策系统、应急动员系统）自动解除，宣布应急政策和措施停止实施。此时意味着财政管理程序进入预备阶段，主要任务是日常的信息收集、处理、加工、分析，同时总结经验教训，作好下一轮的化解公共风险和公共危机的准备工作。

图1　时间上的财政程序化（周期）管理

长期措施

近期对策提出的是一些眼前可以动手去做的事情，也可以说是一些治标的对策；而长期措施主要是指眼前一下子还做不了的事情，却是一些治本的东西，或者说是一些基础性的工作。我们认为，建立公共财政的应急反应机制不是形式上的一套东西，实质是公共财政的应急反应能力的增强。这种应急能力不完全是财力多少的问题，还包括认知能力、管理能力以及相应的制度建设等方面。具体而言，可以考虑以下几点：

1. 更新观念，树立风险意识和忧患意识

观念是我们各项工作的基础和前提，而观念又恰恰是最难以改变的东西。因此，更新观念须做长期准备，绝非一朝一夕可为。

从财政战略来看，最重要的是要树立风险意识和忧患意识，这是保持财政可持续性和稳定性必不可少的。从财政管理的角度分析，最重要的是风险管理。从本质上说，任何管理都是为了规避某种风险，也就是通过制定和实施某种规则来尽可能地减少未来的不确定性。如果我们以风险不存在为假设前提，那么可以说，管理就是多余的东西，如何保持财政稳定性等诸如此类的问题也就不存在了。

风险管理不是独立的，它蕴含于财政运行的整个过程及其各个环节。可以说，风险管理是渗透性的、全局性的和系统性的，不只是某一个方面或环节。因此，风险管理意味着整个财政管理模式的转变，也就是说，财政管理要以防范和化解公共风险和财政风险为出发点和归宿。

2. 逐步建立风险分担的制度框架

这就是说，今后要逐步打破"风险大锅饭"，在各级财政之间、在政府各个部门之间、在政府与企业、居民之间等等方面构建一个风险分担的制度框架，明确各自的风险责任，以减少道德风险和相互之间的依赖。对政府提供的各项担保、政策承诺进行事前的风险评估，以免政府因财政能力而导致言行不一，损害政府的公信力。

在缺乏风险分担的制度框架情况下，财政的应急反应能力就会大大降低。因为在风险责任不明晰的条件下，一旦面临公共危机，政府财政的"确切"责任就会模糊，行动就会迟缓；在行动中，也许会干了"不该干"的事情，留下后遗症，而"该干的"却没有干好。例如在这次非典危机中，财政部及时出台了一些减免税费的政策措施，应该说反应是快捷的，但社会的反应对此并不一致，甚至有人认为"多此一举"。之所以出现不同的看法，除了观察问题的角度不同以外，一个重要的方面就是政府出台减免税费的政策是出于一种道义的责任,而不是一种法律的责任。如果对在什么样的情况下政府应当给予救助有明确的法律规定,那么,这样的针对政府行为的不同看法就会消失,而顶多是对法律的规定有争议。

3. 纳入法治化轨道

公共财政的应急反应机制的启动必须纳入法治化的轨道。应急机制自然是突破常规,但这不等于不要"规矩",而是在危机状态下建立一种新的"规矩",对各个法律主体在公共财政方面的权力、责任和义务作出新的规定。这样,一方面可提高应急反应机制实施的权威性和严肃性,提高约束力,另一方面,与其他法律相衔接,避免操作中的法律障碍。

我国应在总结国外紧急状态立法经验的基础上,在《宪法》中明确规定紧急状态制度,或者是制定统一的《公共危机法》,规定统一的紧急状态下的政府应急机构和应急机制。在此基础上,《预算法》或《财政基本法》应对公共危机状态下的预算调整、执行和监督的各法律主体权限范围作出规定,一旦发生突发事件即可启动,以避免不必要的法律障碍。例如中央财政向中央银行透支在一般情况下被法律所禁止,但只要启动应急机制,这项法律禁令应自动解除或有条件地解除。也就是说,公共财政方面所有应急工具的使用都应当有明确的法律依据,而不能满足于"相机抉择"。

民生财政：以人为本的财政观

阅读提示：

对于自由、民主、平等这些基本价值，已在全球达成共识。作为一种中国式表达，"民生"也是与之并列的普世价值。尽管在国际语境中没有"民生"这个词，但联合国千年发展目标事实上已经表达了关于民生价值的全球共识。建立在这个基础上的民生财政不是空泛的口号，而是财政理念的转折性变化：从以财富的生产为逻辑起点，转向以财富的支配使用为逻辑起点。这改变了自古典经济学以来形成的注重财富生产，而忽视财富使用的传统观念。民生财政的职能超越了经济领域，同时涵盖了社会领域和人类发展领域。与隶属于经济学的传统"物本财政"相比，超越于经济学的民生财政是"人本财政"。该文写于2008年初，是从"以人为本"视角观察财政而得出的一种财政观。

People oriented Finance: A Value Judgment of Public Finance

Abstract

The whole world has reached a consensus on the basic values such as liberty, democracy and equality. The Chinese expression "people's livelihood" is also a universal value. Although there is no such expression as "people's livelihood" among the international language context, as a matter of fact, its value has been conveyed as universal consensus in UN Millennium Development Goals. The people's livelihood finance based on this is not only a vague slogan but a transition of the financial concept: from the wealth-orient production point to wealth-dominant-use logical starting. This changes the traditional concept—emphasizing wealth production and neglecting wealth utilization that formed from classic economics. The function of people's livelihood finance surpasses the economic field; meanwhile, it covers the society and human development fields. Compared with the traditional "object oriented finance", attaching to economics, the people's livelihood finance that surpasses the economics is "people oriented finance". This article was written in the early 2008, and the finance value is viewed from the "people oriented" perspective.

转向以人为本,这是一个时代价值取向的转变。这体现在作为人类理性工具的公共财政方面,那就是"民生财政"。它从一个概念日渐变为中国的现实,已开始扎根于经济社会发展之中,逐渐融于政府的决策理念之中,不断纳入深化改革的视野之中,也相应地体现在一组组数据之中。民生财政应该不再是一个口号,而是一种新理念、一种有别于传统的集体行动和一种面向未来的制度安排。"民生财政"这个概念的提出决不是字面上的"民生+财政",而是植根于深刻的历史和现实当中。

一、民生是一个永恒的主题

从字面意思看,"民生"就是指人民物质文化生活的一种状态,其主体是两个层面的,一是集合或整体意义上的"人民"或"国民",二是个体意义上的每一个社会成员或自然人。从这两个层面来看,民生的改善和保障既是指宏观的总体人,即全体国民,也是指微观的一个个特定群体及其个人。民生的客体对象包括生活水平、生活内容、生活差距和生活安全等,包含了从"温饱"到"福利"的丰富内涵。而其具体形态在不同的国家和不同时期是不同的。

民生是中国语境下的独立基本价值

民生是中国当今社会各界普遍关注的重大公共性问题,放在中国改革开放30年取得巨大成就的这个大背景下来看,民生的社会价值,丝毫不亚于自由、民主、平等、博爱这些理念。人类社会进入21世纪,任何现代国家是离不开这些理念的,没有这些理念的导引,国家这艘航船就会触礁而沉没。民生的理念是人类文明发展成果的一种中国式表达，是在融合了本土的"温饱观"和西方的"福利观"基础上形成的一种新价值观。尽管，民生的内涵一定程度上包含在自由、平等、博爱这些公认的基本价值之中，① 但民生作为一种基本价值的独立表达，对发展中国家来说具有特别的意义，② 是保障基本人权——生存权和发展权的社会价值基础。

作为一个发展中的人口大国，作为取得举世瞩目经济成就、正在崛起的新兴市场经济国家，中国走了一条独特的发展道路，那就是从解决吃饭问题入手，从最基本的民生问题抓起。20 世纪 80 年代初期的农村改革，只几年的工夫，就一举解决了当时 10 亿人口的吃饭问题。经济的快速发展，使贫困人口迅速减少。从民生的基本问题切入，是中国持续增长 30 年，并成为世界第四大经济体的秘诀所在。这与中国的最大邻居俄罗斯相比，显然是一条具有浓厚中国特色的改革发展之路。那时尽管没有提"民生"，但却是实实在在关注和重视民生，并以此作为改革开放的战略突破口。如果说要总结中国改革开放 30 年的成功经验，我觉得，这是最重要的一条。可惜的是，在后来的快速增长中，这一条成功经验并没有始终坚持，③ 渐渐地陷入到了为 GDP 而增加 GDP 的异化增长状况，这才有了今天对民生问题的深切关注。

从 30 年的时间跨度来观察，对民生的认识不只是现在才有。进一步考察，从 100 年的时间跨度来看，革命先行者孙中山曾提出了民族、

---

① 18 世纪欧洲启蒙运动，尤其法国大革命，使自由、平等、博爱等这些理念逐渐成为西方主流价值体系中核心价值观，但当时的思想家，美国《人权宣言》和法国《人权宣言》都没有把涉及消除贫困这样的基本民生问题提出来，故而在西方的人权理念中，民生是视而不见的。直到 2000 年《联合国千年宣言》中，才在关于自由、平等论述中提到了免于饥饿等基本民生问题，并单独提出了针对民生的千年发展目标。

② 孟加拉国的尤努斯也许提供了一个样板。他 30 余年来创建的小额贷款金融模式——无抵押小额贷款银行即孟加拉乡村银行，已经协助数以百万计的孟加拉贫民摆脱了贫困。对于出生在富裕家庭的尤努斯来说，如果没有民生情怀，是不可能去创办"民生金融"的。他因此而获得 2006 年的诺贝尔和平奖，这也许意味着民生作为一种独立价值观的普适性得到认可。

③ 也许正是因为没有明确的"民生"价值观的导引，当时对民生的关注是无意识的，不是自觉的行为。

民权和民生的三民主义思想，并就民生的内涵，依据当时中国的实际状况，他界定为朴素的食、衣、住、行四要素。从更广的时间跨度来看，我国古代圣贤都十分看重民生，"民为贵，社稷次之，君为轻"① 的民本理念流传至今。孟子曰："谷与鱼鳖不可胜食，材木不可胜用，是使民养生丧死无憾也。养生丧死无憾，王道之始也。五亩之宅，树之以桑，五十者可以衣帛矣。鸡豚狗彘之畜，无失其时，七十者可以食肉矣。百亩之田，勿夺其时。数口之家可以无饥矣。谨庠序之教，申以孝悌之义，颁白者不负戴于道路矣。七十者衣帛食肉，黎民不饥不寒，然而不王者，未之有也。"② 这就是两千多年前，在社会生产力极其落后条件下的民生阐释。由此看来，关注和重视民生，不是一时的口号，而是永恒的具有独立意义的基本价值主题。

民生是普世的基本价值

从世界范围来看，民生作为一种价值观逐渐凸显并形成共识。2000年9月联合国千年首脑会议发布了《联合国千年宣言》，制定千年发展目标。在新千年开始之际举行的千年首脑会议，作为联合国的第55届会议，具有鲜明的划时代特征，那就是把基本民生问题置于会议的核心。虽然在《联合国千年宣言》中对自由、平等、人权、善政、民主等问题作出了广泛的承诺，但核心是8项千年发展目标。这些目标是：一是消灭极端贫困和饥饿；二是普及小学教育；三是促进两性平等并赋予妇女权利；四是降低儿童死亡率；五是改善产妇保健；六是与艾滋病毒/艾滋病、疟疾和其他疾病作斗争；七是确保环境的可持续能力；八是全球合作促进发展。③ 依据这些目标，联合国制定了具体的数量指标，以便跟踪、记录和监测这些目标任务的完成

---

① 《孟子·尽心下》。
② 《孟子·梁惠王上》。
③ 参见联合国网站http://www.un.org/chinese/ga/55/res/a55r2.htm。

情况。放在中国的语境下,千年发展目标多数都是被我们称之为民生的问题,针对这些问题,192个成员国承诺采取各种有力措施,在2015年之前实现上述目标。从这项开始于2000年的全球行动可以看出,民生作为基本价值理念实际上已经具有独立表达的雏形,只是在国际语境中还没有形成"民生"这样一个概念来表达而已。这标志着民生理念事实上已经达成全球共识,并不再附庸于自由、平等、民主等基本价值理念。

如果对民生有了这样一种基于历史和现实的认识,那么,就不会觉得"民生"是一个心血来潮的政治口号,而是与自由、民主、平等、博爱一样具有普世价值的理念,而且,这个理念是从中国的历史发展中总结出来的,也是经中国30年来的改革发展历程所验证的普适法则。什么时候重视民生,经济社会发展就会比较顺利;什么时候忽视了民生,经济社会发展就会遇到障碍,甚至发生危机。放眼世界,凡是那些追求自由、民主而民生问题成堆的国家,都没有取得成功,甚至陷入了泥潭而停滞不前;凡是从民生出发,以此为基础来推进自由和民主的国家,都渐渐地实现了现代化。那些标榜自由、民主的西方发达国家,实际上无一不是在有意或无意地重视和关注民生的基础上前进的。北欧的福利国家,如果换一个说法,实际上就是进入高级阶段的"民生国家";西方广为流行的福利经济学,① 也可以翻译为"民生经济学",是对民生的另一种诠释和表达。只不过这些东西是在西方历史与文化的土壤中形成的,并经历大小经济社会危机和革命性的转折之后,逐渐构建了保障民生的制度和机制,这样也才有了资本主义今天的繁荣。对于中国这样一个正在全面建设小康社会的发展中大

---

① 福利经济学的形成以1920年庇古(A. C. Pigou)发表的《福利经济学》为标志,其后经勒讷(A. P. Lerner)、希克斯(J. R. Hicks)、卡尔多、萨缪尔森等经济学家的努力形成了一个重要的经济学分支。其实,在此之前,早在18世纪和19世纪就有了"福利国家"和"福利经济"的思想,主张国家在老、幼、贫、病等方面发挥作用。当时总的背景是处在资本主义自由竞争时期,贫富悬殊造成的社会对立不断加剧,福利经济学和福利制度正是应此而生。

国来说，民生是经济社会进步和发展的逻辑起点，也是自由、平等、民主的前提和基础。

但从民生的终极价值来说，自由、平等、民主也不过是手段，只有"工具价值"，最终都必须服务于民生和有利于民生。在这个意义上，民生涵盖了自由、平等和民主，或者说这些东西本身就是民生的内容。自由也好，平等也罢，最终都必须是指向民生，即人的生存和发展状态，包括健康素质、知识素养、道德伦理、环境友好、社会和谐等。要不然，皆是空谈。就此而言，民生既是经济、社会、政治发展的逻辑起点，也是它们发展的逻辑终点。

二、民生是国家财政的普照之光

民生财政是"人本财政"

中国对民生的认识，不是靠理论来阐述和传播的，而是依靠实践来定义的。"民生财政"自然也是竖立在坚实的实践基础之上。

实行市场化改革，推行市场经济是中国的一个前所未有的伟大实践，中国经济的市场化程度已经取得了长足的发展，市场经济体系基本形成。但西方国家的实践告诉我们，市场经济带来了更多的经济自由，但不可避免地会导致经济不平等。[①] 这既有财富、收入的不平等，也有消费的不平等。西方200年的市场经济发展史表明，财富和收入的不平等是无法消除的，而且其差距仍在拉大。经济合作与发展组织2007年出版的《OECD Employment Outlook 2007》这份报告指出：过去10年中，在有数据的19个OECD成员国中有16个的收入差距扩大。其中，

---

① 自由与平等，永远是相互对立的，在经济上的表现最为充分。市场化改革带来了更多的经济自由，但必然带来更多的不平等，对于这一点无须忌讳。为了强调市场化改革的正当性，而否定经济不平等与经济市场化有关的论调是典型的鸵鸟思维。我们要面对的是如何让经济自由与经济平等达到社会可接受的一种平衡，以避免公共风险和公共危机。

工资收入占国民收入的比例也从1980年开始不断下降，欧盟15国和美国都是如此。① 根据美国官方数据，2007年财政年度，美国领取食品券的人数达到2 650万人；国会预算局预测，从2008年10月开始的财政年度，领取食品券的人数将达到2 800万人，差不多占美国3亿人口的10%。这将是20世纪60年代以来实行食品援助计划以来人数最多的一年。② 政府这只有形的手可以阻止财富差距、收入差距的迅速扩大，但无法逆转。政府能做的就是利用公共权力汲取公共资源，以此来为社会大众提供平等的公共服务，通过建立食品、失业、养老、医疗、教育等社会保障体系来提供公共消费，从而缩小社会成员之间的消费差距，包括食品消费的差距和教育、保健等方面的差距，从而使每一个社会成员都可以获得：一是基本生存条件，二是基本能力。而基本能力的平等有助于起点、过程和结果的平等。政府运用财政手段进行这样的干预，以推进人类发展，那也就可以说，政府实行的是民生财政。

从这里可以看出，民生财政不只是保障基本消费——吃得饱饭、看得起病、上得起学的财政，还应是防范社会差距过大，保障社会公平、正义的财政，也是促进人的发展，普遍提升国民素质和能力的财政。由此进一步扩展一下，也可以说，民生财政是"人本财政"而与以物为本位的"物本财政"相区分。

"民生支出"不等于民生财政

在短缺的条件下，扩大生产，发展经济，那自然是解决民生问题的基础。因此，可以说，短缺经济条件下的"建设财政"，等价于民生财政。但随着物质产品的不断丰裕，如果政府仍是一味地着眼于扩大生

---

① 参见《21世纪经济报道》报道，2007年6月27日。
② 转引自驻美特约记者尚未迟《1/10美国人靠救济券吃饭》，载于《环球时报》第14版，2008年4月7日。

产，增加GDP，那这样条件下的"建设财政"就不再等价于民生财政，而是失去了终极目标的为生产而生产的财政。在这个意义上，民生财政是始终关注终极目标的财政，即以人为本，促进每一个社会成员全面发展，实现社会公平正义的财政。换用经济学的语言，民生财政应当是这样的财政：即促进经济增长基础上的国民消费水平（国民消费率）提高，防范消费差距过大，推进基本消费①平等化，增加社会总福利，提高社会幸福指数的财政。不论用什么概念或提法来表达，只要是始终关注社会的终极目标，那就是民生财政；否则，只要是偏离了终极目标，就不是民生财政。从当前的政府施政理念来看，没有把关注和重视民生视为化解经济社会矛盾的政治工具和政治策略，而是视为经济社会发展的终极目标。科学发展观的核心就是把自身当成目标的已经异化了的增长，转变为民生导向的增长，即以人为本的发展。政府的这种理念注入到财政这个手段之中，财政的内涵也就发生了深刻的变化，民生就成为财政的普照之光。

在民生这个普照之光的映射下，财政的转型就发生了整体性的变化。从理念、目标，到体制、机制，再到管理，都应当有一个质的变化，而不是仅仅体现在某些科目上增加了一些财政投入。正是有了民生这个基本价值理念的指引，政府支出结构才有较大的调整和变化，才有对当前重点领域投入的增加。但对民生财政的认识并不是整齐划一的，也不是一步到位的。现在，仍有不少文章和媒体报道把扩大教育、医疗、社保等方面的支出说成是"民生支出"而大加赞扬。其实，这是一种肤浅的认识，是对民生财政的误读，在逻辑上割裂了民生财政。说财政支出的多少比例用于民生，是为显示关注和重视民生，有的地方说40%的支出用于民生，有的说是70%，还有的说达到90%，这种种说法映衬出不少地方对"民生财政"的认识是机械的、数字化的和片面的。若政府财政支出只有一

---

① 现阶段的基本消费至少包括基本营养、基本保健、基本教育和基本住房。参见拙文《民生问题的要义：基本消费平等化》，载于《光明日报》2007年4月3日。

部分是用于民生的，那另一部分支出又是作何用途呢？若政府财政的另一部分支出不是服务于民生，与民生无关，甚至与民生相悖，那还是"民生财政"吗？还是以人为本的财政吗？进一步问，即使是增加了教育、医疗和社保方面的投入，就变成了民生财政吗？答案是：不一定。若是这些投入不能缩小差距，推动社会公平正义，那这方面的投入无论怎样增加，结果依然不是民生财政。再进一步，如果医疗卫生、教育等重点领域的投入，没有转化为大众健康素质、文化素质和生活条件的改善，没有转化为民众基本能力的普遍提高，那也不是民生财政。

可见，如果民生的理念没有贯穿到政策目标、财政决策、财政改革和财政管理之中，那所谓"民生支出"的扩大只不过是另一种政绩工程，当成了一时的"送礼"，那是把民生当成了手段和工具。

其实，整个财政才是真正的"工具"，是保障和改善民生的永久性工具，政府花的每一分钱都应当是服务于民生，有利于民生，体现以人为本的终极价值理念。花钱的方式可以不同，支出用途可以有别，在不同的时期，也可以有不同的支出重点，但最终都要回归到民生上来。例如，降低行政成本，也要围绕民生来做文章。不能把其中应当承担的成本转嫁给民众。有的地方在乡镇机构改革中就出现了这样的情况，算"财政账"，减少了支出，效果很好；算"社会账"，老百姓的成本增加了，办事情变得不方便了，政府公共服务的可及性降低了。这样的精简机构和降低行政成本，实际上是以增加老百姓隐性负担为前提的，反而有损民生。政府支出或是扩大，或是节减，都不能只算"财政账"，还要算"社会账"；不能只是着眼当前，而且还要看是否有利于民生的长期改善和长期保障。否则，政府的任何一项支出，支持经济发展也好，用于教育、卫生也好，都可能会迷失自身的目标而陷于盲目的状态——知其然，不知其所以然。如果把民生当做一种时尚标签来到处贴，那远不是真正的"民生财政"。

三、民生财政的基本职能

民生与消费

作为一个公共性问题,民生通常被解读为社会建设的内容,从权威性的高层讲话和文献即可看出这一点。温家宝总理在2007年春节团拜会上的讲话中指出:"关注民生、重视民生、保障民生、改善民生",是人民政府的基本职责。党的十七大报告明确提出:"加快推进以改善民生为重点的社会建设","必须在经济发展的基础上,更加注重社会建设,着力保障和改善民生。"在2008年元旦前夕的新年贺词中,胡锦涛总书记再次强调:"继续以改善民生为重点,加强社会建设,努力使全体人民学有所教,劳有所得,病有所医,老有所养,住有所居,促进社会和谐。"其实,民生并不与经济发展相对立,而是内在于社会再生产过程之中。民生的实质是对财富的消费,包括物质产品(劳务)的消费以及非物质文化产品的消费。离开消费,无所谓民生。而消费既是增长(生产)的目的,又是增长的动力。按照眼下流行的理论,消费需求构成社会总需求的重要组成部分,是拉动经济增长的三驾马车之一。就此而言,民生与经济增长具有内在联系。从历史上看,当消费严重不足的时候,就会导致经济危机。1929~1933年资本主义世界发生的那场经济危机使资本主义经济体系受到沉重打击。究其实质,那场经济危机其实是由民生危机导致的。而化解那场危机的办法,如美国的罗斯福新政,首先就是从改善民生入手的,如救济穷人、促进就业、增加收入等,即扩大消费,进而渐渐地使经济走出萧条。自此之后,西方国家普遍地建立了包括失业、医疗、养老等方面的社会保障体系和公共服务体系,从制度上来保障和改善民生,亦即使社会大众的消费不至于因收入、财产的差距而过分悬殊。也许正是这种西方式的民生导向,才使得西方资本主义经济体系再也没有发生过 1929 年那样因消费不足导致的全面经济危机。

民生财政的职能

因此,从消费的视角来观察,民生是以消费为载体的,进而可以推论出民生财政的职能。综合起来看,民生财政应具有三项职能:

一是促进消费水平与生产力水平相适应,或者说使消费与生产达到一种均衡。衡量消费水平的指标通常有国民消费率、非生产投资率。[①] 国民消费率又可以分解为私人(居民)消费率和公共(政府)消费率。全社会最终用于消费的支出水平在一定程度上可以反映一定时期的人民生活水平。如果消费水平和生产力水平总是自动地达到某种均衡,则这项职能就可以交给市场来解决。问题是市场无法做到这一点,在现实中,生产系统总是存在脱离消费而自我繁殖、扩张的倾向,直到危机到来而进行强制性的调整。

二是控制消费的差距,推进基本消费平等化。消费差距可用相对差距和绝对差距来衡量。过大的消费差距往往是导致消费率过低的重要原因,因此,通过控制消费差距有助于消费总水平的提高,尤其是公共消费对此具有直接的作用。基本消费的平等化,首先是使每一个人免于饥饿;其次是使每一个人识字,获得基本的文化知识;再次是使每一个人有地方去看病,并看得起病;此外,使每一个家庭都有基本住房,如此等等。这些都是基本消费的内容,应当人人享有。从前面谈到的联合国千年发展目标来看,这些内容都被包含了。

三是化解消费风险。这不只是消费对象的风险,如食品、药品、用品的风险,更重要的是消费行为过程的风险。消费风险有可获得性风险,即买不起的风险,如食品、教育、保健;可及性风险,即有钱也买

[①] 这里指的是用于消费的投资,不带来现金流。如购买自用的住宅投资,在现有统计体系下是计入投资的,但是实质上是用于消费。

不来的风险，如良好的环境、清新的空气和洁净的水。在这里，私人消费风险不仅包括了消费对象物的短缺风险及其安全风险，也包括了私人消费能力不足的风险。在市场经济社会，这些消费风险仅仅依靠个人和家庭是难以化解的，往往离不开政府来兜底，即承担边际风险。此时，政府是消费风险的最后承担者。

民生财政履行的上述三项职能都是公共性问题，实质都是着眼于化解消费率、消费差距以及私人消费风险所引致的公共风险。消费率偏高或偏低、消费差距过大或过小、消费不安全都会导致民生状况恶化，引发公共风险和公共危机。至于引致什么样的公共风险，则取决于问题的表现。若是主要在消费率方面，例如消费总水平过低，往往表现为消费需求不足，则易于引致经济领域的公共风险，如经济失衡、失稳，甚至转化为经济危机。若主要表现在消费差距方面，则易于引致社会领域的公共风险，如社会分化、阶层对立、共识破裂，积累到一定程度就会转化现实的社会危机。若主要是表现在私人消费行为风险方面，则易于引致人类发展领域①的公共风险，如营养不良（饥饿）、大众健康水平、文化素质和基本能力未能提高、预期人均寿命增长缓慢或缩短，等等，甚至可以演变成人类发展危机。而民生财政的职能就是要为化解和防范上述这些公共风险和公共危机提供财力支撑。

不难看出，民生财政的职能超越了经济领域，而同时涵盖了经济、社会和人类发展三个方面，这比仅仅从经济学角度来阐释的财政职能无疑地扩展了。这主要是观察视角的变化而导致的。隶属于经济学的财政主要是从生产的角度来阐释其职能的，着眼于资源配置和 GDP 增长，即如何做大蛋糕；而民生财政主要是从消费的角度来阐释其职能的，着

---

① 根据 UNDP 发布的全球人类发展报告，中国的人类发展水平（HDI）是不断提高的，从 2001 年世界排名第 104 位（其指数是 0.721）上升到 2004 年的第 81 位（其指数是 0.768），已经高于世界平均水平（其指数是 0.741），但与中国经济发展水平相比是滞后的。这个领域的公共风险仍处于发散状态。现在仍有约 1.3 亿贫困人口，其基本营养得不到保障；慢性病（指恶性肿瘤、心脑血管病、心脏病、高血压、肥胖症、糖尿病、精神病等）患者 2004 年达到总人口的 20% 多，在北京市这个比例达到 35.9%。传染病的状况实际上在恶化。人均预期寿命，中国在过去 20 年的增长低于世界平均水平。

眼于人的基本生存条件和基本能力的获得，即如何享用蛋糕。以短期、静态和机械的观点来看，财富的生产和财富的消费是对立的，前者排斥后者；但若以长期、动态和有机的视角来分析，二者是统一的，互为条件，相互推进。民生财政的职能是以财富如何消费为逻辑基础的，当然也与财富的生产密切相关，但是作为实现目的的手段来看待的，其出发点和落脚点自然是"人"；而隶属于经济学的财政职能是以财富如何生产为逻辑基础的，其出发点和落脚点自然是"物"，尽管其中涉及到消费问题，但不过是作为生产的手段或动力而言的。

市场经济内生的矛盾

在市场经济条件下，买与卖在时空上脱节了，信息不对称产生的盲目性由此产生，从而埋下了危机的种子。若以宏观视角，从整个社会再生产过程来观察，这种买与卖的脱节就转化为生产与消费的相互脱节。[①] 从社会再生产过程的四个环节来看，生产与消费的相互脱节是由"分配"这个环节来媒介的，表面上看，矛盾似乎集中在分配上。其实，马克思对资本主义初期市场经济的深刻分析已经告诉我们，分配关系是生产关系的反面，生产要素的分配决定了生产成果的分配。[②] 如何分配，一开始就是由生产过程中的资本关系决定了的。因此，生产与消费相互脱节成为市场经济下永恒存在的公共风险。即使有一个完善的市场制度，也总是需要政府去防范和化解。

究其原因，是市场经济社会内在的三大矛盾导致的：

一是经济自由与经济平等的矛盾。市场机制发挥作用的前提是经济自由，各个经济主体可以自主地参与市场交易，生产者、投资者和消费

---

① 西斯蒙第在《政治经济学新原理》中指出了脱离消费地为生产而生产的倾向，认为生产与消费的失衡是造成危机的原因。而在凯恩斯看来，这种脱节是基于人类的基本心理规律导致的边际消费倾向下降所致。

② 马克思在《政治经济学批判导言》和《哥达纲领批判》中都辩证地阐述了生产与分配的这种关系。

者都可以在不违反共同规则的前提下自己说了算。就此而言，市场经济与自由经济是等价的。但这种由经济自由带来的竞争，总是处于不平等的状态，而且经济自由程度越高，不平等的程度也就越大。这种不平等包括起点、过程和结果。如在资本主义初期，经济自由化的程度很高，甚至允许奴隶贸易，实行丛林法则，弱肉强食。经济竞争的丛林法则一方面促进了当时的工业化，生产力大大发展了，但另一方面带来的是严重的经济不平等，使社会多数人陷入悲惨生活的境地，消费严重不足。19~20世纪世界范围内广泛兴起的革命运动，与这种严重的经济不平等是紧密联系在一起的。在不同的发展阶段，经济自由与经济平等的矛盾有不同的表现形式。现代资本主义市场经济受到了政府多方面的干预，例如，反垄断①、对中小企业给予扶持等，经济自由程度自然受到了更多的限制。在这一定程度上改善了经济不平等状况，避免了生产与消费的严重脱节。在我国的市场化过程中，这对矛盾依然存在，只不过表现形式发生了变化。如何既进一步推进市场化，也就是扩大经济自由，而同时又防止经济不平等的扩大，是摆在我国市场化改革中的一道难题。要缓解这种不平等，某些方面的经济自由就必然会受到一定程度的限制。②

二是资本与劳动的矛盾。马克思在《资本论》中对此做了深刻阐述。市场经济是资本"说了算"的经济，资本与劳动处于不对称的地位。搞市场经济，需要树立资本的权威，作为生产要素，劳动是从属于资本的。也可以说，市场经济就是资本经济；否定了资本，也就否定了市场经济。在市场经济下，在生产过程中处于支配地位的资本，其影响同样延续到了初次分配过程和私人消费过程。在劳动与资本之间，初次

---

① 《谢尔曼法》是世界上最早的反垄断法，被称为世界反垄断法之母。1879年美孚石油公司即美国石油业第一个托拉斯的建立，开始了美国历史上的第一次企业兼并浪潮，托拉斯成为不受控制的经济势力，使社会中下层处于严重不平等状况，在19世纪80年代，美国一度爆发了抵制托拉斯的大规模群众运动，这导致了1890年《谢尔曼法》（Sherman Act）的诞生。
② 如我国1993年9月颁布的《反不正当竞争法》，2007年8月颁布的《反垄断法》也是对经济自由的必要限制。

分配的天平总是会向资本一端倾斜，私人消费也总是会向资本拥有者倾斜。也就是说，在市场决定的初次分配中，"马太效应"无法避免，只拥有劳动力的劳动者总是处于不利的地位，劳动者的财产和收入在整个社会分配中的比重总是存在下滑的趋势，尽管在某些时候可能上升。这样，占人口多数的劳动者的消费，与一定时期的生产力水平相比较总是处于相对不足的状况。在对资本缺乏约束的资本主义早期，劳动与资本之间的分配是极度倾斜的，甚至导致了两大集团的对立，即资产阶级与工人阶级的尖锐矛盾。1842年恩格斯发表的《英国工人阶级的状况》一书对此作了全面深入的分析，揭示了当时资本支配下的工人阶级生活状况以及由此带来的经济、社会矛盾和冲突。

只要是实行市场经济，我国也不例外，上述矛盾就必然存在，是无法绕开和回避的。我国自20世纪全面推进经济的市场化以来，劳动与资本之间的矛盾不断累积和加剧，劳资关系紧张，利润侵蚀工资，"两个比重"① 下降，国民消费率不断下滑，其实就是劳动与资本之间的矛盾在我国特定条件下的表现。

三是微观个体与社会整体之间的矛盾。斯密看到了微观个体的自利行为对整个社会带来的好处，其中蕴含着一种人人主观为自己（追逐利润），客观为社会（促进社会生产力）的财富增长机制，这种机制被称为"看不见的手"。这奠定了现代经济学的逻辑前提：自利的经济人假设。但他没有发现经济人自利行为所产生的内部性和外部性影响，包括正面的影响和负面的影响，而且这种影响随着社会分工的深化和工业化程度的提高而不断加深和扩大，尤其在资源、环境、气候方面最为显著。也许是因为在斯密的那个时代，内部性和外部性问题并不严重，因而可以忽略不计。人类历史进化到现阶段，内部性和外部性问题就变得极其重要。从马歇尔、庇古，到科斯，都在探讨解决外部性问题的办

---

① 指居民收入占国民收入的比重和劳动报酬占初次分配的比重。这两个比重自20世纪90年代初期以来是不断下降的。1994年居民收入占国民收入的比重、劳动报酬占国民收入的比重分别为64.10%、57.09%，2004年分别降到57.68%、47.15%。

法，但至今也没有找到满意的解决办法。科斯主张用界定产权的办法来解决，但恰恰是产权的界定同时带来了另外的问题。产权的界定不是一劳永逸和固定不变的，实际上是一个动态过程。这包括两个方面：一是产权的边界是变化的；二是产权的再界定，也就是对于已经界定了的产权重新界定。在市场竞争中，微观主体通过产权界定的变化产生两种行为倾向：一是收益内部化，① 二是成本外部化；而另外两种行为是尽量回避的，一是收益外部化，二是成本内部化。从微观视角来观察，前面两种行为是互补的，可以扩大微观主体的利益，提高利润率；而后面两种行为是有损于其自身利益的。从全社会来看，收益内部化和成本外部化将会导致社会收益的减少和社会成本的增加，于整个社会是不利的。例如把绿地变为厂房，社会收益减少，企业收益增加；工业污水废气的自然排放，社会成本扩大，企业成本减少。再如技术的发展也是如此，有不少技术能大大提高生产力和利润率，却不利于人类自身的安全，②食品生产技术的发展最为典型。这种状况若不加以约束，就会导致人类自身发展的危机。

在市场经济下，收益内部化和成本外部化的行为倾向是内生的，无法消除。也就是说，在市场经济社会，微观个体与社会整体之间的经济矛盾是永恒的。问题的关键不在于消灭这两种倾向，而在于通过政府干预，如通过法律的强制、培养微观主体的社会责任感、道德约束等方式来减缓二者之间的冲突，从而减少财富生产过程对社会、对人类自身带来的风险和危机。

---

① 准确地说，是社会收益内部化，即针对本应是社会的收益通过产权的界定变为微观主体的利益。如处于自然状态的矿藏、风景、环境等是所有人的共同财富，微观主体可通过取得产权的方式变为其自身的收益。这是一个伴随市场经济发展始终的过程，如早期的资本主义原始积累，现在处于市场化过程之中的我国，这种现象都特别突出。中国许多亿万富翁的快速致富，都是充分利用了社会收益的内部化，其拥有的财富并非都是他们通过自身努力创造出来的。西方经济学家注意到外部性问题，而对于这种内部性问题基本上是避而不谈的。

② 随着科技的快速进步，人类对这种进步出现了适应性障碍，并对科技进展带来的各种可能后果缺乏预见，有可能使人类在不知不觉中陷入危险而难以自拔的境地。这需要人类整体的思维意识变革。

上述三个矛盾在市场经济的自然状态下会产生异化，即会导致财富的生产和财富的消费相互异化。在经济上表现为生产与消费脱节，生产系统脱离消费而自我膨胀，如生产能力全面过剩，消费需求不足。在外需充分的情况下，这种生产的自我膨胀将会持续到外需饱和的状态。在社会层面，这种异化表现为生产与消费的对立，即生产不利于消费，甚至对消费产生危害。现代社会的生产体系对消费产生的危害[①]不是在缩小，实而是在不断扩大。也就是说，现代社会的消费是在不安全的条件下扩大的。显然，这蕴涵着经济、社会与人类发展的公共风险和公共危机。民生财政的职能就是由这些公共风险和危机而催生出来的。

四、当前民生财政的政策重点

民生财政的一般政策目标

政策是为履行职能服务的。若是按照现行的流行说法，财政政策目标包括了诸如促进增长和就业、稳定经济、调节分配、提升公共服务等内容。从民生财政职能的角度来看，其政策目标可以概括为三类：

一是促进消费增长。在倾向于财富生产的政策视野中，消费的增长是经常被忽略的。尽管经济学中也研究消费，但从来不是重点，往往是当出现危机的时候才想起了消费。我国1998年经济衰退的时候，提出了扩大内需的战略，采取了扩大消费的各种措施。但只要GDP增长趋好，消费就会被搁在一边，而不管生产的扩大是如何实现的。消费总是

[①] 随着人类改造自然能力的不断提高，给消费带来了两方面的风险：一是环境风险、二是产品与服务风险。改造自然的能力越强，这两种风险就越大，如全球气候改变、转基因产品、化学农业、保鲜技术、反季节蔬菜、快餐食品等，都对消费具有现实和潜在的危害。据卫生部2008年4月发布的全国第三次死因调查数据表明，癌症成为中国城市居民死亡的首要原因。这也许是上述风险日渐变为现实的一种反映。

经常被视为扩大生产的手段，因而促进消费增长通常不在传统的财政视野之中。而对于注重民生的财政来说，就不能不关注消费。消费的增长毫无疑义地取决于 GDP 的增长，但 GDP 的增长不会自动地带来消费的增长，这不是依靠市场所能解决的问题。消费包括两部分：私人（居民）消费和公共（政府）消费，在现代社会，后者在总消费中所占的比重在不断提高。公共消费既可以直接带动消费增长，也能通过带动私人消费增长而间接促进总消费增长。

与以物质资本为核心的市场经济初期不同，现代经济的增长离不开物质资本，更依赖于人力资本、知识资本、社会资本[①]和良好的社会管理系统，而后面这些都来自于消费的生产。因此，在现代社会，促进消费的增长并非仅仅是促进财富消耗的增加，而同时也是培育可持续发展的"核心资本"。从长期看，促进消费增长比 GDP 增长更重要，更具有可持续性。

二是调节消费差距。调节分配差距一直是传统财政理论的重要内容，这与自古典经济学以来寄希望于通过分配来改良资本主义制度的愿望密切相关。经济不平等体现在财产、收入和消费三个方面的差距，若不深究，这三方面的差距大同小异。其实，这三方面的差距具有实质性的区别。财产差距包括了动产和不动产等消费资料方面的差距，以及厂房、设备等实质资产和股票、债券等金融资产方面的差距，除非回到小商品经济时代，或实行全面的公有制经济，否则，财产差距无法缩小，而且，随着市场经济发展，这种差距仍会扩大。收入差距包括了劳动收入的差距和财产性收入的差距。显然，在财产差距无法缩小的情况下，财产性收入的差距也是无法缩小的。即使是劳动收入，由于劳动复杂性

[①] 这是西方经济学家提出的一个新概念，与马克思《资本论》中所说的社会资本是完全不同的。在这里社会资本是指诚信、互惠、合作、和睦、勤劳等元素构成的社会结构、社会关系和社会网络及其集体行动和组织行为的总和。这种社会资本对一个国家和地区的经济增长具有极其重要的作用。社会资本的形成包括先天的历史文化因素和后天的教育、教化因素，尤其是良好的国民教育体系对促进社会资本扩大具有越来越大的作用。

程度和所含知识、技术含量的不同，劳动收入的差距也在不断扩大。①不论其扩大是否合理，至少与按劳分配原则并不相悖。财产的差距和收入的差距是在市场竞争中形成的，面对财产、收入差距不断扩大的全球性趋势，各国政府都运用税收手段进行调节，如遗产税、个人所得税，但无法逆转，甚至反而刺激了在初次分配中财产、收入差距的快速扩大。因此，以财产、收入的差距作为政策调节目标实际上是不适当的。在这里，也许政府和公众都存在一种"税收幻觉"，只要这样去做了就得到一种满足，以为可以更加公平。

其实，以财产、收入的差距为调节对象，仍只是一个手段，最终必须落实到缩小消费差距上来，否则，这种公平没有意义。但问题是财产、收入差距的缩小是否意味着消费差距必然缩小呢？传统的分析恰恰是以此为假设前提的，而事实上并非如此。因为消费并不是一个孤立的个人行为，越来越涉及到集体的行动，公共消费对个人（家庭）的消费状况起着越来越大的作用。消费差距的缩小，意味着生存条件和基本能力差距的缩小，这对任何一个"人"而言更有意义，对社会而言也更有价值，对市场竞争而言也更加平等。

三是保障消费安全。这是与消费风险相伴随的。在以市场经济为基础的现代风险社会，任何一个人的消费都面临着风险，包括消费能力不足的风险和消费过程中的风险，这些风险都会损害人的基本行动能力和行为能力。如营养不良、不洁的饮用水和污染的空气以及流行性疾病会损害人的健康素质和降低全社会的健康水平；得不到良好教育、缺乏基本知识和技能，会降低人的行为能力，扩大社会差距。这些风险不是市场能化解和防范的，需要纳入政府的政策目标之中。尽管这些问题得到

---

① 这在国内外都呈现这种趋势。例如最近被媒体披露的平安保险董事长马明哲年薪达到6 600多万元，这个信息一经披露被炒得沸沸扬扬，争议很大。这较之素有中国IT业"打工皇帝"之称的唐骏相比，是小巫见大巫。2008年4月中旬，他向外界证实，此次加盟新华都集团，将获价值10亿元的薪酬。从国外情况看，面对劳动收入差距的扩大，也是争议颇多。据研究机构Corporate Library的一份报告，2006年标准普尔500强公司总裁平均薪酬为1 506万美元。美国政策研究所发现，1980年美国工资最高的上市公司总裁的平均年收入是普通职员的40倍，而2006年，其收入差距达到了364倍。

了前所未有的重视，但这种重视是由于严重的历史欠账引发的，例如对医疗卫生的重视得益于2003年的"非典"危机，并非形成了自觉的认识。在生产重于消费的理念下，对生产风险的重视程度远远高于消费风险，因而经济政策的研究远远多于社会政策和人类发展政策的研究。在传统财政理论中，财政主要被当做经济杠杆来使用，一说到财政政策很自然地联想到经济政策，故而在财政政策的视野中长期来是不包括消费安全的。从民生财政的视角来看，这是很自然地应当涵盖的内容。

当前民生财政的政策重点

民生的内涵涵盖了从人的基本生存到全面发展，从生理需求到实现自我价值的多个层次。从社会整体来看，这包括了从解决温饱、基本小康、全面小康和富裕富足多个阶段。因此，在不同的发展阶段和不同的条件下，民生的重点是不一样的，民生财政的政策重点也是不同的。

在短缺经济阶段，民生的重点是吃饱肚子，解决基本生存问题。在物质产品较为丰裕的阶段，民生的重点是使每一个人获得基本的能力，包括良好的健康素质、文化素养和基本技能。经过30年的改革开放，我国生产力水平有了很大提高，经济有了长足发展，而社会建设相对滞后，因此，这个阶段的民生重点自然是着力解决"上不起学、上学难"、"看不起病、看病难"等迫切问题，扩大公共服务，努力实现"五有"，使发展成果让更多人分享。这就是当前全国面临的民生财政的具体要求，也是当前的政策重心。

我国区域差距和差异很大，对民生的要求也有很大的不同。对于贫困人口众多的地方来说，脱贫是最大的民生，服务于脱贫，那就是民生财政的政策重点。对于整体发展水平较高而经济社会差距较大的地方来说，缩小差距，推进公平，是民生财政的政策重点。对于经济发展较快，而社会发展滞后的地方来说，加快社会建设是民生的核心，财政围绕这个核心而发挥作用，也是民生财政政策重点的体现。对于生态脆弱、环境污染严重的地方来说，发挥财政作用，建设一个适宜的人居环境，提供安全的饮用水和洁净的空气，也是民生财政的政策重点。民生不是一个空泛的概念，而是有其实实在在的内容，要根据具体的条件来把握其重点。应当说，全国的民生财政政策重点和各个地方的重点是不同的。民生财政的政策重点不可一概而论，要看具体条件。

从全国来看，正是在民生理念的指引下，在现阶段民生财政的政策重点日渐清晰，在民生财政的结构改革不断深化的基础上，逐渐形成了民生财政的政策体系。

一方面，民生财政的结构改革不断深化。这既反映在财政职能结构的变迁上，也体现在支出结构的调整上和公共收入结构的变化上。以GDP增长为导向的财政职能结构转向了现阶段的以民生促发展的财政职能结构，为构建和谐社会提供了政府财政结构上的支撑。这种变化从一系列的数字中可以看得出来。从2007年的中央财政支出看，教育支出增长76%，科学技术支出增长了26%，医疗卫生支出增长了296.8%，环境保护支出增长了61%，农林水事务支出增长了43%，社会保障和就业支出增长了13.7%，如此等等，另外，中央财政用于税收返还和财力性转移支付增长了21.2%。[①] 这些支出项目连续多年的快速增长，反映出中央财政的支出结构在进行重大调整和改革。长期在体外循环的国有企业红利等公共产权收入2007年开始纳入财政视野，说明财政收入的结构也在渐渐变革，其民生导向日渐显现。从2008年的预算安排来看，也延续这种趋势。这些数字的背后是结构的变化，而结构的变化正是反映出整个财政在转向民生。

另一方面，民生财政的政策体系正在逐步形成。例如，在2007年，农村义务教育经费保障机制全面形成，对全国农村义务教育阶段学生全部免除学杂费，全部免费提供教科书，对家庭经济困难的寄宿生提高生活补助，提高中小学公用经费和校舍维修经费补助标准，等等。新型农

---

① 参见2008年《关于2007年中央和地方预算执行情况与2008年中央与地方预算草案的报告》。

村合作医疗制度覆盖面扩大到全国86%的县，参合农民达到7.3亿人。[①] 在全国农村全面建立最低生活保障制度，进一步完善城市居民最低生活保障制度。再如，城市廉租住房制度初步建立，农村居民住房改造和补助也在起步探索。针对生态保护和环境治理，森林生态效益补偿基金政策不断完善，集体林权制度改革也在迈出新的步伐。涉农补贴制度不断改进，形成了包括农资综合直补、农机具购置补贴、良种补贴、粮食直补、农作物保险补贴试点等内容的补贴体系。除此以外，运用税收政策、政府采购政策、关税政策等手段，降低中低收入者负担，促进节能减排、资源综合利用、环境治理，进一步推动经济发展方式转换，使人口、资源、环境与发展的紧张关系得到缓解。这些政策措施的出台，反映出民生的理念正在强化，并推动财政整体转向民生财政。

---

① 参见2008年《关于2007年中央和地方预算执行情况与2008年中央与地方预算草案的报告》。

公共财政：公共化改革的一种转轨理论假说

阅读提示：

　　人类理性的光芒只能照见有限的范围，而一旦超出这个范围，便是无边无际的不确定性世界。作为我国财政公共化改革的一种理论假说，"公共财政"这个范畴只有放在中国的语境下才有意义。它主要解决公共化改革中的两个问题：一是政府财政活动的范围和职能定位，即财政应该干什么，不应该干什么；二是政府财政活动的方式和运行机制，即财政应该怎么干。其背后对应着观念和认识的前提：市场机制在工具意义上的有效性和公共权力来源的契约性，使政府与市场、政府与民众的逻辑关系发生颠倒性变化，前者从计划经济体制下的资源配置中"政府第一、市场第二（补充）"变为"市场第一，政府第二（补充）"；后者从"政府第一，民众第二"变为"民众第一，政府第二"，也就是从"国家本位"（治民）到"人民本位"（民治）。这种具有颠覆性的变革是以渐进改革的方式来进行的，这个过程至今没有完成。该文是在5年前为财政部财政科学研究所博士生授课课件基础上形成的。

Public Finance: Reform of Government Activities

Abstract

The rational light of human can only caters to a finite range and once it goes beyond this range, it will go to an uncertain and boundless world. As a theoretical assumption for our country's financial public reform, "public finance" makes sense in the Chinese context. It mainly defines two principles in publicization reform. One is positioning of the government financial activity range and function that is what finance should do and should not do. The other is the government activity means and operation mechanism that is how finance should do it. The preconditioned recoganization is: market mechanism is effective in an instrument meaning, and contractual of the public right source, which turn the relationship between government and market, government and people reversely. The former changes from a government comes first, market is complementary in resource allocation under planned economy into a market comes first, government is complementary, while the later from a government comes first, people are complementary into a people come first, government is complementary. This subversion reform is carried out with the gradual reform mode, and this progress has not been finished so far. This paper was formed five years ago on the base of the courseware for a lecture to PhD candidates.

"公共财政"目前已经成为我国财政界以至于社会上广为流行的一个概念。自从1998年末全国财政工作会议肯定这个说法以来,"公共财政"从民间的学术讨论走向政府主导下的实践,建立公共财政框架体系成为我国财政改革的目标。然而,究竟在我国应建成一个什么样子的"公共财政",至今仍是大家在猜测的一个东西。从一般意义上讲,只有未来人能知道,现在的人们是无法预知的。在这个意义上,公共财政只是财政公共化改革的一种理论假说。

一、"公共财政"概念的由来

如果不做过细的考证,我国最早出现有关"公共财政"的提法,大约始自20世纪80年代初期的一部译著,译者在翻译出版美国经济学家阿图·埃克斯坦的 *Public Finance* 一书时,正式使用了"公共财政学"作为书名(张愚山,1983),此前人们一直将 Public Finance 一词翻译为财政学或财政。由财政到"公共财政",应当说是一个不小的变化。但是,或许是当时的财政实践还没有对财政理论提出创新的要求,或许是人们当时未能意识到"公共财政"这一概念所具有的另外含义,这一提法并没有引起当时学术界太多的关注,仅仅是当成一个不同的表述而已。此后较长的一段时间之内,人们也未赋予它什么特殊的意义。

随着经济体制转轨,财政也在转轨。但如何转,一直都是"摸着石头过河",给企业、地方、各个部门让利放权是20世纪80年代的主要做法。以让利放权为主要内容的转轨给财政压力很大,全国财政收入占国民收入的比重不断下降,中央财政收入占全国财政收入的比重一同下降,财政相当困难,尤其是中央财政曾经一度要向地方财政借债过日子。"两个比重"下降,迫使实际部门开始考虑从财政支出上寻求出路,试图通过调整财政支出结构来压缩支出规模,以减轻财政压力。但面对着在计划经济体制下形成的无所不包的支出格局,支出结构的调整显得十分艰难,而且在理论上也说不清楚应该"保什么"、"压什么"。尽管当时也有了"越位"和"缺位"的说法,但找不到一个衡量的理论尺度。1992年邓小平南巡讲话之后,情况开始发生了大的变化。社会主义制度下也可以搞市场经济被正式肯定之后,西方市场经济国家的体制自然而然地成为我们设计体制模式的样板。财政转轨自然也不例外,市场经济基础上的西方财政也就成为我们的参照物。

1992年正式提出建立社会主义市场经济体制之后,学术界在探讨中国财政改革的目标模式时已经明确提出了"公共财政",并认为是改革的方向和目标。厦门大学的张馨教授是这方面最具有代表性的人物。直到1998年,"公共财政"这个概念正式纳入政府的决策之中,明确提出了建立公共财政体系。从此,"公共财政"便成为政府财政改革的方向和目标。尽管学术界仍有争论,但不妨碍这个说法成为财政改革进入新阶段的一个标志。构建与社会主义市场经济相适应的财政运行机制,成为"公共财政"概念下的改革主题。

二、"公共财政"的中国语境

任何概念只有放到特定的历史背景下和相应的语境中才能够被真正理解。如果抽象掉了具体语境来谈论"公共财政"与"财政"的区别,那是毫无意义的文字游戏。

单从文字来看,英语的"Public Finance",既可以与中文的"财政"相对应,也可以与"公共财政"相对应,从翻译的角度来说,没有任何问题。而且,反过来看,中文的"财政"和"公共财政"都只能是与英语的"Public Finance"相对应。在这个意义上,中文的"财政"与"公共财政"无任何差别,完全等价,就像说政策或公共政策一样。所以，单纯从翻译的角度来看，将"Public Finance"译为"公共财政"确实有画蛇添足的味道，用"财政"完全可以指称"Public Finance"概念下的相同事物，况且，长期来也是这么翻译的。在西方语境下，财政自然是公共的，Public这个词就很清晰地限定了财政的公共性内涵，而且从一开始就是如此。西方财政学最早可上溯到亚当·斯密《国富论》中有关财政问题的阐述。亚当·斯密生活的时代，是一个自由资本主义盛行，资本主义生产方式在全球逐渐居于统治地位的时代，强调私人产权、维护个人自由是那一时代的典型特征。在这种以"私"为本位的社会语境中，财政一产生就具有了"公"的特点，因为财政就是给公共产品提供资金保障，用以满足公共需要的。这种"公共产品"，都是市场不愿做、做不好也做不了的公共领域事物。先有市场机制的形成，后有现代财政的出现，这是西方财政成长的历史特点。正是在经济自由主义的历史传统下，西方财政在社会经济生活中的作用一开始就被限定在特定的范围之内，即使是强调政府干预的凯恩斯主义流行之后，财政也是局限在市场不起作用的领域，如公共领域的资源配置、再分配、宏观经济稳定等方面。在这种历史语境中，对于财政的公共性是无须讨论的。

但在我国则不同，财政的公共性在计划经济条件下是显现不出来的。在长期的计划经济实践中，财政充当了一个无所不包的角色，只有"国家财政"的概念，而无与"个体"相对应的具有公共性的财政。计划经济是以公有制为基础的，竖立在计划经济基础上的财政在逻辑上自然也就只能延伸为"国家财政"，而不可能产生与"个体"（私人）相伴生的所谓"公共财政"。在"一大二公、越公越好"的年代，所有的生产要素，包括劳动力本身都成为"公"的，在这种社会历史背景下，无所谓"私"的存在，当然也就没有从"公共"的角度理解财政问题的必要。"国家财政"不强调财政的"公共性"，而以"国家性"所替代。在这里，国家的财政，也可以说是公共的财政，但只剩下了法律意义上的"公"的内涵，而缺少了与个体自由决策、市场竞争基础上的公共性含义。

而且，在公有经济占据绝对地位，只有按劳分配的条件下，除了农民缴纳公粮之外，其他社会个体都与纳税无关。缴税或缴利，都是公有企业的事情。公民在这种国家财政的体制下并不能感受到纳税权利与纳税义务对等的存在，这个时期的财政主要是"国有企业财政"，国有企业也是主要的纳税人。在国家以履行其职能为依据进行财政活动时，公民没有纳税的切实感受，对税收与公共支出使用的关心与关注度均较低。

这种在"公本位"的社会环境中脱胎而出的"公共财政"与在"私本位"的社会环境中脱胎而出的西方"财政"从一开始就有了明显的不同，两种理念产生于截然不同而同样深厚的两种社会制度土壤之中，这决定了我国"公共财政"与西方"财政"理论的特点、任务、内涵、路径、方向都会存在差异，这种差异是以内涵更丰富的社会制度差异为依托的。因此，"公共财政"看似源于西方的概念，实际上是典型的"国产货"，只是披上了一个舶来品的外衣。如果我们望文生义地去解读我国"公共财政"的内涵，误入歧途也就在所难免了。

三、公共财政是中国财政转轨的一个理论假说

从表面上看，公共财政似乎是向西方财政靠拢的一种财政模式。西方搞的是市场经济，很自然，这种财政模式也是以市场经济为基础的，并从可观测的西方财政身上提炼出了公共财政模式的若干特征。处于中国语境下的学者把西方公共财政的这些特征直接转化为中国未来财政模式的特征，认为中国的财政改革目标就是要建立一个符合西方公共财政特征的财政模式。这种思维被多数人所接受，按照这种思维逻辑，西方

国家现行的财政模式自然地成为中国未来的财政模式，西方财政的今天也就是中国财政的明天。

显然，在这种思维的背后存在两个潜在假设：一是西方的经验及模式是可以跨越时空进行复制的；二是财政改革的路径是确定的，像人造卫星的轨道一样可以事先设计出来。按照追求确定性的现代科学思维理念，这两个假设均可以成立。尽管我们常说，改革是一个复杂的系统工程，但涉及到社会各种复杂利益关系的财政改革，无论如何都是难以用确定性的"工程思维"来进行设计的，不可能像盖房子一样设计出一个施工图，可以按部就班地进行改革。我们可以用"公共财政"这样的概念来指称财政改革的某个方向，但财政改革的彼岸实际上是无法预知的，未来的中国财政到底是何种样式，只有到了那一天才真正知晓，现在的理论讨论或设计都只是一种猜测而已。既然改革的彼岸无法预知，那么，改革的路径、方式等也就变得难以确定。

在这个意义上而言，走向"公共财政"的财政改革，不可能有事先设计好的"路线图"或"施工图"，实际的改革进程就像拿着一盏灯的夜行人，在灯光照见的范围内，可以确定如何迈步，而在这个范围之外，却是一片漆黑，你无法知道前面是否有河沟、山头或者悬崖。人类理性的光芒只能照见有限的范围，而一旦超出这个范围，便是无边无际的不确定性世界。公共财政的提出，是在众说纷纭的争议中找到的一种表达，这种表达具有符号的意义，代表了财政改革长期探索过程中的某种确定性。人类的天性是在不确定性世界中追寻某种确定性，那怕这种确定性是虚幻的。一旦市场化改革被决策者确定下来，公共化改革也就合乎逻辑地被确定下来，公共财政也就成为国家财政改革在夜行中的"指路明灯"。

经济体制的转轨，主要体现在两个方面：一是资源配置上形成政府与市场的分工、合作，市场发挥基础性作用；二是经济决策的自由化和民主化，生产什么、如何生产以及为谁生产，不再统一规定。中国现代财政应是与社会主义市场经济相适应的财政，但是，社会主义市场经济本身，其理论内涵有确定的权威性表述，而其实践内涵却尚未确定，因为社会主义市场经济实践没有一成不变的"路线图"，只能在改革探索的过程中逐步塑造成型。不言而喻，依附于市场化改革的公共财政也就难以称之为"财政的目标模式"，不可能是一个定型的理性设计，它会随着社会主义市场经济实践的变化而修正。与其说公共财政是一个目标模式，倒不如说是一个工具或手段，是无垠黑夜中的一盏灯，可以照亮我们眼前的改革脚步，却无法告诉我们未来的情景。

由于社会主义市场经济体制本身具有内在的不确定性，使得我们还无法预见未来的中国财政样式。因此，目前财政改革还有多长的路要走，我们难以确定；在这样的改革路径上，我们已经走了多远，仍需走多远，实际上也是不确定的。甚至，我们是否还在一条"正确"的改革之路上行进也都是模糊的。一些学者在评价中国改革的进步或退步时，都是有意无意地以西方现成的制度来做参照物，他们把西方现行的模式作为我国改革的未来模式，却很少对中国的改革理论是否完备做逻辑考察。实际上，西方的现行模式也充满了不确定性，西方财政也在进行着深刻的变革。在这样的背景下看，我们的"公共财政"理论实际上只是处在一个财政转轨过程中的假说，对中国财政改革的实践内涵的认识还是初步的。

四、公共风险是引导财政改革的那只"看不见的手"

如果说，公共财政理论是指导财政改革的那只看得见的手，那么，还有一只具有更大力量的手在引导财政改革，那就是公共风险。这是一只"看不见的手"。其实，它通过公共理性（通俗地说，即社会的危机感和忧患意识）不仅成为财政改革的引导者，而且也是社会变革的推动力。当一个社会没有公共风险和危机的时候，任何变革都不会出现，包括财政改革在内。在这个意义上，公共风险是推动财政改革的终极力量。

一个社会总是会面临着各种各样的风险。从性质上来分析，社会风险可以划分为两大类：一是私人风险，二是公共风险。前者是指产生"孤立"影响的风险，风险事件的发生是独立的、偶然的，不会产生连带性的影响。这类风险可以将其责任进行明晰界定，由市场机制来承担和化解；后者，即公共风险是指产生社会性影响的风险，具有很强的外部性。公共风险在发生过程中，对各个社会主体（企业、组织、家庭和个人）都具有"传染性"，是不可逃避的。公共风险很难正面识别，往往累积到了快要爆发的程度才被发现，才得到关注，才引起重视。公共风险与市场机制的规则不相吻合，只能按照集体行动的逻辑，依靠集体的力量来防范和化解，也就是主要由政府来承担起相应的财政责任。

观念的东西在公共风险面前都是脆弱的。回想一下改革开放前夕，国民经济濒临崩溃，多数人陷入吃不饱饭的绝对贫困状态，面对这种巨大的公共风险，"越穷越革命"、"社会主义＝计划经济"、"市场经济＝资本主义"的传统观念也就逐渐地被公共理性所消解了。面对市场化改革，经济领域的自由化和民主化，竖立在计划经济基础上的财政理论也就显得格格不入，财政运行陷入到危急状态。从财政规模占国民收入比重不断下降和中央政府靠向地方借钱过日子的情形，就不难感觉到当时另一种公共风险在逼近我们，威胁着改革开放的大业。公共财政理论假说的提出，实际上就是出于化解公共风险的"社会本能"。[①] 新的观念和理论都是产生于新的风险和危机之中。但我们通常看到的只是理论本身，并错误地应用于时空条件都已经变化的新的境况，而忽略了理论背后的那只无形的手——公共风险这个本源。

若认识到这一点，就不难知道理论也好，改革也罢，都是为了同一

---

① 也可以说是"群体本能"或"集体本能"，这是指相对于个体本能而言的。

个目的：防范与化解公共风险。就此而言，树立风险导向或危机导向的观念，对于财政理论建设和财政改革都是十分重要的。以公共风险为财政改革导航，比以某一种理论来指导，具有更高的可靠性和有效性。因为，相对于公共风险，任何理论都是"事后的"。当新的公共风险来临的时候，在原有的理论视野中可能是看不到的，即使感觉到了，用原有的理论也无法去解释和化解。从历史实践过程来看，理论往往都是事后的总结，而难以成为前行的导航仪。因此，从"目标模式"与"改革导向"上来看待"公共财政"实际上是虚拟的，是理论幻觉中的海市蜃楼，改革的航船若是朝着它前进，其危险性是不言而喻的。只有公共风险，才会消除我们的幻觉，引领改革航船达到我们现在无法预知的彼岸。公共财政也只有在被赋予"危机防范"与"风险化解"的内涵，它才有现实意义和理论价值。

纵观中国现代财政史中的每一项政府财政改革，甚至每一项公共支出，无不都是为了防范公共风险、化解公共危机。1994年财政体制改革的背景，就是自20世纪80年代以来政府财政状况的不断恶化；我国政府推进反腐败的进程，又催生了政府预算外资金的改革；1998年实施的积极财政政策和相关改革，都是因应国际金融危机；财政的透明化、公开化改革，是经济民主化条件下，社会大众对财政民主化的期待而形成的社会公共压力所致。如此等等，这些都是公共风险这只无形之手在支配着政府的财政行为，也在推动着财政的公共化改革。财政本身实际上是"公共理性"在社会分配领域的具体体现。人类作为地球上的一个物种，在进化过程中会面临各式各样的风险和危机，这迫使社会成员产生"共患难"的集体行为，并进而形成"公共理性"，团结起来以化解自身进化中面临的各种公共风险，以避免形成现实的危机和灾难。财政正是应这样一种需求而产生，其"公共性"的含义也标明了它是出于一种化解公共风险与公共危机的需要。究其本质而言，财政自身就是一个风险与危机的产物，只是我们"看"不到而已。

五、"公共财政"的内在逻辑

放在市场化改革的现实背景下来看,凸显公共化的财政改革只不过是被浓缩为"公共财政"来表达和指称。在传统的财政称谓之前加上"公共"二字,无非是为了强调两个层次的公共性:一是相对于市场而言的公共性,二是相对于民众而言的公共性。在计划经济基础上形成的"国家财政"理论中,这两个层次的公共性是不清晰的,也是没有必要的。只有在市场经济条件下,这种必要性才体现出来。

相对于市场而言,财政是在公共领域配置资源。按照现有流行理论的逻辑,公共领域被认为是市场失灵的领域,由于没有价格信号,市场在公共领域无法配置资源。而公共领域的资源配置又是必不可少的,而且极其重要,关系到社会发展、人类发展的状况。在别无选择的条件下,政府财政就承担起了在公共领域配置资源的历史使命。如此一来,就形成了市场与政府的分工、合作的格局,二者共同配置全社会的所有资源。市场经济是在私有制基础上发展起来的,市场机制的作用范围也就习惯地称之为私人领域和私人部门,除此之外的社会领域,也就对应地称之为公共领域,① 并成为财政机制的作用范围。正是在这个意义上,财政是公共的,具有不同于市场的公共性特征。而我们当前经历的是从否定市场机制作用的计划经济走向强调市场机制在资源配置中发挥基础性作用的市场经济,我国的经济体制由此发生了深刻的变化。在体制转轨的这个过程中,财政自然也要从为计划经济服务转变到为市场机制发挥作用创造条件,为市场让出空间,为市场运行提供良好的体制和政策环境。这也是财政转轨的过程,即从无所不包的财政转向只在公共领域发挥作用的财政。相对于这种变化,财政从传统状态转向凸显公共

---

① 在严格的意义上,私有与公有是对应的,个体对应的是群体,公共领域实质上是群体意义上的,而不是公有意义上的。只要有社会存在,公共领域就总是存在。

性的状态，亦即现在为人们所熟知的"公共财政"。与市场化改革相伴随，财政改革走向公共化。这是相辅相成的两个方面，并内含于社会主义市场经济体制形成过程之中。

相对于第一层含义的公共性，对第二层含义的公共性认识并不是同时跟进的。1998年正式确认"公共财政"，也就是从学术讨论用语变为政府文件用语时，主要是基于相对于市场而言的公共性，其目的主要是解决市场化过程中财政"缺位"、"越位"的问题。第二层含义的公共性，即相对于民众而言的公共性，是指公共资源的形成、支配和使用旨在为民众防范和化解公共风险，而非国家机器自身。一方面，政府利用财政手段为民众提供公共服务，另一方面，运用政治、法律程序从民众手中获取相应的社会资源，可谓用之于民，故而取之于民。通俗地说，政府的钱都是老百姓的，因而是公共的；用这些钱干的事情也是老百姓所必需的，故而也是公共的。因此，从民众（或大众、人民）的角度来看，政府财政实质上是老百姓的财政，自然具有公共性。不仅如此，而且是全体国民的财政，不是一部分社会成员的财政，政府提供的公共服务是供全体国民消费的。既然政府财政的钱来自于老百姓，干的事情也是为了全体老百姓，那么，财政的钱如何收缴，收缴的钱如何使用，一收一支，自然也就需要体现民意，并向老百姓有一个清晰的交代。税收法定主义、预算法定主义、财政法定主义、公开透明等这些原则就由此而存在，并导引政府财政运行过程。

从工具意义上看，"公共财政"这个理论假说可以为财政的公共化改革解决两个问题：一是解决财政干什么，即政府财政活动的领域和范围，为判断财政"缺位"、"越位"和"补位"，实现政府与市场的分工提供一个标杆，有利于建立适应市场经济规则的财政运行机制。这是第一层含义的公共性所解决的问题。二是解决财政怎么干，即政府财政的运行方式，诸如是隐秘还是公开透明、是各自为政还是依法理财、是长官意志还是财政民主、是国家本位还是民众本位，如此等等。这是第二层含义公共性所解决的问题。

进一步分析，上述两层含义的公共性对应两个前提性的认识和观念：

第一，市场是人类有史以来生产财富最富有效率的机制。马克思在《共产党宣言》中指出：资本主义在它不到一百年时间所创造的生产力，比过去一切时代创造的全部生产力还要多，还要大。如果撇开社会形态这层含义，马克思的这个评价，也可以说是对市场经济效率的评价。从简单商品生产，发展到今天的全球化市场经济，市场经济的高效率似乎从历史实践的逻辑中已经得到了证明。至少到目前为止，似乎还没有发现比市场机制更有效率的机制。我国走出计划经济，进行市场化改革，正是基于这样的一个认识性前提。这个前提好比数学中的公理，是很难通过逻辑来证明的。不过放眼全球来看，资本主义国家或者说市场经济国家很多，但真正由此而变得发达的国家却不多。这说明，市场机制这个人类的伟大发明，只是提供了一种高效率生产财富的可能性，最终还要看如何运用这个机制。当定位市场在资源配置中发挥基础性作用时，政府与市场的逻辑关系也就发生颠倒性的变化。在计划经济体制下，政府在资源配置中是第一位的，市场是第二位的，即凡是政府能做的，政府尽量去做，实在做不了的才交给市场。在市场经济体制下，市场在资源配置中是第一位的，政府是第二位的，即凡是市场能做的都交给市场，市场做不了的、做不好的则交给政府去做。要发挥市场机制的作用，显然需要从"市场第一、政府第二"这个逻辑来构建新的经济体制。不言而喻，这个逻辑同时也决定了财政公共化改革的第一层含义：重新校正财政的定位，应该干什么，不应该干什么。

第二，公权民授。从"君权神授"到"公权民授"是人类探寻和解释自身存在方式的一种结果。现代社会的人们更相信后者才是正确的，甚至已经成为无须证明的公理性前提。其背后的逻辑是，国家是社会成员达成契约的一种结果，是一种从文化认同基础上发展起来的政治认同。这种认识和观念的形成，是与人类物质文明程度处于更高的阶段相联系的。显然，这代表了一种人类认识的进步。从我国的情况来看，这种转变已经变形为从"国家本位"向"民本位"、"以人为本"转变,即由"国家决定"(治民)变为"委托—代理"(民治)的关系,公众是委托人,政府是代理人。顺着这个观念背后的逻辑,财政公共化改革的第二层含义才有了依托:财政"怎么干"就有了坚实的逻辑前提,财政民主化、透明化的要求也就找到了源头。以计划经济为基础的"国家本位"强调的是"国家决定",财政的一收一支都是国家的秘密,财政收支的来龙去脉自然是不需透明,国家理财是少数人的事情,与老百姓是无关的,财政自然是"国家财政"。以市场经济为基础的"民本位"强调的是"委托—代理",是老百姓同意把钱集中起来交给政府来替老百姓办事。财政是"老百姓的财政",也就是公共财政。很自然地,财政运行过程应当公开、透明,老百姓参与理财。这样,民主财政也就顺理成章了。显然,在这里,构建财政运行机制的逻辑与传统体制下的财政运行逻辑是完全颠倒的,政府与民众的关系从"政府第一,民众第二"转变为"民众第一,政府第二",老百姓成为政府财政"怎么筹钱,怎么化钱"的出发点和落脚点。

由此可见,中国现阶段的财政公共化改革包含了两重关系:一是政府与市场的关系,二是政府与民众的关系。改革的取向是把计划经济体制下的那种逻辑关系给颠倒过来,让市场在资源配置中发挥基础性作用,为市场让出空间;让民众在财政决策中发挥终极决定作用,真正实现民治、民享、民富。

放在全球范围来看,我国属于发展中国家,处于不发达状态。而这种不发达状态本身就是整个国家、整个中华民族面临的公共风险。包含两重关系的财政公共化改革,其最高目的就是化解这种公共风险,促进经济、社会尽快地摆脱不发达状态,实现中华民族的真正崛起。任何改革都是工具意义上的,财政改革也不例外,最终服从于化解公共风险的目的。

中国财政分权的公共风险导向

阅读提示：

从中国改革发展的现实过程来考察，中国财政分权的发生绝不是因为书本上的理论，而是现实中的公共风险。往前每走一步，都是因为意识到了某种公共风险的存在。既可以说，是公共风险在"逼迫"改革，也可以说，是公共风险在"引领"改革。从让利、放权，到分权，无不都是不同阶段的公共风险在推动和引导。该文是在2008年一次国际研讨会演讲录音基础上形成的。

Fiscal Decentralization in China Induced from Public Risk

Abstract

Inspecting from the actual process of China's reform and development, China's fiscal decentralization is not caused by the theory in the books but public risk in practice. Every step forward was pushed by awareness of a certain public risk. Not only does public risk force to reform, but also guide the reform. Revenue concession, expenditure delegation and fiscal decentralization are all pushed and guided by public risks in different phases. This paper was formed on the base of the recording of the speech given at an international seminar in 2008.

中国的财政分权是由公共风险导引的。分权,包括所谓的"行政性分权"和"经济性分权"、以及其他层次上方方面面的分权都是公共风险导引的一种结果。它不是一种由某种现成理论推导而得到的或者事先设计的结果。之所以实行改革开放,其实就是公共风险(经济到了崩溃边缘)所致。我国的改革开放本来就是摸着石头过河的,分权到底怎么分法,事先并没有办法设计,只能根据我们在实际过程中遇到的问题(公共风险)逐步加以推进。

一、财政改革的历程:让利——放权——分权

回顾30年的财政改革历程,基本上是按照"让利——放权——分权"这样一个改革路径展开的,这一路径具有鲜明的渐进性和问题导向的特征。改革开放初期的财政改革以"让利"为特征,以后逐渐变成放权,之后又慢慢地就走向分权。让利,其实质就是强调不同的主体有自身的利益。通过对农民、企业、地方的全方位让利,打破了长期以来实行的财政统收统支制度,各个地方、部门、企业和个人都有了看得见的物质利益,从而有了发展的动力。但是,光有利益还不够。有了利益之后,各方面的积极性被调动起来了,然而要进一步调动各方积极性,使其能够更好地发挥主动性和创造性,还必须赋予其适当的行使自主权利的空间。这时候就开始出现了放权式的改革,主要表现在两个方面:通过实行各种形式的财政包干制实现对地方的放权,以及通过扩大企业经营自主权实现对企业的放权。现在一般所说的"让利放权",似乎让利和放权是同时进行的,实际上是从让利起步,然后逐渐地加大放权的力度。

到了20世纪90年代,特别是邓小平南巡讲话之后,财政体制改革

逐渐由放权走向分权。放权和分权的区别在于：放权是在原有的体制框架内的调整，也就是扩大权限，比如中央对地方放权、扩大地方的权限；政府对企业放权、扩大企业的权限。而分权实际上侧重的是一种分工，包括政府和市场的分工、中央与地方的分工，这就意味着要建立一种新的体制框架。放权可以在原有的集中体制框架内运行，但是在这一体制下，放权的制度设计并没有一个清晰的界限，哪些权利要下放，放到什么程度，并没有一个准确的界定，因此这段时间内经常出现"一放就乱，一收就死"的混乱局面，一直都无法走出这种恶性循环。从放权走向分权，强调的就是要在市场经济条件下确立一种分工，但是这种分工到底怎么确立，本身是不确定的，需要根据不同国家具体的国情慢慢地探索形成。以我国为例，从让利到放权、再到分权这个过程，就是依据市场化改革的进程渐进形成的。当建立社会主义市场经济体制一旦成为改革的方向，在计划经济体制框架内的放权式改革就走到了尽头，改革就慢慢走向了基于市场经济的分权，也就是针对社会不同主体间的权利责任关系进行界定、规范，建立新的规则。当新的规则慢慢成熟并取代旧的规则之后，也就意味着分权的定型。

实际上，财政体制改革的过程也就是如此。我国财政体制的分权化改革以1994年的分税制为分水岭。在1994年分税制改革之前，历次放权式的改革，如1980年实行的"分灶吃饭"、1988年推行的财政大包干等，确实调动了地方的积极性，经济增长也加快了。但是地方的积极性调动起来后，地方政府的财力充裕了，而中央政府财政却日益困难，曾经一度出现了中央政府向地方政府借钱的状况。在这种情况下，中央政府的宏观调控能力和政治控制力都已经大大削弱了，进而危及整个国家的稳定。如此巨大的公共风险，最终导致了1994年开始实施的分税制改革。分税制改革改变了之前这种状况，大部分的财力、财权集中在中央政府手里，在这种情况下中央政府掌握了主动权，政治控制力大大增强了。同时，改变按照企业隶属关系来划分中央与地方收入的做法，也适应了市场经济的要求，大大减少了地方政府画地为牢，区域封锁的行为，有利于全国统一市场的形成。

二、理想化的分税制不适合我国国情

我国的分税制改革，主要是借鉴了财政联邦主义的理念。分税制改革基本的原则只有一条，就是财权与事权相结合。我国按照这一原则设计了分税制，也就是说中央与省、省与市、市与县、县与乡镇一层一层地实行分税，各级政府依据其掌握的税种开发财源，发展经济。通过发展与各级政府税种密切相关的产业，财源扩大，税源增加，那么各级政府就可以获得相应的财力，满足其履行职能的需要。这样的分税制体制导致的一个结果，就是要求每一级政府都要开发财源、发展经济。这种要求实际上内含了一个"同质化"假设，即国家的每一寸土地都是可以开发、可以发展的。也只有在这种条件下，赋予每一级政府财权以后，它才有可能获得相应的财力。如果某个地方不能发展——按照现在最新的说法，根据主体功能区规划，一些地方要限制开发、禁止开发，这时候即使赋予其财权，也是相当于画饼充饥、水中望月，这个地方的政府还是没有财力。所以按照财权与事权相结合的原则，一层一层推动分税制，势必带来很多的问题。这其中最突出的一个方面就是县与乡的财政困难。因为分税制的体制要求每一个地方都必须发展经济，都要有自己的财源，而事实上，这是不可能的。另一个严重的问题是，这种层层分税的体制，势必要求全国各地的经济是同质的，要求各级政府的职能是一样的。在这种同质化的假设下，有些地方迫于无奈，只能强制性地开发、破坏性地发展，最终导致了生态破坏，环境污染，粗放型的经济发展方式难以转换。在这种体制下形成的发展机制，与科学发展观的要求显然是相悖的，面临着从前不曾遇到过的另一种公共风险：资源、环境的承载力难以持续。

这表明，按照财权与事权相结合的原则层层推行理想化的分税制，并不符合中国国情。事实上，这样一种分税制要运行得好，前提之一是各个地方的发展都比较平衡，差距不大，在这种情况下，按照财权与事权相匹配的原则建立起来的体制才可以有效运行。但我国现在并不具备这个条件，或者说地区间的经济发展还没到这个阶段，在这种情况下，推行理想化的分税制，乃至在省以下过分地强调分税，势必造成上述的各种问题。相对于分税制改革之前的大包干体制而言，推行理想化的分税制是从一个极端走向了另一个极端。

三、进一步的改革：建立"辖区财政"

进一步改革的方向应该是将财力与事权相匹配作为完善现行财政体制的基本原则，分税制的基本框架只适用于中央与地方之间，至于地方的省以下财政体制，考虑到中国地区间巨大的差异，应当允许各个省因地制宜，实行不同的体制。

那么，要怎样才能做到财力与事权相匹配？我国的财政是一层一层的，是一种层级化的财政。在这种情况下，要做到财力与事权相匹配是很困难的。上一级政府权力大，更多的财力、财权自己用。如果层层都是如此，那最困难的还是基层政府。现在县乡财政困难虽然缓解了一些，但是还不能从根本上解决。要做到这一点，必须改变层级化财政下每一级财政只以本级财政为目标的方式，笔者提出了一种"辖区财政"的概念。也就是说，每一级财政都负有对辖区范围内各级财政平衡的责任。比如省这一级，不能只考虑省本级的财力是否充裕，还要考虑省以下市、县、乡各级财政收支大体上要平衡。不能只管自己过好了，底下的都不管，反而让县、乡去向中央政府要财力，这样的话，省级政府就失职了。因此，要形成一种区域纵向平衡的财政责任。同样，在横向上也要平衡，各个市之间、各个县之间的财力差别也不能太大。依此类推，市这一级也应当如此。辖区之内财政纵向、横向的平衡都要搞好，只有这样,财力与事权相匹配的目标才有可能实现,县乡财政困难的状况才可能从根本上扭转。强调辖区财政责任,重在形成每一层级政府的权力与责任对称的机制。也就是上一级政府拥有集中财权、财力的权力,同时负有下移财力,实现区域之内财政横向和纵向平衡的责任。在委托—代理的政治框架下,也只有如此,才能改变层层集中,注重本级财政的行为倾向。

财力与事权相结合这一原则,对于省以下的财政体制更为重要。在过去层层推行分税制的过程中,有些省并没有按照财权与事权相匹配的原则建立省以下的体制。比如浙江省,一直都没有实行那种层层分税的分税制体制,而是实行总额分成加增长分成的办法,实际上是按照财力与事权相匹配的原则来设计省以下的体制。这一做法已经被证明是行之有效的,浙江省的纵、横向财政平衡也是全国做得较好的。浙江省是自己赋予了辖区财政责任,建立在一种自觉和自为的基础之上,并非中央政府作出的制度性安排。在过去的情况下,财权与事权相匹配的原则逼着地方每一层级政府都要发展,即使是乡镇政府这一级,也都是如此。所以,从全国来看,就出现了村村点火、处处冒烟的发展方式。地方政府寻求经济增长的动力是非常强劲的,无论是从GDP增长目标的角度,还是从本级财政的角度来看,都必须要发展经济。这意味着,从中央到乡村,每一层级政府的职能是一样的——发展经济,而不论是否有发展的条件。这也就出现了从国家一级到乡村一级都设有经济开发区的现象。资源浪费、生态破坏也就难以避免。显然,如果省以下的体制不改为按财力与事权相匹配的原则进行设计,那么,要实现转换经济发展方式的目标将是非常困难的,意味着经济、社会发展不可持续的公共风险加大。

四、财政改革的不确定性:以公共风险为导向进行分权改革

中国的分权是公共风险导引的。各种公共风险也就是在中国特殊的

环境下所产生的各种问题，都是个性化的问题，因此，无法采取一个普遍的、通用的方法来解决。否则，改革就非常简单了。在改革的过程中，我们要避免工程化的思维方式，不能将改革比做盖房子，设计好蓝图，按照这个蓝图进行施工，然后说到某年某月某日，改革的大厦就完工了。社会是一个互动的过程，在不同的阶段会有不同的情况出现，会产生不同的公共风险。整体上讲，通过改革建立新体制是一个不确定性的过程。所以从本质上来看，整个改革只能是摸着石头过河，我们不可能先知先觉，谁也不知道未来的体制是什么样子。这种情况下，我国的分权到底应该怎么分、应该形成怎样的模式，只能到相应的阶段才能知道。任何制度或体制都是因某种公共风险而形成的，也是为化解某种公共风险而存在的。中国的分权改革，尤其是财政分权只能是依据实际过程中的公共风险来判断如何推进。任何一种现成的模式都可能是陷阱。

财政的观念与观念的财政

阅读提示：

人们可以从不同的角度来给我们现实中的"财政"下一个定义。作为"制度"的财政，它是一种组织结构和制度安排；作为"收支"的财政，它是一种数量关系；作为"部门"的财政，它是一个职能机构；作为"社会"的财政，它是公共性的；作为"老百姓"的财政，它是民主的；作为"政府"的财政，它是政府权力的一个重要组成部分；作为"信用"的财政，它是一种债权债务关系；作为"工具"的财政，它是一个重要的经济杠杆。此文是2000年11月在河北省财政学会年会上的一次演讲。

The Concept of Public Finance and the Public Finance of Concept

Abstract

People can define finance from different perspectives. Finance as "system" is a organization structure and institutional arrangement; finance as "income and expenditure" is a quantitative relation; finance as "department" is a functional institution; finance as "society" is public; finance for "people" is democratic; finance as "government" is an important part of the government powers; finance as "credit" is a creditor-debtor relation; finance as "tool" is an important economic lever. This article was formed a speech given at He Bei Finance Society Annual Meeting in November, 2008.

关于财政，涉及面非常宽，问题很多。今天我准备选择一个比较"虚"的角度，主要谈谈对财政的认识问题，题目就叫做"观念的财政与财政的观念"。这个题目听来比较拗口，其实意思很简单，就是要谈谈财政观念到底是怎么来的。财政观念就是来自于观念上的财政，观念上的财政就是说你对财政怎么理解，对财政怎么认识。对财政的不同认识、不同理解，就会产生不同的财政观念。有了不同的财政观念，自然就会有不同的财政要求，就会制定出不同的财政政策，对改革、发展就会有不同的思路。所以，这里对怎么认识财政、怎么理解财政，怎么把握财政，谈谈我的一些看法。

从教科书上来看，对什么是"财政"是很清楚的。那为什么还要谈怎么认识财政、怎么理解财政呢？其实大家对财政都可以下一个定义，可以讲出一番道理。每个人，每个部门，从不同的角度来理解，得出的结论就会不一样。其实，对财政的理解是可以有多种角度的，这很正常，不可能千篇一律，不可能从同一个角度理解财政，把握财政。财政部门对财政的理解与非财政部门的理解，肯定是不同的；财政厅长与省长、书记对财政的理解肯定是不一样的。做财政工作的有时感觉协调起来很困难，财政部门提出的意见、建议，要得到上级领导的理解、支持很不容易，甚至有阻力。这是为什么呢？就是对财政有不同的理解，有不同的观念，因此在思路上也不同，有分歧。今天就想对这个问题从理论的角度做个简单分析。这个分析也许有谬误，但即使如此也有好处，至少可以给大家提供一个借鉴，立个牌子："此路不通"，以后就不用再走弯路了。

大家听过"盲人摸象"的故事，就是几个瞎子去摸一头象；摸着不同部位，得出的结论就不一样。实际上，我们对财政的认识，由于部门的局限，以及自身的经历，看问题角度的不同，对财政的理解也类似于盲人摸象，得出的结论就不是全面的，不是整体的概念。摸着大腿的说大象像根柱子；摸着耳朵的说大象像个扇子；摸着腰的就说象是一堵墙。这很正常，是在认识过程中自然产生的。既然如此，那在认识的过程中就有必要做多角度的转换，从不同的角度来认识财政，理解财政。

要全面、正确地认识财政，理解财政，有哪些角度呢？我在此谈一点浅见。

一、作为"制度"的财政，它是一种组织结构，或者说是一种制度安排

社会是有组织的，有各种各样的组织。作为党员，一般都熟知"组织的决定"、"组织的关怀"。但是我这里讲的与这个"组织"有所区别。政党、群众团体、企业、家庭，大到国家，都是一种组织，一种组织结构，都是一种制度安排。财政也是如此，既是一种组织，同时也是一种制度安排。只要有社会存在，就会有"财政"这个"组织"，就会有"财政"这种"制度安排"。这是始终存在的。古今中外，概莫能外。回顾人类的发展历史，从原始社会就已经有财政了；放眼世界，有哪个国家没财政呢？都有财政。没有财政的国家，没有财政的社会，是不存在的。所以，作为财政，是社会组织的有机组成部分。在不同的历史阶段，不同的社会，不同的国家，都有财政，都有这种制度安排。

但是，在不同的历史时期，在不同的历史阶段，不同的国家，财政作为一种制度安排，其表现形式是不尽相同的。比如，财政都有税收，收的钱都要花出去，要供养军队、警察、政府官员等，这是共同的。但怎么收钱？钱怎么花出去？这在不同的历史时期，不同的历史阶段，所表现出来的具体制度安排是不一样的。就以我国来说，改革开放以前和以后相对比，也看得出来。改革开放以前是怎么收钱的呢？而现在又是怎样的呢？收入制度，包括税收、收费等发生了很大变化。怎么花钱呢？预算形式、支出结构也在发生变化，并且越来越明显。财政的整个

运行过程所表现出来的这种制度安排，在不同的历史时期，有时差别是非常大的。从这个角度来理解财政，就是说，怎么样收税，如何花钱，关键在"怎么做"、"如何做"。就此而言，财政作为社会的一种基本的存在物，就是在不断地提供制度，提供规则，提供秩序。从这个角度来说，财政本身就是一种制度。

财政的改革，财政的调整，都是表现为制度的变迁，表现为组织结构的变迁，制度安排的变迁。财政部门的同志对此都有深刻的感受。财政部门总是在不停地制定政策，不停地发文件。实际上，这些政策、文件都会落实到两个字："如何"——如何收，如何支，如何管理。所以说，财政本身就是一种具体的制度安排，就是提供规则，提供秩序。

二、作为"收支"的财政，它是一种数量关系

对这一点，财政部门的同志应该说是最敏感的。简单地下一个定义，财政就是一种收支活动。通俗地说，就是收收支支，财政就是算账。据我观察，对财政的这种认识，长期以来在财政系统可以说是占主导地位的。

确实，任何事物都是由"质"和"量"两个方面构成的，财政也是如此。给我们的现实感觉，财政首先是一种数量关系，这也是我们经常谈论的。如增收，"狠抓收入"，节支，"减少支出"；常提起的"人、车、会、话"的控制，还有结余、赤字、债务、平衡，这些都是数量关系，都是从数量关系上来谈财政。这里涉及到的概念，都是从数量关系的角度来理解财政。就此而论，财政就是"算账"，就是一种数字活动。

财政部门对数字都非常敏感，财政厅长、财政局长对财政这本账都是"心中有数"，有多少钱，要花多少，一清二楚。整个收支的来龙去

脉，都是由财政部门的同志来掌握的。财政部门整天同数字打交道，更倾向于从这个角度来理解财政，把它视为一种数量关系。这种理解有好的一面。要及时了解和把握财政的变化，确实要有一个数量概念。不然，一本烂账，心里没底，那厅长、局长就一定当不好。但仅仅是、或主要是从这个角度来理解，那财政就真正成了"算账财政"。

改革开放以来很长一段时间，财政"仅仅是算账"，这种状况是非常明显的。大概在1993年，我曾经给《经济日报》写过一篇短文，其中打了一个比喻，就说财政好像是一个账房先生，戴着老花镜，一手拿着账本，一手拿着算盘，整天在算。一有新的文件出台，马上想到的就是：增收了，还是减收了？是增支了，还是减支了？是赤字，还是平衡呢？对一些改革措施的理解，常常也是从这么一个角度。这种"账房式"的财政是很难发挥其作用的。曾有一个比喻，说财政是"坐在米坛子上数米粒"，米粒多了，心里就很高兴，很满足；米粒少了，就喊"财政困难了"。有些人不大喜欢听，其实这个比喻很形象。这样一来，财政就会缺乏远见，在改革与发展中陷于被动。

从算账的角度，即仅从收与支的角度来理解财政，就会产生这样一种行为方式。这在现实生活中是存在的。

三、作为"部门"的财政，它是一个职能机构

财政是抽象的。那人们是怎么去认识财政的呢？当然是通过财政部门的活动去认识的。财政部门是具体的，它是一个现象，是一个实体，是看得见、摸得着的。人们对财政功能、财政本质的认识，都是从财政这个职能机构出发的。从认识论的角度来说，这是正常的。人的认识总是从具体的、感性的东西开始，然后才上升到抽象的、理性的高度。这符合认识论的一般规则。问题是，一些认识往往就停留在这具体的、感

性的阶段，认为财政就是财政部门的财政，财政功能、财政政策，这都是财政部门的事情。言外之意，财政政策就是财政部门的政策。譬如说，要增加收入，压缩支出，这是财政部门要干的，是财政部门要钱。民间的说法，财政部门是"财神爷"。这非常通俗，把财政"人格化"了，这样一来，财政部门出台的政策、措施以及改革方案，就变异为"部门"的改革，"部门"的政策。我感觉这样的理解，存在很大的问题。非财政部门的同志，往往倾向于作这样的理解，认为财政就是部门财政，好像财政增加的收入就是财政厅的，就是财政部的；压缩支出省下来的钱也似乎是财政部的，财政厅的。这样一种认识，形成一种观念，这就是"部门意识"。

　　财政部门自身不由自主地也受到这种观念的影响，也从"部门"的角度来看财政，来认识财政和理解财政。这样的现象非常多。一项政策出台，首先考虑的是增收还是减收，就与这种观念有联系。是增收还是减收应当考虑，但是不是仅仅从财政部门出发来谈这个问题呢？如果考虑问题仅从部门角度出发，很多事情就可以不管。非财政部门借的债还不了，财政部门可以不管；因为是你借的，与我有什么关系呢？但在现实生活中却不是这样，非财政部门借了债还不了，财政还得兜着。其实，"财政恰恰不是部门的"，说它是一个综合部门，依然不能表明它的特殊性。财政是全社会的财政，是公共风险的最终承担者。但我们长期以来并没有意识到这一点。之所以在相当长的一个历史时期，财政部门的行动准则是"多一事不如少一事"，实际上就来自于这种观念、这种认识。不然，为什么说那是"多一事"、懒得管呢？既然有的部门要这个权、那个权，那就给它拿去好了，我不要了。这就是自觉不自觉地从部门这个角度来理解财政。所以，在改革过程中，就出现财政职能被肢解，财政的地位下降，这也是源于这种观念。社会上这么认识，非财政部门这么认识，可以理解。如果财政部门自己也这样来认识财政，理解财政，只管财政部门"经手"的这一小块钱，只管国库里这一点收支，其他"部门外"的一概不管，或只是被动地去管；认为财政既然也是政府的一个部门，与其他部门没有什么分别，不从国家理财（政府理财）的角度来认识，那就大错特错了。这样一来，财政工作一定是被动的。这种观念在我们国家存在的时间是相当长的。

四、作为"社会"的财政，它是公共性的

这在不同的历史时期都是一样的。近几年谈"公共性"这个概念比较多，主要是谈公共财政时，涉及到这个问题。财政从产生的那天起，"命中注定"，它干的就是公共性的事情，不同的只是表现形式而已，是直接表现出来，还是间接表现出来。在封建社会，财政表现为"皇室财政"，是皇帝"家庭财政"的一个组成部分；它的公共性是通过皇帝、皇室的活动间接地、很隐晦地表现出来的。自从资本主义萌芽以后，商品经济、市场经济的发展，使财政的公共性体现得更为明显，那就是财政只在公共领域活动，只干市场干不了的事情；私人能干的，市场主体能干的，即市场干得了的事情就交给市场，就是说财政和市场有一个明确的分工。而公共性的问题，必须由政府去解决，由财政去提供财力。

"财政是公共性的"，这种观念并不是从来就有，实际上，它是伴随着资本主义制度的产生才渐渐形成的。在市场经济社会，它是相对于市场而言的；它管的是一些市场管不了、干不好的事情。财政的公共性问题，在亚当·斯密时代，就有清楚的认识。在《国富论》中，他就说明了财政应当干些什么。他举了国防、警察、公共工程和公共设施，说这些是"看不见的手"所不能调节的。这就是从"社会"这个角度来理解，得出"财政是公共性的"这样一个结论。所以，公共财政理论的形成，到我们今天提出这个概念，都是要强调它的"公共性"这一点。

长期以来，我们忽略了财政的"公共性"，并没有意识到财政是公共性的。尽管它在客观上是公共性的，但我们在认识上、理解上，并没有真正地把握它。我们长期以来实行高度集中的计划经济体制，统收统支。在这种条件下，可以说一切都是公共性的，因为财政哪个领域都涉及到了。把所有的问题，把市场能干的事情，都视为是公共性的，都纳入到财政领域中来了，既然如此，没有"非公共性"了，那还有什么"公共性"可言呢？没有比较和差别，整个社会都变成公共性的了，强制性地都划入公共领域，包括人、财、物。生产资料公有制，没有私有财产。从五十年代开始，所有制"升级"，越公越好，都是公共的。人也是"公共的"，都由组织安排，不能自由流动，你没有选择的权利和自由。思想上也是"公共的"，不要有个人的思想，思想是统一的，不许有不同的看法。在这样一种社会环境里，财政的公共性是无限的，没有了边界。从哲学上讲，没有个体，就无所谓"公共"。所以，在计划经济体制下，财政就体现不出它的公共性的含义。很自然，在那个年代，在财政理论上不可能提出什么"公共性"的问题。

现在，历史条件发生了变化，整个社会环境发生了变化。既然我们强调要搞市场经济，政府和市场分工、协作。市场配置资源，政府（通过财政）也配置资源，两者互相配合，从而达到整个社会的资源优化配置。在市场经济面前，财政的公共性就凸显出来了。"公共性"财政观念的形成，从公共性的角度来理解财政，在我们国家实际上还只是近几年的事。而在西方国家，自从资本主义制度形成以来，有了市场经济，这种观念就已经有了。所以，在英文里，"财政"一词就是"public finance"，其中"public"就是"公共的"，整个词翻译过来就是"财政"。所以我们现在提"公共财政"，要再翻译回去的话，人家会觉得莫明其妙，要搞"公共财政"，那以前就没有"财政"吗？在他们的观念里，"公共性"从来就有，财政本来就是公共性的。他们的这种观念是伴随着资本主义制度的形成，伴随着市场经济的确立而自然形成的。在我们国家，是经过多年摸索，才逐渐意识到财政的"公共性"

问题。看我们以前的财政教科书，有谈财政"公共性"的吗？没有。谈的最多的是社会主义财政与资本主义财政不一样，生产建设性很强；而资本主义财政则是腐朽的、寄生性的，是消费性的，就这么简单地来比较。而资本主义财政的"消费性"，正是市场经济干不了的，如社会救济，资本主义财政恰恰在这方面干了不少事情。还有教育、基础科研、公共卫生、环境保护等，这些都是社会公共领域的事情。他们认为，政府财政天经地义就是干这些事，不存在什么"建设性"与"消费性"，没有这种观念。只有我们在特定的历史条件下才产生了这种观念。现在条件变了，这种观念要改。尽管现在我们不常这样提了，但并不意味着它不再产生影响了，在财政工作的各个方面、各个环节，在决策中，实际上都存在。

  观念的东西一旦形成，要消除它需要相当长的时间，就像人的某种习惯。某种习惯一经养成，要改掉它不是一天两天的事。观念最难变，千难万难，改变观念最难。自从辛亥革命把封建社会推翻，到如今，隔的时间已经够长了，但是，封建意识在我们的头脑中，在我们整个社会，还是根深蒂固，并没有消除。尽管我们已经到了社会主义社会，尽管我国的执政党是共产党，是用马克思主义这个先进阶级的先进思想武装起来的，但是封建主义的东西还不可避免地存在并表现出来。如"建设财政"，虽然不大谈它了，但还在人们脑子里起作用。曾几何时，新闻报导对财政部门如何支持经济发展是这样写的："某某地方财政部门为困难企业当参谋，出主意，推销产品，把企业搞活了。"这在八十年代中期，报纸上大张旗鼓地这样宣传。财政部门这样做，就是支持经济。还有，财政局长亲自去引资金，跑项目，地方长官直接抓项目，办企业，这就是过去遗留下来的建设财政观念指导的财政行为。以至于在我们大力提倡公共财政的时候，不少人还在反对公共财政；说我们是发展中国家，很多方面还不能靠市场，搞企业还得财政投资。财政怎么能退出竞争性领域呢？诸如此类的这些想法，都是源自于传统的财政观念。公共财政下的"公共性"观念只是近几年才意识到，才在整个财政系统谈这个问题。这种观念还有赖于培养,有赖于从工作中去树立。

要从公共性的角度考虑问题,树立一种公共性的财政思维。这是一种新的思维方式,一种新的认识,新的理解,新的把握。不树立这种新的思维,财政工作就不能定好位,财政的公共支出范围就不可能界定清楚,财政支出结构的调整就找不到依据。我们应当从公共性的角度来考虑我们的财政政策,考虑我们的改革与发展,考虑所有的财政问题。作为社会的财政,它是公共性的。但这在我们国家,从整体上来说,还需要相当长的时间,还有很长的路要走。

五、作为"老百姓"的财政,它应当是民主的

"民主财政"也不是从一开始就有的。说民主财政,要从法国大革命说起,从法国的启蒙思想家卢梭说起。卢梭的"社会契约论"在西方世界产生了深远的影响。他不仅认为人是生而平等的,而且认为,这些生而平等的人自愿地结成了一种社会契约,这个契约的结果就是国家。国家的税收收入来自于纳税人。纳税人把自己的钱交给财政,财政再把这些钱花出去。我们通常把这叫做"取之于民,用之于民"。在这个意义上,财政就是所有纳税人的一个契约。

正因为如此,财政的每一分钱是怎么花的,应当公开,应当透明,应当告诉社会公众,让所有纳税人知道。这样来理解财政,把握财政,这就要求财政有一整套机制,程序化、规范化,而且主动接受整个社会的监督。以前我们有这种观念吗?没有。我们只是说,这是国家的钱,是政府的钱,或者通俗地说是"公家"的钱,并没有说是"纳税人"的钱。直到现在,我们才意识到这个问题,在报刊杂志上才见到一些关于纳税人的权利的讨论。长期以来,我们注重抓收入,

特别强调"纳税是每个公民的义务",没有哪个横幅打出"纳税人的权利",只强调义务,根本就不谈权利,漠视纳税人的权利。以至到现在,在政府高层官员里面,这种观念还根深蒂固。似乎纳税就是纳税人的义务,没有任何权利。这在逻辑上是说不通的,没有道理。权利和义务是对等的,有义务就有相应的权利,它们总是互相依附、互相伴生的。但是,有些人对这一点并没有充分的认识。可喜的是,全国有些地方在这方面有了突破。在广西南宁市曾经搞过一次活动,让纳税人给市长发工资,就是让大家树立起一种纳税人的观念,国家的钱是纳税人的钱。这种观念的背后,就是要求民主理财,建立一种具有民主的财政。

我们现在讲公共财政,更多地是从用市场机制配置资源的角度来规范财政行为。其实从社会大众即老百姓的角度来看,这种公共性更重要。财政资金本来就是公共性的,所以财政资金又叫"公共资金",财政收支又叫"公共收支",政府采购又可以叫"公共采购",就是这个道理。这种观念在逐渐形成。但是,要建立一种真正民主的财政,也不是一两天能搞起来的。我们强调要建立公共财政的框架,一方面要从市场机制的角度,重视怎么样与市场分工;这方面从中央到地方,好多领导都谈到过,却并没有涉及到"民主理财"这个方面。当然,这原因更多地在于现实的情况。看到西方市场经济国家搞的是公共财政,在资源配置中政府与市场是分开的,想得更多的是如何借鉴过来,以改善资源配置。然而,多数人并没有意识到,公共财政同时是一种民主财政,是一种让纳税人监督的财政。把自己的底子都公之于众,让老百姓都知道,在道理上可以讲一通,但真要实行起来恐怕就难了。透明了,公开了,意味着什么?意味着你不能"批条子"了,权力没了,意味着不能"黑箱"操作了,别人就不会来求你了。财政部门真正建立起民主财政后,财政部门的具体权力相对来说就大大减小了。虽然从整体来说权力仍然很大,因为政府资金还要由财政部门安排,但具体到某一个处,某一个人,你的权力就大大地缩小了。财政工作程序化、规范化了，一切资金都进入了预算盘子，权力没有了，不能随便批条子了。对这一点，在我们对公共财政的认识中恰恰是被严重忽视了。不从民主理财的角度，从纳税人的角度来理解公共财政，就意味着我们还在公共财政的门外徘徊。

可以肯定，民主化这个大趋势是不可逆转的。市场经济，也就是民主经济既然已经开始，财政民主也肯定会到来。这是个历史趋势，希望大家能关注这一点。我们的村一级民主化已经开始了，就是村民直选。村里账务必须全部公开，这在很多地方已开始实行。这就是村一级财政的公开、透明，村级财政的民主。当然，我们国家这么大，这么复杂，一下子搞民主是不行的；不是说只要有了民主，一切问题都解决了，还得有历史条件。古希腊哲学家苏格拉底当年为何会被判处死刑？他就是反对民主，他说按姓氏字母的顺序来轮流执政，让一群没有文化的人来执政，这样做法实在可笑；他认为这样的民主是假的民主。民主是有内涵的，是什么样的人，搞的什么样的民主，这要有历史条件。从这个角度讲，我国要实行真正的民主需要相当长的时间。我们搞民主财政，现在是刚刚开始。政治民主在我国是最艰难的，现在不可能一下子做到。全面普选，实行多党制，这在中国目前情况下并不现实，也搞不了，要搞起来一定要出乱子。但是既然要搞经济民主，而财政是经济的组成部分，所以我们的财政民主已经开始。部门预算、政府采购、国库集中支付，这些改革，为的是让社会都了解政府是怎么花钱的，是朝民主财政的方向前进。这就不只是停留在口头上，而是具体的制度建设，是民主理财思想的"物化"、"固化"，即制度化，并变成在现实社会中运行的活的机制。这时，民主理财的观念、思想、认识，才是真正地发挥作用了，已经突破了"财政是国家的财政"、"唯上是从"的旧观念，民主财政的思想正在通过预算制度的改革逐步地制度化、机制化，这就是说，我们的民主财政实际上已经开始萌芽。

六、作为"国家"的财政,它是国家权力的重要组成部分

有几个人发自内心地愿意缴税?真正自愿的可能不多,背后必须有种强制力。这种强制力就是政治权力。在项怀诚部长主编的《财政知识读本》中,江泽民同志的批示就有这个意思:财政是政权的一个重要组成部分。在现实生活中,从全世界来看,确实如此。可以说,财政是世界各国政治经济生活中的头等大事。在国外,常常是一项小小的税收变动就可以导致政府下台。在西方,政府和国会之间对预算不能达成协议,到新的预算年度开始时预算还没有通过,钱不能花,政府就要关门,人员就要"放假"。财政问题往往是人们讨论得最多的,老百姓关心,对社会的影响也是最大的。国外的总统竞选,更是离不开财政的。不谈财政,不谈税收,这个总统就选不上去。从这个角度来说,财政厅长、局长,就必须惟命是从,唯上是从,必须在财政工作中有明确的政治观念,就如同"三讲"里的"讲政治"。从世界各国的情况看,财政部长要讲政治,州一级的财政部长也要讲政治,不讲政治是当不下去的,因为财政必须体现政府的意图,体现国家的意志;否则,那叫什么财政呢?至于政府的意志错了,那就错事错办,财政部长是没有办法的。政府不可能不犯错误,历史总是在错误中前进的。况且,何是对何是错,不经过相当长的时间也不容易看出来;即使看出来了,当时也没有办法纠正。比如说对某个领导,对"一言堂",老百姓都不喜欢,但你有什么招呢?财政部长也得服从命令,不然,从大的方面讲,财政工作没法干;从小的方面讲,你这个职位就保不住了,你的饭碗就没有了。因此,财政部门的干部都得有政治敏感性,都要考虑自己的工作是否体现了政府意志。

这样讲,与前边谈的似乎有点对立起来了。其实它们在一种情况下

是对立的，在另一种情况下又是统一的。当国家的利益与老百姓的利益分开的时候，它们是对立的，例如认为国库的钱是国家的钱，而不是纳税人的钱，老百姓没有权利知道，没有权利干预，没有权利监督。这时，国家的意志、利益和纳税人是背道而驰的；这时的财政与民主财政、与财政的公共性都是相矛盾的。实际上，我们国家现在就处于这样一种尴尬的境地：一方面要搞民主财政，搞公共财政，强调财政的公共性，必然就要尊重纳税人的权利；另一方面，又认为财政的钱是国家的钱，又是"长官"说了算。而长官还没有意识到这一点。在这种情况下，财政部门的干部，财政局长，就在夹缝中生存，处境非常困难。尤其我们的财政改革，作为政权的组成部分，作为政治的头等大事的改革，在政治体制没有大的变化、政治观念没有大的转换的情况下先行了一步，这就更难，财政方面的矛盾就更为突出，成为焦点。这时作为财政干部，就要求不仅是懂财政，而且对财政的管理要讲艺术；在夹缝中，两边都要考虑，都要兼顾。只站纳税人一边，光强调财政的公开透明，那恐怕也要出问题；因为书记、省长未必认识到这一点，未必肯这样干，他还要批"条子"，你照办还是不办？按公共财政的要求就不能办。所以，关键是要建立一种双重约束制度，在约束财政部门自己的同时，也约束上级领导，不让他批条子。制度是唯一有效的办法。要想通过说服的办法去说服领导，那是不行的。"财政是为我服务的"，政治家们往往更多地从这个角度来理解财政。当国家的意志、政府的意志变成某一个人的意志时，财政就变成了为某个人的意志服务；财政就异化了，不再是公共财政了。所以，在目前这个历史的转折时期，财政工作比以往更难做，任务更艰巨。

七、作为"信用"的财政，它是一种债权债务的法律关系

政府财政与其他的法律主体在法律上处于平等的地位。在封建社

会，皇帝的钱不够花了，不用想去融资，不用想借了钱还要还，没有这种认识和观念。只是在市场经济形成以后，财政融资这种事情、这种观念才正式出现，并且通过法律认定。政府就像一般的民事主体一样，借了债必须归还。我们现在说的"财政风险"、"财政危机"，它从何而来？如果借助于政治权力，借了债可以耍赖不还，那就谈不到债权债务关系了。政府这样做，大家都耍赖，那这个市场机制还能搞得起来？作为信用的财政，是在市场经济基础上产生的。从这个角度来理解财政，必须处在法治社会。不讲法治，像非洲有些原始部落似的国家，常常是借债不还的；有些发展中国家在国际社会借了债，到该还钱的一天突然宣布"我没钱"，赖债。现在这个社会，老百姓不大可能赖债，政府赖债则关系到它的政权稳固。这个问题是经过了很长的历史过程，到了社会发展的一定阶段，才摆在了我们面前，使我们认识到财政信用问题，即从"信用"的角度认识、理解和把握财政。

作为信用的财政，至今在地方上并没有真正放开，不让地方政府搞财政信用，不能借债。但是地方在暗地里、悄悄地也搞了不少。办个公司，间接地把钱借过来，为政府所用。随着市场经济的发展，地方财政信用应当适当放开，可以以一定的方式给地方一定的融资权。这也是大势所趋，地方财政信用迟早会发展起来。

八、作为"工具"的财政，它是一种经济杠杆

对财政的这种理解和认识是在凯恩斯主义之后。政府干预，搞赤字财政，把财政作为调节经济的手段，这种思想观念在凯恩斯之前，在亚当·斯密那个时代是没有的。现在则比较常见了，比如，从中央到地方到处都在谈"宏观调控"，"搞积极的财政政策"，"刺激消费"，"调控社会分配"，"调节资源配置"。这种对财政的理解和把握，就是认为财政是一个工具或手段。对财政的这种作用大家都熟悉，这里不多讲了。

从以上八个方面去认识财政，经常变换个角度去观察财政，分析财政，对搞好我们的财政工作是有利的。而偏执于某一点，例如只看到财政是政治权力的组成部分，唯上是从，把其他方面都弃置不顾；或者只看到财政是公共财政，是纳税人的财政，把上一点忘了，都不行。同时，财政是一种制度安排，财政的改革都是体现在制度的变迁上，是通过制度来逐渐完善的。以上就是我试图摸的财政这个"象"，想多角度来个扫描，对财政多角度来思考、来认识，希望能给大家提供一些帮助。最后的落脚点，就是要全面地认识财政，真正准确地把握财政，从而让我们制定的财政政策更加科学，使我们从事的财政工作走上一条协调、正常、健康的轨道。

构建和谐社会与财政的任务

阅读提示：

构建和谐社会的思想蕴含着当代中国社会价值取向的转变。在今后相当长的一个历史时期内，中国的各项改革及政策都将会因此而改变，作为政府政策工具的财政自然亦不例外。从财政的工具价值来说，它与转轨时期的社会目标（构建和谐社会）有着内在的统一性，即手段与目标之间具有充分的相容性。这种相容性及其程度，从根本上决定了财政的功能及其发挥作用的空间大小。从社会学意义上来分析，当前财政的任务：一是优化公共收入结构，摆正"公共权力收入（税收）"与"公共产权收入"的关系；二是依据起点公平、过程公平和结果公平来推进财政改革，促进"群体性分配"的公平，逐步实现发展成果的共享；三是建立改革成本的合理分担机制，实现"和谐改革"；四是创造和维护平等竞争的市场环境，实现"和谐发展"。此文写于2006年。

Harmonious Society and the Role of Public Finance

Abstract

The idea of constructing a harmonious society contains the conversion of contemporary Chinese social value orientation. In a quite long period of the coming history, Chinese all kinds of reforms and policies will be changed according to this with no exception for the finance as the tool of the government policy. From the tool value of the finance it has internal unitarily with the transferring social goal—constructing a harmonious society that is there is consistency between the means and the goals. And this consistency and its degree determine the function of the finance and the space size it can come into play. From Sociology perspective, the current finance has the following four tasks. The first is to optimize government revenue structure, adjusting the position of "revenue by government power (tax)" and "income from public property". Second, promote an equal income distribution mechanism in order to share the economic development within the society. This mechanism should work throughout the distribution process until the final outcome. Third, construct a reasonable reform cost sharing among each economic agency to have a "harmonious reform". Fourth, create and maintain a competitive market to achieve a "harmonious development". This article was written in 2006.

一、引　　言

中国进入一个既是"黄金发展期"又是"矛盾凸显期"的新阶段，这预示着中国的经济与社会结构在转轨嬗变过程中面临的公共风险已经扩大。正是各种各样公共风险的不断刺激，公共意识重又萌发出久违了的"和谐"思想。

中国公共意识的集中表达主要是通过政治意志来完成的。2002年11月，中共十六大政治报告在描述"小康社会"的特征时，提出了"社会更加和谐"。自此，和谐的理念逐渐清晰起来。2004年9月，中共十六届四中全会在阐述加强党的执政能力建设时，明确提出了"和谐社会"的概念。2005年2月，胡锦涛总书记在省部级主要领导干部"提高构建社会主义和谐社会能力专题研讨班"开学典礼上发表重要讲话，在这个讲话中完整论述了"和谐社会"的内涵。现在，构建和谐社会已经从思想萌芽成为主体话语，从一个提法确定为战略任务和奋斗目标，从一个概念转变为制度构建。不言而喻，建设社会主义和谐社会已不是只限于政治领域的事情，而是渗透到了经济、政治和社会生活的各个层面，成为新时期观察问题的一种主流视角和决策思维，并成为全社会的集体行动。

构建和谐社会是一个制度构建的过程，显然不是一蹴而就的。这是我们今后相当长的一段历史时期内经济社会发展与改革的方向和目标，实际上也是行动的准则：经济、社会的发展过程要和谐，涉及经济、社会与政治的改革过程也要和谐，并通过发展与改革使我国的社会状态不断趋向和谐，以提高国民幸福指数。因此，也可以说，"和谐社会"实质上是一种新思维。对于具有经济、社会和政治等多重属性的财政而言,其未来行动的方向自然要与构建和谐社会相一致。财政是现代社会的重要内容,是经济、社会发展不可或缺的因素,面对构建和谐社会的历史任务,则需要进行调整,寻找新的功能取向。这至少包含着两层含义:一是财政自身要避免成为社会不和谐的因素,这是前提;二是改变单一的"经济"思维,主动发挥财政的"社会"作用,在促进经济社会发展过程中化解公共风险,推进社会的和谐。

二、构建和谐社会:财政的战略任务

对于"和谐社会"的解释,权威的说法是指"民主法治、公平正义、诚信友爱、充满活力、安定有序、人与自然和谐相处的社会"。显然,这是指一种广义的理想社会状态,它包含了政治、经济与社会学意义上的社会关系等诸多内容。概括起来说,有三个方面:一是人与人的和谐,二是人与社会的和谐,三是人与自然的和谐。这三个方面,实际上是相互联系的三个层次,人与人的和谐是第一层次,其核心是利益的均衡;第二层次是人与社会的和谐,其基础是权利与义务的对称,即个体自身的权利与对社会应尽的义务要对称;第三层次是人与自然的和谐,关键是发展与资源、环境的协调,即人类自身的发展不能超过资源、环境的承载力。

"和谐社会"思想的形成,是思维方式转换的结果,实际上也是向中国传统文化与精神的回归。中华文化博大精深,和谐思想是长期存在的。在中国历史上,曾有多种和谐社会的设想,它们的一个共同特点是与传统社会相对应的静态和谐,无论是强调人与自然和谐的道家思想,还是以礼乐制度来构建人际和谐的儒家思想,都是以"和"作为社会的主流价值取向。社会生活中人们经常使用的"天人合一"、"和为贵"、"和平"、"和善"、"和气生财"等词语,都体现出"和"的思想在中国传统社会中的主流价值观地位。在和谐哲学中,"中庸"、"有度"、"多元"是和谐生成的重要条件。在中国历史上的特殊时期,斗争哲学也曾占据主导地位,人与人之间、人与社会之间、人与自然之间都讲究"斗",强调"对立",并一度成为社会的主流价值观。"斗"的价值观是特定历史条件下形成的,有其历史的必然性与合理性。进入新的历史时期,适时地转换思维方式,调整社会价值取向,是十分必要的。所以从这个意义上来说,"和谐社会"的提出不只是发展、改革、政策的转向问题,而且也是社会主流价值观重构以及与传统文化思想对接的社会过程。

面对经济转轨和社会转型过程中显现出来的各种矛盾和冲突不断增多,公共风险不断扩大的现实,和谐社会成为人们心目中共同的愿景。这是达成社会共识的基础。但是,构建和谐社会,既是一个认识的深化和转化过程,更是一个制度的重构过程,如发展模式的转换、利益制度的安排、政治体制的改革、城乡关系的调整等,同时还是社会主流价值观重塑的过程。不言而喻,构建和谐社会是一个长期的历史过程,不是短期内通过政府的干预和公共资源的重新分配就可以很快实现的。

长期问题的短期意义在于,它为我们当前的行动提供了方向和准则。一方面,我们目前的财政改革、各项政策安排均需围绕构建和谐社会来展开,或者说,是为了实现和谐社会的目标而存在。如果有的方面与和谐的要求不相吻合,则需要进行调整;如果有的已经过时,则需要创新。另一方面,"和谐"也成为检验的标准,那就是看改革、政策是否有利于发展的和谐、改革的和谐以及开放的和谐。总之,就是要在建设社会主义和谐社会这一目标的指引下,依据和谐的理念来推动各项财政改革以及制定、完善和调整各方面的具体财政措施,并以是否有利于促进各个方面的和谐来衡量和判断过去、现在和将来的各项财政改革及其相关政策。

三、手段与目标：财政与和谐社会的相容性分析

财政在构建和谐社会中的作用可以从不同的角度来加以阐述。相对于和谐社会这一目标来说，财政是一种工具或手段。作为工具，财政的功能不是无限的，而是有限的，也就是说，财政在和谐社会的建设中只能发挥"有限作用"。从平面视角来看，财政的作用似乎是漫无边际，构建和谐社会处处离不开财政的支撑。但从不同的层次观察，财政只能在特定层次发挥作用，只能解决特定层次的问题，或者说，为构建和谐社会提供某一方面的特定条件。"没有钱是万万不能的，但钱不是万能的"，这句改装的民谚也许能说明这个道理。明白了这一点，才可以准确地定位财政发挥作用的有效领域和层次。

财政作为手段，其基本职能是提供和分配公共资源，并通过收支过程对社会经济各个方面产生影响，而这种影响可能是"好"的，也可能是"坏"的。这样，就产生了财政手段与和谐社会目标的相容性及其程度问题，即如何来定位财政发挥作用的领域和层次。财政在构建和谐社会中能做什么、有多大作用，都是由手段与目标的相容性来决定的。只有首先认清了这种相容性关系，才能准确把握财政发挥作用的边界和层次，从而避免长期来存在的一种倾向：无限夸大财政的作用，过分依赖财政手段。

财政与和谐社会的相容性可以从三个方面来考察：

第一，从领域来分析。建设社会主义和谐社会，不仅仅是政府的事情，而且是全社会的事情，也是每一个社会成员的责任。"天下和谐，人人有责"。很显然，构建和谐社会覆盖了社会的公共领域和私人领域。用经济学的语言来说，私人领域是市场能发挥作用的领域，而公共领域是市场失灵的领域；从社会学的角度来观察，私人领域是与个体利

益直接相关的领域,而公共领域是与公共利益直接相关的领域;再从产权的角度来分析,私人领域是与私人产权直接相关的领域,而公共领域是与公共产权直接相关的领域。如此等等,我们可以不同的角度来进行解析。但不管如何解析,对财政而言,它只应在公共领域内发挥作用,这是其功能的边界,自然也构成其约束条件。这就是说,在构建和谐社会的过程中,财政不应越过公共领域来发挥其作用。由此不难看出,财政作为手段与和谐社会目标的相容性是体现在公共领域;一旦越过公共领域,二者就是不相容的。从这个角度分析,财政是定位于公共领域,通过提供与分配公共资源来促进和谐社会的建设,使人与人、人与社会、人与自然之间趋向更加和谐的状态。

第二,从风险来分析。社会是否趋向和谐状态,与私人风险、公共风险都密切相关,两者共同决定了一定时期的社会状态。虽然私人风险和公共风险可以相互转化,但在一定时期内,二者是相对稳定的。私人风险是通过个体行动来防范和化解的,如通过保险市场、提高个人能力、邻里亲戚朋友互助等方式来实现;而公共风险则是通过集体行动来防范和化解的,如通过法律、制度、政策和公共服务等途径来实现。当个体行动与公共行动都处于"迟疑"状态时,私人风险和公共风险都会趋向发散状态而加大,社会状态也就不会趋向和谐。我国当前的社会状态实际上就是如此,因而才感觉到"和谐"的重要与紧迫。

财政存在的使命就是防范和化解来自于各个方面的公共风险。在这一点上,它与和谐社会这个目标无疑是相容的。财政通过提供与分配公共资源来减少各种不和谐因素,同时也就是防范和化解公共风险。不和谐因素存在于人与人之间、人与社会之间以及人与自然之间,并以各种现实的具体形式表现出来而成为公共风险因素。在当前社会生活中存在很多不和谐的因素,这些不和谐体现在经济领域、社会领域、环境领域等诸多方面,这些不和谐因素蕴涵着公共风险,需要财政来发挥作用。显而易见,通过财政来防范、化解公共风险,与建设和谐社会取得了内在的一致性。

第三，从公共资源的规模来分析。在构建和谐社会过程中，财政能发挥多大的作用，与公共资源的规模密切相关。在没有超出合理规模的前提下，公共资源的规模越大，财政能起到的作用也就越大，反之越小。公共资源分为存量和流量两个部分，我们一般更注重流量，即以预算资金为核心的政府可支配的财力，而忽略了宪法规定下所形成的巨额存量公共资源，即以自然资源、政府实物资产、金融资产以及无形资产构成的公共产权。政府可支配财力的规模固然影响政府对推进和谐社会建设的作用大小，但公共产权的影响力更具有决定性。从整个社会产权结构来看，公共产权实际上仍是居于主导地位。这样的产权结构对社会状态产生的影响是巨大的。但这种影响既可能是正面的，也可能是负面的。如果再考虑到现有金融结构下政府对整个社会资源的间接影响力，政府的作用就更大了。因此，从公共资源的规模来分析，在现阶段，财政的作用是很大的，既可以通过税收影响私人领域，也可以通过公共产权收入波及公共领域。问题是如果不能主动地发挥财政的积极作用，那就会变成消极作用而产生负面影响，就像一把舞起来的大刀，控制不好，就会伤及自身。比如所得税的逆调节、公共产权收入的失落，就对社会公平产生了严重的负面影响。后文将对此作进一步分析。这就意味着，财政在构建和谐社会过程中发挥的巨大作用并不必然地都是正面的和积极的，弄不好，财政自身也有可能成为不和谐的因素。当然，这是需要我们尽力去避免的。

从上可见，财政手段与和谐社会目标具有较强的相容性，但财政的作用是有边界和层次的。实际上，近年来的财政实践也在自觉不自觉地按照和谐社会的要求进行，如取消农业税、调整财政支出结构、加大对中西部地区和农村地区的支持力度、在财政增量中给农村以更大的倾斜，这都是利用财政手段来促进社会和谐。在社会各界大力呼吁，要求政府财政发挥更大作用的情势下，应清醒地认识到财政的作用边界和层次，如果"越界"和"越层"了，那就会转变为负面作用，而且，即使没有"越界"和"越层"，也并不能保证财政发挥的作用总是积极的和正面的。当前存在的一些不和谐因素实际上就与财政自身有关。财政在提高对公共资源控制力和积极发挥自身作用的同时，也需要采取更加谨慎和科学的态度。

四、当前财政面临的任务

构建和谐社会，需要作出长期不懈的努力。维护社会公平与正义、促进就业、健全社会保障体系和公共卫生体系、完善政府间财政关系、推进城乡和区域协调发展等，都是财政面临的任务。就当前来看，促进社会和谐，有四个方面的问题是前提性的，应在当前任务清单中排在前列。同时，这些问题也是在财政能发挥作用的领域，应成为当前财政改革与政策调整的重点。

优化公共收入结构，摆正"公共权力收入"与"公共产权收入"的关系

优化公共支出结构已经日益成为人们的一种共识，并得到各级政府的重视。但相比之下，与此对应的公共收入结构的优化却往往被忽略，这集中体现在当前我国公共产权的失落。公共产权看似与财政没有直接关系，但实质上，两者是有内在联系的。公共收入按照取得的依据不同，可以分为"公共权力收入"和"公共产权收入"两部分，公共权力收入是依据国家的政治权力无偿取得的收入，例如税收，而公共产权收入则是依据国家的财产权而取得的收入。公共产权由法律界定，其收入包括：资源开发转让收入，如土地、矿藏、风景区、海域、湖泊等；政府行政事业单位财产收益，如拍卖、出租等；国有企业和国有股份红利，如独资企业的分红和股份企业的股利以及资本利得等；各类特许权收入，如公共空间、公共频道、公共媒体等；以及公共设施的收费，如

此等等。对公共产权及其收入，政府有保护、规范的责任和义务。

长期以来，我们的产权改革集中于国有企业，忽略了整个社会的产权结构。从我国现有社会产权结构来看，公共产权实际上居于主导地位，这是由我国宪法所决定的。宪法规定：城镇土地、森林、河流、矿藏等构成国民财富基本内容的资源，都是国家财产，属于公共产权。问题是长期来我们受西方产权理论的影响，主要精力放在国企改制上去了，改制的方式也主要是股份化和拍卖，并产生了大量的"流失"现象，即使有部分收益，但也并未纳入政府预算。而至于国有企业之外的其他公共产权长期处于无序状态，各地方、各部门都有权对土地、矿藏等公共产权进行处置，大量公共产权收入在无序中被瓜分。

公共产权收入的流失包括两种情况：一是依据公共产权应取得的收入没有获取，转化为开发商的收益；二是虽然取得了收入，但这些收入却流失在政府的各个部门和企业，然后又流入个人手中。暴富人群主要与前一种情况相关，行业收入差距悬殊主要与后一种情况相连。公共产权的虚置不仅减少了应得的财政收入，导致财政的压力朝税收方面挤压，更重要的是妨碍了市场的发育和带来严重的社会分配不公。

公共产权收入缺乏有效管理，与对税收的认识有关。长期来，我们一直在学习和模仿西方国家的制度规则与现实做法，财政也不例外。这样逐渐地形成了一种观念：政府收入只有变成了税收才是规范的，其他政府收入形式都在渐渐取消之列。"费改税"时期，这种观念最为强烈。显然，这是忽略了社会产权结构对国家财政的基础性作用。西方的产权结构以私有产权为主导，其财政收入主要是税收；而中国目前的社会产权结构是以公共产权为主导，但我国的财政收入改革也转向了税收一元化，夸大了税收的筹资功能，忽视了以公共产权为基础的其他收入形式，由此导致公共产权不能在价值上得到充分实现。

在市场化的改革过程中，对公共产权保护不力，是整个经济改革中的最大问题。马克思早就说过，生产要素的分配决定生产成果的分配。公共产权得不到有效保护，这就意味着属于国有的生产要素分配是不平等的，由此产生的后果必然是生产成果的分配过分悬殊。公共生产要素在市场化过程中被行政权力所左右，不能以市场的方式进入市场，不只是带来政治上的腐败，也使要素市场长期发育迟缓而处于扭曲状态，使我国的整个市场化改革陷入了不公平、不公正的境地。

公共产权及其收入的失落，是造成严重社会不公的重要原因。暴富人群的迅速形成，离不开存量公共资源，如土地、矿藏、企业国有资产等。他们之所以能大量利用公共资源为自己谋取利益，其原因是公共产权未得到有效保护。在加快发展这个硬道理的"掩护"下，公共产权成为地方各级政府大搞招商引资的"本钱"，大量的存量公共资源转化为少部分人的个人财富。国有资产在国有企业改制过程中的流失是一个相对较为显性的问题，而土地、矿藏等公共资源的流失则要隐蔽得多，通常被一些冠冕堂皇的理由所掩盖。人们在占有、使用、开发、享有公共产权的机会是不平等的，正是这种不平等，造成了公共产生要素的不合理分配，成为财富差距和收入差距日益扩大的根源。公共产权得不到有效保护，将会彻底抵消政府从税收和支出方面去校正分配差距的努力。不难想见，在分配差距不断扩大的情况下，社会是难以趋向和谐的。

依据起点公平、过程公平与结果公平来深化财政改革，促进群体性分配的公平

分配差距不断拉大，是我们面临的重大挑战。分配差距拉大造成的结果不公平，有两个基本的原因：一是机会不平等，二是个人禀赋不同。机会不平等造成的分配不公，往往是群体性的，如我国城乡之间的分配不公；而个人禀赋不同造成的分配不公，完全是个体性的。与此对应，分配不公有两个层次：一是群体性之间的不公平；二是个体性之间的不公平。我们目前所面临的分配不公，主要是群体性的分配不公。个体之间的不公平，相对群体来说，是永恒的范畴，因为人与人之间的禀

赋差别通过市场竞争机制必然表现为贫富差别；而群体之间，譬如城乡之间、区域之间财政公平，更多地与制度安排相关，而财政制度就是其中的一个重要方面，譬如二元的财政制度就固化了城乡分治的格局，进而导致城乡收入分配的过度悬殊。城乡居民在教育、医疗、就业等方面存在不平等的制度安排，使农民作为一个群体落到了起点不公平和过程不公平的境地，分配结果自然也就趋向不公平，在整个国民收入分配体系中被边缘化。我国现阶段的分配不公处于市场化改革过程之中，但主要不是市场本身带来的，而是长期来形成的不合理制度安排以及财政功能缺失所致。过分的分配悬殊，使经济社会发展的成果不能共享，将导致社会分化和社会断裂。显然，这构成社会不和谐中的最大公共风险。

构建和谐社会，群体性之间的分配不公和个体性之间的分配不公这两者都需要逐步缓解，但从轻重缓急来选择，群体性分配不公的问题应当摆在首位。把分配公平当做一个笼统的目标来对待，可能反而不利于问题的解决。如果我们把群体性之间的公平叫做"大公平"，那么，个体之间的公平可以称为"小公平"。对财政来说，我们首先要追求"大公平"，其次才是"小公平"，应分不同的层次来确定我们的中介目标。

政府运用财政手段来促进群体性分配公平，主要的途径：一是通过支出结构的调整和相关税收政策来促进群体之间的起点公平和过程公平。这方面，政府采取了一些措施，如在农村义务教育、农村公共卫生体系建设、就业技能培训、农村道路建设等方面增加投入，这在一定程度上缓解了城乡居民群体起点的不公平。新农村建设为促进群体性分配公平提供了一个良好的契机，问题是我们的目标要更清晰，使新农村建设的相关政策都聚焦到农民群体在初次分配的起点公平上来。其中最重要的是改善农民的"就业状态"，包括农民就业能力的增强、就业环境的平等和就业机会的增加。这是改善城乡分配的基础，也是城乡协调发展的前提条件。对于进城就业的农民来说，如何逐步给予其同等的市民待遇，也是政府财政需要面对的问题。农民参与市场竞争，其就业的能力本来就低了许多，再加上制度安排上的歧视，无论在本地就业还是异地就业都受到了许多的限制,农民赚钱的机会少,增加收入难,必然产生严重的群体性分配不公。因此,通过财政改革和建立新的制度安排来改善农民就业状态,无疑是当前的头等大事,自然也应成为新农村建设的核心。

二是通过转移性支出和税负结构调整来改善分配结果的公平。通过农村税费改革、取消农业税、粮食直补、农机具补贴、良种补贴以及综合补贴、农业生产资料补贴等方式增加了农民收入,一定程度上缓解了城乡收入差距拉大的趋势。但仍有潜力可挖,尤其是在补贴方式和税式支出方面有改进的余地。

合理承担改革成本,推进改革和谐

目前推进的各项改革,如机构改革、农村改革、银行改革、国企改革、教育改革、医疗改革等,都需要财政来承担改革成本,改革的进展取决于政府承担改革成本的能力。就此而言,各项改革的最大约束来自于政府如何来承担改革成本。

改革成本属于社会成本,或者说公共成本。改革是打破旧制度,建立新制度的过程。一方面,旧制度的破除,意味着原有利益格局的调整,对于其中的利益受损者,政府要给予一定程度的补偿,以使改革相关者都能接受这项改革,否则,改革就将无法进行。另一方面,新制度建立起来之后,需要维护和监督,以使新制度有效运行。上述两方面会相应地产生补偿成本和维护成本及监督成本。对于由此产生的改革成本是很难转嫁给社会的,或者一旦转嫁会产生严重后果,因此,从整体上讲,改革成本必然地将落到政府头上。由此形成的一个逻辑关系是:政府的财政能力决定了改革的进程,而改革的进程又决定了当前存在的矛盾和冲突得以缓和的程度,从而决定了社会状态能否趋向和谐。

改革成本由政府来兜底是必然的,但并不意味着改革成本百分之百必须由政府来买单。事实上，改革成本是由政府和社会成员来共同承担的，政府承担的改革成本应是一个边际量，即指超出社会成员承受能力的改革成本，而不是全部改革成本。政府兜底实际上是一个边际概念，不是全部成本。其道理很简单，任何改革不可能不触动利益相关者的既得利益，否则，就谈不上改革。这就是说，改革的一部分成本是由社会成员来承担的。问题由此产生了：改革成本在政府和社会成员之间如何来分担？形成一个合理的改革成本分担机制对改革过程是否和谐具有决定性的作用。把改革成本过多地推给社会成员，或推给政府，都会造成改革中的矛盾激化，甚至演变为社会冲突。从一些具体案例来分析，政府既有包揽过多的情形，也有推卸过度的情况，这说明，形成一个合理的改革成本分担机制不是一件轻而易举的事情。因此，寻求改革成本分担的合理边界并形成一种机制，就成为政府财政面临的一项重大课题。

一般而言，政府承担改革成本显性的方式有三种：通过公共支出、税式支出和债务。如国有企业转制、政策性破产、金融机构改革、医疗改革、教育改革等，都离不开政府拨款、税收优惠，或以债务形式转化为未来的政府支出。除了显性的承担方式，政府实际上还有不少隐性的方式，如政府担保、动用外汇储备、中央银行提供救助、让商业银行承担政策性贷款等。这些不同的方式所产生影响是不同的，如何形成一种最优的组合，自然也是财政需要进一步考虑的问题。

创造、维护良好的市场环境，实现和谐发展

市场环境是经济活力的关键，政府有责任创造、维护平等竞争的市场环境。这是做大经济蛋糕，增强社会主义市场经济活力的基础。对于财政而言，这可以从政府收入、政府支出与政府间关系三方面来发挥作用。

从收入方面来说，近年来政府在清理乱收费方面成效比较显著，但以税收制度为主的政府收入制度还很不完善，例如内外资企业之间的长期不平等，已经严重抑制了内资企业的竞争力，这对国家长远发展是非常不利的。此外，国企与民企之间竞争的不平等、垄断与非垄断企业之间竞争的不平等、大型企业与中小型企业竞争的不平等，诸如此类，都与财政收入行为或政府税收制度不无关系。税制改革，最重要目的之一就是提升国民经济的活力，为社会充满活力奠定基础。

政府购买性支出对市场环境的影响是巨大的。随着财政规模的不断扩大，政府购买性支出也不断增长，目前有逾万亿元的购买性支出。这形成一个巨大的政府采购市场，不言而喻，进入这个市场必须遵循机会均等原则，让所有有资格进入这个市场的企业，在公平、公开和公正的条件下参与平等的竞争，并通过采购的示范效应来引导企业行为向科学发展观的要求靠拢，如绿色采购、社会责任采购等都可以促使企业更加注重人与自然、劳资关系的协调。政府采购制度的推行，对于形成平等竞争的政府采购市场发挥了积极作用，但这个制度还不健全，存在诸如运作效率不高、"商业贿赂"蔓延等现象，而且覆盖面还很有限，目前的政府采购市场依然存在相当大的扭曲性。完善我国市场体系是一个长期的任务，而作为我国市场体系重要组成部分的政府采购市场，如何使之进一步完善是政府当前面临的紧迫任务。

政府间财政关系对全国统一市场的形成和区域协调发展有重要影响。传统的财政大包干体制直接导致了市场的相互分割和相互封锁。1994年的分税制改革，使这种状况在很大程度上得到了改善，但现实中并未彻底根除。当前存在的市场分割、相互封锁与各级地方政府的多重动机密切相关，其中地方政府的财政动机对之也有重要影响。如何淡化地方政府财政动机对市场体系和区域协调发展的不良影响，仍是现行政府间财政关系进一步改革的重要内容。

市场环境状况虽然决定于法律制度、文化传统、价值观念等多方面因素，但政府财政的影响也是不容忽视的，一定条件下会成为直接的重要因素。这就是说，财政在创造、维护一个良好市场环境方面可以发挥有效作用。市场是多层面的，有商品市场、要素市场、劳动力市场等，财政在这些方面都可以通过公共资源的分配和税制结构的调整来发挥引导性作用。

"三财之道"中的政府行为分析

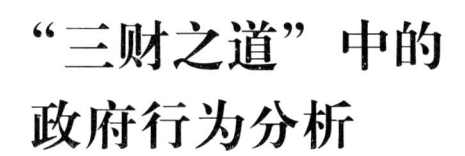

阅读提示：

"三财之道"是一个财政理论界与实践部门都十分熟悉的话题，早在20世纪80年代末90年代初，学术界就在当时的历史背景下系统地研究过"生财"、"聚财"、"用财"各自的含义与三者之间的关联。但如何结合市场经济、公共财政与中国国情来"老话新说"，是本文分析的着力点。"三财之道"是观察政府行为的一个中国式视角。此文是在2006年9月给财政部干部岗位培训讲座录音基础上形成的。

Economic Fostering, Revenue Collecting and Revenue Spending

Abstract

This is a quite familiar topic both in the theory of public finance and practice. Early from the end of 1980s and the beginning of 1990s, economists have already studied the concept of "economic fostering", "revenue collecting" and "revenue spending" and their relations with one another. The focus of this article is trying to "convey the old expression into new meaning", that is, to combine the theory of public finance and market economy with the current situation in China. This article is developed on the basis of the record of a lecture which trains financial officers to be qualified in September, 2006.

一、生财之道中的政府行为

生财之道在理论界进行过很多研究,实践部门也最为关注。但是如何定义所谓"生财",从理论上来思考的并不多。对于一般的通俗化解释,"生财"即"发财",从研究的角度看,我们应尽可能寻求一个在学术上较为规范的定义。笔者认为,"生财"应定义为"发展经济,创造更多社会财富"。

对于生财之道的理解,应首先明确"生财"的主体,即究竟是站在民众的角度来观察,还是站在政府财政的角度来谈。民众有其自身的"生财之道",政府也有其自身的"生财之道",但两者是有区别的。就政府而言,应当是促进经济增长,实现社会财富的增加,也就是我们俗称的"做大蛋糕",当前政府财经工作的基本目标也在此。

生财的目标

任何行为都有其特定的目标,政府"生财"也是如此。笼统地讲,国民财富增加是政府"生财"的目标,但这里还涉及一个财富掌握在那个主体手中,究竟是政府,还是民众的"蛋糕"做大的问题。实际上,在生财的框架下,"做蛋糕"与"分蛋糕"始终是紧密联系在一起的,"做"与"分"并不是两个阶段的关系,它们不应被割裂开来。经济的"蛋糕",从来都是"分"的方式决定了"做"的方法与数量,没有对分到蛋糕数量的准确预期,做蛋糕的积极性就会下降。

1. 两个目标的冲突

出发点不同,生财的目标也不同。实际上,生财有两个目标,一个是民富，一个是国富（这里指财政）。这两个目标是对立统一的关系，我们不仅要看到它们的联系，更要分析两者之间可能的不协调与冲突。

民富的问题，是个人可支配收入不断提高，人民生活富裕的问题；国富的问题，是政府可支配收入的规模和结构的问题。从统一性的方面来看，民富为国富打下坚实的经济基础，民众富裕了，财政也就充裕了，这是顺理成章的；而另一方面看，财政充裕也意味着人民生活富裕了，两者存在一致性。

但从客观现实来看，民富与国富的目标却往往不能保持一致，在短期内，二者存在较大的区别，甚至表现为对立。许多地方政府的财政状况较好，但民众生活困难；也有地方财政不充裕，而民众收入水平不低的情况存在，这都表明生财的两个目标，在短期意义上是不吻合的。这与经济结构、税制结构、政府"生财"的方针有密切关联。从我国目前税制结构来分析，以流转税为主的税制意味着财政收入主要来自于社会的企业部门，政府要增加财政收入主要依赖于企业。企业发展、企业蛋糕做大、地方财政充裕成为一脉相承的发展逻辑。这样的税制结构也就鼓励了地方的"招商引资"行为，因为这一可带动本地 GDP 快速增长，二可带动本地财政收入快速增加。但另一方面，我国许多地方引进的外来资本项目都存在与当地经济关联度低的问题，这些企业与项目实际上成为地方经济的"孤岛"。这样一来，"招商引资"的拉动作用可能主要表现为 GDP 扩大了，财政增收了，但当地就业、民众生活水平、生活质量和文化素质并不因"招商引资"而有同步性的变化，这就是"财政富"与"民富"的冲突。

当然，长期地讲，"财政充裕"与"民富"在本质上是相互促进的，但在短期经济发展过程中，生财的目标往往有冲突。在现有发展阶段和当前体制下，政府与企业更容易形成一种"合谋"，而与民众形成一种"对立"。基于财政目标，政府在决策时更多地偏向于企业，而有意无意地疏远了民众。

2. 两条路径

在生财的目标选择上，形成了两条路径。是首先考虑"民富"，让民众富裕起来，还是考虑先让财政富裕起来，这是两条不同的思路。

传统的做法是将做大企业蛋糕、从而做大财政蛋糕作为处理国家、企业、个人三者分配关系的基础，而做大个人蛋糕，似乎在决策的视野之外。在我们现行体制下，政府与企业之间有更多的"共同语言"，财政状况好而民众收入水平不高的例子有很多。目前全国从平均数字来看，工资收入增长缓慢，这对于大多数依靠工薪生活的人而言，个人蛋糕的做大是很困难的。

如何处理好国家、企业与个人三者的分配关系，长期以来一直是我们探索的课题。在20世纪80年代国民收入分配向个人收入分配倾斜的背景下，"承包制"导致了企业与个人（职工）"合谋"，国家财政收入比重不断下滑；而现在，情况又变了，政府与企业更易形成"合谋"，个人收入比重持续下降。政府支持企业发展，企业压低员工工资，用税收收入增长来回报政府。目前在我们的政策上、甚至法律上，都存在企业优先的倾向。在劳资冲突中，政府更多地偏向资方；在生产者与消费者冲突中，政府更多地偏向生产者。在所谓"主流经济学家"们的观点里，要呵护企业家，让他们更好地成长。学术界也是偏向资方、偏向生产者。在涉及产品纠纷时，法律对违规企业、对有缺陷产品的处罚力度很轻。这就是说，法律也是偏向资方和企业。诸如此类，由此形成了一种亲近资方、疏远劳动者的社会环境。

一国的经济发展，如果最终不是落在个人蛋糕的做大上，整个国家的富强是缺乏基础的。一味强调财政蛋糕的做大而不顾及民众个人收入的增长是一种危险的倾向。在理论上我们明确了科学发展观，也明确了科学发展观的本质是"以人为本"，即经济的发展最终是为了人的全面发展，那么落实到"生财之道"上，要做大蛋糕，做大个人蛋糕不可忽视。

做大个人蛋糕，可使生财之道具有可持续性。浙江省的经济发展过程主要是靠民众个人创业，逐步积累与壮大。经济发展起来了，民众富了自然就会带来财政充裕，而且也保证了财政的可持续性，浙江省是一个有力的例证。偏向于财政目标，短期看来效果会很明显，引进几个大项目、大企业，财政收入就可实现跳跃性的增长，但是长期来看持续性不足，常常难以为继，因为与当地经济关联性弱，引进的企业一旦迁移，当地经济很可能回复到原有的状态。目前我国在引进外资、对外开放方面也存在较严重的这类问题，外资越来越形成一种"孤岛"，多数"两头在外"，与我国本土经济的关联度越来越小。科学发展观是一种可持续的发展观，当前我们很多地方采用的"跨越式发展"模式实际上是一种移植式的、外科手术式的发展，不是靠自身的成长与从小到大的积累，而是靠移植，为引进而引进，为发展而发展，把经济发展的手段当做了目标，这是涸泽而渔的做法，与"以人为本"的科学发展观背道而驰。

切实贯彻落实科学发展观，走"民富"为先的"生财之道"，需要逐渐形成新的体制环境与决策思维，这同时包括从政策到法律的调整。政府做大蛋糕的"生财之道"有不同的目标选择，尤其对一些欠发达地区来说，急于发展的思路导致了决策者采用所谓"跨越式"的发展道路，这不是内生的办法。移植一些大的项目与企业，对当地财政收入与GDP增长效果都不错，但对当地经济状况的改善却不明显。如何做好"外资经济"与"内资经济"的融合，是我国经济发展中的重大课题。

生财的途径

生财的目标不同，达到目标的途径也不一样，总体而言，生财途径有"群众路线"与"精英路线"两种。

经济发展走群众路线，就是让群众自主地去创造财富，政府的作用在于创造良好的体制与政策环境。这条途径对民众来说，增收有效而且效果明显，但对GDP与政府增收的效果可能不那么显著，尤其是与招商引资、引进企业集团、引进跨国公司相比，对GDP与政府财政收入的增长，效果要差得多。市场经济的灵魂其实就是一种"群众经济"，发动群众来参与资源配置，让公众有更多的决策权、选择权。从这个意义上说，传统计划经济的失败就在于没有在经济领域中贯彻落实党的"群众路线"。在革命战争年代，群众路线是走向胜利的三大法宝之一。但在社会主义建设时期，却没有把这一法宝运用到经济建设中去，没有发动群众去配置资源，创造财富。经济发展上走"群众路线"，短期内可能发展较慢，会经历一个看似无序的过程，但其内生增长的长期效果要好。也许必须指出的是，生财要走这条发动群众创业、创造社会财富之路的初期会比较艰难。

经济发展走另一条路径，即精英路线，是指把"精英"引进来，由政府出面进行招商引资活动，将那些财富精英吸引到本国、本地来投资创业。精英路线对 GDP 与财政收入增长最为明显，但对公众的致富则不显著。当然，精英路线究竟能给民众带来多少实惠，不能一概而论，各地的具体条件不尽相同。如果引进资本项目带动了当地就业和创业，拉动了当地相关产业的发展，则其有积极作用；反之，这些项目只能成为"孤岛"，民众收入仍然难以增加。

面对生财的这两条路径，很多地方政府选择了后者，决策者一方面在忙于招商引资，吸引财富精英，另一方面，却没有充分重视利用本地的资源，尤其是劳动力资源，甚至是忽略了当地劳动者就业、创业的基本环境和条件，致使当地民众难以融入到当地经济循环之中。这不单是某些地方政府，从我国整体来看，也有类似的情况。这其实就是两条路径、两种效果的冲突：走"群众路线"，短期看，效果不明显、长期看明显；走"精英路线"，大量招商引资、"跨越式"增长，短期看，效果明显，长期看不具有持续性。生财的途径，从来都是与经济发展战略联系在一起，搞所谓"跨越式"发展，GDP 快速扩大，财政蛋糕也迅速做大，如果不与当地民众相融合，则不具有可持续的坚实基础，做大了的蛋糕很可能要不了多久又会萎缩下去。

"群众"与"精英"这两条路线不是完全对立的。从时间的维度上讲，它们可以结合起来。比如在经济发展起步阶段，可以采用"精英路线"，走"跨越式"发展的道路，但是要注意在一定的阶段克服这种路径依赖，及时转换战略，利用外力来真正促进内力的形成与成长。如果这种路径转换及时，效果就会很好。但是，现实的情况经常是路径依赖十分强大，识别路径、转换路径都很困难。我国目前经济增长，在很大程度上依赖于出口，内需越来越乏力，不仅仅是GDP，我国的中央财政也成为一种外贸依赖型财政，这种外贸依赖型财政的典型特点就是收入不确定性增大，财政经济更加脆弱。

可见，经济增长与财政增长的短期策略与长期策略是一种辩证的关系，在注重短期发展的同时，必须给长期中的可持续性以足够的关注，而不能以短期化的思维来解决长期性的问题。

生财的手段

生财的手段不外有二：一个是私人投入，一个是政府投入。两种手段可以形成不同的政策组合，各种大小投资者都可以在不同的层面上参与市场竞争，共同创造财富，政府则主要是规划、协调、监管，保证宏观经济的稳定。一言以蔽之，经济发展的动力，最终依靠的是群众。

发展群众经济，让公众参与市场竞争，创造社会财富，政府负责优化宏观环境，是一条符合科学发展观的道路；反之，政府大量投入，搞以财政增收为目标的"财源建设"，发展经济，后果往往是财源建设搞起来了，但当地经济结构难以升级，企业竞争力难以提高。

旧的"财源建设"观，在新的历史时期应该彻底抛弃。但是，经济实践中又出现了另外一种倾向：政府上项目、办企业减少了，间接投入却在增加。这指的是政府在提供土地方面、税收与信贷方面各种不规范的优惠，或者口头承诺外来资本在本地的最低获利水平，等等，其目的还是在片面追求财政蛋糕的做大。一般而言，靠政府投入来生财的手段只在经济非常落后，已经落入"发展陷阱"的地方才适用，但即便是这样的地区，发展到一定程度也要求政府及时撤出。

在生财手段的选择上，不同的地方要走因地制宜、因时制宜之路。市场经济建设并不意味着同时一概排斥政府投入，政府退出竞争性领域也是就全国而言的，关键在于澄清两种生财手段的利弊，具体问题具体分析。

二、聚财之道中的政府行为

从政府的角度来讲，所谓聚财，就是指政府占有一部分社会财富，归政府来支配使用。这既包括收入的筹集，如税收、各种收费，还包括资产和资源的占有，如矿藏、土地、人力资源、各种资产等。所以关于聚财的理解，不能简单视为增加财政收入，更不能狭隘地将其视为增加税收收入。

聚财之道，关键在于明确"财政资源"的概念。财政资源不只是财政收入，更不仅仅是税收收入，它是既包含流量又包含存量，既包含收入又包含资产、资源的一个概念。尽管财政资源中的存量资产、资源性资产等部分不一定是财政部门所管辖的内容，但是这些资源从来都是与财政密不可分的。政府理财不能仅局限于"流量"那一部分，应把整个国家的收入、国家的财产、国家的资源统统纳入决策的视野之中，否则"财"就难以"理"好。

聚财的目标

聚财的目标，是一个复杂的问题。在国家分配论中，我们强调的是"满足政府（或国家）履行其职能的需要"，在公共财政的框架下，我们称"满足社会公共需要，提供公共产品或公共服务"。实际上，满足国家履行其职能需要的表述方法是不够严谨的，这种表达似是而非。在国家主体论或国家中心论的理论范式中，国家职能的需要成为一个"旗号"，国家的需要代表了一切，但这实际上是十分模糊的，它并不总是能代表社会公众的需要。以"国家"为核心的思维模式形成了这样一种制度安排：财政资金是国家的，其运作无须公开透明，只有官员代表国家，因而又形成了长官意志。公共财政的框架改造了国家的职能，调节经济、监控市场、社会管理、公共服务都是体现着对社会公共需要的满足，这种解释突破了国家主体论，是一大进步。以"公共需要"为核心的思维模式又形成了另一种制度安排：财政资金来自于公众，来自于纳税人，透明与公开成为财政运行的基本原则，百姓在这种制度框架下拥有了监督权与知情权。但问题在于，从国家财政到公共财政的变革仍不彻底，"社会公共需要"的内涵还是无法准确界定，以往的国家需要本位论变成了公共需要本位论，实践上却没有太多变化，"公共需要"与"公共利益"的概念又在使用中产生了变形，甚至异化。

其实，聚财的目的在于防范和化解公共风险，使政府具备这种能力。如果不汲取一定的社会资源，一旦公共风险与公共危机来临，政府就没有化解的能力，后果将不堪设想。从人类社会的漫长进化过程来看，正是公共风险与公共危机的压力导致了社会组织、社会制度以及政府的出现，正是由于有多种多样的公共风险与公共危机，集体理性才催生了政府，所以政府唯一的使命，也就在于防范和化解公共风险与公共危机。按此逻辑推理，任何一种公共产品的背后，都隐含着一种公共风险，如果政府不再供给这种公共产品，其背后的公共风险与公共危机马上就会显露出来。

其实，只有当"社会公共需要＝防范公共风险"时，社会公共需要才有意义，也只有在此条件下，公共利益的概念才是明确的。当全体社会成员面临着公共风险与公共危机时，才有真正的公共利益可言。也就是说，只有防范公共风险，规避公共危机，才是社会大众的公共利益，除此之外，都是个体利益。福利经济学的目标是社会福利最大化，如果这里的"社会福利"是指社会个体的福利之和，则这个命题不算错，但没有意义。因为个体的福利是不需要政府操心的，如何化钱，如何享受，都是社会个体的事情，只要不引致公共风险，无须政府去指导。如果社会福利是指公共福利，则其内涵只能是指防范公共风险、规避公共危机，只有在这个条件下，才需要采取集体行动的方式，政府出面才有正当性和合理性。若是在这种含义下，最大化的问题就转化为最小化，即公共风险的最小化。这才是政府所应追求的目标。

很多问题均可以从公共风险与公共危机的视角来观察，聚财的目标就是为了使政府或国家有这种能力。否则，教育、贫困、失业、公共卫生诸如此类的问题所引发的公共风险都无法化解。

聚财的原则

从"取之于民，用之于民"的角度讲，政府聚财的过程，同时也是接受公众委托的一个社会过程，这种"委托——代理"关系与以往国家中心论框架下的政府与公众的关系完全不同。长期以来，我们强调的只是纳税人的义务而不是纳税人的权利。现在我们仍然使用"聚财"一词，但应对其作中性化的理解，即将其理解为一种公众委托政府去办个体办不了的事情的过程。

从法律的角度讲，聚财的过程涉及到了不同利益主体之间的关系。法律作为国家与个体之间的一种契约，对政府与个人都限定了必须履行的义务和其自身的权利。个人的私人产权需要保护，国家的公共产权也需要保护，体现在法律体系里，即是国家与个体之间的强制性契约，任何一方均需履行，均需依法办事。

以上的两个角度，可推出聚财的两个原则：一是民众同意原则。也就是政府不得在纳税人不同意的基础上征税，不得征收多于纳税人同意的税量。公众通过复杂的政治过程如议案、舆论、游说、选举等来表达对政府聚财质与量的意见。二是法定主义原则，无法律授权不得聚财。这一条原则无论对于政治文明，还是财政公共化进程都是十分重要的。

聚财的方式

从财政资源而不是财政收入、税收收入的概念来考虑，聚财有如下五种方式：

（1）无偿占有。以法律为依据，包括宪法、税法、相关法律条例等，无偿占有社会资源。显然，这是从法律的层面而言的，如果从国家与社会的关系来观察，那就不一定是"无偿"的。政府出于防范公共风险的目的占有土地、矿产资源、国民收入等，均需有法律依据。

（2）交换取得。政府用等价交换的方式来获得如外汇储备等形式的财政资源，也是政府聚财的一种方式。当然，可用以交换的还有商品、服务等。

（3）非市场交换。目前，在我国土地制度中，政府征用集体土地按照非市场原则，以一定补偿来取得财政资源的方式仍然存在。尽管现在更多地提倡通过公开化、市场化、竞拍的方式征用土地，在征地中要坚持双方平等的原则，但是非市场交换仍然是政府现行聚财的方式之一。

（4）财产权利。政府自身的财产权利，包括取得的利息、红利、投资收益等。

（5）政府信用。这是指通过政府的信用来借款，通常表现为政府公债。

在我国，政府聚财的方式有如上五种，但只有"无偿占有"、"政府信用"是财政部门可动用的，等价交换与非市场交换的方式不属财政部门管辖范围，财产权利一项该管但目前没有管好。考虑政府聚财，不能把眼光仅仅限定在税收、财政收入上，而应对大量的非税收入也予以关注。非税收入大量流失的情况客观存在，暴富群体的形成与此有内在关联。一些地方财政对土地收益的依赖程度很高，变成了"土地财政"，也与公共资源的资本化紧密地联系在一起。可见，仅仅把税收作为聚财的唯一手段，这是不科学的。

聚财的量度

聚财的量度是规模问题，它没有一个一成不变的标准。两种经典的量度方法是"以收定支"与"以支定收"，这两种方法在不同的条件下可以组合。以防范和化解公共风险为目的的现代财政，应该在理财原则与战略思维上树立以支定收的观念。

将以支定收与以收定支两者结合起来，指的是在不同条件下的运用，而不是简单地在相同情况下使用。对于前者，适应的情况是预算编制、财政决策；对于后者，适应的情况是预算执行。如果弄反了，在执行预算过程中，实行以支定收，则会破坏预算的法定性；在编制预算并落实宏观政策目标的过程中，实行以收定支，则会缩小财政的功能，抑制财政应发挥的作用。相应地，政府聚财也就分为两个层次：以政府政策目标为限度的聚财和以法定预算为目标的聚财。前者实行以支定收，后者实行以收定支。

三、用财之道中的政府行为

关于政府"用财"，有两种定义方法。一种是从政府作为经济主体的角度来定义，用财，就是指政府把占有的社会资源，用于消费与投资的活动及其过程，即政府把财政资源用于消费或投资的配置过程，这是一个配置问题。这里要指出一点，财政资源不仅仅是通常意义上的财政支出，还包括资源和资产。另一种定义方法是从公共主体的角度来讲，用财，就是政府把占有的社会财富用于履行法定责任和道义责任的过程。从这个角度来看，政府用财的关键在于是否履行了公共责任。凡是防范与化解公共风险的责任，就都是正当的责任。公共主体的"用财"，包含了两层含义：一是非政府责任不用财，二是无财则不行政。政府责任约束财政资源用途，财政资源约束政府活动，这种双重约束机制赋予了公共财政一个全新的思路。

用财的目标

用财的目标应当说与聚财的目标是接近的。但聚财是为了获得一种能力，即防范、化解公共风险的能力；而用财则是真正地防范与化解公共风险。除此以外，"用财"没有其他的目的。

提高所谓社会的福利水平不能成为用财的目的。福利是与个体紧密相关的，福利经济学中将主观效用当做客观存在进行研究的做法是不合逻辑的。促进就业、经济增长、物价稳定等内容也不能单纯地成为政府用财的目标，只有当其有利于公共风险的化解或变为一种干预公共风险的手段时，上述这些目标才具有正当性，或者说是有意义的，这样才能成为用财的中介目标。

用财的原则

政府用财，一要坚持以公共风险与公共危机为导向，二要协调好公共理性与个体理性的关系。以前所谓市场作用的领域，政府应退出，这种表述方法是正确的。凡是会导致公共风险与公共危机的地方，就是财政该花钱的地方，是财政合理支出的范围；再者，政府"用财"既要"以人为本"，又要强调公共理性。个体理性相加并不总是符合公共理性，只有在公共风险不至于进一步扩散的情况下，强调"以人为本"，强调个体理性和个体权利，才是正确的，一旦超出了这个限度，公共理性原则是至高无上的。

用财的方式

用财的方式毫无疑问地是预算制度，但现代预算制度最早产生在私有制的土壤之中。在那种制度背景下，一个"预算"就可覆盖所有的财政资源。但是，中国目前仅依靠政府预算制度还不够，还应有一个公共资源管理制度。我国有大量的国有资产、土地、矿藏，现阶段是不可能被涵盖进政府预算的，这与私有制国家中公共产权影响力小的制度环境根本不同。

在预算外资金、不规范收费行为越来越难以操作的今天，一些政府部门开始用土地、用资源进行预算外活动。在整个社会的产权结构中，公共产权占据绝对大的比重，而财政不考虑公共产权收益是不妥当的。公共产权在经济上不能实现等于放弃了公共产权，这是社会最大的不公平。如果政府对公共产权的收益不加强管理，没有决策视野的拓宽，其结果会加剧国有资源的流失和整个社会的不公。从这个角度上说，把公共产权收益管好，本身就有助于社会公平，这也应是政府用财（存量资源配置）的方式之一。

用财的规模与结构

从公共风险的角度来衡量，从根本上讲，用财的规模与结构问题取决于公共风险的状态与来源。公共风险的状态是趋于收敛还是发散，其来源是社会矛盾还是人与自然的冲突，是源自国际社会还是国内，这些方面实际上决定着政府的支出规模与结构。

公共风险是整个社会的一种潜意识，尽管理论上表述得少，但财政有意无意地是在公共风险的导向下行事，财政制度的形成、变迁、更替都是公共危机的结果。现阶段强调公共支出结构向社会方面进行倾斜，如农村、公共卫生、教育等，无非是这些领域已经萌发了有损于全社会这个整体的公共风险。所以，从实证的角度来观察，"用财"的规模与结构，其决定者从来都是公共风险的状态与来源。

财政改革三十年的逻辑线索

阅读提示：

作为中国经济体制改革的重要组成部分，财政改革已经走过了30年的历程。这个历程形成了"让利——放权——分权——非对称性分权"这样一个改革路径，体现出鲜明的渐进性特征和很强的中国特色。展望今后的财政改革，在经济市场化基本完成的条件下，其在社会公平正义方面的作用将更为凸显，构建"民生财政"将是下一步财政改革的具体目标。此文写于2007年下半年。

The Logic of 30 – years' Fiscal Reform

Abstract

Being an important constitution of economic reform in China, financial reform has experienced 30 years journey. The reform path of "revenue concession – expenditure delegation – fiscal decentralization – advanced expenditure decentralization and moderate revenue centralization (asymmetric decentralization)" displays obvious progressive features and distinct Chinese characteristics. The route plays more vital role in the socialism justice at the moment of finish of market economization and financial reform in the future. Construction of "People-oriented Finance" is the objective of financial reform next. This paper was written in second half of 2007.

自 1978 年实行改革开放以来，中国从传统的计划经济逐步转向市场经济，已经走过了近 30 年的历程。作为经济改革的"排头兵"，财政改革一直都扮演着十分重要的角色，为中国整个改革的稳步推进"铺路搭桥"。纵观 30 年的财政改革历程，基本上是按照"让利——放权——分权——非对称性分权"这样一个脉络而展开的。

在此，将按照这个脉络，对中国财政改革的 30 年历程进行分析，揭示其深层次的逻辑关系，并展望财政改革的新趋势，以期对新阶段的财政改革深化提供参考。

一、让利：财政改革的起点

党的十一届三中全会明确提出把全党的工作重点转移到社会主义现代化建设上来，揭开了中国改革开放的序幕。改革伊始，解放思想的大讨论，承认了物质利益原则，从而首先进行了以"让利"为特征的财政改革，以期通过物质利益来激发各方面的积极性，形成新的发展经济的动力机制。

对农民的让利措施主要是，大幅度提高农副产品价格，同时分田到户，实行联产承包责任，"交了国家的，留下集体的，剩下全是自己的"。这极大地调动了农民的积极性，粮食产量快速增长，人均粮食产量由 1978 年的 319 公斤增加到 1980 年 327 公斤，1985 年则达到 361 公斤。[①] 几年的工夫，中国人的吃饭问题就基本解决了。

对企业实行利润留成和企业基金制度，增加了企业自主支配的财力，企业职工的工资、奖金大大增加，工人的积极性也大大地调动起来

---

① 资料来源：《中国统计摘要（2007）》。

了，工业产量不断上升，工业品短缺的状况很快得到缓解。

对地方实行"分灶吃饭"和大包干体制，地方各级政府自主支配的财力也大大增加，由此调动了地方政府发展经济的积极性，国家经济形势全面好转。

对政府各个部门的预算管理，也实行了各种形式的包干制，部门经费包干，结余留用，由此调动了各部门理财的积极性，促进了预算资金使用效益的提高。

纵向和横向的全方位的让利，打破了长期来实行的财政统收统支体制，各地方、部门、单位、企业和个人都有了看得见的物质利益，建立在对自身利益关心基础上的动力机制逐渐形成，中国经济发展的动力机制渐渐地被更替了，国民经济焕发出了新的活力和生机。

一系列的"让利"措施最终都反映在财政上。1979年财政支出增长14.2%，而财政收入只增长了1.2%，当年出现了135.41亿元的巨额赤字，占当年GDP的3.33%。1980年赤字缩减为68.9亿元，占当年GDP的1.51%。[①] 之后的财政赤字虽然有所下降，但财政的"两个比重"（财政收入占GDP比重和中央财政收入占全国财政收入比重）一路下滑，一直延续到20世纪90年代中期。

二、放权：财政改革的探索

高度集中的计划经济体制，离不开财政上的两个集中：财力的集中和财权的集中。如果说，让利打破了财力的集中，调动各方面的积极性有了必要条件，那么，放权则打破了财权的集中，调动各方面的积极性有了充分条件。让利，使各地方、部门、企业和个人有了新的动力；放权，则使各地方、部门、企业和个人解除了集权带来的束缚，有了发挥

---

① 资料来源：《中国统计摘要（2007）》。

主动性和创造性的空间。让利与放权，使各方面积极性的发挥得以变成现实。

在财政改革的实践中，一开始是以让利为主，同时让利中包含着放权，这一直到20世纪80年代中期；之后，以放权为主，同时放权中也包含着进一步的让利。如果说，让利仅仅是对原有体制的一种调整，为改革赢得共识和支持，那么，放权则已经蕴含着改革的探索。

从"以计划经济为主，充分重视市场调节的辅助作用"，到"计划经济为主，市场调节为辅"、"社会主义计划经济是公有制基础上的有计划的商品经济"、再到"国家调节市场，市场调节企业"，最后又回到"计划经济与市场调节相结合"的改革思路，为财政的放权型改革提供了理论资源和政治支持。1988年建立的地方财政大包干体制使财政放权达到了一个新的高度。由于当时对市场的定位并不清晰，各项改革很难找到一个标杆，都处于探索之中。

对地方放权：各种形式的财政包干制

1980年、1985年和1988年的三次财政体制调整和改革，是财政放权不断加大的一个过程。

1980年2月实行的"划分收支、分级包干"的财政管理体制，主要是把收入分成固定收入、固定比例分成收入和调剂收入，实行分类分成，财政支出主要按照企业和事业单位的隶属关系进行划分，地方财政在划定的收支范围内多收可以多支，少收则少支，自求平衡。这次改革在体制设计上由全国"一灶吃饭"改为"分灶吃饭"，财力分配由过去的"条条"为主改为以"块块"为主。

两步利改税后，我国自1985年起财政体制也相应调整为"划分税种、核定收支、分级包干"，是"分灶吃饭"体制在新税制下的继续，主要是把过去的划分收入改为划分税种，在其他方面也相应做了一些调整，但并没有突破"分灶吃饭"体制的总体框架。

1988年，开始推行财政大包干。包干制进一步加大了对地方政府的激励，在发展经济和财政平衡方面尤其明显。包干制是对1980年"分灶吃饭"财政体制的延续和强化，是农业大包干延伸到企业改革之中后的再一次延伸。很自然，这次改革不可能消除原财政体制的弊端，相反，由于包干制把中央财政收入的增长给"包死"了，增量大部分留给了地方政府，导致中央财政收入在全国财政收入中的比重不断下降。

各种财政包干体制是对高度集中体制的彻底否定，扩大了地方政府在组织收入和安排支出方面的自主权，强化了地方的利益主体意识，同时也使地方政府在计划经济下被束缚的主动性和积极性得到释放，促进了国民经济和各项社会事业的发展。但"放权"的制度设计并没有一个清晰的界限。哪些"权"要下放，放到什么程度，并没有一个准确的界定，基本上是"边改边看"。由于各种分级包干制先天不足，且体制频繁变动，使政府间分配难以预期，助长了地方政府的短期行为。这种包干体制过分注重对财政收入增长的激励，对财政的横向均衡关注不够，地区间财力差距出现了不合理扩大。同时分配秩序混乱、国有资产流失、腐败滋生蔓延等负面影响也同时显现。

对企业放权：扩大企业经营自主权

把中央权力下放到地方属于一种行政性分权，并没有触动传统经济体制的实质。正如1984年10月《中共中央关于经济体制改革的决定》所指出的，1956年以后的时期，"其间多次实行权力下放，但都只限于调整中央和地方，条条和块块的管理权限，没有触及赋予企业自主权这个要害问题，也就不能跳出原有的框框"。

我国经济学界于20世纪70年代末80年代初提出了把增加企业活力作为经济体制改革中心环节的改革思想，这以著名经济学家蒋一苇的"企业本位论"为代表。其中心思想，就是承认企业是现代经济的基本单位，企业必须是一个能动的有机体，企业应当具有独立的经济利益，从而以一个商品生产者的身份出现，成为商品生产的基本单位，向国家和社会承担相应的义务，同时也获得应有的权利。"企业本位论"跳出了公共部门内部的行政性放权，是一种新的改革思路，为国家与企业之间的分权——把原来依附于国家行政机构的生产单位改造成独立自主、自负盈亏、相互竞争的企业——准备了初步的理论条件。

"企业本位论"的思想在随后的改革实践中得以体现，扩大或确立企业自主权一直成为改革中的热点问题。在实行利润留成制度之后，为了清楚界定国家与企业间的分配关系，为企业自主经营、自负盈亏创造条件，充分调动企业和职工的积极性，我国于1983年、1984年实行的两步"利改税"，明确了企业由上缴利润改为上缴税金，利改税过程中采取了一系列减税让利和税前还贷措施，增加了企业的自主财力。通过对国有企业征收所得税，以法律的形式确定国家和企业的分配关系，为实现政企分开、两权分离，培育新的市场主体，建立现代企业制度等一系列改革奠定了基础。1987年开始推行的企业经营承包制，是在利改税后出现企业负担加重，税制激励作用减弱，企业活力缩减的情况下进行的。承包经营责任制也是国家对企业放权的一种新探索。通过在一定期限内将企业的经营权由政府主管部门转让给经营者，并把企业的生产经营成果同企业及职工的收益挂钩，既保证了国家财政收入，又扩大了企业的财力、财权和经营自主权，调动了企业和职工的积极性。但是承包经营责任制没有真正实现"政企分开"和打破"大锅饭"，"盈了归自己，亏了归国家"的"风险大锅饭"局面并没有发生实质性的变化，政府承担着无限的责任和风险。

可以看出，自1979年以来，中国一直以让利、放权作为调整和改革的主线，企业生产经营的积极性起来了，生产效率也随之提高，同时，地方政府发展经济的积极性也极大地被调动起来。在这一系列让利、放权措施实行的同时，国家财政收入增长速度日渐放缓，1978年国家财政收入占国内生产总值的比重为31.1%，1993年该比例则下降至12.3%，财政赤字不断增加。而中央财政更是日渐拮据，由1984年占整个财政收入的40.5%下降至1993年的22%，① 中央政府曾一度需要向地方借钱过日子。中央财政的脆弱对整个国家的稳定是极其不利的，这为后来的分税制财政体制改革埋下了伏笔。

三、分权：建立新的财政运行机制

如果说放权主要是原有集中体制框架内的"松绑"和外在激励，那么，分权则是试图构建新的体制框架，使政府与市场之间、各级政府之间形成一种新的责权利关系，产生内在的激励。放权侧重于分享，而分权侧重于界权。1992年年初，邓小平同志视察南方，发表了重要讲话，提出了加快改革开放，发展社会主义市场经济的一系列设想。同年10月，党的十四大提出了建立社会主义市场经济体制。对"市场经济"的肯定，以及与"社会主义"具有相容性的理论阐述，使我国的经济体制改革和社会经济发展进入了一个新的历史时期。

社会主义市场经济的提出，彻底解决了改革开放以来长期对市场经济认识的意识形态障碍，为改革摆脱"放权—收权"的循环提供了理论前提。市场在资源配置中的基础性作用开始被认识，政府与市场之间的关系开始浮现出来，并在理论上日益清晰。这为"分权式改革"提供了理论线索。

针对国有企业的分权改革：建立现代企业制度

随着各项改革的渐进深入，反思利改税、企业承包制存在的种种弊端，人们认识到政府的社会管理者职能和国有资产所有者职能，要求有

---

① 资料来源：《中国统计摘要（2007）》。

相应的不同实现形式和参与分配方式，前者为税，后者为资产收益，是不能混淆的。因此，"税利分流"的观念开始被接受。即继承利改税的积极成果，降低企业所得税税率，并取消调节税，实行不同形式的税后承包，并改所得税前还贷为税后还贷，逐步与市场经济规则接轨，从而把企业改革引导到产权明晰化、竞争规范化的方向上来。

其后的企业股份制改造，以及国有资产管理方面的一系列制度建设，1992年起实行复式预算制度和1993年的财务会计制度改革的探索，为现代企业制度的建立，以及确立政府与市场的关系奠定了基础。

分税制财政体制：分权改革的尝试

推行分税制财政体制是新中国成立以来规模最大、范围最广、内容最多的一次财政变革。这是在经过多年的理论研究和实践探索，并借鉴市场经济国家做法的基础上，结合我国的实践而进行的一次分权改革尝试。这次改革以明确划分中央和地方的利益边界、规范政府间的财政分配关系为宗旨，其主要内容是"三分一返"，即在划分事权的基础上，划分中央与地方的财政支出范围；按税种划分收入，明确中央与地方的收入范围；分设中央和地方两套税务机构；建立中央对地方的税收返还制度；建立过渡期转移支付制度。这种分税制既保证了中央集中适当财政收入，又有利于激励地方政府加强税收征管的积极性。分税制财政体制改革突破了"让利、放权"的传统改革思路，向构建市场经济条件下的财政运行机制迈出了关键的一步。

实施后的分税制取得了良好的运行效果。由于政府间的财政关系趋向稳定，调动了中央与地方两个积极性，"两个比重"逐年提高，中央财政实力增强。分税制改革按照税种明确划分中央与地方的税种，并分设国税与地税两套税收征管机构，在调动各级政府理财积极性的同时，各地税收征管也得到加强，随意减免税的状况有所好转，税收流失有所控制，财政收入保持稳定增长的态势。新体制建立后，各地开始根据不同产业对财政的贡献度，逐步把投资重点转向有利于地方财政增收的相关产业，各地追求"小而全"、"大而全"和发展"高税"产业的现象得到遏制，区域之间的封锁和割据也大大缓解，经济结构得到调整和优化。

税收制度改革：趋向中性化的税收体系

税制改革和财政体制改革是紧密相连的。中国的税制改革也经历了一段很长的探索之路。改革开放之初，中国税制经过"文革"的冲击，已经支离破碎。只对国有企业征收一道工商税，对集体企业只征工商税和工商所得税，简化到不能再简化的地步。改革开放后，进行了局部性的恢复性调整，两步利改税基本上恢复了原有的税种，但又很快被全面的承包制所取代。"一户一率"的协商办税方式使企业的负担水平在相当程度上取决于企业的谈判能力，造成企业负担不公，也违背了市场经济的公平竞争原则。

随着世界经济一体化，外资的大量涌入以及将加入WTO的新形势，要求我国必须建立同国际接轨又符合中国实际的税收制度。与财政体制改革相配套，1994年我国实行全面的工商税制改革。税制改革是遵循"统一税法，公平税负，简化税制，合理分权，理顺分配关系，建立符合社会主义市场经济要求的税收体系"的指导思想，这次改革形成了以流转税和所得税为主体，辅之以若干辅助税种的较规范的、完整的复合制税收体系。在流转税方面，以生产型增值税为核心，消费税和营业税为补充的结构框架既体现了税收的"中性原则"，又有相应的调节措施；在所得税方面，统一内资企业所得税，税率由55%下降到33%，并增设两档照顾税率。不再实行企业承包制，取消"能源交通建设基金"和"预算调节基金"。建立了统一的个人所得税，体现了公平税负、合理调节、高收入者多征、中低收入者少征或不征的原则。此外，对诸多的辅助税种进行了撤并和调整，并开征了一些新税种。初步形成了多税种配合发挥作用，适应市场经济取向的，有利于规范政府和企业之间分配关系的复合税制。

与此同时，赋予地方适当的税权，简化了税制，有利于经济发展，保证了充裕的税源，形成了良好的收入增长机制。税制改革后，实现了"两个比重"的回升和持续增长。中央财政有了更大的主动权，中央政府平衡区域差距的能力得到加强。

财政支出结构改革

我国财政支出结构是从新中国成立初期的大财政、供给制发展而来的，是建立在传统计划经济体制上的，其最大特征是财政支出范围过宽，政府包揽过多，几乎覆盖到整个社会生产与消费的各个方面，一些本应由市场解决的问题被纳入财政分配范畴，支出结构滞后于整个经济分配格局的变化。

随着政府职能的逐步转变和市场在资源配置中基础性作用的增强，对财政支出结构的调整也逐步展开。在合理控制财政支出总量的同时，优化财政支出结构。将那些不属于政府承担的事务逐步推向市场，与财政供给脱钩，财政支出优先保证重点事业发展的需要。财政逐步退出竞争性投资领域，通过压缩一般性项目投资，增加对农业、能源、交通等基础产业和基础设施投资，在财政政策上支持国家支柱产业和高新技术产业发展，并增加对教育、科技等方面的投入，政府与市场的分工在渐渐地财政支出结构上显现出来。

公共财政框架的构建

在经历了一系列"放权"、"分权"的财政改革探索之后，1998年，政府正式提出了"公共财政"，并以此确立为今后财政改革的方向和目标。构建公共财政，这意味着两个基本面的重新定位：一是政府与市场关系的重新定位；二是政府与民众关系的重新定位。

界定政府与市场的边界，首先不是谁多管、谁少管的问题，而是二者逻辑关系的重新审视：从传统体制下的"政府第一，市场第二"，即在资源配置中政府能做的政府先做，政府实在做不来的交给市场来补充，变为"市场第一，政府第二"，即市场配置资源发挥基础性作用，市场能做的交给市场，市场做不好和不能做的由政府补充。在这种新的逻辑关系中，政府活动的范围被界定在公共领域，政府的职责被界定为防范和化解公共风险。这样，既不延滞市场化进程，也使政府有精力办好其职责范围内的事情，形成政府与市场分工合作的新格局。

界定政府与民众的关系，同样意味着一种新的逻辑关系的建立，即财政从"国家本位"变为"民众本位"，从治与被治的关系变为委托代理的关系。这就要改变计划经济体制下政府自我授权、自动代表民众利益的逻辑思维，抛弃按照长官意志行事的观念，树立起民众是委托人，政府是受托人的新观念。公共财政就是受托人用委托人的钱去办委托人的事。公共财政就成为把对政府财政活动的知情权、限制权和监督权重新交还给社会民众的一种制度保证。

在市场经济下，政府职能重心转向经济调节、市场监管、社会管理和公共服务，财政职能也随之相应转换。围绕着公共财政框架的构建，一系列的财政改革由此展开：

一是农村税费改革。农村税费改革分两个阶段进行；第一阶段是清费正税。主要包括"三取消、两调整、一改革"。第二阶段是取消农业税。在2000年对安徽全省进行农村税费改革试点的基础上，逐步扩大试点范围，2004年改革粮食流通体制，对农民实行直接补贴，全面取消了除烟叶外的农业特产税。2006年实现了在全国范围内取消农业税，这标志着几千年的"皇粮国税"终于成为历史。

二是推行以深化"收支两条线"管理、部门预算和国库集中支付等为主要内容的预算管理制度改革，在规范财政支出程序、减少资金周转环节、提高资金使用效率、推动政府职能转化等方面发挥了积极的作用。

三是改革财政支出结构，解决"缺位"和"越位"问题。随着财政收入较快增长和国债发行规模扩大，各项支出均有较大幅度增加；与此同时，各级财政加大调整支出结构的力度，财政用于社会性支出的比重不断提高。2006年我国就业和社会保障支出占总支出的10.78%；教育支出占11.81%；医疗卫生支出占3.26%；科技支出占3.05%；文体广播事业费支出占2.07%。①

四是深化税制改革。随着改革开放的深入，世界经济一体化的发展，我国在2001年正式加入了WTO，国内的经济和社会形势发生了深刻的变化。党的十六届三中全会明确提出了"分步实施税收制度改革"的任务，并提出了"简税制、宽税基、低税率、严征管"的改革原则。其主要内容为："改革出口退税制度。统一各企业税收制度。增值税由生产型改为消费型，将设备投资纳入增值税抵扣范围。完善消费税，适当扩大税基。改进个人所得税，实行综合和分类相结合的个人所得税制。实施城镇建设税费改革，条件具备时对不动产开征统一规范的物业税，相应取消有关收费。在统一税法的前提下，赋予地方适当的税收管理权。创造条件逐步实现城乡税制统一。"相对于1994年的工商税制改革，新一轮的税制改革是结构性、渐进式的调整：2004年首先在东北老工业基地对8大行业进行增值税转型的试点，并准备逐步向全国推广；从2006年1月1日起，个人所得税工资、薪金所得费用扣除标准，从800元调整到1 600元；2006年在全国范围内取消了农业税。2007年企业所得税法草案在十届全国人大五次会议上审议通过，从2008年1月1日开始新税法正式在全国实施。这标志着我国结束了实行内外有别的两套企业所得税法的历史，一个有利于企业公平竞争的税制环境正逐步建立起来；增值税转型试点范围扩大到中部六省部分城市；修订了耕地占用税和城镇土地使用税，统一了车船税；遵循加入WTO承诺，

---

① 资料来源：《关于2006年中央和地方预算执行情况与2007年中央和地方预算草案的报告》。

关税税率总水平由 2001 年 15.4%，降至 2004 年的 10.4%，2007 年将进一步降至 9.8%；等等。

财政分权改革：非对称性分权

1994 年分税制改革之后，政府间财政关系一个突出的特点是从"对称性分权"走向"非对称性分权"。所谓非对称分权就是收入倾向集权，支出倾向分权的财政体制状态。从图 1 中可以看出，我国中央财政收入占整个财政收入比重呈稳步上升趋势，但中央财政支出比重却呈下降趋势，非对称性分权特征比较明显。纵观各国的政府间财政关系，无论是联邦制国家，还是单一制国家，也不论中央与地方是否设立共享税，各国的中央政府都掌握了财政收入总额的绝大部分。美国、日本、澳大利亚等一些联邦制国家，中央集中的财力超过 60%。一些发展中国家，如印度，由联邦政府组织的税收占税收总额也达到了 65%～70%。在单一制的英国，其财力大部分集中在中央政府，地方自有财力安排的支出只有 1/3 左右，大部分支出依靠中央的转移支付。而从支出来看，由地方政府实际安排的支出数额在财政支出总额中所占的比例均超过了 50%。① 这种"收入集权、支出分权"的"非对称性分权"财政体制使中央政府逐渐掌握更多的财政资源，从而强化了中央政府的政治控制能力。

我们作为单一制国家，是否应该实行这种非对称性分权呢？根据我们国家现阶段的状况，我们有很多经济和社会方面的矛盾需要解决，面临很多的公共风险，中央政府不掌握相当的财力，若是中央向地方借钱过日子，对整个国家的统一和稳定都是不利的。非对称性分权在现阶段有存在的合理性。我国从 1994 年分税制财政体制改革以来，中央财政收入占整个财政收入的比重稳步上升，分税制运行第一年，中央直接组

---

① 刘尚希、李敏：《论政府间转移支付的分类》，财政部科研所《研究报告》2005 年第 63 期。

织收入占全国财政收入的比重为55.7%，比1992年高出27.6个百分点。虽然1994~1996年间由于经济发展中的一些新问题使中央收入增长速度有所下降，但从1998年起，中央财政收入占整个财政收入的比重一直在50%以上。这使中央政府能从容应对各种公共风险和公共危机，如1997年亚洲金融危机的冲击、2003年"非典"的肆虐以及公平缺失引发的社会矛盾等。财政能够更多地转向支持"三农"、公共医疗、就业、社会保障和环境保护等民生领域，这无疑得益于中央财政收入的稳步增长。

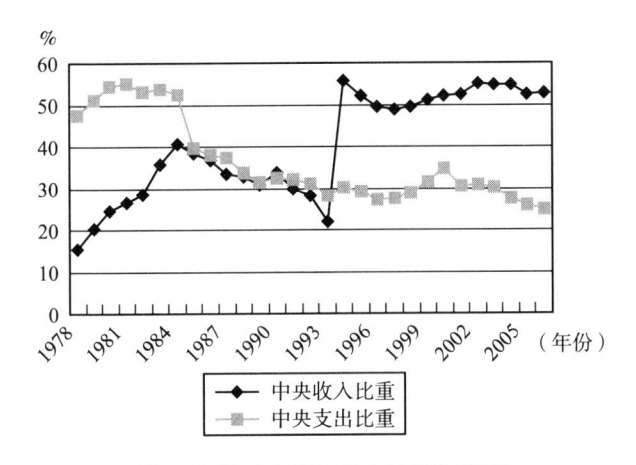

图1 历年中央财政收支比重变化图

资料来源：《2007年中国统计摘要》。

同时，在非对称分权改革的过程中，出现了基层财政普遍困难的局面。县乡政府负债成为普遍现象，其风险压力日益明显，在一些贫困县更加突出。反思现行分税制财政体制存在的种种弊端，主要还是因为在我国的经济发展水平和区域差异及对差距认识不足的情况下，以"同质化"为假设，照搬一般的原理来考虑，受"财权与事权相匹配"这个教条的束缚，将分税制扩大化所致。总体看，非对称性分权的财政体制符合我国当前的国情。

四、和谐：财政改革的趋向

党的十六届四中全会提出构建和谐社会的战略任务和奋斗目标，其中蕴含着当代中国社会价值取向的转变。这意味着中国的发展进入一个新阶段，站在一个新的历史起点。在今后相当长的一个历史时期内，中国的各项改革及政策都必须围绕这个任务和目标，作为政府手段的财政自然亦不例外。财政改革与经济建设、政治建设、文化建设和社会建设都有密切的关系，财政改革的目标是通过完善公共财政体系，促进这四个方面协调与和谐，防止"一条腿长，一条腿短"的现象。民主理财、民主财政本身就是民主政治的重要组成部分；公共文化体系的建设和各项社会事业的发展都依赖于财政支撑。财政不仅仅是促进经济发展的手段，也是推进政治、文化与社会建设的重要工具。

在经历了以经济增长为中心的"建设财政"，逐步走向"公共财政"，再到时下聚焦于民生问题的"民生财政"的改革历程后，财政改革在新形势下将面临新的任务：一是进一步改革政府间财政关系；二是保护公共产权，逐步实现公共生产要素的公平分配；三是改革公共服务提供机制，实现基本消费的平等化；四是提高财政运行透明度，加强财政制度的基础设施建设；五是进一步完善现行税制。

改革政府间财政关系

政府间关系涉及方方面面，但归结起来，主要是三要素：事权、财权、财力。各种不同类型的体制都是这三要素不同的组合而形成的。一般而言，事权、财权、财力三要素达到对称，才能使一级政府运转正常。但在不同的情况下，其对称方式是不同的。相对于事权，财权与财力都是手段，是为履行特定事权服务的。但这两个手段之间无必然的连带关系，是彼此独立的，财权与财力之间无对称关系。整体而言，只要满足财权或财力与事权对称即可，不要求三要素一一对称。

1994年的分税制改革主要就财权和财力这两个体制要素作了新的组合，即通过划分税种重新界定财权，通过转移支付制度重新配置财力，而事权则未做正式调整。这给后来的体制运行埋下了隐患。财权是基本锁定的，10多年来财权的调整变化不大，可视为一个不变量，而事权和财力则成为两大变量，事权可以非正式地调整，财力亦可以非正式地配置，可以说，省以下各级政府的事权、财力是不确定的。事权、财力的演变轨迹取决于各级政府间博弈的程度、方式和手段。县乡财政困难即是这种博弈的一种结果。因此，要从根本上解决县乡财政困难，必须减少事权、财权、财力的不确定性，针对不同经济发展水平，对体制三要素实行不同组合，仅仅强调"财权与事权匹配"是远远不够的。

考虑到我国现阶段的经济发展水平和区域差异和差距，分税制主要在中央与省一级之间实行，而省以下财政体制不宜一刀切地提倡搞分税制，可由各省根据本地的实际情况来设计省以下的体制。省以下体制不论如何设计，关键是要达到财力与事权的对称，使各级政府能够有效地履行其职责。省以下体制应可以考虑各主体功能区规划的要求，兼容分税、分成、分享等多种方式，从而形成分税制财政体制大框架下的双层模式。这就要针对各地实际情况，重新进行事权、财权和财力的组合，以使财政体制与我国区域发展的状况相吻合，并有助于遏制这种差距进一步扩大。如对一些经济发展完全依赖农业的地区，由于这些地区税源单薄，即使有了财权，也无法组织起与事权相匹配的财力。在事权一定的情况下，只有通过省以下的转移支付制度，才能实现事权与财力的对称。因此，对这类地区，转移支付制度的完善具有最为重要的意义。

公共产权的改革与保护

公共产权是由宪法规定下所形成的巨额存量公共资源，即以自然资源、政府实物资产、金融资产以及无形资产构成的。我国是一个公共资源和公营经济占有很大比重的发展中国家，前者如土地、矿藏、房产、非经营性资产等；后者有存在于各个行业的国有企业和为数可观的公共金融资产。广泛存在的各种形式的公共产权客观上决定了公共产权所带来的各种公共收入（占非税收入大部分）与公共权力带来的公共收入（主要为税收收入）其实应摆在同等重要的地位，如果认为公共产权收入是"芝麻"，不值得去捡起来，那就不只是会带来公共收入的流失，更重要的是会导致公共产权虚置和严重的社会不公。

在市场化的改革过程中，对公共产权保护不力，是整个经济改革中的最大问题。马克思早就说过，生产要素的分配决定生产成果的分配。公共产权得不到有效保护，由此产生的后果必然是生产成果的分配过分悬殊。公共生产要素在市场化过程中不能以市场的方式进入市场，不只是带来腐败，也使要素市场长期处于扭曲状态，加剧了收入差距的扩大，也由此形成了寄生于公共产权的利益集团。

公共产权是同财政作用大小正相关的，公共产权得不到有效保护，将会彻底抵消政府从税收和支出方面去校正分配差距的努力。

公共服务提供机制的改革

逐步实现基本公共服务均等化是我国构建社会主义和谐社会的一项重要内容。基本公共服务均等化目标的提出，体现的是以人为本与社会和谐的社会价值观和政策理念，是在人的基本需求层次——民生的公共服务领域实现公平。在城乡差距、地区差距、居民收入分配差距过大，社会公平面临挑战的情况下，基本公共服务均等化目标的提出标志着基本人权和民生领域的公平问题成为了构建和谐社会的公共政策目标。

所谓公共服务，是指政府利用公共权力或公共资源，为促进居民基本消费的平等化，通过分担居民消费风险而进行的一系列公共行为。居民消费风险包括可及性风险、可获得性风险和信息不对称风险。这些消费风险直接影响到公众的消费水平和消费质量,从社会层面来看,往往导致消费的严重不平等,因此需要政府对居民的消费风险提供保障。如果政府不分担这些风险,那么消费风险引致的消费不平等将会导致严重的经济、社会和政治问题。政府提供公共服务的目标是分担居民消费风险,以避免公共风险的扩散。公共服务的最终目标是促进消费的平等化,也就是通过政府干预来部分切断财富、收入与消费的因果关联,阻止财富和收入的不平等效应继续向消费领域蔓延。

提供公共服务是政府的一项基本职责。政府财力增强才能更好地实现公共服务均等化,这也是基本公共服务均等化的物质条件和财力基础。另一方面,基本公共服务是在其特定的体制下供给的,没有合理的基本公共服务供给制度及相关机制,那么财力再多也不会有效率,只能导致资源严重浪费。实现基本公共服务均等化是财力与制度两者相结合的产物,财力必须跟上,制度也要改进。

进一步提高财政透明度

政策或制度是公共性的,与社会民众的利益有密切关系,在其决定和实施过程中,应当有民众的广泛参与。这一方面有利于各项政策和制度安排体现社会民众的意愿和要求,增大政府政策和制度改革的社会认可度;另一方面,有利于集思广益,提高科学决策的水平。而要做到这一点,必须以提高透明度为前提。政府透明度的高低与一定的政治体制及其行政管理体制相关,对我国来说,提高政府运作的透明度是一个渐进的过程。就目前而言,可通过公共部门的各项改革,如行政体制改革、投融资体制改革、行政审批制度改革、财政体制改革、预算管理体制改革等,来逐步提高政府运行的透明度。在财政领域,就政府收支状况、赤字状况和债务状况等方面可以更全面、更详细、更及时地向社会公众披露,减少信息不对称带来的误解和不信任。特别是不断提高政府各种救助承诺的透明度,能够减少道德风险,使各类潜在的被救助对象形成更明确的预期,淡化"等、靠、要"的依赖思想,从而避免风险累积和向政府转移。

税制改革

税制改革已经成为当前的一种社会共识,但该如何迈步,显然取决于税改的理念。未来的税制改革应注意这样的几个问题:一是税制本身无优劣之分,不要就税制本身来断其"好"与"坏";只有把税制放到一定时期具体的税制环境中,才能评判税制的优劣。只有理性地把握税制改革过程中的现实问题,税制改革才能走向成功。二是税制改革要服从财政公共化改革的要求,一方面,财政公共化将为恰当的税收规模提供一个明确的标准;另一方面,决定了政府与民众的逻辑关系是"民众本位",税制设计必须是"以人为本",不能就税论税。三是税收的"工具价值"是有限的,只能达成有限目标。过分强调税收的调节作用,会对经济、社会运行过程产生扭曲。四是税制改革要有成本意识,不能不顾成本来推行所谓的理想税制。税收成本,包括征管成本、社会成本和各种税收超额负担。降低税收成本,最主要的是要简化税制,这不仅能降低税收征管成本,节约资源,而且能提高社会效率,减少税收对经济、社会运行过程带来的扭曲性。五是税制的设计要先考虑征管能力的制约性,既要考虑"应该做什么",更要考虑"能够做什么",税制设计只有适应现实的税收征管能力,才能提高税收征管效率,真正实现严征管的目标。六是不能以国际惯例来决定税制改革方案的取舍,税制设计必须从我国实际出发,针对我国税制环境和税制存在的问题,制定改革方案,他国的税制无法在我国简单地复制。

目前我国的财政改革正向纵深推进,但我们应该清醒地认识到,改革、发展充满不确定性,包括改革的路径、过程和结果都是无法预知的,传统的改革路径和改革方式不一定完全适应新形势下的新要求,在防范和化解公共风险和公共危机的理念引导下,不断进行新的探索,使财政改革更好地服务于经济发展、社会发展和人自身的全面发展,通过构建民生财政的过程,更加凸显财政对社会公平正义的支撑作用。

财政与宪政

阅读提示：

财政是国家公器，无疑地属于宪政的重要内容。各国的宪政道路都是把"主权在民"这个抽象原则转化为个性化的具体实践。而"主权在民"的原则要转化为一个国家的具体实践，面临着诸多的不确定性：一是社会利益结构的转换，二是具体实践形式的选择，三是宪政实践与宪政认识的关系，四是认识自身的不确定性。这诸多的不确定性汇成一个贯穿人类发展过程的难题：个体权利与公共权力的矛盾与冲突。这种矛盾和冲突也许只有在各种各样的公共风险与公共危机面前才有暂时的缓解。此文写于2008年。

Public Finance and Constitution

Abstract

Finance is a public instrument in a country, and is no doubt an important content of Constitutional policy. Every state put the principle of "popular sovereignty" into practice. Nonetheless the "popular sovereignty" principle confronts many uncertainties. First is the conversion of structure of the social interests; second is the option of implementation; third is the relationship between constitutional practice and constitution acknowledgement; the fourth is uncertainties of acknowledgement. All these various uncertainties cause a tough problem, the conflicts between individual rights and public rights. Throughout the process of social and economic development, the conflicts can be only alleviated temporarily in the face of various public risk and public crisis. This paper was written in 2008.

作为国家公器，财政在当今世界各国都具有极其重要的地位。但在其与宪法、宪政的关系上，对西方国家、转型国家和发展中国家而言，却有着很大的差异，这种差异是历史地形成的，也是在各种不同的历史、民族、文化和地缘环境中逐渐进化而成的。这是一个不确定性的进化过程，这个过程至今仍未停止。这喻示着它们各自选择的通往财政改革理想的现实之路也必然有着重大不同。

一、宪政与财政的中国语境

从历史长河的一幅幅定格画面来看，西方国家的财政是宪政的重要内容之一，二者有直接的内在逻辑关联，西方现代财政的形成过程，同时也是国家公共治理的宪政化的过程。如税收法定主义、预算的法定性、财政的公共性等现代财政基本规定性的形成，与公共治理的宪政化是同时进行的，都遵循着"主权在民"的准则。历史发展到今天，西方财政已经形成了一整套具有西方特色的公共选择规范和程序，并以内化到实践过程之中，观念和实践已经合二为一。故而在西方人的眼里看来，"税收法定"、"公共性"是无须讨论的既定前提——理论前提和制度前提，就像国人长期在小农经济基础上历史地形成的"皇粮国税"的观念和行为。他们的讨论都是在这样的前提下进行，对于社会大众而言，已经不需要对这些前提本身的含义以及设定这种前提的必要性做理论的探讨和实践的探索。

而对于我们中国而言，不曾存在西方国家市场经济推动下的宪政化过程，尽管在100年前，曾经有过学习西方宪政的设想，1908年当时的清政府颁布了《宪法大纲》并制定了九年规划，但很快就中断了。我国有五千年未曾中断的文明史，历史上一度辉煌，君临天下，唯我独尊。但近代的衰落和遭受的种种屈辱，萌发了国人"师夷以制夷"的决心，全面向西方学习，包括技术、军事、经济、教育、文化以及政治等。这个过程直到现在仍在延续，特别是改革开放30年来，这个过程在加速推进。作为国家公器的财政自然也在向西方学习之列，1998年政府明确提出"公共财政"以作为国家财政改革的方向，就鲜明地表明了这一点。这些年来，围绕"公共财政"这个话题做了许多的理论探讨和实践探索，进展是明显的。这表现在，越来越多的人对国家财政的"公共性"、"法定性"有了更准确的理解和把握，同时，通过预算管理制度的改革，财政收支过程的规范性、公开性和透明度有了明显的变化。观念的更新和实践的进展，共同在推进我国的财政公共化改革。从近30年的历程观察，财政改革之所以能取得阶段性的成功，关键是从中国国情出发，把从西方学来的共性的抽象理论转化为个性化的具体实践，并从实践中来加深理解"公共财政"的内涵和在中国环境下的特质。

二、宪政财政与公共风险

从宪政的视角来研究公共财政，成为近年来的一个热点。但宪政与其说是一种理论，倒还不如说是一种抽象原则——主权在民——指导下的历史实践。有宪法不等于有宪政，有宪政也不等于有一个理想的完美宪法。宪政的实践在世界各国是不一样的，就像市场经济一样，没有任何两个国家的市场经济模式是相同的。从实践的视角观察，而不是以西方某一个国家的静态定格画面为标准来衡量，当前我国财政的公共化改革实际上是走向宪政财政的必由之路，也可以说是宪政财政在中国的实践探索。因为我国财政的公共化改革遵循的是"主权在民"这个原则，至于外观形式可以多样化，不一定非得是"西洋风格"。

得出这个判断，并不意味着我国的财政改革已经走上了坦途，相反，通往中国特色的宪政财政之路还相当艰难。因为，未来不可预知，将来我国将会建立起一个什么样子的宪政财政，现在谁也无法得知，在这个复杂而持久的公共选择过程中，有许多的不确定性在等待着我们，考验着我们财政改革的智慧。只要现存的财政还能作为平衡各种社会利益关系的国家公器发挥作用，那么，既定的财政形式就不会被打破。工具的改进永远都是服从于目的，而历史的目的是由公共风险、公共危机催生出来的，并穿上公共理性的外衣而呈现在我们面前。在表现为公共理性的公共选择的背后，是惊心动魄的公共风险和危机在推动。正如温家宝总理在2008年3月18日的记者招待会上所言："一个国家的财政史是惊心动魄的。如果你读它，会从中看到不仅是经济的发展，而且是社会的结构和公平正义的程度。"这说明，财政改革是很不容易的，也可以说是最难的改革。让"主权在民"的原则在财政治理结构中得到彻底体现，那就意味着宪政财政的形成。显然，这是一个艰难的过程。

三、面临的不确定性

之所以艰难，原因在于"主权在民"的原则要转化为一个国家的具体实践，面临着诸多的不确定性：

一是社会利益结构的转换。从制度上对公共权力来源的重新确定，是社会利益结构的重塑，不是说一说就可行得通的。例如征税权、收费权、发债权，是让老百姓来决定还是由相关政府部门来决定？虽然我国具备了转换利益结构的良好政治资源，如宪法规定"一切权力属于人民"；处于执政地位的中国共产党的执政理念是一切服务于人民大众的利益；等等，但要真正做到并不容易。现实的情况是，老百姓对上述公共权力的行使并没有多大的发言权，往往是一些部门说了算，当部门权力异化时，缺乏相应的制约机制。

二是"主权在民"这个原则的具体实践形式的选择。财政民主是一种良好的形式，但仍是抽象的。老百姓如何参与公共收入、公共支出的形成过程？机制是什么？立法机关的意志与老百姓的公共意志是否能总是保持一致？如果不能，又有何矫正机制？如此等等，这些问题都没有现成答案，只能从实践中摸索。当前进行的预算管理制度的改革，如部门预算、国库集中支付、尝试参与式预算、细化预算编制等，都在一定程度上提高了财政运行的透明度，为老百姓监督政府财政并体现公共意志提供了一定条件。但今后如何进一步推进？采用什么样的政治程序和实现机制？如何区分"公意"与"众意"的表达？① 通过何种技术手段来反映公共资源配置的公共意愿？这些问题仍有待于进一步探索。尽管财政的公共化改革在理论上初步明确了政府与市场、政府与民众的逻辑关系，但转换成具体实践并不容易，所谓"知易行难"。

　　三是实践与认识的关系。这种关系通常是不确定的，尤其是从社会进化的历史过程来看。例如西方国家的宪政财政，是先有了一个清晰的理论认识，还是在实践探索中逐渐形成，之后才有了理论的总结？如果把"实践—认识"视为一个循环过程，那么，其起点是哪一个？这恐怕是无法分清楚的。从世界历史范围观察，有的国家可能是侧重于理论，而有的国家可能是侧重于实践，但都不是纯粹的。这对于我国来说，正处于不确定性的"多岔路口"，有多种选择在等待着我们，例如，把西方的某一种宪政理论拿来我国进行实践；临摹西方某一个国家的现存宪政模式；综合西方的宪政理论在我国进行多样化的实践；整体临摹，局部修正，或者整体修正，局部临摹；把西方的理论和我国的实践结合起来；依据我国的实践形成我国特色自己的宪政理论，并指导实践；创新人类已有的宪政理论，从而推动我国的宪政实践，如此等等，存在多种可能性。

---

　　① 卢梭认为，"公意"和"众意"是不能等同的。前者是公共意志的体现，反映一个社会有机整体的根本利益和长远利益；后者是个体意愿的简单相加，在数学形式上表现为多数人的意见，但不一定体现公共意志。

也许，我们依据现有的认识水平，可以作出某一种选择，但是否合理，最终只能让历史实践来检验。这也就是说，我们的选择是存在风险的，而且这种风险是公共的。

历史检验所给出的结论，从来都不是正面的肯定，都是以公共风险和公共危机的方式告诉我们。历史的进化就是以各种各样的接连不断的公共风险和公共危机来矫正人类的各种错误。以此来看，真正的历史起点是公共风险和公共危机，这既可以是认识上的，也可以是实践中的。从西方国家的宪政历程中不难看出这一点。

四是认识的不确定性。尽管"主权在民"的原则得到这个历史阶段的公认，但究竟什么是"民"？是集合概念还是个体概念？如果是前者，那么是有机的整体，还是个体的线性相加？进一步说，社会是一个生命有机体，还是一部由许多零部件组成的机器？不同的认识决定了对"民"有不同的理解。如果是个体概念，那么，"民"如何来掌握其主权？主权是不可分割的，分散的个体如何同不可分割的主权之间联系起来？或者说，如何把分散个体的意志整合成为公共意志？这是人类社会至今都未能解决好的难题，包括所谓的西方宪政国家在内。从古希腊城邦国家实施的民主到现代国家实施的民主，都不过是在探寻和求解这个难题。

如果说是个体的自然权利让渡形成公共权力，那么，正是个体的财产让渡形成公共财政。但在现实生活中，公共权力以及公共财政都获得了与其来源本身不一样的独立存在形式，从脱离母体的那一天开始，它们就在不断膨胀，尤其在现代社会，更获得了一种合法性存在形态，如以民主形式体现的公共选择。在公共权力、公共财政的膨胀过程中，公共风险和公共危机似乎成为它们的垫脚石，每经历一次，它们就膨胀一次。这即使在有个人主义传统的西方国家，这种趋势也是相当明显。"主权在民"的原则在不确定性的认识面前，事实上也变得不确定，其含义是由实际掌握话语权的那部分社会成员来赋予的，在现实过程中其对公共权力的约束已经日益弱化。

无论是从社会个体出发的个人主义，还是从社会整体出发的集体主义，在个体与整体的关系上面临着相同的问题——如何化解个体权利与公共权力的矛盾与冲突，即使是被"公认"的宪政国家也不例外。也许，我们应该超越已有"宪政"对我们认识带来的束缚，包括这个概念本身以及世界上现存的"宪政样板"给我们的束缚。如果宪政实践存在一个"中国模式"，那它对人类的意义无异于哥伦布发现新大陆，将带给人类一种全新的认识和启迪。

四、新的财政空间

既然对宪政以及宪政财政的认识还未终止，对此进行理论探讨就是有益的。我国的财政学研究一直谨慎地将自己的研究领域限制在经济学范围，对财政与宪政的关系问题基本上是避而不谈。近些年，有一些专家和学者开始重视并在各自的著作中明确提出公共财政的法治化和民主化。这些研究无疑对推动我国财政改革进一步深化具有意义。只是，囿于经济学和财政学的传统，财政法治化和民主化，大都未能更进一步提升到财政公共化改革的宪政层面。在法学界，宪法与财政结合而成的财政宪法逐渐成为当代宪法及财政法学研究的新潮流，但目前关注的更多是财政立宪主义，尚未将其置于我国整个宪政体系的大背景之下，未将重心转至财政宪政的实践——宪政财政。在具体理论和制度上，许多问题有待深入，如财政民主制和法治化似乎已是法学界的共识，但对它们的实质内涵进行深入剖析的还不多见。

基于其经济、社会、政治等多重属性，财政横跨经济学、政治学、社会学、法学以及公共管理等诸多领域，财政公共化改革的宪政问题研究，给理论界和实务界提供了更丰富的想像力和更广阔的研究空间，这需要我们打通各相关学科的关节点，在各学科坚实的研究成果基础上实现融会贯通，渐渐形成一个脱离依附状态的独立"财政学科"体系。

在现代社会，处于公共领域的财政学正在逐渐成长为一门新兴的综合性学科，经济学思维将无法成为财政学的普照之光，而只是其中的一个元素。宪政财政的研究将为这门新兴学科的成长注入动力，为我国财政的公共化改革提供更大的选择空间。

公共消费：一个简要的分析框架

阅读提示：

现有文献中关于公共消费的表述方式五花八门，诸如"政府消费"、"政府的消费性支出"、"社会公共消费"等等。目前关于公共消费的定义还未达成基本共识，在西方国家至今也未发现针对公共消费的全面深入论述。随着公共化、社会化程度的提高，公共消费的作用变得越来越重要。但如何从理论上来认识这个问题，仍是一个有待于拓荒的课题。本文从公共消费的内涵、本质属性及其与经济发展、社会进步的内在联系做了初步的探讨。本文形成于2007年底。

Public Consumption: An Explicit Analytical Framework

Abstract

Current references concerning the expressions on public consumption are various, such as "government consumption", "government social expenditure", "public social consumption" and so on. At present, there is no agreement on the definition of public consumption. So far no deep discussion has been found about public consumption in western countries. As publicization and socialization improve, the function of public consumption becomes more and more important, but how to recognize the problem in theory remains to be a research project. The essay discusses about the preliminarily concept, property of public consumption, and its inner connection with economy development and social progress. This paper was written in the end of 2007.

一、已有的研究

从各种相关文献中出现过的、且为数不多的"公共消费"概念来看,其内涵与外延各不相同,这反映出人们对此概念的理解是大相径庭的。大体上可分为如下三类:

狭义的公共消费

狭义的理解是把"公共消费"等同于"行政性消费"。一些学者认为,所谓"公共消费"实际上就是政府的行政性消费,也就是维持政府机构日常运转的那部分政府支出。这种关于公共消费的认识是视同于政府自身的消费,而没有看到政府为之服务的社会群体。

在早期,联合国对公共消费的定义就是狭义的。例如,联合国1980年所确定的政府支出科目中,公共消费(Public Consumption)被认为包括:(1)一般公共服务支出,主要用于立法活动、一般行政管理和外交事务;(2)公共秩序与安全支出,指对司法、警察、消防和监督等机构的拨款;(3)国防支出,主要用于维持武装力量。

国内学者也有基于此来看待公共消费的,如于长革从我国的财政支出科目出发,将公共消费视为主要包括行政管理支出和国防支出两部分。他认为行政管理支出包括:"(1)立法机构支出,主要用于人民代表大会的各项经常支出,包括各级人大机关经费、各级人大常委会和各级人民代表大会会议费、人大代表视察和选举费等;(2)行政支出,主要用于各级政府机构的经费开支;(3)公共安全支出和国家安全支出,主要用于公共安全机关、国家安全机关、警察学校等的经费开支;

(4) 司法检察支出,主要用于各级法院、检察院以及司法行政机关的经费开支;(5) 外交支出,主要用于国家外事机构进行外交活动的经费开支;(6) 党派团体补助支出。"而国防支出则是"政府用于国防建设和保卫国家安全的费用,主要包括维持费和投资费两大部分"。在谈到上述这些公共消费项目为什么必须由政府承担时,他指出"行政管理、法律秩序和公共安全等公共消费支出的产品,具有强烈的外溢性特征,因此公共消费理所当然由政府来提供"。①

又如邹恒甫在谈到社会主义的经济增长时,指出"严格意义上的公共消费,不包括政府在公用设施、住宅、公共健康、社会福利与教育等方面的开支,上述这些支出是政府的非生产性投资,当然,这些投资是与长期的、公共的消费或多或少相关的"。②

广义的公共消费

一部分学者认为,公共消费实际上包括了从非生产性投资到行政性消费,再到社会性消费的全部政府支出,这是广义上的"公共消费"。

在各类经济大辞典中,有明确"公共消费"词条的就是厉以宁教授主编的《市场经济大辞典》,对于公共消费这一概念,辞典做了如下解释:"公共消费亦称'社会公共消费'或'集体消费',它是为满足人们共同需要的消费,由社会集体及居民团体等消费单位进行的对物质消费品和劳务的消费活动。它也是社会消费的一种基本形式,包括对文化教育、医疗卫生、妇幼保健、公共住宅、公共食堂、公共交通、公用事业的设施和福利设施等的消费。公共消费是由社会(或集团)来组织的,但从这种消费中得益的,仍然是个体消费者。公共消费是劳动力再生产的不可缺少的一个组成部分,因为具有专门劳动技能,能掌握和

---

① 于长革:《政府公共消费的经济效应及其政策含义》,载于《当代经济科学》2006年第5期。
② 邹恒甫:"Socialist Economic Growth and Political Investment Cycles," *European Journal of Political Economy*, 7 (1991), pp. 141–157。

运用现代科学技术的劳动者，必须通过社会公共消费来培养。从主观上看，人们许多精神生活需要、文化生活需要、发展智力的需要等，必须通过社会公共消费才能得到满足；从客观上看，有些生活资料不适于个人消费，或者个人无力消费，也必须有社会公共消费。公共消费是一定生产发展阶段的产物，作为社会消费的一种形式，公共消费的变化趋势是：随着社会生产力的不断提高，公共消费的总量及其在社会总消费中的比重将上升。但现阶段社会劳动生产力还不够高，用于公共消费的那部分产品和劳务不能增长太快，否则会降低个人消费，影响劳动者的生产积极性，最终影响生产和消费的应有的发展。"①

又如西方学者 D. N. Wolff, AJIT Zacharias 与 Asena Caner 也将公共消费视为非生产性投资、行政性消费与社会性消费的合集，并在其有关公共消费与居民财富一文中指出：调节公共消费所造成的居民货币收入相对增加将降低经济不平等性，这种调节方法对居民"经济幸福感"的影响程度优于政府对居民财富增长的调节。②

中义的公共消费

所谓中义的公共消费，是指包括"行政性消费"与"社会性消费"两部分的公共消费，介于狭义和广义的公共消费概念之间。

例如西方学者 Giovanni Ganelli 与 Juha Tervala 将"公共消费"视做与"公共设施"相对的概念，他们指出：公共设施能促进生产，而公共消费可提高效用。在短期中，以降低公共消费为代价换取公共资本的增长，是得不偿失的。③

---

① 厉以宁：《市场经济大辞典》，新华出版社1993年8月版，第426页。
② Giovanni Ganelli, AJIT Zacharias and Juha Tervala: "Household Wealth, Public Consumption and Economic Well-being in the United States," Cambridge Journal of Economics, Vol. 29, Issue 6, pp. 1073 – 1090, 2005。
③ Giovanni Ganelli and Juha Tervala: "Public Infrastructure, Public Consumption and Welfare in a New-Open-Economy-Macro Model," IMF working papers, 07/67。

又如胡鞍钢（2007）在谈到财税体制改革与公共品提供问题时，指出公共消费支出包括政府本身支出及政府在教育、卫生、健康等方面的支出。他还指出稳健财政政策的目的"不是基于投资"，主要还在于"刺激一些消费，特别公共财政领域的消费"。从实践上看，"公共消费支出如果扣掉政府本身支出以外，已经带动了城乡居民消费支出增长"。①

小结

（1）在上述三类关于"公共消费"的认识中，除第一类有较明显的缺陷外，第二、第三类都有合理成分。但是，总体而言，这两类认识也是比较杂乱、模糊的，由于没有进行具体分类，"公共消费"看起来还是一个包含诸多内容的庞杂概念。

（2）部分学者已经认识到了公共消费与劳动力素质高低的关系，即通过公共消费能够满足劳动者的基本消费，包括物质产品和精神文化产品的消费，有助于实现劳动力的内涵扩大再生产。

（3）对于公共消费增长与促进居民效用、福利的关系，西方学者做了基于数理分析的考察，他们认为公共消费增长与居民效用、福利的提升有着直接和不可替代的重要作用。

（4）公共消费与居民消费的关系，有两种不同观点。一种观点认为两者处于对立状态、此消彼涨；另一种观点认为公共消费对居民消费有带动作用。但对于各种作用的形成机理，目前还未有深入分析。

（5）有学者认为公共消费的变化趋势是公共消费的总量及其在社会总消费中的比重都在提高，这符合经济和社会发展的基本趋向。

（6）总体来看，所有关于"公共消费"概念的解释都将重点不自觉地放在了"消费"上，而对修饰"消费"概念的"公共"一词认识

---

① 胡鞍钢：《财政体制和公共品提供》，在第五届中国经济展望论坛上的演讲，2007年12月21日。

不足。这恰恰是对"公共消费"概念认识不清的根源。不能充分认识"公共"的含义,对"公共消费"的内涵也就难以清晰,对其外延自然也就有多种界定。

二、公共消费的定义

给公共消费下一个明确的定义,是研究的基本任务,也是深化研究的起点。实际上,由于世界本身的复杂性与语言表述的局限,给"公共消费"这一概念所下的定义只能是初步的、基本的。为了全面阐述公共消费的内涵与外延,将先从与公共消费密切相关的几组概念的辨析入手。

公共消费与私人消费

对公共消费与私人消费[①]的辨析,将主要围绕"公共"与"私人"这两个概念展开,因为这从本质上体现了公共消费与私人消费的区别。

公共与私人的界分,涉及到人类的两种存在形态——一方面是个体的存在,一方面是群体的存在。作为个体的存在,人以逐利为动机,通过分工与交换不断获得个体利益;作为群体的存在,人们以防范与化解公共风险为最高目的,并通过制度与政治的不断改进来求得群体安全。沿着上述两条线索,我们就可以观察公共消费与私人消费:那些与防范和化解公共风险相关的对于社会产品、劳务的消耗活动,属于公共消费;那些与追求私人利益相关的对于社会产品、劳务的消耗活动,属于私人消费。可见,只有与防范与化解公共风险联结起来的,才是"公共"的,也就是说,"公共消费"与防范、化解公共风险须臾不可分

---

① 在不十分严格的意义上,我们也将"公共消费"称为"政府消费";将"私人消费"称为"居民消费"。

离,后者是前者的逻辑起点。此外,在人类历史上随着国家与政府的产生,逐渐有了专门的"公共部门",公共部门的职责,就在于防范与化解各领域的公共风险。

公共消费与公共产品、公共服务

对公共消费与公共产品、公共服务的辨析,将主要围绕"消费"、"产品"与"服务"这三个概念展开,正是在这一点,上述三个概念形成了区分。

消费与产品、服务这两个概念不属于同一逻辑层次。从层次上看,产品与服务属于供给,供给与消费是同一层次的不同侧面。在产品、服务两个概念之中,服务体现的是一种过程,而产品是一种形态,通常以某种物理形态呈现出来。在私人领域,产品、服务的供给与消费都是很清晰的。可一旦进入公共领域,二者之间的边界就变得很模糊,公共产品、公共服务成为似乎是说不清的概念。究其原因,是公共产品的内涵逐渐地发生了变化,比喻的色彩越来越浓厚,与物理形态的产品越来越远。路灯作为一项公共设施,无疑地是属于公共产品,而国防、社会治安、公共卫生、甚至制度本身等也视为公共产品,前者看得见,摸得着,后者却难以直接感受。其实,站在消费者的角度看,公共产品,或者公共服务带来的都是一种效用。即使是有形的公共设施,带给消费者的也是一种效用。在这个意义上,政府提供的所有的东西,都是一种服务,路灯提供的是照明服务,经典的公共产品例子——灯塔所提供的是导航服务。

因此,一旦进入公共领域,站在消费这个视角来观察,与其说是提供公共产品,倒不如说是提供公共服务。当然,从公共服务的提供过程来看,总是离不开各种各样的"私人产品"作为要素来供给,构成公共设施的要素都是私人产品,如水泥、钢材;构成国防这项所谓纯公共产品的要素,也是私人产品,如枪炮、营房、服装。若是从供给的角度来观察，对于具有某种公共服务功能的设施、行为甚至制度，也可以称之为"公共产品"。如果说一定要区分公共产品和公共服务这两个概念，前者是指功能意义上的，后者是指效用意义上的。功能产生一定的效用，而效用来自于特定的功能。而公共消费既可以指对公共产品的消费，也可以说是对公共服务的消费，但在逻辑上不能并列放在一起表述为消费"公共产品和公共服务"。公共消费与公共产品、公共服务这三个概念总体上可以认为是对同一事物从需方与供方、功能与效用、结果与过程等多个角度分别作出的描述。

公共消费与公共储蓄、公共投资

在宏观经济系统中，有如下公式：

公共支出 = 公共消费 + 公共储蓄　　　　　　　　　　　　　(1)

公共储蓄 = 公共投资　　　　　　　　　　　　　　　　　　(2)

由（1）式可见，所有公共支出只能要么归于消费，要么归于储蓄（实际上，公共储蓄在定义上就等于公共支出与公共消费之差，所以该式为恒等式），而公共储蓄在量上就等于公共投资（如2式），公共投资包括资本转移（投资性补助）、资本形成等内容。

消费是产品和劳务的消耗，它不会带来新的现金流；储蓄或投资则是资本存量的增加，它可能带来未来的现金流。在此需要特别指出的是，公共投资中有一部分"消费性投资"支出，具有"即期投资、分期消费"的特点（如公园、博物馆、图书馆等公用设施），它也不能在未来带来现金流，这部分公共投资具有特殊的属性。

公共消费的定义

至此，我们通过以上分析大致可勾勒出一个关于公共消费的轮廓。对于公共消费的定义，尝试着表述如下：公共消费是指以政府为主体进行的消费活动，其消费对象是政府提供的公共服务，其消费方式是集体性的，其目的是防范与化解消费性公共风险，避免人自身发展的危机。简单地说，公共消费就是出于防范公共风险的目的而以公共方式进行的消费活动。在这里，公共消费是广义的，行政性消费、社会性消费和消费型投资。在支出的意义上，只有前两部分构成当期的公共消费，而建设公共设施的支出形成物质资本的积累，不论是否在未来产生现金流，都归结为公共投资，不属于公共消费。但在最终用途意义上，出于消费目的而进行的投资，也应归结为公共消费。消费性投资和生产性投资毕竟有本质区别。为了便于区分支出意义上的公共消费和用途意义上的公共消费，我们把后者可称为"公共总消费"（如图1所示）。但在行文中并不作这种严格的区分。公共消费是伴随着人类的产生而产生的，随着人类的不断发展，公共消费的总量及其在社会总消费中的比重将呈上升趋势。

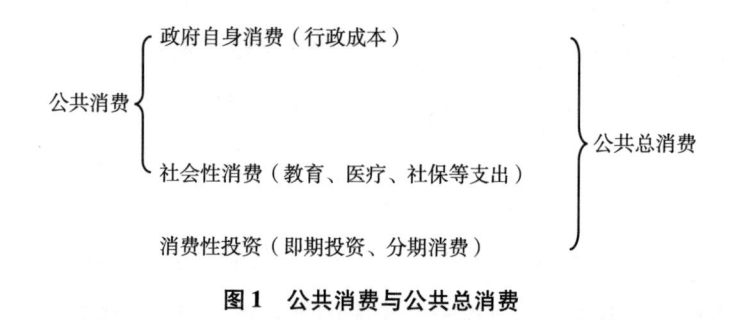

```
                ┌ 政府自身消费（行政成本）
                │                                   ┐
   公共消费  ┤  社会性消费（教育、医疗、社保等支出）  ├ 公共总消费
                │                                   ┘
                └ 消费性投资（即期投资、分期消费）
```

图 1　公共消费与公共总消费

一般地，公共消费具有如下特征：

1. 集合性

公共消费的"集合性"即它的群体性，这是由"公共"的本质决定的，也就是说，公共消费满足的是化解消费领域中公共风险的需要，而不是那些靠个人、家庭和单位力量可以解决的消费需求。因此，公共消费不能分割，只能集体地共同消费。这种集合性还要求公共消费的决策实行民主化，并以公权力保障实施。

2. 消耗性

公共消费的"消耗性"是由消费的本质决定的。公共消费的结果，不是积累财富、扩大现金流，而是增加效用。这种消耗是人类自身的生产与再生产过程必不可少的。

3. 平等性

平等性是公共消费的内在特征。正因为是"公共"的，是面向全体社会成员的，所以这种消费不能带有歧视。否则，如果公共消费变为一部分人对于另一部分人的消费剥削，公共消费的"公共"性就丧失了，它就至多只能被称为"集团消费"或其他名称。但在现实生活中，却不排除这种平等性只在部分社会成员中实现，例如我国城市的公共消费具有平等性，但在城乡之间却极其不平等。

4. 基础性

从与私人消费的比较来看，公共消费日益成为整个社会的各种消费活动的基础，或前提。没有公共消费，其他的消费就会萎缩，甚至停止。现代社会是一个分工程度很高，社会成员之间有高度相互依赖的社会，每一个社会个体每一秒钟都离不开公共消费活动，或者说是以公共消费的存在为基础的。如供水、排水这样的公共设施，都是用于公共消费的，谁也离不开，私人的消费活动是以此为前提的。这在相互依赖程度更高的城市生活中表现得更为明显和直观。

5. 公共目的

公共消费只能以防范与化解消费性公共风险为目的，这既是公共消费的最低纲领，也是最高纲领。一方面，公共支出的有限性决定了公共消费只能涉及基础性的消费领域；另一方面，消费领域公共风险的特定界限也决定了公共消费不可能无限制地延伸至那些与公共风险无关的项目。公共风险的状态决定了公共消费的规模，也约束了公共消费的边界。

6. 扩展性

公共消费的内涵是稳定的，但其外延却随着经济社会分工度的提高而存在不断扩展的趋势。经济社会分工度越高，社会成员消费的相互依赖程度就越高，隐藏的公共风险就越大，就越来越需要以公共方式来消费，从而导致公共消费规模扩大。例如食品、药品的私人消费面临着越来越大的公共风险，在这种情况下，人们对食品、药品的安全性要求越来越高，也就要求政府提供这方面更高要求的更多公共服务。表现在支出上，意味着政府这方面的消费性支出比重将扩大。再如各种公共性疾病（传染病、慢性病、职业病等）增多，也会使公共卫生这类公共健康消费扩大。总体来看，公共消费将呈扩展的趋势。

三、公共消费与公共风险

既然"公共"是"公共消费"的逻辑起点，"公共风险"又是"公共"的发展动力，① 我们就有必要探讨究竟是什么样的公共风险催生了公共消费，公共消费又如何能够防范与化解这些风险，即从理论上解释、澄清公共消费"所以然"的问题。

消费风险

直观地看，消费无论如何是个人、家庭之事，属于个体领域。但"个人之事"，如何会演变成为一种"公共之事"呢？这要首先从居民消费风险谈起。

从社会整体来观察，居民在消费过程中总是会面临各种各样的风险，这些消费风险归纳起来有三类：一是可及性风险，即有钱也买不来的风险。如洁净的水和空气、良好的社会治安等，站在个体角度看，不是谁有钱谁就可以买得到的。在水和空气被污染、社会治安不好的情况

---

① 关于公共、公共化、社会化等相关基础理论的论述，读者可以参阅本书《公共化与社会化的逻辑》一文。

下，意味着富人和穷人都面临着同样的消费风险。二是可获得性风险，即买不起的风险。例如食品、教育、医疗、养老等，如果没钱就不能消费。在市场社会，总会有一部分社会成员会面临着这样的风险。三是信息不对称的风险。在高度分工的社会，消费的对象物都是由他人提供的，其质量如何，安全性怎样，消费者所了解的内容是十分有限的，甚至完全不清楚。如食品、药品的安全性以及医疗、教育的质量等，由于受生产分工和知识分工的限制，人们对此往往是不清楚的，通常是依据感觉或他人经验来判断，只能是被动接受，只有等到在消费中出现了严重后果才知晓。①

显而易见，假如没有政府介入，可及性风险、信息不对称风险将无法通过消费者个人来防范和化解，所有社会成员都会遭受损害。可获得性风险虽然总是只覆盖一部分社会成员，但从变化的角度看，所有社会成员都可能有"机会"面临这样的消费风险，落到"买不起"的境地，无钱满足基本的消费。俗话所说，三十年河东，四十年河西，有的人会变穷（这种风险来临），有的人会变富（化解了这种风险），但低收入者、赤贫者总是会存在，他们的基本消费将得不到保障。这样，社会就会出现消费的严重不平等。慈善机构可起到一定作用，但无法使消费中的可获得性风险变得最小。因此，上述三大风险通常离不开政府来防范和化解，也就是由政府来分担居民的消费风险。这个分担的过程，也就是公共消费的过程。

公共消费是消费风险变异为公共风险之后的产物

假如政府不加干预，任凭市场发挥作用，上述三类消费风险将会变异为公共风险。也就是说，如果政府不提供各类公共服务来实现公共消费，居民消费风险就得不到分担，从而也就会衍生出各种各样的公共风

---

① 刘尚希：《基本公共服务均等化：若干问题的思考》，载于《财政研究简报》2007年第15期。

险。反过来看，若是这样做不会衍生出各种公共风险，那么，公共消费也就是多余的了，没有必要存在。而我们直接观察到的事实是，公共消费已经现实地存在，公共风险却反而感觉不到。为此，我们不妨反向推理：如果没有公共消费，我们的经济社会发展将呈现怎样的格局呢？显然，公共消费若是消失，我们将不得不面临至少如下一系列经济、社会领域的公共风险。

1. 宏观经济失衡

社会总供需平衡是宏观经济稳定的基本条件。消费作为社会总需求的重要组成部分，对宏观经济能否趋向平衡具有关键性作用。从消费总量来看，包括居民消费和公共消费。由于二者性质不同，实际上是难以互相替补的，一旦公共消费缺失，消费总量自然就会直接减少，使消费需求不足。另外，由于公共消费具有基础性作用和消费风险分担的功能，在公共消费不足的情况下，居民消费预期的不确定性放大，居民将会增强储蓄动机，弱化当期消费意愿，从而导致私人消费也会相应地萎缩。这样一来，消费需求就会更加不足。在消费需求萎缩的情况下，除非投资和净出口能够弥补这其中存在的差额，社会总供需就会失衡，导致经济萧条。进一步分析，即使投资和净出口能够弥补消费需求缺口，也只能是短期的，时间一长，将会导致结构性失衡，将种下经济危机的恶果。从我国近十年来消费率不断下滑，结构不断扭曲的情况不难证实这一点。不难看出，公共消费缺失和宏观经济失衡有直接的联系。

宏观经济失衡好比是慢性病，已经蕴涵着经济危机的胚芽；若对此无清晰的认识，公共风险就会演变成现实的公共危机。

2. 经济发展后劲不足

前文已经述及，公共消费是劳动力再生产不可缺少的一个重要条件，因为具有专门劳动技能、能掌握和运用现代科学技术的劳动者，必须通过公共消费来实现，如健康、基础教育、培训等方面的公共消费，对人口和劳动力再生产的质量具有至关重要的作用。社会成员的平均素质和基本能力是基于消费而形成的，公共消费在其中的作用不可替代。

从人力资本积累、社会资本形成的角度来看，公共消费是基本条件。政府在健康、教育等方面提供的公共消费不足，人力资本和社会资本也将会同时短缺。这对经济增长产生的负面影响将是长期的。内生增长理论、人力资本理论、社会资本理论都从不同的侧面已经揭示了这一点。而我国的实现实际上也已经为此提供了证明。我国经济实力大而不强，国际竞争力不足，创新能力不足，皆源于劳动力素质的普遍低下，人力资本、社会资本的积累远远慢于物质资本的积累。健康素质、劳动技能、社会诚信等关于人力资本和社会资本的关键因素将从整体上影响经济社会发展的后劲，并衍生出医疗、就业、贫困等一系列难以化解的公共风险。

不必有复杂的证明就可发现，发展后劲与公共消费有直接的关联。公共消费不足的直接后果就是发展后劲不足，不可持续的风险加大。

3. 社会差距加大

在各种社会差距中，最重要的就是消费差距，这是基础性的。在没有公共消费的情况下，居民消费风险往往导致消费的严重不平等，进而引发严重的经济、社会和政治问题。在市场经济条件下，资本支配着劳动并在经济上产生不平等（主要体现在财富与收入的不平等）。如果这种不平等任其蔓延，公共消费不到位，大众消费风险得不到适量分担，将由此产生严重的消费不平等，一部分社会成员的基本生存和基本能力的发展都将无法实现。社会差距由此扩大，威胁社会稳定与和谐。从这个视角来看，公共消费一旦缺失，经济上的财富差距、收入差距将会直接延伸到消费，并放大消费的差距，进而形成社会领域的公共风险。长此以往，社会差距不断积累，最终将会引致严重的社会危机。

4. 公平正义缺失

起点公平是一切社会公平、正义理念与实践的基础，而公共消费与社会的起点公平密切相关。所谓"起点公平"，指的就是每个社会成员需要在相对公正、平等的起点展开竞争，至于在同一起点出发后出现的社会个体之间的不平等，则在很大程度上与个人的努力程度相关。如果失去了起点的公平，社会公平正义就根本无从谈起。

必须指出的是，公共消费正具有促进社会成员起点公平的重要作用，因为每个人必须在竞争的起点具备最基本的身体素质、知识素质、技能素质等，而这无疑与人的基本消费——包括基本营养、基本住房、基本教育、基本保健①——息息相关。如果没有公共消费，那么，势必有一部分社会成员的基本消费就无法得到满足，一部分社会成员也无法拥有基本能力，如基本的文化素养和健康的体魄。这些缺乏基本能力的社会成员在起点上就失去了参与竞争的资格，最终会被社会边缘化，成为社会的包袱，甚至成为社会的破坏力量。拉美国家在这方面的教训无疑地证明了这一点。社会的公平正义一旦缺失，社会成员的心理就会发生分化，进而形成社会分化，甚至社会分裂，社会的稳定、和谐便会遭遇危机。

公共消费因公共风险而产生

问题和解决问题的手段是同时产生的。有了公共消费，上述由私人消费风险转化而来的公共风险便可得到抑制。也正是抑制公共风险的需要，公共消费才有了产生和存在的正当理由。在这个意义上，公共消费也是人类社会进化到现代社会而内生出来的一种手段。

没有公共消费，经济社会发展将至少面临上述几类公共风险；反之，有了公共消费，经济社会的发展就会减少许多风险与不确定性。因此我们可以说，公共消费因消费领域的公共风险而产生，其目的就在于防范与化解公共风险。实际上，公共消费与公共风险处于矛盾的统一体中，它们是对立统一的关系：一方面，公共消费对公共风险产生消解作用，两者相互对立；另一方面，如果没有公共风险，公共消费也会归于消失，两者在动态中实现平衡统一。从我们可观察到的现实来看，正是一定规模的公共消费发挥着防范与化解消费引致的公共风险的作用，使

---

① 刘尚希：《实现基本消费的平等化是民生问题的要义》，载于《学习月刊》2007年第7期。

经济社会发展处于基本安全的状态。

综上所述，既然公共消费是以防范与化解公共风险为目的，在公共部门提供公共服务以供公共消费的过程中，实际上同时就是化解公共风险的过程，只是在福利主义思维的引导下，使我们难以看到公共消费背后的公共风险。

那么，公共消费是如何防范与化解公共风险的呢？其传导机制是什么？这将在下面作进一步的分析。

四、公共消费与宏观经济平衡

宏观经济平衡在这里指的是社会总供给与社会总需求之间的平衡，这离不开对消费、投资、出口等宏观经济变量之间的关系进行分析。

宏观经济中的消费、投资与净出口

1. 基本等量关系

在国民经济中，有如下等量关系：

国民收入 = 消费 + 投资 + 净出口　　　　　　　　　　(3)

国民收入 = 消费 + 储蓄　　　　　　　　　　　　　　(4)

消费 = 私人消费 + 公共消费　　　　　　　　　　　　(5)

储蓄 = 国民收入 − 消费 = 投资 + 净出口　　　　　　(6)

（3）式中的消费、投资与净出口就是我们俗称的国民经济发展的"三驾马车"。投资是指资本存量的增加，在国民账户中，投资表现为经济主体为购买新生产出来的资本品而进行的支出，其目的是为了直接在生产中获取现金流；消费是指社会物质产品和劳务的减少，在国民账户中，消费表现为经济主体为购买新生产出来的消耗品和服务而进行的支出，它不会带来现金流，其目的是为了直接满足特定主体的需要；净出口是指国民支出不足（表现为顺差）或超过收入（表现为逆差）时输出本国最终产品和服务，或者输入他国最终产品和服务。

（3）式和（4）式应相等，这样，社会总供需才会平衡。但消费偏低时，从（6）式知道，储蓄率就会偏高。这时，社会总供需要达到平衡，储蓄要么转化为投资，要么转化为净出口，即顺差。当储蓄＝投资时，净出口等于零，表明进口的货物与服务等于出口的货物与服务。当储蓄＞投资时，净出口大于零，这意味着：净出口＝储蓄－投资＝储蓄剩余＝顺差，表明国民支出不足。反之，表明储蓄不足，经常项目出现逆差。

从上述关系式不难看出，消费与净出口有内在联系。在投资率一定的条件下，消费率偏低，就会出现顺差，而且消费率越低，顺差就越大；反之，消费率偏高，就会出现逆差，而且消费率越高，逆差就会越大。假如投资率较为合理，那么，净出口的状态实际上同时表明消费的状况：顺差大，表明国民处于低消费状况，国民支出不足；逆差大，表明国民处于高消费的状况，国民超支出。

2. 我国宏观经济现状

我国宏观经济面临的问题，集中表现为消费偏低。实际上，高积累、低消费在我国长期存在，只是近年来随着宏观经济、社会发展形势的变化，它越来越不能适应客观需要而成为了一个"问题"而已。2000年以来我国的GDP消费率连年降低，已从高于60%跌至50%；与此同时，我国的GDP资本形成率、GDP净出口率快速上升，尤其是净出口，2004年后更呈现出加速发展趋势。[①]

低消费导致的内部失衡要靠外部失衡来解决，日积月累，总量失衡带来结构性失衡，造成国民经济对外依存度不断提高，经济发展方式难以转换。我国的低消费不仅是自己与自己比较得出的结论，也是与国外进行比较得出的结果。我国的消费率不仅大大低于发达国家，甚至低于

---

① 刘尚希、王宇龙：《财政政策：从公共投资到公共消费》，财政部财政科学研究所《研究报告》2007年第99期。

如巴西、印度、印度尼西亚、埃及等国家。消费不足已经成为我国各种"经济病"的根源,并在产生各种并发症。正是基于此,中央政府已经提出,"要使我国居民消费率稳步提高",以"形成节约能源资源和保护生态环境的产业结构、增长方式、消费模式",只有这样"坚持走中国特色新兴工业化道路,坚持扩大国内需求特别是消费需求的方针,促进经济增长由主要依靠投资、出口拉动向依靠消费、投资、出口协调拉动转变"①等政策导向才能变为现实。

公共消费对社会总消费的扩张效应

公共消费对社会总消费的直接扩张效应是显而易见的,因为其本身就是社会总消费的重要构成部分。此外,公共消费的扩大也可以促进居民消费水平与质量的提高,进而扩大居民消费。

公共消费对居民消费扩大的作用方式之一就是化解居民消费风险。一度推行的公共领域市场化改革和由此带来的消费不确定性,在降低公共消费,尤其是社会性消费的同时,给居民消费带来了一系列风险,导致居民消费长期处于相对萎缩状态。无论是可及性风险、可获得性风险抑或信息不对称风险中的哪一类居民消费风险,都可通过政府的公共消费行为来防范与化解。通过降低居民消费的不确定性与风险,公共消费对居民消费产生扩张效应。

公共消费对居民消费扩大的作用方式之二就是"挤入"居民消费。在一些领域,公共消费和居民消费具有此消彼长的替代关系。也就是说,如果政府的公共消费上升了,居民部门将大量替换出用于教育、医疗等方面的开支,并将其转化为其他方面的消费,居民部门的消费由此扩张,产生消费的"挤入效应"。

公共消费对居民消费扩大的作用方式之三就是通过消费性投资带动

---

① 胡锦涛:《高举中国特色社会主义伟大旗帜,为夺取全面建设小康社会新胜利而奋斗——中国共产党第十七次全国代表大会报告》,2007年。

居民消费。居民消费偏低（也包括一部分公共消费偏低）的原因，与消费性投资不足密切相关，在农村、中西部等地区，这种现状更为严重。消费性投资起着提供消费基础设施、改善消费环境、提升消费质量的作用，能够对居民消费产生扩张效应。

应该指出，公共消费对居民消费的扩大作用，长期以来并未得到人们的深刻理解与认识。在传统观念中，人们只是线性地对公共消费进行理解，并将其与居民消费用"此消彼长"的描述对立起来。实际上，从经济循环的角度看，消费也是生产力，公共消费亦不例外，它们都可以为经济发展提供动力。

公共消费与经济平衡

通过上述分析，公共消费有助于宏观经济平衡和经济结构优化的结论就水到渠成了。应该指出，就我国目前的宏观经济现状而言，通过公共消费来扩大社会总消费，对经济平衡具有"治本"的作用；而抑制投资过快增长和减少外贸顺差对经济平衡只具有"治标"的作用。社会总消费提高之后，我国的宏观调控将真正避免对投资与出口"按下葫芦浮起瓢"的尴尬，宏观经济形势也将真正向好。

经济平衡是经济稳定的基础，有了短期的经济平衡，才可能实现中期的经济稳定。因而，从这个意义上说，公共消费与经济的平衡和稳定密切关联，对两者具有积极作用。

五、公共消费与经济发展的可持续性

经济可持续，不仅是国家发展提出的要求，也是经济活动本身的客观需要。经济可持续包含着两个方面的内容：一是发展的动力，俗称的发展后劲问题；二是发展的约束，也就是发展的障碍问题。资源、环境对经济发展构成的约束，实际上就是发展的阻力。而公共消费更多地与发展的后劲相关联。如果发展动力不足，即使解除了发展的约束，经济也将不可持续。

公共消费资本化：人力资本积累

马克思在论述生产力时，认为在生产力的诸要素中，人是最活跃的因素；现代增长理论（或内生增长理论）认为，研究开发方面的投入，对经济的可持续增长具有十分重要的作用；人力资本理论同样也强调人的技能、素质、教育等内含于劳动力的这些要素对经济可持续发展是关键性的；社会资本理论以及知识资本理论，也都把经济发展的可持续放到人的基本素质这个基础之上。经济学诺贝尔奖获得者阿玛蒂亚·森认为，经济发展的实质就人的能力的发展。离开了人自身的发展，经济发展的动力最终会消失。

用一种循环的视角来观察公共消费和人力资本的关系，我们会发现：公共消费活动不是直线式的，而是具有循环往复的属性，也就是说，人们日常的衣食住行、教育、医疗卫生等消费活动所消耗掉的产品、服务并没有从地球上真正消失，它们只是采取了另一种"人化"的形式被作为劳动力再生产的一个环节储存到了劳动者身上，体现为劳动者的健康、技能、文化等素质和创新、就业能力。公共消费对人的素质提高和能力发展具有不可或缺的作用。如果从投资的角度来描述上述公共消费活动，可以将其视为是一种"投资"，对一个国家的长远发展来说，这种"投资"十分重要，是国家人力资本积累的关键，成为国家可持续发展源源不断的动力。正是在这个意义上，我们把公共消费实现的过程称为"公共消费资本化"的过程，这个过程与居民私人消费的"资本化"过程整合成为人力资本积累的过程。

公共消费对培养具有基本技能、能初步掌握和运用现代科学技术的劳动者具有基础性的作用。从主观上看，它满足了人们精神、文化、智力发展的需要；从客观上看，它保障了人们营养、健康的生理需求。对于一个经济体而言，它为其长期的可持续发展提供具有决定意义的人力资本。

公共消费优化社会环境

广义上的社会，包含着经济的内容，没有脱离一定社会环境的、抽象的经济发展。从长期来看，社会环境对经济可持续发展的影响是巨大的，或者说，一个良好的社会环境是经济可持续发展的必要条件。良好的社会环境，至少应是平等的、包容的、协调的。从本质上来说，公共消费的公共属性本身就使其具备了上述特征。

公共消费具有平等性，它能够通过多种方式、手段提高消费贫困人群的消费水平、生活质量，保证居民最基本的物质消费需求、健康消费需求和文化教育需求能够得到满足，减少社会中的"消费鸿沟"，促进基本消费的平等化。平等地扩大公共消费能够保证社会最基本的公平，这是其他层次社会公平的基础和起点。公共消费通过营造平等的社会环境，为经济的长期可持续发展提供保障。

公共消费本身就具有包容的特征，它不排斥任何一个社会成员。市场经济的核心是竞争，竞争的结果是优胜劣汰，它具有强烈的排斥性，即富对贫的排斥。如果这种排斥的强度超过一定界限，社会的稳定将受到威胁，最终不利于市场经济的正常运行。市场经济的发展趋势越来越显示出市场经济与政府干预必须有机地融合起来，纯粹市场经济已经变为混合经济。公共消费作为政府干预的方式之一，以其包容性为每一个社会成员提供基本的生存保障和一定的发展保障，维护社会最基本的道德，给经济的长期持续发展创造了宽松的社会环境。

公共消费对社会整体产生的协调作用，是其平等性与包容性的结果。也就是说，公共消费缓和了各个方面（如城乡之间、区域之间、群体之间与个体之间）的社会差距，在一定程度上可减少社会不同阶层、不同利益集团之间的紧张与对立，有利于社会趋向和谐。显然，这对经济的长期可持续发展是必不可少的。

公共消费为经济的长期可持续提供短期基础

经济在长期内的可持续发展，是由不断的短期平衡稳定逐渐积累而成的。经济发展在短期内做不到平衡稳定，长期中的永续发展就无从谈起。因而，公共消费服务于短期或中期的经济平衡稳定，实际上也就是服务于长期的经济可持续，在本质上，它们是相通的。

综上所述，公共消费与经济发展有着广泛的、深刻的联系。在经济领域，它维护了宏观经济的不断发展，离开了公共消费，宏观经济的平衡、稳定、持续将会遭遇失败。不仅在经济领域，公共消费与社会发展同样也有着广泛而深刻的联系，这将是下面分析的重点。

六、公共消费与社会正义

正义包含了两层内容，一是公正，二是有利于人民。① 公正，要求社会公平，没有偏私；有利于人民，要求"以人为本"，每一个社会成员都能享受到应有的权利。再进一步分析，"正义"实际上与"平等"、"人权"这两个概念紧密相连，"平等"代表了公正的要求，"人权"代表了"有利于人民"的要求，因此可以说，平等与人权是社会正义的基本内核，一个社会不平等程度过大、基本人权得不到充分保障的社会，是没有社会正义的。

社会正义是社会和谐的必要条件，因为"正义"就是"和谐"的

---

① 关于"正义"的解释："公正的、有利于人民的道理"，见《现代汉语词典》，商务印书馆1996年版，第1607页。

内涵之一。没有正义，就无所谓和谐社会。因此，通过上文的分析可以看出，"正义"是社会发展的内核，追求社会正义，是我们当前落实科学发展观、构建社会主义和谐社会的核心。

人的基本能力的获得是社会正义的必要条件

人的基本能力包括基本素质、基本技能、基本知识，没有这三方面的内容而人能够获得基本能力，是不可想像的。基本素质保证了一个人有最起码的精力和体力从事各项活动，并能够用持续的基本素质保证持续进行活动的需要；基本技能保证了一个人在活动中有最起码的操作能力，这是个体融入社会和自我实现的最基本条件；基本知识保证了个体的最低是非判断能力，这是个体存在的起码条件。

如果社会中存在超过了一定限度的不具备基本素质、基本技能与基本知识的人，社会正义将受到破坏。一方面，这些人失去了起点的平等。市场的竞争与优胜劣汰是残酷的，但其有一个基本前提：市场中的个体在起点上应是平等的，如果一个人不具备基本能力，那么他在竞争开始之前就已经落后于起跑线，这无论如何是有悖于社会正义的。在不平等的起点展开竞争，决定了竞争的结果——甚至竞争本身——都是不正当的。因此，人的基本能力不平等，是一切社会不平等的根源与起点；存在着社会不平等，就存在着对社会正义的挑战。

另一方面，这些人失去了人权的保障。人权，就是人应享有的基本权利，它包括了基本的健康权、教育权、知情权、参与权等。社会中存在的那些不具备一定基本能力的个体，可以说本身就已经被剥夺了部分人权。当他们的这些基本能力不能得到积累之后，他们将被社会边缘化，成为弱势群体，这样，他们的基本政治权利自然也因基本能力的缺乏而无法获得。一个文盲，其选主权和被选主权自然就丧失了。人的基本权利得不到保障，社会正义就无从伸张。

人的基本能力的获得离不开公共消费

公共消费以防范与化解公共风险为己任，政府社会性消费是其主要内容。无论是教育、医疗、社保、就业、文化、科技、体育还是其他一些公共消费项目，实际上都是在满足人获得基本能力的需要，都是在保证人的基本素质、基本技能与基本知识。

1. 公共消费是基本能力形成的保障

人的基本素质离不开基本营养、基本教育、基本医疗、基本住房等方面的基本消费。而保障每一个社会成员的基本消费是公共消费的基本职能。人的基本素质、基本技能和基本知识都是通过政府提供的公共教育、公共文化、公共医疗、公共保障等公共消费来形成的。尤其进入现代社会之后，公共消费对于人的基本能力形成越来越具有基础性的作用。整体来看，政府提供公共服务供大众消费——公共消费，是社会成员基本能力形成的制度性保障。

2. 公共消费是基本能力平等的前提条件

在市场经济条件下，经济不平等是不可避免的。社会成员若是仅仅以个体消费来满足劳动力再生产过程，其能力的差距将是巨大的。有的人是"看不起病"，有的人"上不起学"，还有的人甚至是"吃不饱饭"，基本消费缺乏的社会成员将导致其基本能力的缺失。为了使社会成员的基本能力达到平等，使其都具备参与市场竞争的起码资格，政府提供覆盖全体国民的公共消费是必不可少的。公共消费的一项重要功能就是保障社会成员的基本消费，进而保障每一个人具备基本能力。换言之，人的基本能力不仅要得到保障，还要"平等"地得到保障。事实上，公共消费的公共属性能够做到平等地对社会每一成员的基本能力提供保证。这样，一方面，公共消费确保了社会成员基本能力的形成，另一方面也维护了社会的基本公平——基本能力的公平。

简短的结论

社会正义包含了"平等"与"人权",人拥有基本能力是社会正义的必要条件,而其获得过程又离不开公共消费。所以,没有公共消费,就没有社会正义,更不会有社会和谐。公共消费无论对于经济发展,还是社会进步,都是须臾不可或缺的。

从公共投资到公共消费：财政政策选择

阅读提示：

在经济问题和社会问题相互纠缠的情况下，单一的政策手段难以奏效。而财政政策具有经济政策和社会政策的双重属性、双重功能和双重作用，以公共消费为切入点，既可以有效地缓解宏观经济运行面临的内外失衡，促进科学发展，又能化解一系列民生问题，提高人民生活水平和质量，推动社会公正与公平。以公共消费为导向的财政政策具有协调生产与消费、经济与社会、效率与公平的积极作用，在当前条件下，是最佳的政策取向。此文的写作背景是2007年上半年，当时正值内外失衡加重，逐渐出现了投资偏热、通货膨胀加速、流动性过剩的状况。

Fiscal Policy: From Public Investment to Public Consumption

Abstract

　　Under the interaction of economic and social problems, single policy in general can be hardly successful. Meanwhile, fiscal policy has dual property, function and effect of both economic policy and social policy. Using the public consumption as the point of tangency, we can not only effectively relieve the "Three High" economic faults which existing in the macro-economic development and push the economic scientific development ahead, but also eliminate series of the problems about the people's livelihood, improve their living conditions and qualities and promote the social fairness and equity. The public consumption-oriented fiscal policy can get the positive results of coordinating the production and consumption, economy and society, effectiveness and equity, which is the best policy inclination now.

一、引　　言

在发展过程中，经济问题和社会问题往往是纠缠在一起的。发展到今天，我国的经济问题和社会问题在相互激化并趋向升级。

在经济层面，集中表现为高增长、高代价。经济的高增长，是用高投入、高消耗、高污染的代价换取的，若用绿色 GDP 来衡量，一些地区的经济增长率要大大缩水，甚至可能变为零。我国的经济增长方式依然是粗放式的，尽管政府在尽力改变这种状况。与此相伴随的是"四过"，即投资增长过快、信贷投放过多、顺差过大和流动性过剩；从社会总需求分析，投资与净出口的作用强劲，消费对经济增长的贡献率偏低，消费需求明显不足。

在社会层面，集中表现为财富差距、收入差距和消费差距拉大，公平公正明显不足。这三种差距弥散于城乡之间、区域之间、群体之间和居民个人之间，社会分化正在加速。在纵横交错的各种差距中，消费差距扩大所带来的公共风险是最直接的，因为消费之于人比财富和收入更重要，直接关系到人的生存与发展状况。

如果经济层面的问题属于一个集合，而社会层面的问题属于另一个集合，那么，两个集合之间存在一个交集，即存在一个共性的问题：消费。这个交集可能隐藏了解决经济层面问题和社会层面问题的一把公共钥匙。消费率下降所反映出来的消费不足，引发了储蓄过剩所带来的一系列经济问题；而消费率下降过程中的消费差距拉大，导致了社会公平公正的缺失。消费问题同时包含了经济问题和社会矛盾的胚芽。

而政府对上述问题的化解似乎还在探索之中，经济政策和社会政策是分开来使用的，在"两张皮"的情况下，它们是难以形成合力的。

原本同时具有经济政策和社会政策功能的财政政策，自1998年以来一直主要是作为经济政策即作为政府需求管理的工具来使用的，社会政策功能很弱。尽管2004年转向以"控制赤字、推进改革、调整结构、增收节支"为内容的中性财政政策或稳健财政政策，更加注重社会公平，但这一政策的阶段性特征并不很清晰，除了"控制赤字"有针对性外，其他三条内容可适用于任何时期，当前财政政策的着力点仍有待于进一步明晰。本文以我国现实情况的实证分析为基础，提出了以"公共消费"为财政政策着力点的设想，使经济政策和社会政策在财政身上融合起来形成合力，以化解当前经济、社会中相互纠缠的种种矛盾和问题。

二、相关概念

在进入具体分析和论证之前，有必要对若干基本概念做一个交代，并简要勾勒出它们之间的逻辑关系，以方便后文的阐述。

储蓄、投资与消费

储蓄、投资与消费都是国民经济核算系统中的基本概念。投资是指资本存量的增加，在国民账户中，投资表现为经济主体为购买新生产出来的资本品而进行的支出，其目的是为了直接在生产中获取现金流；消费是指社会物质产品和劳务的减少，在国民账户中，消费表现为经济主体为购买新生产出来的消耗品和服务而进行的支出，它不会带来现金流，其目的是为了直接满足特定主体的需要。

在国民经济中，有如下等量关系：

$$\text{国民收入} = \text{消费} + \text{投资} + \text{净出口} \tag{1}$$

上述消费包括了居民部门和政府部门的消费；上述投资包括了居民

部门、企业部门与政府部门的投资；上述净出口为正数时即是通常所谓的外贸顺差，为负数时则是外贸逆差。在国民收入核算体系中，按照定义，储蓄恒等于国民收入减去消费支出以后的余额，而投资所代表的资本存量的增加，只能是来自当年创造出的最终产品中未被人们消费掉的部分，净出口是指国民支出不足（表现为顺差）或超过收入（表现为逆差）时输出本国最终产品和服务，或者输入他国最终产品和服务。所以在国民收入核算体系中，按照储蓄与投资、净出口三个概念的定义，从实物的角度来看，储蓄与"投资＋净出口"指的是同一样东西，从货币收入的角度来看，储蓄指的就是收入减消费的余额。可见，在国民收入核算体系中，储蓄与"投资＋净出口"的量值具有定义性的恒等关系，即：

储蓄 = 投资 + 净出口 (2)

结合上述关于支出法国民收入核算的分析，由（1）式与（2）式还可以推出很多变形之后的国民收入核算等式，如：

国民收入 = 消费 + 储蓄 (3)

净出口 = 国民收入 − 消费 − 投资 (4)

净出口 = 储蓄 − 投资 (5)

消费 = 居民消费 + 公共消费 (6)

投资 = 居民投资 + 企业投资 + 公共投资 (7)

厘清上述概念之间的关系，有助于我们更全面、系统地理解当前消费与我国国民储蓄、投资、顺差、流动性等问题之间的相互关系，进而有助于对公共消费的意义、作用的更深入理解。

公共投资与公共消费

从结果来看，公共支出要么用于投资，要么用于消费，从事后的角度看公共支出，它最终归入上述两部分之中。

公共投资即政府投资，是以政府为主体发生的投资行为，它包括两类：一类是用于生产的资本性支出，另一类是用于消费的资本性支出。前者在公共预算中体现为经济建设类支出，包括基本建设支出、企业挖潜改造、增拨流动资金等项目；后者包括各种城乡公用设施的投资，如给水、排污、环卫、公园、绿地、博物馆、图书馆等建设项目。从投资与消费的关系来看，用于消费的资本性支出在现实中具有"即期投资、跨期消费"的特点，即这些项目修建时视为投资，但实际用于消费，带来的是效用，而不是现金流。尽管这两类资本性支出具有不同的性质，但有一个共同点，即都是财富的积累，而不是当年的消耗。正是在这个意义上，它们都属于投资。

公共消费即政府消费，它是以政府为主体发生的消费行为，它也包括两类：一类是政府自身的消费，即政府运行成本，另一类是用于社会的消费。前者是指政府行政活动对公共资源的消耗，政府机构正常运转需要消耗一定人力、物力资源；后者指的是由社会公众即期消费的各种公共服务，如教育、医疗、社保、就业、科研、文化、体育等各项社会事业支出。从广义和非即期意义上讲，不管是政府自身消费，还是社会性消费，抑或消费性投资，都可以称为公共总消费，它与生产性公共投资的性质截然不同，它们之间的关系如图1所示。

需要指出的是，这里的公共投资和公共消费不是会计概念，而是针对不同公共支出的作用和性质而言的。

公共支出 { 公共投资 { 生产性投资（营利性投资）; 消费性投资（即期投资，跨期消费） } ; 公共消费 { 政府自身消费（行政成本）; 社会性消费（教育、医疗、社保等支出） } } 公共总消费

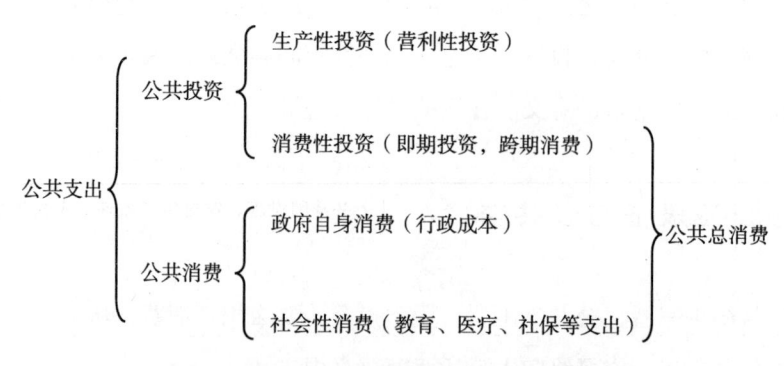

图1 公共支出、公共投资、公共消费与总消费

三、简要回顾：扩大公共投资的财政政策

1998年开始实施的积极财政政策，是以扩大公共投资为主要内容的。这一政策的出台，旨在应对亚洲金融危机诱发的我国经济滑坡。当时，我国政府在坚持"人民币不贬值"的汇率政策下，发行国债、增加赤字、扩大公共投资、支持重大基础设施建设并借以拉动经济增长。1998~2004年间，我国共发行长期建设国债9 100亿元，国债的发行每年对GDP的拉动作用都在1.5~2个百分点，进而也防止了大量社会失业。可以肯定的是，积极财政政策在特定的历史条件下对我国经济持续增长发挥了明显的作用。表1列示了1998~2004年我国长期建设国债发行的规模与相关公共投资的重点领域。

表1　　1998~2004年我国长期建设国债规模及其重点投向

年份	政策运行情况	长期建设国债（亿元）	主要投向
1998	启动	1 000	农林水利建设、交通通信建设、城市基础设施、城乡电网改造、国储粮库建设
1999	加大力度	1 100	基础设施建设、技改贷款贴息、传统工业技改、工业设备更新、产业结构升级
2000	加大力度	1 500	西部大开发、生态环境建设、基础设施投入、国企技术改造、科技教育投入
2001	保持稳定	1 500	项目后续资金、西部开发重点工程（西气东输、西电东送、青藏铁路等）
2002	保持连贯	1 500	续建收尾项目、农村生产条件、农村生活条件、生态环境建设、科技教育投入
2003	降低力度	1 400	公共基础设施、农村生产条件、农村生活条件、促进企业技改、加快退耕还林
2004	降低力度	1 100	续建收尾项目、农村社会事业、西部开发项目、东北振兴项目、生态环保项目

注：本表系依据1998~2004年各年《政府工作报告》整理而成。

实质效应

连续 7 年的扩张性财政政策，其目标主要放在了刺激投资需求上，通过扩大固定资产投资来带动国民经济增长。政府发行的长期建设国债和由国债投资项目带动的贷款，一定程度上促进了国民储蓄向投资的转化，扩大了内需。据统计，1998～2002 年，中央财政发行的 6 600 亿元国债拉动了 3.2 万亿元的社会投资，而这其中的大部分属于商业银行的信贷资金。[①] 但相比之下，民间投资和消费增长相对缓慢，公共投资的乘数效应并不十分明显，市场机制的内在驱动因素较少。从 1996～2003 年资金流量表中政府部门、企业部门、居民部门的资本形成总额和居民部门最终消费、国内可支配总收入等各项指标的变化中不难发现这一点。

表 2　　　　1996～2003 年我国投资、消费及收入变化　　　　　　亿元

年份	政府部门资本形成	企业部门资本形成	居民部门资本形成	居民部门最终消费	国内可支配总收入
1996	1 851.49	20 794.71	4 220.97	32 152.25	67 028.35
1997	2 324.56	21 653.98	4 479.09	34 854.57	73 568.02
1998	2 721.71	22 389.82	4 434.37	36 921.20	77 321.79
1999	2 823.41	23 290.72	4 587.47	39 334.40	80 988.46
2000	3 163.82	24 432.66	4 903.36	42 911.40	88 811.10
2001	3 666.58	28 233.55	5 560.67	45 898.10	96 430.10
2002	4 315.80	31 831.60	6 157.50	48 881.60	105 011.20
2003	6 775.90	37 051.10	7 727.70	52 685.50	118 201.60

注：(1) 数据来自或推算自 1999～2006 年《中国统计年鉴》中的"资金流量表"。
(2) "企业部门资本形成"列示的是资金流量表中"非金融企业部门"与"金融机构部门"的"资本形成总额"之和。
(3) "居民部门资本形成"列示的是资金流量表中"住户部门"的"资本形成总额"。

---

① 王凡：《稳健的货币政策，促进经济强劲增长》，《金融时报》2003 年 3 月 11 日。

自20世纪90年代中后期起，我国的政府投资就一直处于高速增长状态，1998年开始的积极财政政策不过是进一步明确了政府投资在财政政策中的主导性而已。比较2003年与1998年的各指标值，5年间，国民可支配总收入增长了53%，政府投资增长了149%，而企业投资增长了65%，居民投资增长了74%，居民消费增长了43%。不难看出，政府投资的扩张力度最大，远高于其他指标，而其余各项指标的增长水平则大致相当，并与积极财政政策出台之前的状况接近。扩大公共投资的财政政策有力地将储蓄转化成了内需，确实可以起到拉动增长、促进就业的重要作用，但这只是外部刺激，而不是国民经济的内生增长因素。可以说，扩张公共投资的财政政策是一种相机抉择的"急救"政策，一般而言，使用时间越长，对市场配置资源的抑制性就会越大，其负面作用就越明显。不过，1998年以来的公共投资扩张有相当一部分体现在社会基础设施领域，而这些领域市场的作用是不充分的，就此而言，政府投资扩张的负面作用被削弱了，这也是政府投资扩张能延续较长时间的重要原因。

社会心理效应

除了实质作用之外，扩张公共投资的财政政策还可以给公众带来良好的心理预期，并进一步将之释放为有效的社会需求，如增强投资者、消费者信心等，至少不至于使社会心理预期更加恶化，这无疑地有助于内生增长力的形成。

但从当时的情况来看，这种社会心理预期的改善是有限的，一是因为当时整体状况面临着较大的不确定性，其次是一些改革举措，尤其是与消费相关的一些改革措施反而加大了未来的不确定性。

一方面，居民部门对自身未来支出的预期有较大不确定性。进入20世纪90年代中期以来，迅速推进的医疗、住房、教育、社会保障等各项改革，使人们预期未来支出增加，造成居民边际储蓄倾向上升，边际消费倾向相应下降。

另一方面，我国经济发展到20世纪90年代中期，商品短缺状况从整体上大大改善了，不少商品已经显出相对过剩，市场供求关系明显转变，企业投资欲望普遍较弱。在对市场前景预期不佳的情况下，即使松动银根，企业一般也不愿贸然投资扩大生产。同时，随着国有商业银行经营机制改革的深化和贷款终身责任制的建立，银行贷款安全意识、盈利意识普遍增强，在预期效益不佳的情况下，银行不会轻易给企业提供贷款，"惜贷"现象较为普遍。在上述因素综合作用下，民间投资以及消费的增长不明显，政府投资扩张的"孤岛"效应反而显得突出。

简要结论

扩大公共投资的积极财政政策暂时缓解了我国当时面临的经济下滑，并增强了公众的信心。同时，由于外部环境的日益改善，我国的出口市场也在不断扩大，大量的净出口进一步提升了我国经济的增长速度，这种趋势在2003年以后更为明显。但必须指出的是，我国在1998～2004年实施的以扩大公共投资为核心的积极财政政策，主要是扩大了国内投资需求，消费需求不足的问题仍然存在，并变得越发严重。积极财政政策以扩大内需为战略是完全正确的，但在实践中走偏了，这个问题通过积极财政政策的实施最终不但没有根本解决，总量不足与结构失衡的问题反而还在加剧并延续至今，尤其是消费需求长期不振，处于萎缩状态。除1999年与2000年我国GDP消费率略有上升外，近年来一路下滑，投资与消费的整体失衡状况没有通过积极财政政策得以扭转。

从上文国民经济核算公式（1）可以看出，投资、消费与净出口都构成了社会在一定时期内的最终需求，这是从支出核算意义上而言的；但在支出的终极意义上，只有消费需求才是最终需求，投资不过是由消费需求引致的需求。因此，扩大内需的基点是扩大消费需求，而不是笼统地扩大社会总需求，消费需求不足，内需就仍然需要扩大。过去对"扩大内需"的理解有一定偏差，片面追求需求的总量指标，没有把落脚点真正放在消费上。另一方面，经济的增长一味地依靠投资和净出口这"两驾马车"，会导致许多问题，如大量顺差带来的国际收支不平衡、外汇储备持续增长的压力、流动性过剩等，实际上这些问题都是与我国长期形成的经济发展模式相关联的，无非是在当前它们的程度更为加深了而已。要解决上述问题，必须立足于消费的提升，所以我们在实践中进一步明确我国扩大内需的任务，实际上就是要充分重视并切实扩大消费需求。

四、扩大内需：关键在于消费

从总体上看，消费率低与消费相对萎缩表现出的消费不足是我国当前宏观经济发展中的根本问题，也是社会发展滞后、民生问题成堆的原因所在。

经济视角分析：消费属于需求问题

当前我国宏观经济高储蓄、高顺差、高投资、低消费并存的"三高一低"状态决定了要实现宏观经济结构的协调和优化，必须提升消费需求。此外，从国际经验来看，我国的宏观消费增长率虽然较快，但消费率仍偏低，化解宏观经济发展中的难题，当前必须依靠消费需求的扩大。

1. 社会总需求结构

如国民经济核算中第（1）式所示，社会总需求由消费、投资与净出口构成。国民储蓄是投资与净出口之和，它是GDP中未用于消费的部分。又如前文国民经济核算中公式（6），最终消费包括居民消费和公共消费。消费率通常指一定时期内最终消费占 GDP 的比率,① 又称最终消费率。同样,资本形成与净出口占 GDP 的比率称为 GDP 资本形成率与净出口率,而 GDP 国民储蓄率实际上是 GDP 资本形成率与净出口率之和。为了更为直观地阐述,不妨先看图 2 和图 3。

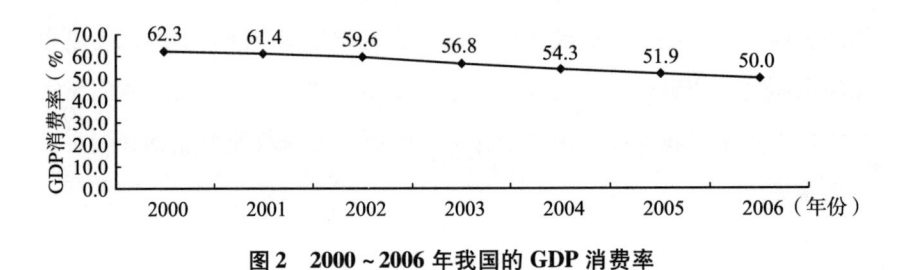

图2　2000~2006年我国的GDP消费率

注:(1)数据由《中国统计摘要(2007)》推算而得,GDP取支出法数值。
　　(2)指标值按当年价格计算。

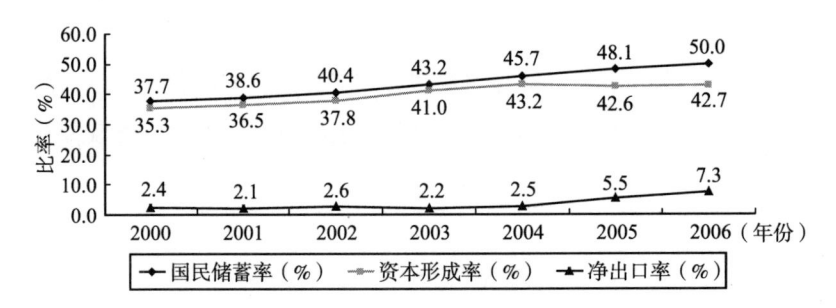

图3　2000~2006年我国的GDP国民储蓄率、资本形成率与净出口率

注:(1)数据由《中国统计摘要(2007)》推算而得,GDP取支出法数值。
　　(2)指标值按当年价格计算。

---

① 在此需要特别指出的是:本文引用的数据皆来自历年的《中国统计年鉴》或《中国统计摘要》。但是由于统计资料的有限性,历年年鉴在对 GDP 进行核算时,未给出国民储蓄各组成部分(即企业、居民、政府)的相关数值与结构情况,因此对于 GDP 这一口径而言,只能计算出国内生产总值消费率、投资率、储蓄率、净出口率、最终消费中居民与政府的结构比重等指标,而无法计算分部门的储蓄率指标,这对本文后续的深度分析带来了较大影响。在历年年鉴的"国民收入核算——现金流量表"中,我们获得了以国民可支配总收入为口径的分部门消费、储蓄、投资等数值,并可推算部门消费倾向等指标,对本文后续的分析提供了数据基础,但是,该表自 1996 年开始发布,一般有 4 年的滞后期,即 2007 年只能获得最近至 2003 年的相关数据,并且以国民可支配总收入为口径计算出的诸多指标(如储蓄率、消费率等)势必与以 GDP 为口径计算出的同名指标结果不同。因此,为了表述得更为严谨和科学,本文将对以何种口径计算出的何种指标使用全称,以示区别,这一点请读者谅解。

由图 2 和图 3 可以明显看出，GDP 消费率的不断下降与 GDP 资本形成率、净出口率的持续上升形成了鲜明的对照，正是由于消费率的下降，导致了图 3 中 GDP 国民储蓄率的快速上升。社会最终消费的长期低迷已经在我国宏观经济中产生了许多问题：首先，低消费加剧了流动性过剩。当前我国的流动性过剩问题已经成为宏观经济诸多矛盾的焦点，消费与储蓄的长期失衡形成了我国经济低消费、高储蓄的特点，这是造成流动性过剩的深层原因；其次，消费不足是我国贸易长期出现顺差的主要原因。由于银行储蓄不断增加，支持了高信贷与高投资，在国内消费疲软的情况下，过剩的产能只能通过出口缓解，这就形成了持续的贸易顺差，而在我国强制结售外汇的体制下，这种顺差又反过来使流动性过剩进一步加剧；再次，消费未成为内需的强劲力量，致使长期存在的粗放型增长模式难以转换。因为靠投资与净出口拉动的经济增长，只能是高投入、高消耗的结果，节能、降耗、减排的预期目标难以实现，并加大了经济发展对外部的依赖性，从而增大了宏观经济的脆弱性风险。

长期以来，我们对于储蓄、投资、消费以及出口等经济变量在宏观调控中都是分开来考虑的，抓住一点不及其余，结果往往导致"按下葫芦浮起瓢"的局面，宏观调控效果不尽如人意。实际上，这些经济变量具有相生相克的内在联系，是一个有机的整体，无法分割开来。例如高投资问题，单纯地"压"投资本身是难以奏效的，因为"投资＝国民储蓄－净出口"，在储蓄率不变的情况下，即使用行政手段把投资强行压下去，净出口即顺差必然扩大，加剧国际收支不平衡，也增加人民币升值的压力；而如果要改善国际收支，减少顺差，投资又会上去。高储蓄要么变成高投资，要么变成高净出口（高顺差），否则，储蓄不能转化为有效需求，经济就会滑坡。

在消费率偏低的条件下，高投资与高顺差变成了一个"跷跷板"，即如果不能从根本上提高消费率，从而降低储蓄水平，那么政府的宏观调控只能在投资与顺差中进行两难选择。由于我国的宏观调控采用的是

"西医疗法",忽略了消费的作用,导致消费率逐年下降,这种状况日久年长,慢慢地形成了国民经济的"投资依赖症"和"出口依赖症",增大了解决问题的难度。当前我国投资率已经处于高位,那么高储蓄只能源源不断地转变为高顺差,进而引致宏观经济运行出现一系列矛盾和问题。消费萎缩是当前我国宏观经济发展中诸多纷繁芜杂矛盾的"症结"所在,提高消费率,是治疗经济慢性病的治本之策。

2. 表象与实质:消费增长率、消费率

从绝对数量来看,我国的 GDP 最终消费支出是不断上升的,自 1978 年以来从未出现过绝对量的下滑。在 1997~2006 年间,我国 GDP 年均增长率为 11.67%,GDP 最终消费支出年均增长率①达到 9.65%,与此相关的是,我国社会消费品零售总额指标年均增长率②也达到 10.44%,但均低于经济增长率。

表3　1997~2006 年我国 GDP 最终消费支出与社会消费品零售总额

年份	消费支出（亿元）	消费支出比上年增长（%）	零售总额（亿元）	零售总额比上年增长（%）
1997	48 140.6	—	31 252.9	—
1998	51 588.2	7.16	33 378.1	6.80
1999	55 636.9	7.85	35 647.9	6.80
2000	61 516.0	10.57	39 105.7	9.70
2001	66 878.3	8.72	43 055.4	10.10
2002	71 691.2	7.20	48 135.9	11.80
2003	77 449.5	8.03	52 516.3	9.10
2004	87 032.9	12.37	59 501.0	13.30
2005	97 822.7	12.40	67 176.6	12.90
2006	110 323.4	12.78	76 410.0	13.74

注:(1) 数据来自或推算自《中国统计摘要(2007)》。
　　(2) 指标值按当年价格计算。

① 此处的 GDP 年均增长率、GDP 最终消费支出年均增长率按支出法,以当年价格计算得到。
② 此处的社会消费品零售总额年均增长率按当年价格计算得到。

表3显示的数据表明,1997~2006年间我国GDP最终消费支出与社会消费品零售总额的绝对量都在不断增长,一般而言,其增长并不慢,但相对于投资的增长确实慢了许多,因而看似不慢的消费增长并不能扭转消费率的下降。这就形成了消费增长与消费率下滑并存的局面。

换一个参考系来观察,我国的消费率明显低于不同类型国家的水平。一般来说,投资是扩大再生产、提高生产能力的重要手段,较高的投资率不仅可以直接带动生产的增长,还会带动居民消费的增长。发展中国家和地区为保持经济较快地增长,都维持较高的投资率水平。当经济发展到一定水平后,投资率会逐步趋缓,消费率逐步提升。这样,经济增长也将由投资拉动为主转为以消费拉动为主,此后,消费率会始终保持较高水平。① 以美国、日本、德国、英国、韩国、巴西、印度、印度尼西亚、埃及、中国等10个国家2005年的投资率、消费率来看,中国的投资率最高,而消费率最低,表4反映了这一情况。

表4　　　　2005年部分国家和地区投资率、消费率　　　　%

国别	美国	日本	德国	英国	韩国	巴西	印度	印度尼西亚	埃及	中国
投资率	16.5	23.2	17.2	16.8	30.1	20.6	23.5	22.2	18.6	42.6
消费率	89.2	75.4	77.8	87.1	66.7	75.6	75.7	73.7	90.9	51.9

注:数据来自联合国统计署数据库。

消费率下降,使改革开放、经济发展给社会大众带来的实惠大打折扣。发展生产的目的就是为了将生产的成果通过最终消费转化为居民更高的生活水平和生活质量,而如果未能做到这一点,则意味着手段与目的关系被颠倒了,我们的经济就变成了"为生产而生产"、"为增长而增长"。不言而喻,在这种状况下,国民经济的循环是无法维持下去的。

---

① 资料来源:百度百科网,http://baike.baidu.com。

社会视角分析：消费是民生问题

消费问题同时也是民生问题。无论是吃穿住行，还是教育医疗，抑或就业和社会保障，都是民生问题，最终也都要落脚在消费。当前我国构建和谐社会面临的很多民生问题，都与消费率偏低有关，它直接制约着现实中诸多紧迫的民生问题的化解。要着力解决社会领域的民生问题，促进社会公平，就必须保证国内需求中消费需求不断扩大，因为消费总量的扩大是解决各种民生问题的基础。在既定的消费格局下，要想使教育、医疗、社会保障等问题更有效地逐步得到解决，必须保证社会最终消费有一个较大的增量，这是解决民生问题的先决条件。在消费率不断下滑的情形下，民生问题是无解的。

从经济学的视角来看，消费是内需的重要组成部分；而从社会学的视角分析，消费承载了社会发展的基本内容——人民生活水平的不断提高。它包括如下两层含义：一是生活水平与质量的提高。这指的是人民可以享有更好的医疗、教育、住房等与日常生活息息相关的物质条件；二是社会公正与公平的实现。基本消费的平等化可以有力地促进社会公正与公平。社会公平的思想在人类历史中由来已久，到了近代则显化为一种主流价值观和国家的政治理念。公正与公平不是抽象的东西，最终要落实到社会成员的日常生活之中，如果用一个概念来概括，那就是"消费"。不体现在消费中的公正与公平，那是虚假的、想像的，自然也是无用的。在市场经济内生的财产、收入和消费的不平等中，消费的不平等是最重要的，[1] 因为消费是目的，财产或收入只是手段而已。基本消费[2]的平等化，才是社会公正与公平的最终标准。

经济与社会发展不协调，根源在于生产与消费的不协调。解决诸多民生问题、追求社会公平，都离不开消费的改善，寓于社会最终消

---

[1] 刘尚希：《"民生财政"趋向日渐凸显》，载于《财经》2007年第5期。
[2] 基本消费包括基本营养、基本教育、基本医疗和基本住房等。

费的提升之中。这种提升不仅体现在消费的增长率上，更重要的是使消费率的下滑态势得以逆转，这是推动经济与社会协调发展的关键所在。

五、公共消费的作用

提高消费率，一个重要的途径是通过公共消费的扩大来带动。公共消费既是国民消费不可或缺的重要组成部分，同时又能带动居民（私人）消费，因此，扩大公共消费可以直接和间接地提升消费率，从而具有化解宏观经济运行中矛盾和促进社会事业发展的双重功能。

一个现实：公共消费不足

从上文国民经济核算公式（6）可知，社会最终消费由居民消费与公共消费两者构成，扩大居民消费和扩大公共消费都能够提升国民消费率。目前我国 GDP 居民消费率与公共消费率皆呈下降趋势，究其原因是多方面的，但有一点是可以肯定的，那就是与长期以来对公共消费，尤其是对教育、医疗等社会性消费重视不够有密切联系，这不仅直接导致公共消费率下降，也对居民消费产生了"挤出效应"，降低了居民消费率。

1. 基于公共消费与公共储蓄的对比

从 2000～2006 年的数据来看，我国财政收入占 GDP 比重是不断提高的（见图 4），但与此同时，我国公共消费率是不断下降的（见图 5）。这与前面分析的公共投资扩张是紧密联系在一起的，长期扩张公共投资，必然挤压公共消费。尤其从地方政府更喜好投资的行为倾向来看，这一点更好理解。尽管投资与消费都能拉动 GDP 增长，都能满足上级政府对 GDP 考核的要求，但投资还具有另一层作用：看得见。各种"面子工程"和"亮丽工程"都要依靠投资才行,而消费却没有这种作用。可见,公共投资与公共消费的格局变化在很大程度上取决于政府的偏好。

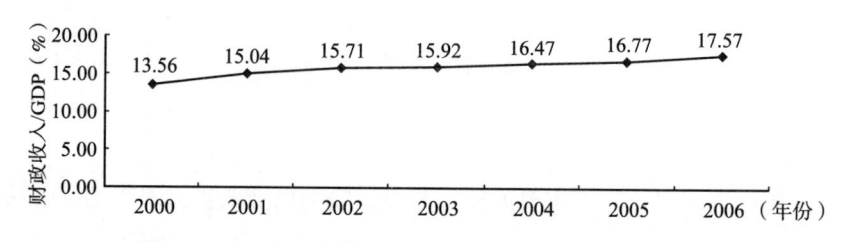

图 4 2000~2006 年我国财政收入占 GDP 比重的变化趋势

注:(1) 数据由《中国统计摘要(2007)》推算而得,GDP 取支出法数值。
    (2) 指标值按当年价格计算。

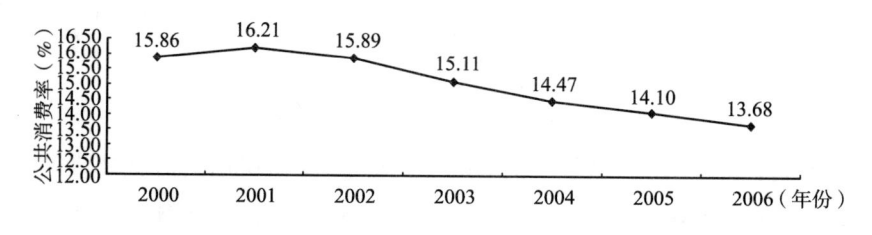

图 5 2000~2006 年我国 GDP 公共消费率①的变化趋势

注:(1) 数据由《中国统计摘要(2007)》推算而得,GDP 取支出法数值。
    (2) 指标值按当年价格计算。

公共消费率的下降趋势还可以从它的反面,即公共储蓄率的上升趋势中得到印证,图6所示即由《中国统计年鉴》中资金流量表②推算而得的1992~2003年政府部门的储蓄率,一个是以政府可支配收入为分母计算的,另一个是以国民可支配收入为分母计算的。显然,从部门与国民可支配收入的口径来计算,政府部门的两个公共储蓄率都呈上升状

---

① GDP 公共消费率,是当年政府消费支出与支出法 GDP 的比率。
② 此处请读者注意:国家统计局曾在 1998 年与 1999 年的《中国统计年鉴》中对 1992~1995 年的资金流量表进行了两次公布,其数据有差异。鉴于 1999 年公布的相关数据是 1998 年公布的相关数据的修订和延伸,因此,对 1992~1995 年的资金流量表中相关数据,本文全部采用 1999 年《中国统计年鉴》中的数值。

态，政府可支配收入储蓄率的这种趋势更为明显。可见，无论从消费一面，还是从储蓄一面，都可以确定无疑地看出：我国目前公共消费呈下降态势。

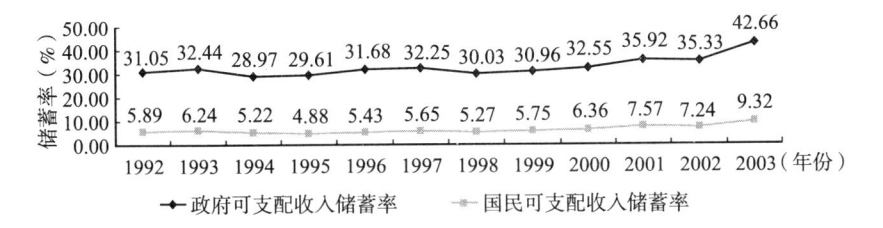

图6　1992～2003年我国政府部门的政府可支配收入、国民可支配收入储蓄率①

注：数据推算自1999～2006年《中国统计年鉴》中的"资金流量表"。

2. 基于公共消费与居民消费的比较

从社会最终消费的构成来看，公共消费在最终消费中所占比重在26%～27%左右的水平徘徊（见图7）。公共消费在国民消费中占多大比重适宜，在不同阶段、不同时期和不同体制下是不一样的。在计划经济时期，公共消费的比重较高。进入市场经济之后，我国公共消费比重在下降，尤其对教育、医疗等领域的带有市场化倾向的改革更加剧了这种趋势。近两年又回归到公益的定位，这方面的政府支出显著增长，但公共消费在国民消费中的比重未发生大的变化。在福利国家，从摇篮到坟墓都由政府包揽，其公共消费自然比非福利国家要高。从效率与公平的取向上来看，更加关注公平，公共消费的比重就会偏高；更加关注效率，公共消费的比重就会偏低。因此，公共消费占国民消费比重的高低也与一定时期政府的政策取向有关。

---

① 政府部门的政府可支配收入、国民可支配收入储蓄率，是各年政府部门的总储蓄与政府部门可支配收入、国民可支配总收入的比率。

图 7 2000~2006 年我国 GDP 最终消费支出组成

注：(1) 数据由《中国统计摘要（2007）》推算而得。
(2) 指标值按当年价格计算。

如何来判断当前的公共消费比重是否适当呢？大体有如下因素：一是消费率的高低，二是消费的不平等程度，三是公共政策取向。从这几个因素来分析判断，我国当前的公共消费比重偏低。从前面的分析中可知，我国当前消费率在不断下滑，消费水平已处于世界低位；其次是消费的不平等程度在加剧，尤其在教育、医疗、社保、住房等方面；再就是政府倡导和谐社会建设和更加关注公平，这三个方面都要求提高公共消费的比重。换一个说法，就是要求扩大政府的公共服务以满足人民群众对公共服务的消费需求。

而公共消费由政府自身消费和社会性消费构成，扩大公共消费应主要是后者，而不是前者。当前政府自身消费呈现出强劲的上升势头（见表5），这对于社会性消费与居民消费都会产生抑制作用。2000~2005 年间，国家财政支出总额年均增长 16.39%，而其中行政管理费支出年均增长 18.66%，高于财政支出的增长速度。公共消费不足的现状，集中表现为社会性消费的不足。

表 5 2000~2005 年我国财政支出总额及其中行政管理费支出数

年份	2000	2001	2002	2003	2004	2005
国家财政支出（亿元）	15 886.50	18 902.58	22 053.15	24 649.95	28 486.89	33 930.28
国家财政支出比上年增长（％）	—	18.99	16.67	11.78	15.57	19.11

续表

年份	2000	2001	2002	2003	2004	2005
其中：行政管理费支出（亿元）	2 768.22	3 512.49	4 101.32	4 691.26	5 521.98	6 512.34
行政管理费支出比上年增长（％）	—	26.89	16.76	14.38	17.71	17.93

注：（1）数据来自或推算自《中国统计年鉴（2006）》中"表5：国家财政按功能性质分类的支出"。
（2）指标值按当年价格计算。

公共消费对居民消费与储蓄的影响

之所以在前面的分析中我们强调扩大内需中的消费需求，而在扩大消费需求中又强调公共消费，是因为公共消费的扩大可以促进居民消费水平与质量的提高，可以直接降低政府储蓄和间接影响居民储蓄，进而可以降低我国的国民储蓄率。

1. 公共消费不足给居民带来消费风险

一度推行的公共领域市场化改革和由此带来的消费不确定性，在降低公共消费尤其是社会性消费的同时，给居民消费带来了一系列风险，导致居民消费长期处于相对萎缩状态。从内容上看，居民消费风险包括三种：一是可及性风险，二是可获得性风险，三是信息不对称风险。[1] 无论哪一类居民消费风险，都可通过政府的公共消费行为来防范与化解。反过来说，政府公共消费不足，尤其是社会性消费不足，将会给居民带来消费风险。居民消费风险的大小与政府公共服务提供的多少密切相关，也就是与公共消费水平的高低密切相关。

由于我国公共消费不足，导致了居民消费面临较多的不确定性与消费风险，在缺少保障的条件下，公共消费不足使得居民部门的储蓄率居高不下。图8所示即由《中国统计年鉴》中资金流量表推算而得的

---

[1] 刘尚希：《基本公共服务均等化：若干问题的思考》，载于《财政研究简报》2007年第15期。

1992~2003年居民部门的储蓄率：一是以居民可支配收入为分母计算的，另一个是以国民可支配收入为分母计算的。从中可以看出，我国居民部门的储蓄率长期在较高水平徘徊，没有呈现出正常的下降趋势。若是扩大公共消费，意味着居民有了更多的保障，消费风险和未来支出的不确定性降低了，居民将会更倾向于消费，而不是储蓄，这样居民储蓄率就会下降。

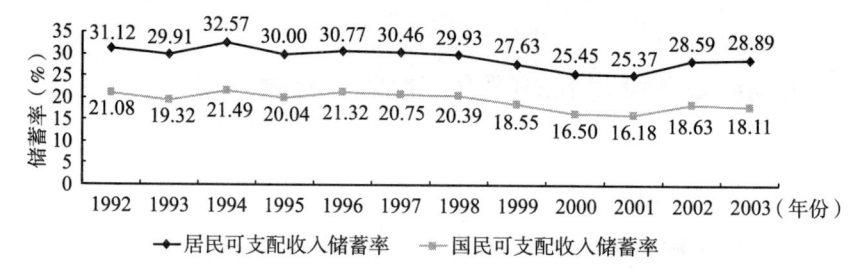

图8　1992~2003年我国居民部门的居民可支配收入储蓄率、国民可支配收入储蓄率[①]

注：数据推算自1999~2006年《中国统计年鉴》中的"资金流量表"。

2. 公共消费对居民消费具有"挤入效应"和"挤出效应"

在一些领域，公共消费和居民消费具有此消彼长的替代关系。也就是说，如果政府的公共消费上升了，居民部门将大量替换出用于教育、医疗等方面的开支，并将其转化为其他方面的消费，居民部门的消费由此扩张，产生消费的"挤入效应"。如果政府的社会性公共消费不足，那么对居民来说，他们将在教育、医疗等方面花费更多，其他方面的消费就会被迫减少，表现为对居民消费的"挤出效应"。当前，由于公共消费不足而导致对居民消费产生"挤出效应"已经是一个客观事实。

从图9可以看出，居民部门的可支配收入在国民可支配总收入中的

---

① 居民部门的居民可支配收入储蓄率、国民可支配收入储蓄率，是各年居民部门的总储蓄与居民部门可支配收入、国民可支配总收入的比率。

比重，自1996年开始总体呈下降趋势，这意味着居民部门的可支配收入份额在减小，而企业部门的可支配收入和政府部门的可支配收入份额在扩大。若是进一步考虑这种情况，公共消费不足的影响实质上是放大的。

一方面，对居民消费产生的"挤出效应"加大，因为公共消费不足在挤压了居民其他消费的同时，居民可支配收入份额的减小也在挤压居民的消费。另一方面，强化居民储蓄倾向，图8显示的居民储蓄率相对平稳，这种平稳是在居民可支配收入份额减小的情况下实现的，这意味着居民的储蓄动机被强化。例如居民甲的月收入过去是3 000元，现在是1 000元，假设其储蓄率为40%，即使该比率保持不变，其实际含义却是不一样的。在收入减少的情况下，要维持原来的储蓄率，只能靠压缩消费来实现。

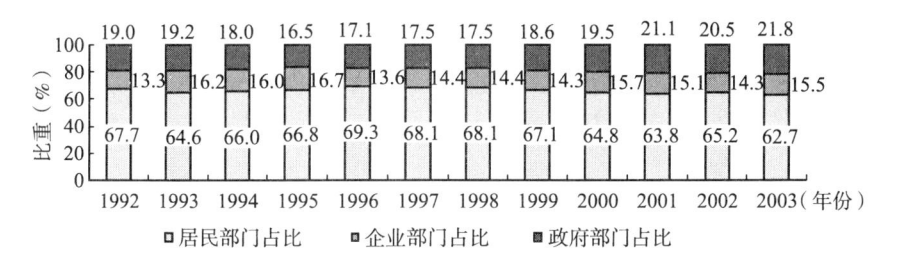

图9　1992~2003年国民可支配总收入各组成部分的比重变化

注：（1）数据推算自1999~2006年《中国统计年鉴》中的"资金流量表"。
（2）"企业部门"可支配总收入是资金流量表中"非金融企业部门"与"金融企业部门"可支配总收入之和。

至于居民部门可支配收入在国民可支配总收入中比重下降的原因，主要是劳动与资本之间的分配关系在市场化过程中不断向资本一方倾斜，劳动所得的比重下降，而资本所得的比重上升。在改革开放的初期，1978~1983年，我国劳动所得占GDP比重从42.1%上升到56.5%，自此之后却是持续下降，2005年下降到36.7%，下降了近20

个百分点。① 劳动所得是社会多数成员的主要收入来源，其在 GDP 中的比重下降，说明大多数人没有同步享受到经济成长的成果。在这样一种趋势下，居民所得的不确定性加大，必然强化储蓄意愿，使大多数居民的消费难以提升。如果居民部门可支配收入在国民可支配总收入中的比重趋于上升，那么，公共消费不足对居民消费的挤压或可减弱，但现实却是居民部门可支配收入所占比重趋于下降与公共消费不足同时出现，对居民消费的挤压形成了"叠加效应"，也就导致了居民消费的整体相对萎缩和部分社会成员消费的绝对减少，由此形成了诸多的民生问题。所谓"上不起学"和"看不起病"等广为存在的民生问题直观地反映出消费的不足，尤其是公共消费的缺失。

从上面分析来看，提高国民消费率有两个途径：一是调整劳动与资本的分配关系，二是扩大公共消费来弥补，而后一方面具有更直接和快速的效果。

基于存量视角的公共消费

公共消费不足，表现在即期消费不足与跨期消费不足两个方面。跨期消费是对资产存量的消费，这存在于私人领域和公共领域。如居民购买用于消费的住宅，其消费期限往往有几十年甚至上百年，对住宅的消费就是一种典型的跨期消费，即对住宅资产存量的逐年消费。在公共领域，这种基于存量的公共消费相当普遍，如纳入住房保障体系的廉租房、公园、城市景观、图书馆、博物馆、体育馆、校舍、医院、下水道、道路等，这类公共消费依赖于政府的消费性投资（也叫做非生产性投资）。出于消费目的的投资与出于盈利目的的投资，其性质是完全不同的，尽管在统计上都反映为投资。对于前者，应纳入公共消费的范畴来考虑。本文一开始，就在图 1 中做了这种描述。若用公共服务的概

---

① 卓勇良：《关于劳动所得比重下降和资本所得比重上升的研究》，载于《新华文摘》2007 年第 14 期。

念来表达，消费性投资都包含在其中。

公共消费的不足，与消费性投资的不足是密切相关的。尤其在农村地区，例如校舍、医院、道路、公共文化设施等公共消费的基础设施严重不足，使农村的公共消费几乎处于空白状态。至今为止，我国社会成员的多数依然住在农村，这种状况意味着我国的多数社会成员几乎没有享受到公共消费。自建设社会主义新农村提出以后，这种状况稍有改变，但欠账依然巨大。在公共投资中，大量资金被用于竞争性领域，传统的狭隘"生产性"观念根深蒂固，使政府投资决策难以扭转。

其实，消费力也是生产力。只要改变单向的生产观，从经济循环的角度就不难理解这一点。私人消费是生产力，公共消费更是生产力，可以为经济发展提供可持续的动力。就此而言，扩大消费性投资并不仅仅是出于眼前的考虑。

政府消费性投资具有耐用消费品的性质，既可以直接影响跨期公共消费，也可带动即期公共消费以及居民消费，对提高整个国民消费率具有基础性作用。对于这种具有促进公共消费和居民消费的公共投资，无疑地也应纳入当前公共政策的视野之中。

简要的结论

公共消费可以成为政府调控经济，并同时化解社会矛盾的有效手段。在初次分配领域难于快速调整的情况下，通过公共消费这个手段可以发挥多重作用：一是促进消费率的提高，改善国民经济的失衡状况。二是从根子上抑制当前普遍担忧的内外经济失衡，避免顾此失彼。三是促进经济发展的可持续性，减弱投资拉动引发的冷热交替。四是增强国民经济的稳定性，减少对外依赖的风险。五是促进各项社会事业发展，促进各种民生问题的逐步解决，抑制当前面临的社会矛盾激化，有利于和谐社会的构建。

六、结论与建议

从前面的分析中不难看出,扩大公共消费,无论是从即期消费、跨期消费,还是从居民消费乃至社会总消费来看,都可带动整个国民消费率的上升。当前稳健财政政策的着力点,急需明确转到扩大公共消费上来。这样,以扩大公共消费为导向的财政政策,可以从根本上降低投资率、减少顺差,化解当前宏观经济、社会发展中的诸多矛盾。尽管当前的实际操作在稳健财政政策的名义下有意无意地在扩大公共消费,例如2006年中央财政的社会性支出出现了大幅度的增长,[①] 但其导向仍有待于进一步明确。

当前及今后一个时期的财政政策应以公共消费为重心

作为政府重要的政策手段,财政政策既可以通过公共投资来刺激经济增长,这正是积极财政政策的典型特征;也可以通过公共消费来带动内需,扩大消费对经济增长的拉动力。以公共消费为重心,在经济学的意义上,其实质是转换经济增长的动力,从主要由投资、净出口拉动转变为主要由消费来拉动。单纯从 GDP 数字上看,无论靠什么来拉动并没有什么差别,但增长的内容及其分配格局将会有很大的不同。以消费为主要动力的经济增长,意味着高投入、高消耗的增长方式发生改变,增长质量提高。在社会学的意义上,增长动力的转变同时也意味着增长成果将会使更多的社会成员分享,改变高投资下形成的过分向资本倾斜的初次分配格局,并通过公共消费直接调整第二次分配结构,从而可以

---

① 2007年3月《财政预算报告》提供的数据显示,2006年,中央财政的社会保障支出增长了22.9%,教育支出增长了39.4%,医疗卫生支出增长65.4%。

优化社会结构,促进社会公平。

因此,以公共消费为重心的财政政策可以把经济政策的功能和社会政策的功能融于一身,有利于协调生产与消费、经济与社会、效率与公平之间的矛盾。

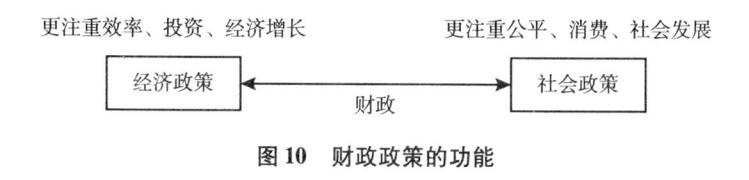

```
更注重效率、投资、经济增长          更注重公平、消费、社会发展
        ┌────────┐                        ┌────────┐
        │ 经济政策 │◄──────财政──────►│ 社会政策 │
        └────────┘                        └────────┘
```

图10 财政政策的功能

可见,财政政策具有双重属性、双重功能和双重作用,既可以作为重要的经济政策来使用,亦可以作为社会政策来运用。近年来我国调整政府支出结构,向社会性支出倾斜,扩大公共消费,"民生财政"趋向日渐凸显。从经济的视角来看,这有利于调整积累与消费的比例关系、降低过高的储蓄以及减少外贸顺差,无疑有助于化解我国现实经济中的许多具体矛盾,但公共消费的扩张力度不大,未能带动国民消费率的提升,故而实际的效果并不明显。从社会发展的视角来看,我国当前如何落实科学发展观、构建和谐社会是全社会都在关注的重大问题,而教育、医疗、社保等公共消费问题则成为时下公共政策的作用重点。解决经济与社会发展"一条腿长、一条腿短"的问题,需要大力研究并实践科学的社会政策,而财政政策在这方面可以有效地发挥作用。

公共消费的问题,是当前我国经济与社会协调、可持续发展的核心问题。对于财政政策而言,无论是构建和谐社会、经济与社会的统筹、区域之间的协调,还是民生问题的解决,实际上都归于公共消费。从这点来说,当前我国实施的财政政策改变了在经济增长方面的单一作用,而同时加强了其在社会发展方面的功能,表现为政策重心正在向右偏移(如图10所示),社会政策的功能增强。进一步加快由公共投资向公共消费的转换,应是当前财政政策的关键。

以公共消费为导向,进一步调整支出结构

扩大公共消费,需要把握支出的轻重缓急。公共消费的实现形式是财政支出,在调整支出结构过程中,应以公共消费为导向,以社会性公共消费为重点,不断提高教育、医疗、社保等领域的即期消费支出和相关的消费性投资,压缩政府自身消费引致的过高行政运行成本,尽力提高公共消费对居民消费的带动作用。这需要从三个层次入手来进行调整:一是调整公共投资与公共消费的比例关系,逐步提高后者的比重;二是调整公共投资中生产性投资与消费性投资的比例关系,也就是在传统体制下我们常讲的"骨头与肉"的比例关系,适当提高消费性投资的比重;三是调整公共消费结构,逐步降低政府自身消费,也就是行政运行成本,同时提高社会性消费在公共支出中的比重。

与此同时,还需要进一步调整公共消费的社会结构和区域结构,依然要向农村倾斜,向中西部倾斜。

首先,从社会结构来看,扩大公共消费,应更多地向农村倾斜。建设社会主义新农村,应注重提高农村公共服务的数量和质量。结合城镇化的需要,如下两类公共消费支出是农村迫切需要的:一是公共服务设施的建设支出,也就是在前文提到的消费性投资,如乡村道路、公共卫生设施、公共文化设施、医疗站点、校舍等;二是用于公共服务的直接支出,也就是即期公共消费支出,如基础教育、职业教育、就业培训、卫生防疫、社会保障、公共设施维护等。在公共消费中,农村居民所占的比重应逐步得到提高,以尽量弥补这方面的历史欠账,不断缩小公共消费方面的城乡差距。

其次,从地域分布来看,扩大公共消费,应更多地向中西部倾斜。我国中西部广大地区总体上处于不发达状态,尤其是公共消费,长期严重不足。无论是从经济协调发展来看,还是从社会公平来观察,逐步提升中西部地区公共消费的质与量是十分必要的,在国家财政实力已经大

大增强的情况下，这也是可能的。一方面，在中央政策导向上进一步明确扩大公共消费的倾向性及其重要性，防止政策信号不清晰而导致迟疑；另一方面，引导中西部地区的公共支出调整向公共消费倾斜，加大对教育、医疗、社保、公共服务设施建设的投入，防止因为"生产"的不发达而把政策的注意力过多地放到GDP的规模扩张上。

促进基本消费的平等化

扩大公共消费，不只是一个量的概念，更重要的是通过公共消费规模的扩大来推进基本消费的平等化。这是社会公正与公平的实际载体，也是判断其改进与否的重要标准。基本消费的平等化至少包括基本营养、基本住房、基本教育和基本保健四个方面，① 公共消费的作用最终要体现到这四个方面来。社会的"公平"有很多种，可以从财富、收入、消费多个角度进行衡量和测度，其中最重要的是基本消费的平等化。当然，从财富与收入分配的角度来测度社会公平也很重要，但基本消费的平等化更直接和更接近问题的本质，因为对于消费而言，任何财富与收入都只是手段，惟有消费才是目的。促进基本消费的平等化，对于财政政策而言，那就是要通过扩大公共消费来实现。② 就此而言，平等化是目标，而扩大公共消费不过是手段。

平等化地扩大公共消费，可带动私人消费，这既有利于提高大多数社会成员的生活水平和生活质量，又能转换经济增长动力，进而转换增长方式，促进科学发展，在实践中具有双重效应，相比之下，这是当前条件下最佳的财政政策选择。

---

① 刘尚希：《民生问题的要义：实现基本消费的平等化》，来源：新华网。
② 刘尚希：《基本公共服务均等化：若干问题的思考》，载于《财政研究简报》2007年第15期。

消费状态：检验改革发展的尺度

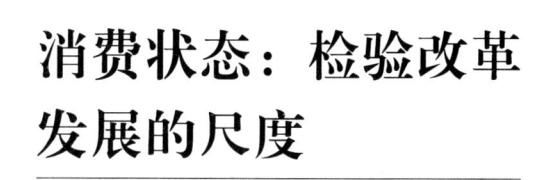

阅读提示：

消费对于人的意义是不言而喻的。在经济统计的视野中，消费仅仅是一个"数量"，而不是一种"状态"；在凯恩斯经济理论中，消费构成社会有效需求的组成部分，只是拉动经济增长的一个"工具"，而不是"目的"。这个显而易见的真理也只是到了上个世纪80年代末才被国际社会真正认识。发展的本质是人的发展。正是在这样的观察视角下，消费的重要性才凸显出来。改革发展作为手段，其是否有成效，至少应从三个方面来衡量：一是提高消费水平，防止消费滞后，出现生产与消费脱节而导致的公共风险——潜在经济危机；二是促进基本消费的平等化，防止消费差距过大而产生社会鸿沟、社会断裂而导致的公共风险——潜在社会危机；三是化解消费风险，防止消费异化，仅仅作为工具而存在导致的公共风险——人自身发展的潜在危机。本文形成于2007年初。

Consumption Status: A Benchmark of Reform Direction

Abstract

The significance of consumption to people is obvious. In the field of economic statistics, consumption is only a "quantity" rather than "a kind of situation". In Keynesian economics, consumption constitutes an integral part of effective social demand, and is only a "tool" to promote economic growth. This is a truth that had not been understood by international community until the late 1980s. The essence of development is human development. In this perspective, the importance of consumption is obvious. However, reform as a developing method, whether it works or not, should be measured by the three aspects. First, raises the level of consumption and prevent from consumption lags behind production – potential economic crisis. Second, promote an equalized consumption and prevent from social instability – potential social crisis. Third, avoid consumption risk and prevent from public risk resulting from the idea that consumption is an economic tool only – the potential crisis facing human development. This paper was written at the beginning of 2007.

消费不只是一个宏观经济变量，也不只是一种行为选择，而且还是一种"状态"。国民"消费状态"大体有三个方面：一是消费足还是不足，即在既定生产水平下消费的相对满足程度；二是消费差距的大小，即消费的平等性程度；三是消费的保障性和安全性，即消费风险的大小。"消费状态"是多量纲的组合，直接反映人的生存和发展状态，实际上是从人这个主体出发，对生产或经济增长的多角度测绘。人类发展指数（HDI）实际上就是抓住了消费状态中的三个主要项目——健康、教育和收入编制而成的，用来衡量经济增长带来的人民生活改善程度。只有从消费的角度切入，作为既是发展的手段，又是发展目的的人，才不至于在物质财富的创造中异化为机器设备的附属物，人的主体性才能凸显。人，只有人，才是发展的真正目的，这个显而易见的真理是经过了数十年的发展，直到上个世纪80年代末期才被国际社会真正认识，并从1990年开始由联合国开发计划署（UNDP）发布全球人类发展报告。

按照一般原理，生产是手段，消费是目的。创造的财富，或者收入只有落到消费上，它才是有意义的。无论改革，还是发展，仅仅反映在物质财富上是远远不够的。

改革的成效如何，不只是反映在生产上，最终要体现在消费上，体现在社会成员身上。改革，是制度的创新，但最终是要以"消费状态"来衡量的，即以人的状态来衡量的。事实上，要不要改革，也是以此为据的。至于说建立一个什么样子的生产体制，倒是其次的问题。但工具理性的思维有时候会使我们忘记了人自身的要求，为改革而改革，把建设一个心目中认可的理想体制而当成了目的。所谓"体制模式"的说法实际上就蕴含有这种思维。这样做是极其危险的。任何体制都应当符合人的需要。可以这样说，如果改革背离了消费，背离了人自身，那就会迷失方向，就会导致危害人自身的公共风险。

一、引导改革的最终都是消费问题

为什么要改革？在上个世纪的 70 年代，改革是为了解决人民的吃饭问题。在那个时候，按照我国的标准，贫困人口达到 2.5 亿人；按照联合国的标准，贫困人口达到 6 亿人。不管怎么说，当时不少人吃不饱饭是一个公认的事实。人穷则思变，政府顺应人民的要求，党的十一届三中全会拉起了改革的序幕。可以说，是国民消费的严重短缺，启动了中国的改革开放，是肚子问题改变了思维，解放了思想。

在今天，大多数人的温饱问题已经解决了，生活水平和生活质量大大提高了，为什么依然要改革？难道说当今的改革与国民消费已经无关了？回答是否定的。消费是经济增长的动力，也是改革的引导力量。尽管多数人已经解决了温饱问题，但仍有 2 000 多万人处于贫穷状态；尽管食不果腹、衣不蔽体已经成为历史，但"上不起学"、"看不起病"、"住不上房"、"找不到饭碗"以及"老无所养"等问题摆在了全社会的面前。这是一些什么性质的问题？都是基本消费问题。当今流行的许多说法，如民生问题、公共服务问题、社会公平问题等，实质指的是消费问题，是财富总量不断扩大过程中消费差距不断扩大的问题，也是 13 亿人口中相当一部分人的基本消费得不到保障的问题。新发展观、以人为本、人的全面发展等新理念不过是从另一个角度阐述了消费问题。

如果我们所做的一切都是为了人民的幸福，那么，幸福哪里找？只能在消费中寻找。在我们一般的理解中，"生产"是指物的生产，其实，人类社会还有更重要的"生产"，那就是人的生产。生产资料的消耗过程，是物的生产过程；消费资料的消费过程，则是人的生产过程。消费，包括物质消费、精神消费和闲暇消费，是人口、劳动力生产和再生产的过程，同时也是人的素质全面提高和发展的过程。离开了消费，也就意味着忽视了人本身，我们所说和所做的一切都失去了意义和目的。

在短缺的条件下，改革的落脚点更多是放在生产方面，为生产率的提高鸣锣开道，解除各种体制的束缚。为此，以市场化改革为线索，政府进行了一系列着眼于放权、分权的改革，如对农村和农民的放权、对企业的放权、对地方的分权等，调动了各方面的"生产"积极性，产量迅速增长，如粮食产量、日常消费品产量、耐用消费品产量、各种生产资料产量等，其中不少产品产量已经居于世界首位，例如谷物、肉类、水果、茶叶、花生以及棉布、钢、煤、水泥等在2005年的产量居世界第一。中国已经成为当今的"世界工厂"和"制造中心"。产量快速增长，也带来了产值和收入的迅速提高，例如国内生产总值规模居世界第4位，比1978年的第10位提前了6位；人均国民总收入居世界128位，比1978年的175位提前了47位。与改革开放的初期相比，生产率大大提高，生产方式大有改进。改革，使中国告别了物质的短缺，走出了"生产的贫穷"。不难看出，改革开放带来的"生产效应"是极其显著的。

二、当前"消费状态"的分析与判断

面对全面短缺的当时现实，选择"生产第一，消费第二"是正确的抉择，消费的对象毕竟要靠生产来提供。但从短缺转向过剩的条件下，仍沿着这条路走下去是否可行？改革带来的"消费效应"又是如何呢？产值和收入的增长是否自动地带来了消费的扩大？数据显示的答案是相悖的。

从绝对规模来观察，最终消费支出是在不断增长的，2006年达到110 323.4亿元，比1978年的2 239.1亿元增长48倍；而与此同时，国内生产总值（支出法）增长了60倍，最终消费支出增长比国内生产总值增长慢了很多，相差12倍。时期数据显示，在改革开放的最初三年，我国消费率是明显上升的，1980年比1978年提高了3.4个百分点。这种上升的势头一直持续到整个"六五"时期，这个时期成为改革开放29年中消费率的最高点。自此之后，消费率就开始下降，进入"七五"时期，消费率比上期下降了2.5个百分点，"八五"时期下降了4.4个百分点，"九五"时期上升了1个百分点，到"十五"时期又下降了4.3个百分点。进入"十一五"时期，消费率更是呈快速下滑之势。总的看，"十五"时期比"六五"时期消费率下降了10.2百分点。进入新世纪，消费率快速下滑，2006年降到了50%，这与消费率历史最高点的1981年低了17.1个百分点，也比1978年低了12.1个百分点。与产量和产值相比，我国消费率在世界的位次居于末位。美、日、德、英的消费率都在75%以上，美国更是高达89%；即使是发展中国家如巴西、印度、印度尼西亚等国家也在75%左右，埃及高达90%。无论是自己跟自己比，还是跟外国比，我国当前的消费率都是偏低的。与自己比，低消费反映的是手段（生产）与目的（消费）的偏离；而与外国比，低消费则反映的是中国在全球化过程中在不断地对外国消费者提供消费补贴。美国媒体认为，过去十年中国给美国消费者补贴了6 000亿美元，美国经济学家史蒂芬·罗奇在2007年3月20日《财富》杂志上发表文章支持这一看法。问题是外国人的看法并不是感恩中国，而是认为中国这样做给他们制造了麻烦。在计划经济下，高积累、低消费仅仅是一国自己的事情，而在经济全球化条件下，消费率低下已不仅仅是中国自己的事情了。

在一定意义上，改革使中国脱离了"生产的贫穷"，但并没有使中国摆脱"消费的贫穷"，现在的消费率比29年前还要低，昭示"消费的贫穷"还在加剧。从这里至少可以得出两点结论：一是改革带来的生产率并没有自动地扩大到消费上来，产量产值扩大了，而消费的份额反而下降了；二是生产与消费在不适当体制和政策下是可以背离的，二者的循环是可以割断的。做大蛋糕难，享用蛋糕也不易，后者同样需要改革。

不仅如此，消费的差距也伴随着消费率的下降而扩大了。这表现在城乡之间、区域之间和群体之间以及个人之间。例如从家庭拥有的耐用消费品来看，农村只相当于城市上个世纪90年代初期的水平。消费的差距直接导致的是人生存和发展的差距。食品消费的差距，直接造成的是营养、体能素质的差距；教育消费的差距，直接造成的是人能力发展的差距；医疗卫生消费的差距直接造成的是寿命的差距，如此等等。消费差距直接带来的是个体权利的不平等，这种不平等将会造成许多难以弥合的社会断层和社会鸿沟。不难想像，一个沟壑纵横的社会是无法达成和谐的。

还有，消费安全也伴随消费率的下降和消费差距的扩大而变得愈益令人担忧。一方面，产量和产值上去了；而另一方面，食品、药品、饮用水、餐饮、就诊、就学等各种消费品和消费服务的安全性大大降低了，消费的风险扩大了。还有一种风险，那就是因找不到饭碗，或丢掉了饭碗，或劳动能力低下，或无劳动能力而导致无（足够）钱消费的风险，这与前一种风险一起构成居民的消费风险。在计划经济时期，存在的消费风险是无东西可买。市场化改革带来了生产率的迅速提高，这种消费风险消失了，但买不起的风险，以及买得起却不安全的风险又来临了，而且越来越大。

总的看，消费率的下降、消费差距的拉大以及消费风险的扩大，由这三个方面构成的国民"消费状态"事实上是趋向慢性恶化的。尽管我国已经成为世界的四大经济体之一，但与消费状态密切相关的HDI指数却是在几十位之后，依据2005年数据计算的我国HDI指数在全球排名81位。这说明我国生产力水平和收入水平有了很大提高，但消费水平却并未同步提升，消费滞后于生产。国民生产系统就像一个自繁殖系统，在不断地自我扩张，而国民消费却在相对萎缩，生产在越来越远离消费。生产与消费的背离潜伏着危机，表明经济领域巨大的公共风险在扩散。

三、改革发展的趋向

要改善当前的"消费状态",需要调整改革发展成效的衡量标准,从以"生产率"为唯一标准转变为以"消费状态"为最终标准。只有以"消费状态"为改革发展成效的最终标准,才能避免生产与消费两张皮,为增长而增长;才能真正落实以人为本,构建和谐社会;才能化解经济停滞和社会断裂引致的公共风险。

至此,我们不难判断,今后的改革发展,不论以何种方式,通过何种路径,最终的成效至少要落到以下三个方面:

1. 改革发展要落到扩大消费上

这既是经济持续增长的条件,也是解决各种民生问题的要求。当前的经济增长主要依靠投资和外部需求来拉动,消费需求明显不足,这带来了宏观经济运行中出现一系列两难问题,如投资和顺差成了一块跷跷板的两头,在消费率低而储蓄率居高不下的情势下,压投资,顺差就会扩大;而抑制顺差,则投资又会扩大。再如收缩流动性的问题,提高利率,有助于缓解流动性泛滥;但同时又会吸引国际热钱进入,反而加剧流动性。要解决外部的失衡,但可能会加剧内部的失业,如此等等,这些"两难"问题都是消费不足而导致储蓄率居高而造成的,唯有提高消费率,才可能从根本上化解。至于说保障和改善民生,更是需要扩大消费。在国民消费率下滑的条件下,民生问题将会无解。

要扩大消费,首当其冲的是国家、企业与个人之间的分配关系改革,一方面,逐步提高劳动者收入在国民总收入中的比重,平衡劳动与资本的关系;另一方面,扩大教育、公共卫生、医疗和基本保障等方面的公共消费,逐步提高公共消费在国民消费中的比重,协调好私人消费与公共消费。其次是消费金融、消费者权益的法制保障、消费基础设施和公共设施等方面的改革和建设,逐步形成有利于消费的条件和环境。

总之，改革发展要使消费水平"及时跟进"，防止生产与消费脱节而导致的公共风险——潜在的经济危机。

2. 改革发展要落到消费的平等化上

消费的平等化较之于收入的平等化、财富的平等化更重要，更具有实质性意义。社会公平正义的最终体现，既不是在做大蛋糕上，也不在分蛋糕上，而是在享用蛋糕上。如基本营养、教育、医疗卫生等方面的消费，不仅对现在、现一代，而且对未来、对下一代都会产生连续性的重大影响。

我们的注意力总是较多地放在收入、财富的平等化上，而忽略消费的平等化，这暗含着一种假设：收入、财富的平等化＝消费的平等化。其实这个假设是不成立的，因为这只是从个体角度观察得出的。尽管收入的平等化在一定程度有助于消费的平等化，但在社会化和公共化程度不断提高的条件下，消费不单纯是个人的行为选择，也不是孤立的行为，而是涉及许多的公共条件和社会基础设施。一个身处沙漠中的富豪与一贫如洗的乞丐没有什么两样。在公共条件不平等的情况下，即使是有平等的收入或财富，其消费也不会是平等的。人类社会发展到现在，已经没有孤立的消费行为，哪怕你只是花自己的钱。另外，居于现代社会的每一个人对公共消费的依赖程度越来越高，如个人对许多公共服务的消费，不是由个人收入决定的。从趋势上看，消费的个体性在减弱，而消费的公共性在加强。仅仅从微观个体视角来观察消费是远远不够的。

消费平等化与公共资源的配置、公共消费的规模和结构密切相关。从既定的生产力水平下来观察，我国当前消费的不平等既有生产领域不平等带来的财富、收入不平等而造成的先天不足，也有公共资源配置不合理带来的重大影响。这种消费的不平等体现在城乡之间、区域之间和群体之间的巨大消费差距上。要遏制这种消费差距进一步拉大，推进消费的平等化，需要综合配套改革和更加协调地发展。在这里，改革发展的作用就是要防范和化解社会差距过大而导致的公共风险——潜在的社会危机。

3. 改革发展要落到化解消费风险上

这既有买不起的风险，也有产品、服务质量和安全性方面的风险。前一种消费风险需要政府建立健全覆盖全民的社会保障体系来化解，而后一种消费风险则需要政府加强对生产、服务行为过程的监管。还有一种消费风险是有钱买不来的风险，如产品的短缺、洁净空气和水的短缺、良好生态环境的短缺，等等。产品短缺这种消费风险已经基本化解了，尤其在物流全球化的条件下，只要地球上有的制成品几乎都可以买到。但在化解产品短缺这类消费风险的同时，却也制造了另外一种消费风险：洁净空气和水的短缺、良好生态环境的短缺。这种消费风险正在逐渐变成全球性的生存风险，如全球气候的改变。对于我国来说，上述三类消费风险同时存在，而且在显著地扩散，要防范和化解这些已经成为公共风险的消费风险，改革与发展这两个手段需要同时并用。

显然，这需要一系列的改革和又好又快的发展。有的消费风险，是与改革更直接相关的，如基本消费没有保障的风险、以及广为关注的食品、药品和饮用水安全问题，而更多的消费风险是体制缺陷造成的，尤其是与政府自身改革不到位，其职能转换滞后有密切的关联。有的消费风险，是与发展更直接相联的，如良好生态环境的短缺、洁净空气和水的短缺，这些被称之为工业社会"奢侈品"的东西，与发展不够以及发展方式缺乏创新有直接的联系。改革发展都是因公共风险而生，但又在不经意之间制造新的公共风险，尤其是当我们的目光只是注视某一个方面的时候，新的风险往往同时就产生了。新的风险通常产生在"看不到"、"想不到"的地方。例如，当我们注重化解产品短缺风险，聚焦GDP的时候，健康风险、环境危机却又悄悄降临了。因此，改革发展又因新的公共风险而推进。在这一个层面，改革发展要防止消费的异化，仅仅作为经济增长的一个手段而存在导致的公共风险——人自身发展的潜在危机。

上述三个方面是同一个目的——消费——的不同侧面，无论是改革，包括经济改革、社会改革和政治改革，还是发展，包括经济增长、社会发展，二者作为手段都应以消费状态的改善来衡量其成效。也许只有这样，改革才会形成合力，发展才会有意义。如果说以前的改革发展主要聚焦在做大蛋糕上，那么，现在的改革发展则需要在做大蛋糕的同时，做"好"蛋糕以及更平等地分享"好"蛋糕，进而形成生产与消费、增长与发展的良性循环，最终落实到人自身的发展上来。只有当"消费状态"得到了改善时，以人为本的、全面协调可持续的发展才能落地生根。

消费率、经济脆弱性与可持续风险

阅读提示：

当前宏观经济中出现的投资增长过快、顺差过大、流动性过剩、对外依存度过高、物价上涨过快等问题，都与长期以来我国国民消费率不断下滑有内在的关联，消费率长期下滑使国民经济变得越发脆弱，由此引致的经济风险在不断扩散。同时，消费相对萎缩，也是导致许多民生问题凸显的重要缘由。重视消费、关注消费和提升消费率是化解当前宏观经济失衡和社会矛盾的共同钥匙，也是化解公共风险，防范公共危机的着力点。本文是在消费率不断下滑，宏观经济失衡的背景下形成的，成文于2007年，原名是《消费率下滑引致的经济风险》。

Consumption Rate, Economic Vulnerability and Rising Risks

Abstract

Current problems such as excessive growth of investment, large surplus, excess liquidity, over-dependence on exterior, quick price rising and so on, are internally related with the long declining rate of national consumption. The declining consumption rate has made national economy become much more fragile, and keep risk arising. At the same time, consumption is relatively shrinking, which is also an important reason for many people's livelihood problems. Emphasis on consumption, concerning about the consumption and increasing the consumption are the common keys to resolve the current macro-economic imbalance and social conflicts, and also to defuse public risk, prevent public risk. The paper, written in 2007, is at the background of decline in consumption rate and macro-economic imbalance.

消费不足的问题，可以追溯到计划经济时期。"高积累、低消费"是那个时期的典型特征，人们可以直接感受到各类消费品的匮乏和不足。到今天，这类直接感受已经找不到了，相反地，各类消费品琳琅满目，可以说应有尽有。人们的感受从"短缺"变成了"过剩"，但从宏观层面来看，后面的数据表明，我国经济实际上又回到了"高积累、低消费"的状态，而且有愈演愈烈之势。在新的历史时期，这种回归意味着什么呢？

一、消费率的含义及其基本判断

1. 消费率的含义

消费率是衡量一定时期社会总消费相对规模的指标，其含义是指一定时期社会用于消费的产品和服务占社会最终产品和服务的比重；从价值形态来衡量，是指一定时期新创造价值中用于消费的份额；从支出角度来看，是指一定时期社会的消费总支出占国内生产总值或国民总收入的比重。消费率的高低不仅仅是反映经济增长质量的状况，而且也表明一定生产力水平下的社会发展程度，各种人类发展指数的状况与消费率是紧密相关的。

从消费主体来看，一定时期社会的消费可以分为两个部分：一是居民消费（或私人消费），二是政府消费，也叫公共消费。前者是指居民个人的衣食住行以及保健、文化、娱乐等方面的消费；后者是指政府自身的消费（即行政成本）以及政府用于卫生保健、教育、社会保障、环境治理等方面的社会性消费。从消费客体来看，一定时期的社会消费可分为物质产品的消费和非物质产品的消费。

从消费的变化趋势来看，公共消费的作用越来越重要，因为在社会化程度和公共化程度不断提高的条件下，居民个人的消费面临越来越大的不确定性和风险，越来越依赖于公共消费来化解，这不仅表现在消费对象方面，如教育、保健、住房；也反映在消费环境方面，如食品药品安全、生态环境、社会治安等。从全球视角来观察，公共消费的比重是在不断提高的。用流行的话语方式来表达，也就是公共产品，或者公共服务的规模在不断扩大。从另一个侧面来看，全社会用于非物质文化方面的消费所占比重也呈现为不断上升的势头。

2. 从时间维度观察，我国消费率在不断下降

从绝对规模来观察，最终消费支出是在不断增长的，2006年达到110 323.4亿元（当年价格），比1978年的2 239.1亿元增长48倍；而与此同时，国内生产总值（支出法）增长了60倍，最终消费支出增长比国内生产总值增长慢了很多，相差12倍。① 这样一来消费率必然不断下降，表1很明显地反映了这种变化趋势。

从期间数据来看，在改革开放的最初三年，我国消费率是明显上升的，1980年比1978年提高了3.4个百分点。这种上升的势头一直持续到整个"六五"时期，这个时期成为改革开放29年中消费率的最高点。自此之后，消费率就开始下降，进入"七五"时期，消费率环比下降了2.5个百分点，"八五"时期下降了4.4个百分点，"九五"时期上升了1个百分点，到"十五"时期又下降了4.3个百分点。进入"十一五"时期，消费率更是呈快速下滑之势。总的看，"十五"时期比"六五"时期消费率下降了10.2百分点。

从年度数据②来观察，1978~1992年，消费率都在60%以上，其最高是1981年，达到67.1%，这也是改革开放29年中消费率的最高点；其最低是1978年和1992年，其消费率为62.1%、62.4%。这个时

---

① 依据支出法统计的国内生产总值计算。资料来源：国家统计局编，《中国统计摘要（2007）》，中国统计出版社2007年出版。

② 资料来源：国家统计局编，《中国统计摘要（2007）》，中国统计出版社2007年出版。

表1　　　　　　　1978~2006年中国消费率与储蓄率的变化　　　　　　%

	消费率	其中		储蓄率	其中	
		居民消费率	政府消费率		投资率	净出口率
1978年	62.1	48.8	13.3	37.9	38.2	-0.3
1979年	64.4	49.1	15.3	35.6	36.1	-0.5
1980年	65.5	50.8	14.7	34.5	34.8	-0.3
"六五"时期	66.3	51.7	14.6	33.7	34.4	-0.7
"七五"时期	63.8	50.2	13.6	36.2	36.3	-0.1
"八五"时期	59.4	45.1	14.3	40.6	39.6	1.0
"九五"时期	60.4	45.8	14.6	39.6	36.5	3.1
"十五"时期	56.1	41.1	15.0	43.9	40.7	3.2
2001年	61.4	45.2	16.2	38.6	36.5	2.1
2002年	59.6	43.7	15.9	40.4	37.9	2.5
2003年	56.8	41.7	15.1	43.2	41.0	2.2
2004年	54.3	39.8	14.5	45.7	43.2	2.5
2005年	51.8	37.7	14.1	48.2	42.7	5.5
2006年	50.0	36.4	13.6	50.0	42.7	7.3

资料来源：国家统计局编《中国统计摘要（2007）》，中国统计出版社2007年出版。

期的特点是先升后降，1985年之前明显上升，这与当时重视消费，归还长期消费欠账的政策密切相关；1985年之后，消费率下降明显，1992年较之1985年下降了3.6个百分点。1993~1998年，其消费率降到了60%以下，但相对平稳，这5年的消费率都在58%~59%。世纪之交的三年，也就是在"九五"末期的1999年、2000年和"十五"初期的2001年，其消费率曾经又上升到60%，但这种势头未能保持，进入新世纪，消费率快速下滑，2006年降到了50%，这与消费率历史最高点的1981年低了17.1个百分点，也比1978年低了12.1个百分点。

从消费主体来分析，1978~2006年，居民消费支出增长45.6倍，公共消费支出增长61.8倍。除了公共消费与国内生产总值增长保持同步之外，居民消费增长则要低得多，与同期国内生产总值的增长相差14.4倍。单纯就数量关系而言，消费率的下降主要是居民消费率下降造成的。但公共消费与居民消费又有紧密的连带关系，居民消费率的下降与公共消费是有内在关联的。由于本文宗旨不是探讨消费率下降的原因，故而在这里不进行讨论。

3. 当前消费率的合理性判断

上面只是事实的陈述，并没有对我国当前的消费率是否合理作出判断。如果认为当前我国的消费率是适当的，那么，消费率的下降就是合理的，也就意味着改革开放以来消费率下滑具有历史的必然性；但若相反，认为我国当前的消费率是不适当的，则消费率的下降就是不合理的。对此，人们的看法存在分歧，有的认为当前消费率偏低，而有的认为不存在消费不足的问题，当前消费率是适当的。人们的观点不同，不在于论据的差异，而是判断标准的不一致。能否找出一个客观标准来衡量消费率的合理性呢？从理论分析，这种可能性是存在的，但在这里我们不打算去寻求那个未知的标准，只是用一种比较简单的类比方法来说明。

从表2与表1的对比来看，我国消费率是最低的，既低于世界平均水平，也低于亚洲平均水平，尽管样本国家并不是足够大，但通过比较也至少说明，我国消费率未必是适当的。联系到我国当前经济社会发展中出现的各种矛盾和问题，例如经济与社会发展不协调，实质上就是生产与消费的脱节，各项社会事业发展滞后，其实也就是社会最终消费不足。当前社会各界热议的各种民生问题，实质上都是消费问题。所谓的新"三座大山"（教育、医疗和住房）毫无疑义地是属于消费负担过重而难以消费的问题。无须复杂的证明，从这些诸多现象可以看出，我国消费率明显偏低。也就是说，当前我国的消费率是不适当的，消费率的多年连续下降具有不合理性。

表2　　　　　　　世界及部分国家和地区的投资率和消费率　　　　　　%

		1978年	1980年	1990年	2000年	2005年	1978~2005年
世界	投资率	24.2	24.0	23.5	22.3	21.0	22.1
	消费率	75.6	76.1	76.8	77.6	78.8	77.6
美国	投资率	22.0	20.3	17.7	20.5	16.5	18.8
	消费率	79.1	80.2	83.7	83.4	89.2	83.9
日本	投资率	30.9	32.3	32.6	25.2	23.2	27.4
	消费率	67.3	68.6	66.4	73.3	75.4	71.0
德国	投资率	23.4	25.4	23.5	21.8	17.2	21.1
	消费率	80.9	82.0	77.0	77.9	77.8	78.5
英国	投资率	20.3	17.6	20.2	17.5	16.8	17.6
	消费率	79.1	80.4	82.4	84.5	87.1	84.1
韩国	投资率	33.1	31.8	37.5	31.0	30.1	32.7
	消费率	69.7	75.0	62.7	66.1	66.7	65.2
巴西	投资率	23.0	25.0	22.9	21.5	20.6	21.2
	消费率	78.4	83.3	75.3	80.0	75.6	78.2
印度	投资率	22.3	20.9	25.2	22.6	23.5	23.3
	消费率	87.3	88.2	79.0	77.4	75.7	78.7
印度尼西亚	投资率	20.5	20.9	30.7	22.2	22.2	26.4
	消费率	78.4	70.8	67.7	68.2	73.7	70.9
埃及	投资率	40.6	39.5	28.3	17.7	18.6	22.6
	消费率	76.1	75.2	80.1	87.9	90.9	84.1
亚洲	投资率	29.0	28.8	30.7	26.1	26.5	27.8
	消费率	70.0	69.1	68.7	71.2	69.7	70.3

资料来源：联合国统计署数据库，转引自郑工学：《改革开放以来我国三大需求走势分析》http://www.stats.gov.cn/tjfx/grgd/t20070607_402414864.htm。

消费率的反面是储蓄率。我国当前的消费率不合理，同时也就表明我国当前的储蓄率不合理，储蓄率偏高。由此也可得出另一个推论：我国当前的投资率和净出口率都偏高了，也是不适当的。消费与储蓄的失衡，意味着我国的公共政策和宏观调控有诸多值得反思和检讨之处。

为了避免误解和岐义，有必要指出消费率和消费增长率是两个不同的概念，后者通常以社会消费品零售总额的增长来衡量。虽然自2000年以来，社会消费品零售总额增长都在9%以上，看似不低，但并未能改变消费率 2000 年以来的下滑之势，在宏观层面依然是消费不足。2007 年上半年的数据显示，社会消费品零售总额有了更快的增长，同比增长 15.4%，增幅是 1997 年以来的新高，但能否阻止消费率下滑仍有待于进一步观察。

二、消费率与宏观经济的脆弱性

消费率低下，总体表明我国现阶段生产力水平下的消费不足。而消费长期不足的后果是将导致国民经济失衡、失稳、经济增长质量下降及其后劲不足。下面拟将从消费与国民经济基本变量的关系入手来进行分析。

1. 消费与国民经济基本变量的关系

尽管现代经济体系由于分工的细化而变得越来越复杂，投入产出的链条也越来越长，经济变量之间的关系日益显现出非线性特征，但基本变量之间的关系并未改变，国民收入、消费、储蓄、投资和净出口的关系可以通过以下公式来表达：

国民收入 = 消费 + 储蓄　　　　　　　　　　　　　　　　　①

国民收入 = 消费 + 投资 + 净出口　　　　　　　　　　　　②

式①可以从社会总供给的角度来理解，即一定时期的国民收入（或国内生产总值）可分解为两个部分：消费和储蓄。从社会总产品来看，也就是消费资料和生产资料。在封闭经济条件下，消费与消费资料、储蓄和生产资料都是对应的。但在开放经济条件下，储蓄和生产资料的对应关系不复存在，收入形态的储蓄对应的实物产品既有生产资料，也有消费资料。式②是从社会总支出角度来观察的，即一定时期的物品和劳务总是被相应的支出来购买，这些支出构成社会总需求。

国民经济要达到平衡，式①与式②必须相等，经简化可以表达为：

储蓄 = 投资 + 净出口　　　　　　　　　　　　　　　　　③

式③就是国民经济的平衡条件。在封闭经济条件下，或当外部平衡时，净出口为零，这个平衡条件可以进一步简化为：储蓄＝投资。

上述公式都非常简单，但国民经济运行中的各种复杂矛盾和问题实际上都蕴含其中，抓住了它们，也就找到了矛盾和问题的源头。

2. 消费率过低导致国民经济失衡

从国民经济核算的要求来看，上述公式都是恒等式，无论在什么情况下，它们总是相等。但从实际经济运行过程来分析，市场并不会自动实现平衡。当不平衡程度超出一定的临界点，国民经济就会失稳，出现经济剧烈波动，甚至经济危机，因而现代经济总是需要借助于外力——政府干预来促使国民经济趋向平衡。

我国当前经济失衡是一个不争的事实，暂且不说政府干预是否失灵或存在什么问题，先从宏观经济运行本身来观察，至少有"三高"：高储蓄、高投资和高顺差（净出口）。准确一点表达，至少可以说，储蓄率、投资和净出口率都在快速提高。从表1看，进入本世纪以来，储蓄、投资和净出口都处于高位，2006年三者均达到历史新高，分别为50%、42.7%和7.3%，比改革开放起步的1978年分别高出了12.1个百分点、4.5个百分点和7.6个百分点。净出口不断上升，说明外部失衡在加剧；而投资率不断提高，说明内部失衡也在加剧。从现象层面分析，外部失衡似乎是进口赶不上出口导致的，于是有不少研究者建议一方面扩大进口，另一方面抑制出口以减少顺差的过快增长，同时也减少由此带来的流动性过剩。政府当前采取的干预措施也正在这么做，以改善外部失衡。而针对内部失衡的问题，流行的看法是投资挤压了消费，政府采取的调控措施也是压投资，甚至不惜动用行政手段。

出现什么问题，就解决什么问题。从方法论来看似乎不错，俗话说的"兵来将挡，水来土掩"也是这个道理，但这总归是一些治标的办法，与西医治疗的思路是一致的。不能说治标没有用，但有条件：那就是适宜于应急状况下使用，否则，将会越治越乱。我国当前经济失衡不是一下子造成的，要解决也不是一朝一夕的事情，仅仅着眼于"有什么问题，就解决什么问题"恐怕会使失衡状态加剧。如对投资的调控、房地产的调控、国际收支的调控、流动性的调控等，实际上都在远离当初设定的调控目标，内外失衡在加剧。其原因在于没有治本。"本"在哪里？在消费。

从式③不难看出，净出口＝储蓄－投资，要减少净出口，促进国际收支平衡，除非是两条路：一是降低国民储蓄，二是扩大投资，或者同时并进。我国当前投资率处于高位，要进一步扩大投资不具有现实可行性。看来只有一个选择，那就是降低国民储蓄。从式③来分析，这是唯一的路径。通过降低国民储蓄来解决内外失衡的矛盾，无疑地更接近于问题的实质。但接下来的问题是，国民储蓄率为什么会持续提高？从式①我们可以推论出如下公式：储蓄＝国民收入－消费，在静态条件下，要降低国民储蓄，只能是扩大消费。或者说，扩大消费是降低储蓄的先决条件。

从整个经济体系来分析，储蓄与消费的关系不是平行的，也不是相互决定的，而是消费在先，储蓄在后。在一定时期，储蓄总是表现为消费的剩余。在因果关系的链条上，消费是因，而储蓄是果。这无论从微观个体看，还是从整个国家来分析，都是如此。至于是什么原因导致了低消费，则有更深层次的原因，在此不加以探讨。这就是说，储蓄率高是因为消费率低造成的。由此不难得出我国当前经济内外失衡的因果链：低消费——高储蓄——高投资——高顺差（净出口）。"三高"均是由"一低"所致，要解决"三高"的问题，从"三高"本身入手，只能是治标，只有从"一低"下功夫，才能治本。

3. 消费率过低会引致国民经济失稳

失衡和失稳，也就是不平衡和不稳定，实际上是两个不同的概念。意大利的比萨斜塔是失衡的，但依然稳定。只有当失衡程度超出一定的临界点，失稳才会出现。我国当前经济失衡十分明显，但还没有达到失稳的临界点，也就是说当前国民经济依然处于稳定的状态。失衡是脆弱性的一个重要指标，失衡状态下的稳定，是一种脆弱的稳定。哪怕是风吹草动，都可能引致国民经济失去稳定。失去稳定，也就意味着危机。如果这种内外失衡的状态不断加剧，发生经济危机就是顺理成章的事情。所以，我们需要对当前内外经济失衡需要保持高度警惕，并采取沙盘推演式的应对之策。

从失衡引致失稳的最后一根稻草将会来自哪里呢？来自对外部门的可能性最大。1997年东南亚金融危机虽然未能对我国造成直接冲击，但也诱发了自1998年的经济增长滑坡。上个世纪90年代中后期的经济状况与现在颇有类似之处。如从1997年的情况看，投资率处于高位，为36.7%，虽比之前的两年降低了约3个百分点，但并没有因此而扩大消费，只是储蓄分流到了对外部门，净出口率迅猛提高到4.3%，比1995年的1.6%增加了2.7个百分点，这一年消费率反而是下降的，为59.0%，而储蓄率达到41%。① 内部的失衡主要依靠对外部门来弥补，这使我国经济体系对外依存度加大，国民经济的脆弱性加剧。结果1997年的东南亚金融危机就引致了我国经济增长的迅速下滑。假如今天出现全球经济明显下滑和区域性的金融危机，我国的经济状况就会重复"昨天的故事"，因为当前经济的脆弱性并不比那个时候更小，甚至更大了。今天的消费率降到了历史的低点，也就表明我国经济失衡的程度达到了历史的高点，在现象层面的反映就是投资率、净出口率、对外依存度等指标均创历史新高。从失衡走向失稳的步伐在加快，保持眼下国内经济稳定的不可或缺条件就是不会出现外部危机。

1998年因经济增长滑坡而一度重视消费，在政府公共支出、税收、信贷等方面采取了不少刺激和鼓励消费的措施，消费率也一度上升，这种趋势从1998年持续到2001年，之后又开始下降，一直到现在。这与2001年之后经济增长升温是相联系的。在眼中只有GDP的情势下，只要GDP上来了，消费率就变得不重要了，经济增长是靠消费、投资还是外部需求来拉动变成了一个很次要的问题。当今，在重视民生问题、

---

① 国家统计局编《中国统计摘要（2007）》，中国统计出版社2007年出版。

构建和谐社会和新农村建设等新理念、新举措的推动下，消费又有所扩大，消费增长率加速了。但这并不是因为对消费有了新的理解，很大程度上是"歪打正着"，能否形成消费率上升的一个新拐点，还要拭目以待。

三、消费率与经济发展的可持续风险

1. 消费率下滑降低了经济增长质量

长期来，我们注重经济增长速度，现在越来越重视经济增长的质量。例如当今政府对节能降耗减排的重视程度是历史上从未有过的。不言而喻，这是一个历史性的巨大进步。

但我们面对的现实却是不容乐观，甚至可以说越来越严峻。节能降耗减排的任务指标2006年就没有完成。转换经济增长方式也提出多年，可收效甚微，经济增长质量低下的状况长期来难有起色。这是为什么？这不能不反思我们过去对这个问题的认识。

作为一个发展中国家，首先进入决策视野的是把生产搞上去。在"文革"期间就有"抓革命，促生产"的说法。改革开放，党和国家的工作重点转移到了"经济建设"这个中心上来，这个中心自然也就是生产，从农业生产到工业生产，一直是各项经济政策的出发点和落脚点。直到今天，这种政策思维依然没有改变。我们习惯于从生产的角度来考虑各种财经问题，如实现可持续发展、转换经济增长方式、做大经济财政蛋糕等，都是从生产的角度来理解的。尤其是长期来以GDP增长为纲，更是强化了这种"生产性思维"。

这种思维是环境的产物。在短缺和落后的条件下，生产自然是最重要的，发展的内涵也就是生产。但当生产力水平达到一定程度，物品和服务不再短缺的情况下，"生产性思维"就变异成为一种阻力。我国经济增长质量难以提高实际上与此密切相关。因为这种思维方法割裂了生产与消费的循环，把生产与消费视为单向的决定关系，忽略了消费对生产的决定作用。在马克思的社会再生产理论中，消费与生产统一于社会再生产循环过程之中。从循环的视角来观察，因果关系不是单向的，而是双向的，生产与消费是相互决定的。现代经济体系处于复杂的循环状态，当消费率过低时，经济增长就只能越来越靠投资和净出口。而高投资则意味着在维持一定产出的增长时投入了更多的资源，而高投入自然带来高排放。这就像人吃饭一样，吃得多，自然就拉的多。高消耗、高排放，必然是低效率。

其实，这在一定程度上也可用哈罗德-多马增长模型来加以论证。其模型的基本形式是：

$G = S/Y \times \triangle Y/I$

其中：G 为经济增长率、S 为储蓄、I 为投资、Y 为国民收入、$\triangle Y$ 为新增国民收入。显然，S/Y 是储蓄率，$\triangle Y/I$ 是投资效率系数，即每增加 1 元投资可带来的新增国民收入。假设 $S = I$，则 $S/Y = I/Y$，即储蓄率等于投资率。

设 C 为消费，C/Y 则为消费率，在不考虑对外部门的条件下，$I/Y = 1 - C/Y$，即：投资率 = 1 - 消费率，则上述形式可变换为：

$G = (1 - C/Y) \times \triangle Y/I$

从这个变换了的简单模型中，我们很容易看出，消费率与经济增长率是一种反向关系，而投资效率系数与经济增长率是一种正向关系。这样，我们不难推出以下两种情形：

一是当消费率下降时，经济增长率就会上升。这时，投资效率系数可以不变，甚至可以下降。我国近几年的经济增长率趋高与消费率的趋低恰好是吻合的。[1] 这也许可以说明，这些年经济的快速增长是靠消费率的下降换来的。

二是当消费率不变，甚至上升时，经济增长率就会下降。这时，若

---

[1] 国家统计局的资料显示，2003～2006 年的经济增长率分别为 10%、10.1%、10.4% 和 10.7%；而同期的消费率为 56.8%、54.3%、51.8% 和 50%。

要保持经济增长,就必须提高投资效率系数,否则,经济增长无法实现。

可见,在消费率低下,甚至不断下滑的情况下,转换经济增长方式的内部压力不会产生,而仅仅靠政府的外部干预显然是难以奏效的。低消费粉饰了经济的繁荣,而掩盖了增长质量的低下。从整个经济体系的循环来看,消费率过低是导致经济增长质量难以提高的重要原因。

上面的分析是以储蓄=投资为假设前提的,其实在储蓄大于投资的情形下,也不影响上面的结论。因为消费的剩余是储蓄,而储蓄无非是分解为投资和净出口,在当前条件下,依靠净出口率提高实现的经济增长依然是低质量的。从出口产品的结构和贸易条件的恶化就可以得知,净出口拉动的经济增长也是以高消耗、高排放而实现的。

2. 消费率下滑阻碍人力资本增长

在发展是硬道理的语境下,"生产第一,消费第二"的社会定势在有意与无意之间渐渐地形成了。但从社会发展和人类发展的角度观察,消费率低下所表明的消费不足,同时意味着社会发展和人类自身发展的滞后。事实上,我国消费率下滑已经不是一个短期现象,已造成了许多我们称之为"民生"的问题,而这些问题实质上就是消费不足和消费严重不平等的问题。这种状况如果得不到扭转,将会对我国经济、社会发展造成长期性的损害。

一个国家的国民素质和能力高低尽管不一定完全决定于消费率的高低,但有一点是清楚的,即消费率低下必定会损害国民素质和能力的提高,抑制人力资本的增长。

经济学阐释的是物的生产,因而在经济学的视野中,消费只具有工具价值。但回到人这个万物之灵的生产和再生产来看,消费是人的生产过程和发展过程。人的自由和全面发展是物质生产的终极价值之所在。但在物质文明的时代,通常是以占有物质财富的多寡来衡量文明程度的高低,追求财富本身比追求人的发展显得更为重要。这对财富生产能力较弱的发展中国家来说显得更为突出,忽视了人的发展,人的素质和能力低下，结果长期处于"发展中"状态而难以变成发达状态。而一个国家人口的素质和能力不会凭空产生，是消费的结果。人的体能素质、文化素养、劳动技能以及道德水准，都不会在物的生产过程中形成，而只能是通过消费——人口、劳动力的生产和再生产过程来实现。任何事情都是人干出来的。正是在这个意义上，人的素质和能力是经济增长、社会进步和文明进化的基础，而这个基础要依靠消费来夯实。不言而喻，消费率低下将使这个基础变得脆弱。

这种认识经过不少学者的努力愈益清晰地凸显出来了，如经济学诺贝尔奖获得者阿马蒂亚·森认为，发展的本质在于提高人的生存质量和扩展人的能力；舒尔茨提出的关于人力资本的理论，实际上是消费的资本化理论，改变了消费与生产对立的观念；在凯恩斯宏观经济理论中，消费被摆到了十分重要的位次，有效需求和乘数理论改变了传统的消费观，使消费成为了经济增长的动力；流行的知识经济的理念更是把教育消费的资本化提升到了更高的位次，如此等等，消费的重要性被更全面地揭示出来了。不少研究表明，消费的资本化价值，即人的素质和能力提高所带来的社会收益是非常显著的。哈佛大学的一项研究发现，亚洲经济奇迹的30%~40%与健康有关；据世界银行测算，过去40年中，世界经济增长的8%~10%归因于健康人群。[①] 若是卫生保健消费不足，则会降低经济增长和带来贫困，我国西部新增贫困人口的60%~70%都是因病致贫，因病返贫。[②] 教育消费的作用更是明显，有学者研究，在我国每增加1元农村教育支出，可使农牧业产值增加8.43元，高于每增加1元农村公共基础设施投资增加的农牧业产值（6.75元）。[③] 初等、中等、高等教育的社会收益率，世界平均水平是20%、13.5%、

---

① 王小合、曹承建、何华明等：《小康社会居民健康素质社区教育模式研究》，载于《医学与社会》2006年第9期。

② 迟福林：《以基本公共服务为主线推进农村综合改革》，载于《中国改革报》2006年11月29日。

③ 钱克明：《中国"绿箱"政策的支持结构与效率》，载于《农业经济问题》2003年第1期。

10.7%，低收入国家是23.4%、15.2%、10.6%。① 这表明，当消费率低下而导致人的身体素质、文化素质和劳动技能不能随着社会生产力水平的提高而相应得到改善的情况下，长期发展就会后劲不足而难以持续。而在社会建设层面，这些问题同时表现为民生问题。所以，也可以这样说，消费率下滑同时意味着民生问题的恶化。不难看出，消费兼有经济属性（经济增长的动力）和社会属性（民生的内容）。

由此也可以看到，消费的终极价值和工具价值在长期意义上是统一的。人的自身发展是一切发展的目的，同时又能形成一种比物质资本更重要的资本——人力资本，从而可以带来长期的经济增长，而经济增长又为人的自身发展创造了新的条件。但这种统一不会自动地实现，依赖于人们的正确认识以及在此基础上形成的一定体制和机制及其相应的政策。若认识、体制、机制、政策出现偏差，消费内在的手段与目的的统一性就会被打破，一旦消费作为目的的终极价值被抹煞，为生产而生产，为增长而增长的现象就不可避免。当前消费率低下与不惜代价地追求GDP增长，是一枚硬币的两面，与对消费认识上的偏差有直接的关系。

四、结论与建议

从前面的分析不难看出，当前宏观经济的失衡和大量民生问题的凸显，皆与国民消费率低下的状态密切相关。若国民消费率下滑趋势不能尽快扭转，宏观经济的脆弱性将会进一步加剧，同时，各种民生问题也难以得到改善，公共风险就会进一步扩散。可以这样说，只有提高国民消费率，宏观经济风险才可能防范和化解，对公平正义诉求愈益强烈的社会道义风险才可能收敛。提高国民消费率，已经成为解决宏观经济问

---

① 焦建国：《教育投入：当前急需解决哪些问题》，载于《中国经济时报》2005年10月18日。

题和社会建设中民生问题的共同钥匙。

从政策的有效性来看，在各项公共政策中，财政政策无疑地应列首位，它对提高消费率具有显著的直接作用。因此，依据上面的分析和当前情况来看，应当更大程度地发挥财政政策的作用。财政政策的作用主要体现在公共消费上，通过扩大教育、医疗卫生、住房、文化、社会保障等方面的支出，不仅可以直接提高国民消费率，而且能够带动居民私人消费，从而刺激国民消费率提升。其次，通过干预和影响收入分配，可以改善分配的状况，提高居民收入在国民收入中的比重和劳动报酬在初次分配中的比重，进而为扩大消费创造条件。当前正在实施的稳健财政政策，无论是作为经济政策，还是作为社会政策，都应聚焦到消费上来。唯有如此，经济失衡、失稳、过热、通胀等宏观经济风险，以及民生问题，才有化解的可能。

农民"就业状态"与现代化进程中的风险

阅读提示：

中国的特殊国情从实质上讲是由最大的农民群体决定的。无论改革，还是发展，都绕不开农民的"就业状态"。农民的就业环境（核心是平等就业）、就业能力和就业岗位（机会）与当前面临的许多重大问题都有直接的关联，是我国现代化进程中的最大约束力量。"三农"问题、新农村建设和城乡经济社会协调发展能取得多大的进展，从根本上讲决定于农民就业状态的改善程度。改善农民的就业状态既是当前的紧迫任务，也是长期的政策目标。当前实施的新农村建设战略应聚焦到农民就业状态的改善上来。此文是在热烈讨论"三农"问题和新农村建设的背景下形成的，成文于2006年上半年。

Employment of Farmers and Risks in Social and Economic Development

Abstract

Topics relating to farmers, which constitute the largest group by population in China, have determined the specific issues in China. "Employment status" of peasants is an unavoidable matter on the ground of reform and development. Farmer's employment condition (equity on attaining jobs), work capability and job opportunity are directly correlated with many problems we are currently facing, and have become the binding strength in China's modernization. Fundamentally speaking, "Three rural issues", construction of new rural areas, coordination of urban and rural development all depend on the improvement of farmers' employment status. To improve the employment condition of the farmers is the current urgent task, but also a long – term policy objective. The implementation of "new rural construction" strategy should focus on improving the status of employment of the farmers. This essay was finished in the first half year of 2006 at the background when issues concerning agriculture and new rural area construction were discussed.

就业是民生之本。就业问题是现代经济学的核心，经济学上的"凯恩斯革命"以及由此流行开来的政府干预主义就是围绕就业问题而展开的，故而在西方国家实现充分就业一直是政府的最重要目标。就业问题，是一个经济问题，又是一个社会问题，也还是一个政治问题。今年前不久法国出现的骚乱就是因就业问题引起的。对具有13亿人口的我国而言，就业问题在经济社会发展中具有更大的"份量"，在一定程度上可以说，中国改革发展的成败取决于就业问题解决的好坏。中国是农业大国，有8亿人属于"农民"的范畴，农民的就业状态从根本上决定了中国经济社会发展的水平和状态。如果说，在革命战争年代，农民是决定战争胜负的根本力量，那么，在和平建设的今天，农民就业状态是改革发展成败的决定性力量。

一、农民"就业状态"的含义

在展开论述之前，有必要对"就业状态"这个概念做一个交代。在经济学上，最常用的概念是充分就业，尽管就业的含义后来扩展到各个生产要素，但最主要的仍是劳动力。这个概念主要是指就业的程度，从劳动力的供求数量对比关系上看，达到均衡也就实现了充分就业。

1. 就业不只是岗位问题

在中国，就业问题不只是一个劳动力与就业岗位多少的对比关系，更重要的是就业的平等性和就业能力的高低。就业平等与否不取决于个人的努力程度，是由一定的制度和体制环境造成的。就业能力高低，如果是个体性的差距，则与个人禀赋及努力程度密切相关，譬如同是大学毕业生，有的就业能力高，而有的就业能力低，这在任何一个社会都存在。但如果不是个体性的，而是群体性的差距，则也是制度安排造成的，如教育资源的不平等分配就会造成这种结果。我国长期实行的城乡分治体制，使农民长期处于就业不平等和就业能力低下的状态，一方面，对农民就业，尤其是外出打工长期采取歧视的政策，不能平等就业；另一方面，教育资源、医疗卫生资源分配都是向城市倾斜，在极其落后的农村环境中，造就了就业能力低下的庞大农民群体。而在经济学教科书关于就业问题的讨论中，这些情况都被抽象掉了，或是在假设不存在不平等的情况下来分析的。

因此，分析我国农民的就业问题，只是抽象地谈论有多少剩余劳动力、需要创造多少就业岗位、有多少人失业是远远不够的，劳动力供给和劳动力需求的数量对比关系是无法涵盖我国农民就业的实际状况的，故在此用"就业状态"这个概念来考察农民的就业问题。

2. 农民就业状态的内涵

农民"就业状态"包括三层意思：一是指就业的平等性（或者说就业环境），二是指就业的能力，三是指就业的岗位（机会）。农民就业状态的变化，就是指农民就业的环境是否好转，就业能力是否提高以及就业岗位是否增加。就业环境好转了、就业能力提高了和就业岗位增加了，就可以说，中国农民的就业状态改善了；否则，就表明农民就业状态没有得到改善，甚至恶化了。

由于农民就业环境与就业能力决定于制度因素，就业岗位既与制度相联，也与经济增长相关，很自然，农民就业状态的改善既要靠改革，也要靠发展，单有经济增长无法解决中国农民的就业问题，而农民就业问题解决不好，那其他问题都失去了化解的基础。进一步推论，我们既需要"在发展中解决问题"的思想，也须要树立"在改革中解决问题"的理念。

也许还要指出，农民就业既指雇佣就业，即所谓的打工，也包括没有被雇佣关系的"自我就业"，或者说创业，如从事种植、养殖、加工、运输、经商，甚至开工厂、办公司等。打工也好，自我就业（创业）也罢，都离不开环境、能力和机会这三个方面。

二、重新认识农民就业问题

1. 就业的二元结构

长期来实行城乡分治制度造成的经济与社会的二元结构，使我国的就业形成了两大板块：一是城镇户口劳动力的就业，二是农村农业户口劳动力的就业。

对于第一就业板块，我国长期是由政府来安排的，在计划经济体制下完全由政府"包"起来，基本不需要个人操心。实行市场化改革以来，这种状况被打破了，政府提出"坚持劳动者自主择业、市场调节就业和政府促进就业的方针"。劳动力市场逐渐形成，企业下岗职工、高校毕业生及其他新增就业人员都需要自己寻找就业门路。但随着城市就业压力的增大，政府对此采取了许多倾斜性政策，2002年底开始实行的积极就业政策，主要就是针对城市而言的。

而对于第二就业板块，长期固定于土地上，不允许流动。随着联产承包责任制激发出来的积极性和农业效率的提高，一部分农村剩余劳动力就地转向非农产业，如乡镇企业、家庭企业等，开始了农村的工业化。沿海地区农村工业化带来了大量的劳动力需求，中西部地区的农村剩余劳动力出现了大规模的异地转移，出现了中国特有的"民工潮"。城市建筑业、运输业、餐饮等服务业的快速扩张也拉动了农村剩余劳动力的转移。随着工业化和城镇化的不断推进，进入非农产业的农民也不断扩大，现在已经形成了一个庞大的"农民工"群体，并成为我国工业化和城镇化越来越重要的支撑力量。

2. 农民进入非农产业就业依然在"体制外"

农民进入非农产业的过程完全是自发形成的，并非有意的安排，一方面是农村长期的贫穷落后迫使农民不得不寻找新的谋生之路，选择外出打工，或者自我就业；另一方面是国民经济成长过程中产生了大量适合于农民就业的工种和岗位。

第二就业板块的多元化格局固然与改革开放的大背景相联系，如允许乡镇企业、个体工商业等非国有经济（后来进一步变为非公有经济）的发展，为农民就业提供了更大的空间，但在农民就业的制度安排上并未有大的变化，近几年政府对农民就业的关心、关注和重视都零散地体现在与多元政策目标相联系的各项政策之中，如农村税费改革，目标是减轻农民负担；关注"农民工"问题，目标是减缓长期不公正对待农民工激发的各种社会矛盾；① 政府扩大对农业的投入，目标是粮食安全；开始给农民提供一些劳动技能培训，目标是缓解农民长期不能平等获得教育资源所带来的巨大压力；加强农村基础设施建设，目标是为大量的过剩生产能力找到出路，化解国民经济新阶段的"过剩危机"等等。

与过去相比，这些政策表现出巨大的进步性，体现了以人为本的新理念，而且对农民就业也带来了实实在在的帮助。问题是在各级政府，尤其是地方政府仍以经济增长为首位目标，大搞招商引资情势下，农民的就业问题依然是附带的，甚至以"只有经济增长了才能为农民提供更多就业机会"为理由而使农民的就业问题迟迟难以进入到"体制内"来。对农民就业问题缺乏整体考虑，长期使之处于"体制外"原生态，这样，平等就业就不可能实现，农民的就业能力难以提高，农民的就业机会也难以真正增加。

农民的就业状态若在整体上不能得到有效改善，新农村建设就可能出现"泡沫化"，"多予少取放活"的方针就可能变成了只是"送温暖"、"关怀"和"照顾"，城乡经济社会发展可能仍旧是"两张皮"，最终的结果是中国经济社会发展就会因"农民就业"这个瓶颈而不可持续。回过头看看我们过去所走的路，不难证明这一点。

---

① 2003年温家宝总理出面为农民讨薪，以及由此而引发的一场政府为农民讨薪的运动，就从一个侧面充分说明了对农民工的不公正。

3. 农民就业方式的调整

我国1949年以来的几次经济大调整,都是从农业开始的,其实质都是农民就业安排的调整。

1961年开始的国民经济大调整,首先就是让近千万人回乡充实农业生产劳动力,解决吃饭的问题。1958年"以钢为纲"的大跃进把农村最主要的生产要素——劳动力,大量地吸纳到工业领域,农业严重"失血",加上浮夸风盛行,造成了粮食极度短缺、不少地方饿死人的恶果。这次教训强化了这样一种观念:要加强农业生产,不能让农民轻易地离开土地。战争时期创造的"人海战术"移植到了农业经济领域,出现了所谓"8亿农民搞饭吃"的局面。这种封闭式的加强农业的做法,造成了长期的低效率,吃饭的问题并没有因为人多而得到解决。

直到农村联产承包责任制的普遍推行,农民在农业领域的就业方式再一次得以调整,从以集体为单位的就业变为以家庭为单位的就业,使当时水平下的个体就业能力得到充分发挥,改变了集体方式下人人种粮的状况,促进了农业的分工分业,以家庭为单位的种植、养殖和加工开始兴盛起来。

从集体就业方式到家庭就业方式的转变,使农民就业在有限的空间里有了更大的自由,农业效率大大提高,农民收入也出现了有史以来的大幅度增长。农业的发展为工业和城市提供了新的发展空间,并一直延续到20世纪90年代中期。1998年出现的经济增长滑坡,标志着1978年开始的农民就业状态改善给整个国民经济带来的发展空间已经用到极致,城乡之间的矛盾和冲突日益尖锐起来。

4. 城乡之间的矛盾和冲突,其根源仍在农民就业状态

城乡之间的矛盾和冲突表现在各个不同的层面。从结果上看,生活水平差距大,农民消费能力低,至今仍有2300多万人还没有解决温饱问题和1亿低收入人口,但还长期负担着农业税、"三提五统"等各项上缴和摊派,农民和政府关系的陷入紧张状态。从条件上看,社会发展差距大,农村基础设施短缺,公共服务滞后,不少地方"家电用不了,

有电用不起"；从制度上看，待遇不平等，户籍概念下的农民成了"另类"，农民权益得不到保障，尤其在土地方面最为明显，如此等等。由此引发的矛盾和冲突催生了农村税费改革、"三农"问题、新农村建设和城乡协调发展等新提法、新思路及其相应的政策措施，以试图缓解这种状况。

新农村建设成为当前的热点，大家纷纷探讨，试图找出其中的要领，比如"关键"、"重点"、"核心"、"重心"等，由此形成五花八门的看法。有的认为关键是提高农民素质，因为农民是新农村建设的主体；也有的认为重点是加强农村的基础设施，实现"水、气、路、电"村村通，以改善农民的生产生活条件；还有的认为核心是加大农村社会事业发展投入，加强在基础教育、基本医疗、广播电视等方面的公共服务体系建设；有部分同志提出，新农村建设的重心是如何促进农民增收，而让农民富起来的关键是减少农民，转移剩余劳动力；也还有从生产力发展的角度出发，认为提高农业的综合生产能力是基础；一些学者从制度、组织创新和农民权利保护的角度分析，认为当前最重要的是维护农民的权利，包括土地权、村民自治权和结社权等。从一个侧面看，这些观点都有道理，有的确实是深层次的原因，政府的各种政策措施基本上也是从上述各个不同方面来推进的，取得了一些效果。但从整体观察，缺乏一个共同的目标，多元化的目标没有被整合起来，很难形成合力。不言而喻，这会使新农村建设的整体效果大打折扣，将会导致城乡协调发展难有实质性的进展。

其实，当前我们面对的问题都与农民的就业状态有关。改革开放初期农民就业状态的改善主要表现在给了农民更大的就业自由，从集体转变到以家庭为就业单位，农民可以根据具体情况来安排自己的工种和岗位，可在种粮、种经济作物、养殖、加工、经商、打工等之间作出不同层次的组合和选择，使各种生产要素得到最充分、最有效的利用和使用；对土地、资金、家庭劳动力也可以实行不同层次的不同组合，以产生最大的收益。

这种微观就业状态改善带来的高效率一直支撑着中国的工业化、城镇化和市场化，也支撑着中国的改革、发展和稳定。但现在已经到了极限，再也无法承受规模日益庞大的中国这个经济体所带来的重压，农民有太多的不能承受之重。

户籍概念下的"农民"，其就业的范围不断扩大，进入的领域和行业越来越多，但种种不平等的"硬性"制度障碍和歧视农民的"软性"观念障碍在阻碍农民异地就业，在宏观层面上制约了农民作为生产要素潜能的进一步释放。农民整体的就业能力低下，主要从事简单劳动，与这种就业能力对应的就业格局会与我国工业化水平上升和现代农业对高素质劳动力的需求脱节，从而拖曳整个经济结构的优化和提升。相对于庞大的转移就业的劳动力，在农业、工业和第三产业给农民提供的就业岗位依然不足，在宏观层面看存在大量隐性失业。如果在宏观层面的农民就业状态不能逐步得到改善，我们面对的许多难题将无法解决，而且会造成新的矛盾和问题。

5. 农民就业状态制约着许多基本问题

下面几个方面的基本问题都与农民就业状态有内在的直接联系，也从根本上制约着这些问题的解决：

一是改革发展成果的共享。这是当前社会上最为关注的问题，对改革的争议也是由此引起的。从城乡关系来看，农民是低收入群体，改革发展成果更多地倾向了城市居民。客观分析，这主要是农民的就业状态未能得到同步改善所致，在就业能力低且不能平等就业的条件下，农民如何去共享发展成果呢？政府的再分配是保证社会成员共享发展成果的重要环节，但坚实的基础则还是要通过就业来实现。如果能平等就业和具有足够的就业能力和就业机会，那么，发展成果的共享就可基本实现。

对政府而言，有两条途径：（1）通过促进就业来实现发展成果的共享；（2）通过强化再分配来实现发展成果共享。在现实中我们的政策更多地偏向后一条路径，尤其是涉及城乡分配关系问题时，对前一条路径重要性的认识还不十分清晰。在农村税费改革之后,应当是转变的时候了。

二是贫困群体的脱贫。目前,全国农村仍有2 365万人没有解决温饱问题,处于年收入683元至944元的低收入群体还有4 067万人,两者合计达到6 432万人。① 若按照联合国每人每天1美元的标准来衡量,我国的贫困人口将达到1亿人。贫困人口的最主要特征是就业能力极其低下。可以说,贫困是"就业的贫困"。在存在大量过剩劳动力的买方市场情形下,有一部分人必然找不到雇主,但这并不意味着找不到就业岗位(包括自我就业)。农村的贫困人口大多数是小学文化水平,甚至是文盲,加上长期处于封闭的环境中,即使外出打工都很困难,更不要说通过生产经营来实现自我就业。中国减贫能取得举世瞩目的成绩,主要得益于农民的微观就业状态大大改善,农民有了更多的就业自由和自主选择权。要进一步减贫,并巩固减贫的效果,取决于农民就业状态能否得到进一步的改善,使农民有更好的就业创业环境、更强的就业创业能力和更多的就业创业机会。

三是农民增收。农民增收难,是农民的微观就业状态难以进一步改善而产生的硬约束导致的。就业环境差,影响了农民工资性收入增长,微薄的一点工资时常被老板克扣;就业能力低下,影响了农民的收入来源,靠传统耕作方式的种粮卖钱自然难以增收;相对于大量剩余劳动力来说,就业岗位的不足也使农民增收遇到了宏观层面的约束。农民增收难的直接障碍在于农民的就业状态,而粮食价格、农业成本、农民负担等影响农民增收的因素在目前既定的农民就业状态下已经没有可进一步操作的空间。

四是减少农民。从工业化、城镇化的最终结果来看,减少农民是必然的结果。工业化国家的发展历程已经充分证明了这一点,在中国也不会例外。但这个结果不会自动实现,需要农民就业状态的相应改变。这

---

① 见《经济日报》报道:《"两个基本"成"十一五"扶贫开发目标》,2006年3月29日。

是前提条件，除了就业岗位在一定程度上可以由工业化、城镇化来扩增之外，就业环境、就业能力都是这个过程本身所不能创造的。减少农民和农民的就业状态有直接的关联。尽管现在进城的"农民工"队伍在不断扩大，但由于农民在城市不能享受平等的市民待遇，就业和创业能力严重不足，因而使农民难以在城市定居下来变成市民。"候鸟式"的就业使农民永远只能是农民。

6. 农民就业状态是判断城乡发展是否协调的基本标志

从上面的分析中不难看出，农民就业状态是我国改革发展中具有广泛渗透性和关联性的问题，而不是一个孤立于农村范围内的问题。如果现行政策不能在宏观层面促进农民就业状态的改善，则上述问题都将无法破解；反过来说，如果我们的政策重心都围绕农民就业问题来做文章，则可产生广泛的"关联效应"，带动其他问题的解决，收到事半功倍之功效。

在中国，农民就业状态是判断城乡经济社会发展协调程度的基本标志。只要农民就业状态不断改善，有更好的就业环境、更强的就业能力和更多的就业岗位，城乡经济社会发展就会自动地趋向协调。像浙江等发达地区能率先发展起来，究其原因主要是农民的就业状态较好，地方政府营造了较好的就业环境，农民有较强的就业能力，尤其是自我就业能力，从而推动了城乡的协调发展。就此而论，改善农民就业状态应成为我国改革发展始终不渝的基本目标。这个目标实现了，全面建设小康社会就可自然达成。

三、农民的就业状态决定了中国现代化的进程

进一步分析，不难发现，农民就业状态是中国经济社会发展最大的制约因素，构成我们现代化进程中最主要的公共风险来源，一旦转化为

现实，它引发的将不只是经济危机，还有社会危机和政治危机。农民就业状态与中国的改革发展紧密相连，与扩大消费、缩小收入分配差距、国家粮食安全、以及工业化、城镇化和市场化等当前重大问题都有内在的关联性。

中国的特殊性很大程度上是由极其庞大的农民群体来建构的。无论作为生产要素，还是作为生产者和消费者群体，对我国经济、社会和政治发展所产生的影响是巨大的，是左右中国前进步伐的主要力量。如果这种力量能转化为积极因素，则会产生巨大的推动力；若是转化为消极因素，那就会形成巨大的阻力。向哪个方向转化，决定于农民就业状态，也就是取决于农民有什么样的就业环境、就业能力和就业机会。

这从下面几个问题的分析中可以看出农民力量的向背及其与就业状态的内在联系，也可看到其对中国现代化进程构成的巨大约束。

1. 扩大内需战略的实现依赖于农民

主要靠外部需求来拉动经济增长，是不可持续的，扩大内需逐渐成为共识。在我国投资率连续多年超过40%的情况下，扩大内需重点在扩大消费需求，而扩大消费重点在扩大农民消费。因为我国的内需不足，主要在消费需求不足，而消费不足主要在农民消费不足。有一位人大代表算过这样一笔账：全国农村按照2.5亿户农户计算，如果每户1台电视机、1台洗衣机、1台电冰箱，农村家用电器市场需求就是6 250万台彩电、15 675万台洗衣机和20 550万台电冰箱。① 由此不难想像，农民作为消费者能为我国提供一个多大的消费市场。问题是农民有这种需求，但缺乏现实购买力，巨大的消费市场还是潜在的。

因此，要把这个巨大的潜在市场开发出来，必须扩大农民的现实购买力；而要扩大购买力，必须增加农民收入；而要增加收入，核心在于改善农民就业状态。一个清晰的逻辑链条很自然地摆在了我们面前：扩大内需——扩大消费——扩大农民消费——扩大农民现实购买力——增

---

① 《经济日报》报道：《让农村消费"火"起来》，2006年3月30日第12版。

加农民收入——改善农民就业状态。

2. 缩小分配差距，重点在农民

我国的收入分配差距在不断拉大，不管如何评价，这已经是一个事实。暂且不论收入分配差距扩大的原因是什么，缩小差距应是一个必然的趋势。不管这个趋势的到来是很快还是很慢，至少有一点是可以明确的，如果没有农民就业状态的改善，那收入分配差距将永远也不会缩小，反而会不断扩大。

我国的收入分配差距，主要是群体性的分配差距；而我国群体性的分配差距，主要是城乡居民之间的差距；而城乡之间的差距，主要是就业状态的差距，即就业能力、就业机会和就业环境的差距。

表面上看，城乡之间的差距似乎是农业生产方式落后和效率低下所致。其实，我国农业效率之所以低，不是农业产业本身的属性，也不是家庭经营的生产方式，而是农民就业状态的长期固化造成的。20世纪80年代农业效率的提高，仅仅是因为农民从集体就业方式变为家庭就业方式，有了在不同工种和岗位就业的自由，使生产要素（包括劳动力）得到了更有效的利用和使用。如果农民就业状态难以从宏观层面上得到改善，农民这个群体的收入水平将无法提高，城乡收入差距也不可能缩小。

有人借用倒 U 曲线来分析，认为我国现阶段分配差距扩大有必然性，之后随着工业化和城镇化水平的提高，这个差距会逐渐缩小，由此提出相应的政策主张：对现阶段的分配差距不必反应过度。其分析也许有几分道理，但模糊了群体性分配差距和个体性分配差距之间的本质区别。后者在工业化和市场化的推动下，也许会自动缩小，但前者却不会。

群体性分配差距与制度安排及其历史性后果有直接因果关系。我国的城乡之间的这种群体性分配差距肇始于城乡分治这种制度安排，但却直接成因于农民就业状态。逐步进行户籍改革，打破城乡分治是必要的，但这替代不了对农民就业状态的改造，平等就业、提高就业能力不是短期内能改变的。长期造成的后果，也需要较长时间来矫正。因此，缩小分配差距，现在就要着手，重点在改善农民就业状态。

3. 粮食安全也系于农民

在全球化背景下，粮食安全的重要性在此无须多言。保证一定的粮食供应，决定于农业综合生产能力。影响生产能力的因素很多，如土地、农业技术、资金、规模化等，但最活跃、最富有能动性、也是最重要的是作为生产者和生产要素的农民。农民是其他生产要素的推动者，其他生产要素的组合、利用和使用都要靠农民的一定能力来实现。农民的这种能力最终体现在就业能力上，包括对农业自身的认识能力、农业科技的使用能力、农业生产过程不同工种和岗位的组织协调、管理能力。这是基础的基础。但我们在认识上却往往夸大了技术、资金的作用，而忽视了农业部门就业农民能力的提升。

在土地上就业的农民和在工厂就业的产业工人相比，需要复合的就业能力，否则就不适应在农业部门就业。大工业的高度专业化，使就业者只需要有限的知识就能胜任，尤其在劳动密集型产业；而在农业部门就业需要掌握气候、土地、肥料、育种、田间管理、病虫害、产品保存、市场行情等各方面的知识，否则，你这地就种不好，粮食就生产不出来，就不能当农民。一些长期在外打工的农民，尤其是一些没有积累起任何耕作经验的年轻人，若干年后回到农村才发现，自己已经失去了在农业部门就业的能力。上世纪六七十年代下乡的知识青年，也是跟农民学了多年才学会了种地。

我国农业是一种经验型农业，其就业能力的形成，主要依靠经验积累。现代农业转向生态农业，有更高的技术含量，其就业能力的形成则要依赖于系统的专业化学习和培训，否则，就无法在农业部门就业。农业的进步、转型和农民在农业部门的就业能力是对应的，即农民具备什么样的就业能力，才会有什么样的农业。要促进农业部门内部的分工分业，提高农业的专业化协作水平，实现传统农业向现代农业转化，并在这个基础上保障我国的粮食安全，提升农民的能力是前提条件。

另外，随着土地生产率的提高，农业部门的剩余劳动力要及时地转移到非农产业部门，否则，会造成"窝工"现象，阻碍农业综合生产能力的进一步提高。从农业部门进入非农产业部门，需要新的就业能力、就业环境和就业机会，不然，这种就业转移就会不顺畅，甚至引发各种社会矛盾和冲突。现实的情况已经说明了这一点。不难看出，保障我国的粮食安全，仅仅靠补贴等手段鼓励农民种粮是远远不够的，全面改善农民就业状态才是真正的保证。

4. 进一步推进工业化、城镇化和市场化，其最大的约束是农民

工业化是一个社会化的过程，包括生产过程的社会化、产品的社会化和劳动的社会化，内含着专业化分工与协作的不断扩展。从我国的工业化历程来看，在工业化初期，农民整体上是被排斥在这个过程之外的，农民的任务是为工业化提供粮食、原材料和资金积累。现在我国已经进入工业化的中期，在这个阶段，农民事实上已经参与到工业化过程之中，乡镇工业、家庭工业以及庞大的农民工都已经成为工业化的一部分，并成为工业化的重要力量。

在工业化中期以前，工业化主要是一个"平面化"的扩展过程，表现为行业规模的扩大、企业个数的增加、就业人数的扩增以及产值份额的提高。这种"平面化"的扩展对劳动力的要求不高，大量农民工能进入工业部门就业，原因即在于此。进入工业化后期，"平面化"的扩展与产业的升级、增长方式的转换将会结合起来，对劳动大军的要求也会大大提高。在这个阶段，如果农民就业状态得不到改善，则会产生如下公共风险：

要么因为农民的就业能力低下，使大量从农业部门转移出来的劳动力不能被吸纳到工业部门就业，使农民的就业转移受阻；要么迁就农民的就业能力，使后期工业化的升级受阻，陷入低水平的"平面化"扩展而不能自拔，增长方式的转换将无法实现。无论是哪一种情况出现，都将带来巨大公共风险。从现实情况看，出现后一种情况的可能性更大，我国的经济增长方式长期难以转换，与规模庞大的农民群体的就业

状态密切相关。

中国的经济增长方式转换不可能靠外资和外商来完成,主要还得靠中国人自己,那就不能不受农民就业状态的约束。一方面要为大量农民进入非农产业创造就业岗位,另一方面还要与农民的就业能力相适应。何况,农民自身就是工业化中的重要主体,农民以自我就业方式进入工业化过程本身就是低起点,如创办的乡镇工业、家庭工业以及与农产品相关的加工业等。抽象的工业化是不存在的,农民本身就是我国工业化的一部分,而且已经成为不可或缺的一部分。被称之为"农民工"的新型农民将日益成为推进工业化的重要力量,可以说,有什么样的农民工,就决定了有什么样的后工业化。总之,中国的工业化不可能"甩开"农民而单兵独进,只能在适应农民就业状态条件下而逐步成长。

与工业化相伴随,城镇化是一个不可避免的过程。从居民角度看,城镇化过程是吸纳农民转变为市民的过程。城镇化有利于生产力的积聚和集中,但要占用土地资源。土地是农民就业的基本保障,城镇化的推进势必会与依赖于土地而就业的农民发生冲突,除非受城镇化影响的这些农民能顺利地进入非农产业就业。现在存在大量失地农民处于无业状态,虽然给了一定的补偿金,但城镇化剥夺了这些农民的就业权,矛盾依然存在。这样的城镇化过程会激发严重的社会矛盾和冲突,是不可能持续下去的。不少群体性事件和大量农民集体上访,都是由此造成的。要使城镇化过程顺利推进,必须首先改善农民的就业状态。我国城镇化之所以落后于工业化,很大程度上就是农民就业状态的约束所致。农民变为市民不是简单地改一下户口,而是要求农民具备适应城镇非农产业就业的基本能力。不然,城市贫民窟将会大量出现,落入拉美"陷阱"不可避免。

工业化、城镇化都离不开市场化。以市场化为导向的改革,就是要逐步扫除市场发挥作用的各种制度障碍。但制度障碍的扫除替代不了市场本身的发育过程,更替代不了市场主体的成熟过程。农民既是生产者,又是消费者,还是各产业部门的生产要素,对市场的影响是多维度的。作为生产者，影响产品市场；作为消费者，影响消费市场；作为生产要素，影响劳动力市场。无论从哪个角度观察，我国庞大的农民群体并未完全进入市场，一个重要的标志是农民对市场的依赖程度并不高。作为生产者，并不完全为市场而生产；作为消费者，部分消费资料（尤其是食品类）并不来自于市场，而是自产；作为生产要素，随时都可以退出劳动力市场。

可以说，我国的农民群体一只脚在市场里，而另一只脚在市场外。之所以如此，是由农民的就业状态决定的。不平等的就业环境、低下的就业能力和有限的就业机会，使农民无法参与市场竞争，并完全成为市场的一部分。这就像刚刚学会走路的小孩，一遇到困难总是会不由自主地往回走，回到自认为最保险的自然经济状态。从此可以看出，我国的市场化程度并不是只要政府放开和加快改革就可以提高，而是受到农民就业状态的约束。可以说，只要庞大的农民群体还未能完全进入市场，就意味着我国的市场化还没有完成。中国的市场化过程是不可能把农民群体撇在一边而可以独自实现的。

工业化、城镇化和市场化，都受到农民就业状态的约束。或者说，工业化、城镇化和市场化的边界是由农民就业状态来决定的。农民就业状态能改善到什么程度，工业化、城镇化和市场化才可以推进到什么程度。

还有诸如充分就业、自主创新、资源与环境等问题，都与农民的就业状态有直接的关联，或者说，这些问题的解决同样立于农民就业状态改善这个基础之上。静态地看，农业是国民经济的基础；动态观察，农民是整个中国的基础，是经济、社会和政治的基础，也是物质文明、精神文明和政治文明的基础。只要就业状态很差的庞大农民群体还"站"在一边，只要他们依旧处于就业不平等、就业能力低、就业机会不足的状态，就意味着中国得以发展的这个"基础"很脆弱，中国的现代化就会变成空中楼阁。

由此我们不难推出一个结论：农民的就业状态决定了中国现代化的

实际进程。

四、改善农民就业状态既是当前的任务，也是长期的目标

与城市的就业问题相比，农民就业问题具有特殊性，二者之间有重大区别。在现阶段，城市的就业问题是以非农户口为对象的，虽说有异地就业，但都在城市，逆向转移到农村就业的现象至今未曾出现。城市的就业主要与就业意愿有关，与就业环境、就业能力和就业岗位关联不大，如果有农民工那样的心态，城市的失业者会大大减少。而户籍概念下的农民就业，则要复杂得多。其就业的地域范围，既有农村又有城镇；能否就业，与就业的制度环境、本身的就业能力和提供的就业岗位密切相关。相比之下，农民的就业问题既是发展的问题，也是改革的问题，与我国当前面临的许多重大问题都紧密地联系在一起。正是农民就业问题的特殊性、复杂性和关联性，它的重要性才被凸显出来。

从上世纪70年代末的农村改革、90年代的"三农"问题，到现在的新农村建设，都透示着在中国"农"字的重要性。但对这个"农"字却有不同的解读。曾有一个时期，主要强调"农业"的重要性，集中在粮食问题上。随着吃饭的问题基本解决，"农民"和"农村"逐渐地得到重视，于是"三农"问题作为一个重要的新提法，成为公共政策的重中之重。从主要讲"农业"到全面讲"三农"，再到强调建设社会主义新农村，既是问题导向的结果，也是发展理念的更新。但"三农"也好，新农村建设也好，其实质都是为了解决"人"的问题，即农民问题。而农民问题的核心是就业问题。只要使农民有平等就业的环境、更强的就业能力和更多就业机会，农民收入增长及其消费水平的提高自然就会实现，城乡经济社会自然也就会进入协调发展的轨道。前面的分析已经说明了这一点。

因此,"三农"问题的解决和新农村建设的实施都应当围绕改善农民就业状态来做文章,只有聚焦到这个问题上来,"多予少取放活"的方针才能真正落到实处,并产生长期效果;以工促农、以城带乡的长效机制才能真正建立起来;农民才能真正进入国民经济循环,不再被边缘化;农民的各项权利才能真正得到维护,没有就业权,其他权利都失去了基础。

通过农村税费改革,农民负担大大减轻。农民原负担的各项税费现在都已经被取消了,"少取"的这项工作应当说基本落实。近两年对农民实行了各种"直补"政策,如粮食、良种、农机具的补贴等。另外,对农田水利设施、农村基础设施建设、农村社会事业的发展也提供各种支持。可以说,"多予"的力度和广度都在加强。"多予"和"少取"给"放活"创造了条件,但这只是外因,能不能活起来,最终要看农民的就业状态能否得到改善,这是根本,也是内因。以工促农、以城带乡最终也要通过这个内因发挥作用,而且这个内因能否得到强化也是衡量"促"和"带"之成效的基本指标。如果说多予少取是"授之以渔",那么改善农民的就业状态是"授之以渔"。只有在后种情况下,"放活"才有根基,并在长期内有效。而且,农民就业状态改善了,农民才可能深度参与国民经济循环,从而渐渐达成城乡经济社会的协调发展。

城乡差距表现在各个方面,但本质的差距是城乡就业状态的差距,是就业环境的差距、就业能力的差距和就业机会的差距,如果这些差距缩小了,整个城乡差距自然就缩小了。我国发达地区的经验可以为之提供佐证。从这个角度来看,农业、农民和农村三者之间并不是并列的关系,而是居于不同层次。解决"三农"问题、建设新农村的动力来自农民的积极性、主动性和创造性,即来自于农民就业状态的改善。就此而论,改善农民就业状态,既是我们当前面临的紧迫任务,也是各项政策共同的长期目标。

为此,当前的各项支农政策和农村各项改革有必要进行整合,使之形成合力，都落实到有助于改善农民就业状态上来，并以此来衡量各项政策和改革的轻重缓急。这样，就可以分清主次，分层推进，避免眉毛胡子一把抓，一哄而上。

农民就业分为三类：一是在农业部门就业，包括农林牧渔等。二是在农村的非农产业部门就业，包括工业、商业批发和零售、储运、建筑等第二产业和第三产业。三是异地就业的农民工，主要是在城市的各非农产业就业。尽管就业岗位不同，但都是属于户籍概念下的农民群体，与城镇户口的就业者享受的待遇是完全不同的。

就短期来说，最重要的是缓解这三类农民就业不平等状况，同时加强对现有劳动力的就业技能培训。对于农民工来说，就业的不平等是显性的，受到社会的广泛关注。国务院在2006年3月份发布《关于解决农民工问题的若干意见》就是对社会的一个回应，这说明已经引起了政府的重视。而对于第一类和第二类就业农民来说，就业的不平等是隐性的。如在农业部门就业的农民，干什么，不干什么，并没有完全的自由，被地方基层政府强迫种这个、养那个的情况时有发生。在种粮食、种经济作物、养殖等不同的工种和岗位之间，农民没有多少选择权。这除了基层政府的原因以外，还有在融资方面受到歧视，限制了农民在农业部门内更充分的自我就业的自由。这种不平等抑制了农业部门内部的分工分业和农业产业链条的延长。对在农村非农产业部门就业的农民来说，也是一样。就地转移就业，多数是从自我就业起步的，如办家庭小工厂、从事商品贩运、开个小商店等，但基础设施短缺，就业所需的基本条件都要靠农民自己来解决，而在城市则都是由政府来提供的。这限制了农村非农产业部门就业岗位的创造，就地转移就业变得十分艰难。

从整体看，农民就业处于极不平等的状态，这需要转变基层政府职能和扩大政府对农村基础设施的投入来逐步解决。改善农村基础设施，既能改善农民的就业条件，也能改善农民的生活条件，并还能在基础设施建设过程中给农民提供新的就业岗位，可收"一石三鸟"之效。从这个角度来看，当前新农村建设中大为流行的住宅改造、改建倒是其次的事情。

另外，农民就业技能的培训十分迫切，在初期应当完全由政府免费提供，并覆盖上述三类农民。有些地方主要局限于外出打工农民的培训，认为种地的农民不需要培训，这无疑是一种错误的认识。根据农民就业的具体需要来设计多样化的培训课程，尽量避免主观臆断，不切实际。进一步加大农民培训的力度和广度，应是当前新农村建设的重要内容。

从中期来观察，提高农民的就业能力是重点。在近5亿的农村劳动力中，初中以下文化程度的占到87%，其中7%基本不识字。面对这种状态，要在短期内把现有农民训练成高素质的劳动大军是不现实的。因此，全面提高农民就业能力应是一个中期目标。这就要从娃娃抓起，普遍提高农民文化素质和身体素质。就业技能的培训不能替代农民素质的提高，这是两个不同层次的事情。我国农民的基本素质偏低主要是长期以来教育资源、医疗资源的不平等分配所造成的，不言而喻，全面提升农民的就业能力至少需要两个条件：一是社会经济资源用于基础教育和公共医疗的份额要进一步提高；二是教育资源和医疗资源的分配要进一步向农村倾斜。这除了加大政府财政投入之外，还要通过相应的改革和政策措施来引导社会经济资源向这方面流动。各级政府对农村的投入和针对农村的各项改革，都应当指向农民的就业能力，防止新农村建设和改革上的"形象工程"和"政绩工程"，避免为建设而建设、为改革而改革，把建设和改革当成目标本身。新农村建设的热潮，使各级政府都想迫切地做点什么，弄不好，新农村建设就会变成一场新的"大跃进"，劳民伤财，得不偿失。对农民来说，就业能力的提高是最大的、也是长久的实惠；对政府来讲，农民就业能力提高，可以使农村的人口压力转变为人力资源。

从远期来分析，农民向市民的转化是关键。我国土地的城镇化，快于人口的城镇化，而整个城镇化又滞后于工业化。尽管原因多方面，但主要是农民的就业岗位都是靠农民自己来创造的，城市工业化为农民提供的就业机会远少于农村工业化。在目前全国已转移的农村劳动力中，在县域经济范围内吸纳了65%，① 浙江、江苏和广东等经济发达省份，农村的工业化不仅吸纳了当地的大部分农村劳动力，而且也为欠发达地区农村劳动力异地转移就业提供了大量机会。城乡的发展长期来形成的"各自为政"局面，虽然使我国的非农产业快速发展，其就业率达到53%，但农民难以向市民转化，城镇率仅达到41%，相差了12个百分点。如果把城乡协调发展理解为城乡在原有格局下的各自发展，或在原有格局下的农村更快发展，并以此来缩小二者之间的差距，那农民永远还是农民，即使不再种地了。

因此，农民向市民转化，需要打开城门，为农民就业提供更多的机会。也许，农村的非农产业发展会造就一批规模不等的城镇，但不能要求在非农产业就业的农民全部"就地"转化为市民。事实上，这也是不可能的。中国人地关系日趋紧张，资源与环境的压力日渐增大，农村分散化的工业化已经没有多少空间，向城镇转移是必然趋势。除了农业部门内部的分工分业可以创造一些就业岗位供农民就业以外，更多的就业岗位长期来看将主要由城镇来提供，并以此为基础来促进农民向市民转化。这是工业反哺农业、城市支持农村的基本路径，也是城乡协调发展的必由之路。

城镇的就业岗位从何而来？静态地看是没有出路的，城镇的就业压力也相当大。这需要动态地理解，其背后的意蕴是，我国的工业化战略要从城乡两条战线同时展开，逐步向一条战线融合，并使工业化和城镇化逐渐融合，并通过这种融合来转换发展模式，过去村村点火，处处冒烟的方式不可继续复制。新兴工业化的路子其实也就在此。这样，通过新型工业化战略，为农民创造更多的就业机会就有了可能。

综上所述，改善农民就业状态既是当前的任务，也是长期的目标，但在不同时期的重点是不一样的。当前重在改善农民就业不平等状况，

---

① 《经济日报》：国务院研究室负责人就国务院《关于解决农民工问题的若干意见》答记者问，2006年3月29日。

使农民有一个更好的就业环境；中期的重点是全面提高农民就业能力，减弱农民就业能力不足对现代化进程的制约；从远期看，重点是开放城镇，为农民创造更多的就业机会，实现农民向市民的转化。如果说，"三农"问题、新农村建设是政府工作的重中之重，那么改善农民就业状态，则是"三农"问题、新农村建设的重中之重。

乡镇机构改革的风险："循环改革"

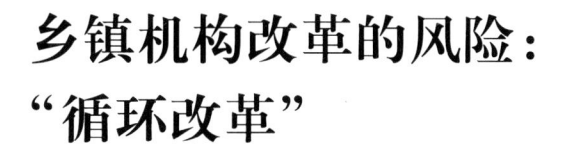

阅读提示：

　　城乡分治体制是当前农村问题的总根源，农民负担、县乡财政困难、乡镇机构功能不健全等等问题，都是由它直接或间接导致的。作为农村综合改革的核心，乡镇机构改革势在必行，但关键在于乡镇机构功能重建，即（间接地）为城市服务转变到全面为"三农"服务，为占人口多数的8亿农民服务。这应成为改革的总目标。一味地单纯撤并乡镇和精简人员，并以为这样就可以防止农民负担反弹和缓解县乡财政困难，是一个误解。缓解县乡财政困难，防止农民负担反弹，要靠城乡分治体制的全面突破，光有财政加大投入是不够的；要靠整个政府职能的转换，光是乡镇改革而竖立其上的政府职能不转换，难有实质性的进展；简单地寄希望于撤并乡镇和裁减人员有可能与我们的改革目标相悖，使乡镇改革落入"循环改革"的陷阱。本文形成的背景是全国各地大搞撤乡并镇、精简乡镇干部，并希望借此来推动农村综合改革，成文于2006年初。

Risk of Institutional Reform in Townships: Avoid bad Reform Cycle

Abstract

Urban and rural fragmentation is the major root of the current problems in rural areas, which include heavy burden on peasants, financial difficulties of counties and townships, improper function of township bodies and so on. As the core of the comprehensive reform in rural areas, township institutional reform is imperative, but the key lies in function reconstruction of rural institutions. This could be translated to from a comprehensive municipal service to "three rural issues" for 800 million farmers, comprising of the majority of national population. This should be the overall objective of the reform. It is a misunderstanding that merging towns and streamlining personnel could increase farmers' income as well as fiscal capacity of counties and townships. To alleviate the financial difficulties of counties and townships and prevent rebound in the burden on peasants depends on a comprehensive breakup in urban and rural system. It is not enough just to increase financial inputs. A breakthrough in transformation of government functions, alone with the conversion of township governance is vital. Simply hoping on dismantling and merging towns and staff reductions may be inconsistent with our reform objectives, and will lead rural reform to a bad "reform cycle". This article was formed in early 2006.

所谓"循环改革",形象地说就是驴推磨式的改革,今天的改革成果成为明天的改革对象。形式主义的改革是名改实不改,不动真格儿,仅仅是应付或打打改革的旗号;而循环改革则不同,是动真格的改革,既打雷又下雨,但水过地皮湿,要不了多久,又恢复了原状。要说危害,后者更甚,因为需要实实在在的改革成本,而且往往是巨大的。我国的机构改革可谓是一个典型例证,每一次都是轰轰烈烈,撤机构,裁人员,耗费不少人才物力。改革似乎没有尽头,循环往复。这是为什么呢?究其原因,可谓复杂,但至少有一点端倪,那就是改革的目标不明确,时常把改革本身当成了目标,或目标有误。眼下乡镇机构改革又掀起了一场风暴,正在全国蔓延开来。结果将如何?以历史经验观察之,弄不好,"涛声依旧"。

乡镇机构改革自上世纪90年代就开始了,从统计数据来看,成效是有的。社科院的张晓山所长曾公布了如下数据:截至2004年9月30日,我国的乡镇数为37 166个,比1995年减少9 970个。据民政部计算,撤并乡镇共精简机构17 280个,裁减财政供养人员8.64万人,减轻财政负担8.64亿元。① 但从实际效果来看,并无实质性进展。不然,2005年就不必再次强调乡镇机构改革了。但这新一轮的乡镇机构改革到底应该如何改?其目标是什么?从一些正在试点的情况和流行的观点来看,未必十分清楚。要回答这个问题,我认为至少要厘清以下关系才有可能。一是农民负担与乡镇机构的关系。农民负担重是不是主要因为乡镇机构臃肿,"生之者寡,食之者众"所致?二是乡镇财政困难与乡镇机构的关系。乡镇财政困难是不是主要通过撤并乡镇,裁减财政供养人员就能解决?三是小城镇建设与乡镇机构布局的关系。是不是在现有的乡镇机构布局下就无法推进小城镇建设?或者说,只有通过撤并乡镇

---

① 人民网2005年6月22日,http://politics.people.com.cn/GB/1027/3488708.html。

才能加快小城镇建设？如果以上关系不能从理论上作出清晰的阐释，只是从一些表面现象来下结论，乡镇机构改革恐怕避免不了以往的命运，甚至可能带来难以预料的负面效应。

一、城乡分治体制是当前农村问题的总根源

从经济、社会系统的自然演进来看，作为基层组织，乡镇改革已经是时候了。因为无论从发展的视角来观察，还是以改革的眼光来分析，乡镇这个基层组织已经表现出明显的诸多不适应。原有的乡镇组织虽然与其之上的各级政府具有类似的构架，有行政，也有人大和政协，但其功能被城乡分治的二元体制框定在间接为城市服务的位置上。

在城乡分治的体制下，乡镇以上的各级政府及其财政事实上是围绕城市来运转的，谈发展、讲改革、定政策有意无意地几乎都是以城市为出发点和落脚点。细细考量我国发展和改革的历程，这个结论是不难得出的。尽管有时候也十分重视农村问题，但也都是从不影响城市的粮食供应，不妨碍城市的工业和不危害城市的治安而言的。与这个大背景相适应，乡镇这个基层政权尽管身在乡村，但其使命是为城市服务，而不是为乡村居民服务。乡镇的任务就是把八亿农民稳定在农村有限的土地上，同时从农村、农业和农民身上尽可能地汲取资源，以支撑在城市展开的国家工业化运动。这种状况一直持续到本届政府才有所改变。

在小农经济为主，生产力十分落后的状况下，要快速推进工业化，迅速增强国家实力，从"三农"大量汲取资源来支持城市及其工业，也许是不得已而为之的选择。就此而言，我国的城乡分治体制有一定的历史合理性，进而把乡镇的功能定位在为城市服务上也就不足为奇了。问题是我国的发展长期来形成的路径依赖使城乡分治体制难以松动，并反过来固化了经济的和社会的二元结构。经济的二元结构，使国民经济

的循环在城乡之间中断，城乡发展失调，成为经济增长难以持续的主要原因。社会的二元结构，使社会成员渐渐形成了两个不平等的群体，成为社会不和谐的主要根源。正是面对城乡分治体制所引致的公共风险，本届政府才提出了以人为本的科学发展观和构建和谐社会的理念。也正是基于这种认识，中共中央在"十一五"规划建议中提出了"工业反哺农业"和"城市支持农村"的基本方针，这标志着我国的城乡关系已经进入到一个崭新的阶段。

二、乡镇改革要以乡镇功能重构为目标

从城乡关系的这种历史性变化中，我们不难看出乡镇政府的功能定位及其改革的目标正日益清晰地凸显出来。在新的历史时期，乡镇政府的功能应当是为农村居民提供各类公共服务和公共设施，这包括农村经济发展过程中的产前、产中、产后的信息、技术、法律、政策等方面的服务，社会发展过程中的卫生保健、基础教育、社会保障、社会治安等方面的服务，以及生产、生活的公共设施。很自然，乡镇改革的目标就是调整乡镇政府长期来（间接）为城市服务的功能定位，实现乡镇政府的功能归位，转变到真正为农村居民提供各类公共服务和公共设施上来。如果我们从这个视角来分析，上面提出的问题就会迎刃而解。

既然乡镇功能定位是为农村居民服务，现在大行其道的撤并乡镇和裁减人员的改革就要重新考虑。其实，对于这样的改革是否具有正当性，并不需要太多的实证分析，只需从逻辑上做一个十分简单的推理就可以得知。如果认为撤并乡镇和裁减人员就是乡镇改革的目标，那就无须多言，其改革是正当的，合理的；如果反之，撤并乡镇和裁减人员仅仅是实现乡镇改革目标的手段，那么，这样的改革就要与目标联系起来才能判断其是否具有正当性。我还没有充分的证据可以证明不需要撤并乡镇和裁减人员，同样，我也无法得出大量地撤并乡镇是否与乡镇改革

的目标相一致。有的地方定下指标，全省470余个乡镇要减少到200余个，也就是说要撤并的乡镇达到57%；同时裁员14万乡镇干部，认为乡镇干部超编达到86%。① 我不知道这样的定量指标是如何计算出来的，在这里不敢妄加猜测。从乡镇改革的方法论来看，如果这些指标不是以为农村居民提供公共服务为归依，或者说不是以乡镇政府在新时期的功能定位为判断标准，而是以诸如过去规定的乡镇编制、财政负担能力、农民负担等为依据，则恐怕这样大规模的撤并乡镇与裁员只具有某种政绩的象征意义，而无助于"真问题"（乡镇功能重建）的实际解决，与建设社会主义新农村的方向背道而驰。赵树凯研究员通过对10省区的调查表明，撤并乡镇大多停留于形式上，既没有真正减轻财政负担，也没有实现乡镇机构的功能重建。② 如果功能机制不变，现在"瘦"下去的乡镇机构要不了多久就会重新"胖"起来。1998年那场轰轰烈烈的政府机构改革应当能给我们一些启示。

三、农民负担重是乡镇机构庞大造成的吗？

若是从长期形成的城乡分治体制下的思维习惯来分析，其答案是不言自明的。城乡分治下的思维是：农民的事情农民办。如农村基础设施、基础教育、卫生保健、五保户等都是农民自己的事情，应通过农民自己集资、投劳来解决。至于缴纳的"皇粮国税"，则完全是尽义务。即使国家财政出于某种考虑给一些资金用来扶贫、修建农村水利设施、保持水土等，那也是"支援"而已，国家预算科目上至今仍保留着称之为"支援农业支出"的项目。这"支援"二字就蕴含了不是国家财

---

① 《第一财经日报》，2005年10月26日。
② 赵树凯，《乡镇改革面临艰难抉择》，http://www.drcnet.com.cn/new_product/drcexpert/showdoc.asp? doc_id=198473。

政分内之事的前提性设定,① 这只能说明,农民、农业和农村长期不在国家财政的视野之内,要不然,金人庆部长也就用不着说"让公共财政的阳光逐步照射到农村"。长期来,城乡分治思维在财政上打上了深深的烙印,并固化为一种制度安排。在这种城乡分治的体制背景下,对待"三农"是"多取少予",甚至是"只取不予"。这不只在计划经济体制下如此,在改革开放的20多年中也是一样。据卢周来教授统计,从1979年到1994年通过"工农业产品剪刀差",从农业部门抽取了15 000亿元人民币;还通过提供不需教育、不需养老的廉价劳动力和圈地运动,给城市提供了14万亿元人民币。② 长期的制度性歧视,城乡差距不断拉大,农民陷入群体性的贫困之中。对于贫穷的农民而言,有太多的不能承受之重。当你手中一文不名的时候,哪怕是一块钱也是一个沉重的负担。农民负担重,首先是因为农民太穷了。从当前农民负担来考虑乡镇机构改革,那就会得出这样的结论:越是穷的地方,乡镇机构就应越"瘦",直至撤销。然而,对于贫穷的农民而言,如果我们的思维依然是"农民的事情农民办",无论多"瘦"的乡镇机构,也是不堪承受的负担。

那么是乡镇政府的"三乱"造成沉重的农民负担吗?这里不排除有害群之马利用手中的权力来中饱私囊,但我们能否反思一下,乡镇政府为什么会有这样的行为呢?能否说是整个国家的乡镇一级政府成为农民负担沉重的根源?如果说是,那也离不开城乡分治的这种体制安排。正是在这种体制下,乡镇政府变异成为为城市及其工业汲取资源的一个管道。农民负担沉重是城乡分治这种体制假手乡镇一级政府来无限地来

---

① 这与长期来以所有制为基础的财政理论有关,认为只有全民所有制范围内,财政才可以拨款,而对农村集体所有制则不行。由于全民所有制主要在城市,而集体所有制主要在农村,慢慢地就演变成了给城市拿钱可以,给农村拨款则没有理论依据。集体的事情集体办,也就逐渐地变成了农民的事情农民办。即使提供一些资金,那也叫做"支援"。稳定农村是为了稳定城市,加强农业是为了加强工业,这是过去公共政策长期来的思路。近30年来,理论的指导作用不明显,理论总是滞后;但理论的束缚作用则总是很显著。

② 卢周来:《中国为什么绝大多数穷人是农民呢》,2005年11月,http://webbbs.szonline.net/bin/content.asp。

掠夺农村、农业和农民所造成的结果。因此，要巩固农村税费改革的成果，要防止已经减轻了的农民负担再次反弹，以为通过撤并乡镇、裁员就可以断绝其根源，那是大错特错了。

只要城乡分治的体制没有彻底改变，二元财政制度①依然如故，农民负担反弹就只是一个时间的问题。就事论事地以为，只要精简乡镇机构，农民负担就可不再反弹的想法是只看到了现象，而忽略更深层次的原因。

四、农村税费改革之后，乡镇政府的出路就是被撤并或变为派出机构吗？

如果与为农村居民提供公共服务的目标相一致，那么，适当地撤并乡镇没有什么不妥，手段是为目标服务的。但如果以乡镇财政的负担能力为理由而大规模地撤并乡镇，甚至改为县里的派出机构，那就犯了本末倒置的错误。农村税费改革取消了农业税、农业特产税以及"三提五统"等各种各样的收费和摊派，农民负担大大减轻了。不少人在为之叫好的同时，却担忧乡镇财政的财源也断绝了，尽管有上级政府的转移支付，但要再担负起原有的乡镇机构和人员，已经力不从心了。这是一个现实的问题。也正是这个现实的问题成为不少地方撤并乡镇的重要理由，也成为学者们把它变为派出机构的一个实际依据。

这貌似有理，实际上仍是城乡分治下的思维逻辑，无形之中仍在肯定乡镇政府的运转及其职能的履行靠农民的税费来支撑是合理的和正当的，农民的事情还要靠农民自己来办。进一步延伸一下，也就是，乡镇政府应当在财政上有自己的财源，应该自求平衡，自我保障，最好对上

---

① 二元财政制度是指针对城市和农村给予不平等的财政待遇。中央在"十一五"规划建议中提出了要建立覆盖城乡的公共财政制度，表明城乡统一的财政制度正在萌生。但它进一步的完善依赖于城乡分治的全面破解。

级还有点贡献；如果平衡不了，那就得缩减开支，精简机构和人员，甚至于撤销，至于是否会影响到为农村居民提供公共服务，则全然不顾了。

不难看出，这是以财政为目标的改革。当乡镇一级财政成为"三农"这个木桶中最短的一块木板时，首先想到是，把"三农"这个木桶中的其他木板锯短，而不是想办法去把这块"短板"补长，以满足解决"三农"问题过程中的公共需要，以最大限度地为农村居民提供公共服务。

从省以下各级政府财政之间的关系来看，上级政府对乡镇财政的困难至少有两种选择：一是调整省以下体制和加大转移支付的力度，使基层公共财政的这块"短板"加长；二是通过改革的办法来压缩县乡的财政开支。特别是乡镇一级，由于在农民负担问题上背了黑锅，冠冕堂皇地大肆精简也就成为压缩开支的主要措施。站在省市政府的角度看，第二种选择应该是与自身目标最为吻合的一种选择，既在改革上出了政绩，又减轻了省市财政转移支付的压力。如果说，省市政府很热衷于对县乡财政加大转移支付的力度，以解决它们的困难，那县乡财政困难也不至于到今天这种境地，也不至于要靠中央的行政指令和中央财政的激励。显然，各级政府都有自己的利益，也都有自己的"小九九"。以此角度来看，一些省份以"大跃进"的方式大搞撤并乡镇和人员精简，也就不难理解了。这至少增加了观察当前乡镇改革的一个视角。城乡分治体制能一直持续到现在，大概也脱离不了这种利益关系的不平等博弈。省市财政属于城市财政；县级财政一条腿站在城镇，另一条腿站在农村，但整个身子是面向城市的；乡镇财政两条腿都是站在农村，但肩负的使命也是为城市服务的。可想而知，其博弈的结果总是会以"三农"受损而收场。尽管中央政府在从中予以调控，比如现在采取了许多强有力的措施来加大对"三农"的投入，但在城乡分治体制被彻底打破以前也难以根本扭转。在新的制度安排建立并得以巩固以前，"三农"形势好转之后，当前的"重中之重"难保不会再次变为"轻中之轻"。这方面我们有深刻的历史教训。

五、为8亿人提供公共服务，乡镇一级的机构和人员当真是太庞大了吗？

我国有近60%的人口在农村，提供公共服务的主体自然落在乡镇政府身上。要实现城乡协调发展，要推进社会主义新农村建设，各级政府的作用自然是离不开的，但最终都要靠基层政府来贯彻和落实。上面千条线，下面一根针。乡镇政府的作用在新时期不是要削弱，而是要加强。面对新时期的新任务、新使命，面对8亿农民，乡镇政府是不是过于庞大了呢？财政供养人员是不是太多了呢？原有的"七站八所"是不是多余了呢？这恐怕都需要重新思考。

我不否认现有的乡镇机构确有"人浮于事"的情况，有的地方还很严重。这有一个人员结构问题，也有一个管理机制问题，暂且不论。但从总体来看，这样的判断说明不了任何问题。因为"人浮"与否，是相对于"事"而言的，在没有弄清楚这个"事"是否到位以前，轻易地下结论，说乡镇一级的财政供养人员太多是否过于轻率了？一位基层干部的话比我们讲得更明了："有多少事，才能养多少人。一个机构如果没有职能，养一个人都嫌多；如果要搬一座山，1 000个人也不够。"① 在农村税费改革之前，乡镇政府的"事"（或者说职能）主要不是服务，而是汲取资源和完成上级政府交办的各项要求达标的任务，用老百姓的话说就是"催粮要款，刮宫流产，其他啥也不管"。若是相对于这样的职能定位，在农村税费改革完成之后，乡镇机构的"事"确实大大减少了。以此为基准来判断，认为乡镇机构"人浮于事"是成立的。但问题是如果承认这种逻辑，也就意味着对乡镇政府职能的原

---

① 《经济视点报》采访报道：《撤乡并镇："乡官"该咋当》（李万卿、王海圣）2005年12月1日。转引自http://stock.163.com/05/1201/16/23TAPBTP00251HJQ.html。

有定位是肯定的。依次往下推理，乡镇机构改革就不存在功能重建的内容而只剩下精简机构和人员的任务了，甚至可以一撤了之。喊出"农民减负在于减官"[①]这样口号的人，自然是基于这样的逻辑。也有的拿出数据来说明，认为省以下财政供养的人员在县乡占了70%，而相应的财力只占42%，不减人就没有出路。[②]看似有理，实际上混淆了一个概念，即行政官员和财政供养人员的区别。后者在县乡一级，包括了超过半数的中小学教师。农村人口多，上学的孩子多，中小学教师也就多，由此造成的财政供养人员的比重高是很正常的。但为什么总是以"人浮于事"这样似是而非的理由来对待乡镇机构改革呢？如果不以占人口多数的农村居民提供公共服务为目标，哪怕是精减到只剩下一个人，那也是冗员。是不是乡镇提供公共服务的效率将会出奇的高，因而只要少量人就可以满足8亿人口的公共服务呢？未来也许是，但至少在不发达的农村现阶段还做不到，即使是搞市场经济了，农村还离不开基层政府这个主体。农村市场经济秩序的维护、利益矛盾和纠纷的处理、公共资源的管理、各种公共疫情的防范、农村教育和培训的组织、农村文化的建设、公共信息的发布等，都要靠乡镇机构去具体组织和实施。若真正以人为本，乡镇机构现在不是无事可做，而应当是做不过来。

由此可见，从总体看，现在的主要矛盾不在于人浮于事，而是乡镇机构职能转换不到位。而职能转换不到位的责任也不在乡镇本身，而是其上的决策者从减少财政供养人员角度考虑多，从为"三农"服务角度考虑少；从上级政府角度考虑多，从下级政府的角度考虑少；从短期考虑多，从长期考虑少。因此，问题的关键是如何进一步明确乡镇改革的目标，弄清楚到底是为谁改革，为什么而改革。

---

① 《中国青年报》采访报道：《转移支付难填"零赋税"农民减负的根本在减官》（万兴亚）2004年3月19日。转引自http://business.sohu.com/2004/03/19/80/article219498055.shtml。

② 《21世纪经济报道》采访报道：《湖北触及乡镇机构改革命门》（孙雷）2005年4月21日。转引自http://www.chinainnovations.org/read.asp。

六、推进小城镇建设是撤并乡镇的理由吗?

在不少主张撤并乡镇的文章中,还有一个重要的理由,那就是有助于小城镇建设。言下之意,不搞撤并乡镇,小城镇建设就难以推进。我觉得这是把两个不同层次东西弄混淆了。农村行政区划的设置是政权组织问题,属于政治学的范畴;而小城镇是生产力的组织问题,属于经济学的范畴,两者虽有联系,但很难直接扯到一起。在一定区域内,设多少个乡镇政府,不是随意的,有多方面的政治约束条件,如民族关系、历史传统、边疆安全、社会意愿、管理便利等,只抓一点,不顾其余,会引致政治领域的公共风险。而小城镇的形成更多地与经济发展、自然地理条件和交通状况相关,中心城镇既可以是乡镇政府的所在地,也可以只是一个具有经济功能的产业集聚地。小城镇的建设有自身的约束条件和演进路径,政府顺势而为,规划得好,组织得好,确实可以推进小城镇的发展。但不是靠主观想像,依靠行政手段就可以加快的。撤并乡镇可以推进小城镇建设的这种想法,其背后暗含有行政推进的意思。以为乡镇变大了,就可以集中人才物力办大事,就可以"造"小城镇,这显然是计划经济体制下的思维方式,其后果是不言而喻的。

至此可以做一个小结了。上面的论述,主要是想阐释乡镇机构改革的方法论问题,至于细节问题还有待于依据这个方法论去进一步研究。乡镇改革是当前农村综合改革的重要内容,事关农村社会的稳定与长远发展,也是关系到社会主义新农村建设能否切实推进的大事。以上所说,并非反对撤乡并镇,精简人员,而是反对"为撤而撤,为减而减"。当我们在进行改革的时候一定要有十分明确的目标,注意改革的方法论,尤其不能把手段当成目标,更不能头痛医头,脚痛医脚,找错了病因,开错了药方。无论怎样改革,或改什么,始终都要以一定时期恰当的目标来衡量和判断。否则，就会贻误农村改革。我认为，这次乡镇改革的目标是：转换乡镇政府功能，使之从（间接地）为城市服务转变为"三农"服务，为占人口多数的农村居民服务。不论各地的差异和差距有多大，这个目标应当是一致的。缓解县乡财政困难，防止农民负担反弹，要靠城乡分治体制的全面突破，光有财政加大投入是不够的；要靠整个政府职能的转换，光是乡镇改而竖立其上的政府职能不转换，难有实质性的进展；简单地寄希望于撤并乡镇和裁减人员有可能与我们的改革目标相悖，使乡镇改革落入"循环改革"的陷阱。

基本公共服务均等化：
一项重要的公共政策

阅读提示：

政府提供公共服务的目的是分担居民消费风险，以公共消费（或者说集体消费）来减少居民个体消费不确定性而导致的消费两极分化。基本公共服务均等化的目标是通过一种制度安排来促进居民基本消费的平等化，减少因财富、收入的不确定性引致的基本生存条件和基本能力的缺失。市场社会的核心机制是竞争，这很容易滑向社会达尔文主义，从而使社会公平正义解体。通过公共服务提供的公共消费则可以提供一种反向的力量，使市场竞争限制在经济领域。教育、医疗和住房之所以成为社会关注的重大民生问题，其本质是消费不平等日益加剧的表现，反映出市场化侵蚀了公共服务的领域。公共服务均等化的制度设计应围绕促进基本消费平等化而展开。此文写于2007年初，当时正值政府倡导推进基本公共服务均等化政策。

Equalization of Basic Public Service: An Important Public Policy

Abstract

Government provides public services to share the risk of resident consumption. Public consumption (or group consumption) reduce consumption polarization caused by the uncertainty of individual consumption. The goal of basic public services equalization is to promote the equalization of basic consumption through a kind of institutional arrangement, and to reduce the lack of basic living conditions and basic capabilities due to wealth, income uncertainty. The core mechanism of market economy is competition, which is very easy to slide into social Darwinism, and thus lead to the disintegration of social justice. Provision of public consumption by public services can provide a reverse force to confine competition within the economic field. Education, health care and housing have become the major concern of livelihood reflecting the growing inequality in consumption and market failure. The system of public service equalization should be designed for the promotion of basic consumption equalization. This article was written in early 2007 when equalizing public service was stressed.

自从2006年党的十六届六中全会正式明确地提出"逐步实现基本公共服务的均等化"以来，基本公共服务的均等化，已经成为当前我国广为流行且热议的一个话题。这是以人为本的执政理念和建立服务型政府的明晰化、具体化和政策化。任何先进的理念，只有变成了具体的政策，才能生根开花结果，才能表现出它的生命力。

这个政策导向至少意味着我国的三个"基本取向"正在发生重大转变：一是公共政策的基本取向由单一的效率至上转向公平与效率并重，使物质财富的增长带来更多的社会公平；二是发展的基本取向由片面的经济增长转向经济、社会与自然的协调发展，使经济的发展带来人的全面发展；三是小康生活的基本取向由主要追求物质指标转变到以和谐为导向，使生活的殷实和富足带来更大程度的社会和谐。基本公共服务均等化承载着一个时代变迁的重大使命。

基本公共服务不是抽象的东西，与每一个社会成员都有密切的关联，如义务教育、公共卫生、基本医疗、社会保障、就业指导和培训、社会治安以及食品药品安全等。要使这些公共服务全面实现均等化，不是经过一场运动在一个早上就可以实现的，也不是单靠中央政府的转移支付就可以完成的，而是需要发展与改革的双重推动，蕴含于发展与改革过程之中。发展是基础，改革是动力。基本公共服务的均等化不应被理解为一个单纯的财政分配过程，而是经济发展过程与财政分配过程的有机结合；基本公共服务的均等化也不是一个简单的财力配置过程，而是财力配置与制度创新的融合。

一、公共服务的内涵

1. 关于公共服务的各种理解

从已有的研究来看,公共服务是一个使用频繁,而理解上又存在巨大差异的概念。目前,理论界和政府文件中也未对公共服务的内涵给出一个统一的、准确的定义。综合国内外专家学者的论述,可归纳总结出以下几种流行的看法:

一是从政府的性质来理解。在市场经济下,政府要为市场服务;政府的权力来自人民,为人民服务是政府应有的职责。在这个意义上,政府所干的所有事情都是公共服务。所谓构建服务型政府,即是这层含义上的。如政府宏观调控所涉及的金融安全、人才保护、平等竞争以及维护市场秩序等重大问题,都应看做是政府为市场主体提供的社会公共服务(姚大金,2003)。政府为了保证和维持正常的社会经济秩序,对社会经济活动的管理与控制可视为一种公共服务(程谦,2003)。这种解释过于宽泛,相当于说,公共服务=政府职责,这显然与均等化的政策目标不吻合。

二是从政府的四大职能来解释。按照中央有关文件的表述,现阶段的政府职能有:经济调控、市场监管、社会管理和公共服务。公共服务成为国家职能的组成部分,但其不是政府的唯一职能。这是从排除法来定义公共服务,即除了经济调控、市场监管和社会管理之外,政府所干的事情就是公共服务。由于未对公共服务给予一个正面的准确界定,到底什么是公共服务仍显得十分模糊。

三是从有形与无形角度来定义。服务是无形的,产品是有形的,因此有人说政府为民众提供的那些无形的消费服务就叫公共服务,而有形的被称为公共产品。这种直观的理解实际上相当流行,在许多文献中把"公共产品"和"公共服务"并列的做法,一定程度上就证实了这一点。

四是从广义公共产品角度来分析,认为公共服务和公共产品是同义的不同表达,没有本质差异。公共产品在西方经济学中有较充分的论述。非竞争性和非排他性是两个基本特征(Samuelson, 1954),认为公共服务指的是具有共同消费性质的产品和服务,具有消费的非竞争性和使用的非排他性。近年来,我国理论界也有人承袭了这种观点,认为公共产品与公共服务实际上是同一个意思(江明融,2006)。按照现在对公共产品的广义理解,把法律、制度、秩序、公平正义等纳入公共产品的范围,这样,公共产品就等同于政府职能,等于回到了第一种定义上了。

五是从直接需求角度来解释,认为满足居民和组织直接需求的,都可称为公共服务,满足间接需求的就排除在公共服务范围之内。如民间为协调行业内或行业间的经济行为自发形成的行业公会或行业联盟、行业协会之类的民间组织,用以协调行业内的生产流通及共同问题,也可视为一种公共服务(程谦,2003)。这个定义并未说明公共服务的实质内涵,因为组织不仅包括政府组织也包括企业等,范围过于宽泛。

2. 公共服务的内涵

上述对公共服务的理解都有一定的道理,但未触及更深层的内涵。公共服务作为一种集体行为而与个体行为相区别。在这里,这种集体行为的主体无疑地主要是指政府。集体行为的目的通常是为了防范和化解集体成员无法承受的各种公共风险,或避免个体风险转化为公共风险。而公共服务是用于公共消费的,即以集体的方式来消费,这与私人个体消费是相对应的。之所以要提供公共消费,其目的不外乎是给居民个体消费提供补充,化解个体消费风险而有可能引致的公共风险——如消费两极分化而带来的社会冲突。

综合起来看,公共服务可作如下定义:是指政府利用公共权力或公共资源,为促进居民基本消费的平等化,通过分担居民消费风险而进行的一系列公共行为。

在这里，关键是要理解居民消费风险。概括起来，消费风险包括三类：

一是可获得性风险。即买不起而产生的风险，如食品、教育、医疗、养老等，如果没钱，或没有足够的钱就不能消费。所谓财富或收入意义上的"穷人"，就时常面临着这样的风险。在市场经济社会，这类风险在不断地产生，构成消费风险中的基本风险。

二是可及性风险。即有钱也买不来而产生的风险，如产品短缺、洁净的水和空气、良好的生态环境、满意的社会治安等。这是无论对穷人，或富人都同样面对的风险，不分高低贵贱，人人无法躲避。产品短缺导致的可及性风险在我国现阶段几乎已全面化解，但良好的环境却成为现阶段的短缺"产品"，其风险在扩大。可及性风险从一产生就是公共风险，居民个体无力承担。

三是消费信息不对称风险。如食品、药品的安全性以及医疗、教育的质量等，由于受知识分工的限制，人们对具体消费对象的质量和安全性是不清楚的，通常只能是被动接受，等到出现了严重后果才知晓。这类消费风险是公共性的，居民个体的力量是无法化解的。

上述三类风险直接影响到社会大众的消费水平和消费质量，尤其对低收入者或赤贫阶层来说，他们承受的不仅仅是可获得性风险，而且比高收入者要承受更多的其他两类风险，因为消费上的选择自由更小。例如高收入者可以喝相对安全的瓶装水，可以购买有机食品等，从而规避部分风险，而低收入者却无能为力。从整个社会来看，上述消费风险往往导致消费的严重不平等。因此，需要政府对居民的消费风险提供基本保障，去分担这些风险。如果政府不能防范和化解这些风险，那么上述消费风险将会引发更多的其他公共风险，蔓延到经济、社会和政治各个领域。

3. 公共服务的目的

在市场经济条件下，资本是核心，劳动是受资本支配的，市场运行的结果必然是经济上的不平等，包括财富不平等、收入不平等和消费不平等，马克思在《资本论》中早就深刻地揭示了这一点。我国要搞市场经济，这一点也是避免不了的。尽管有很多理论主张政府通过累进的所得税、遗产税等税收手段可以对此加以调节，以减少经济不平等，但从长期和动态来观察，政府对财富和收入的不平等的干预成效不大，因为资本是最终的决定者，除非取消资本。马克思也正是看到了这一点，才提出以革命暴动的方式来取消资本（生产资料）的私人占有，实行没有商品、货币的社会主义社会。政府对财富和收入的不平等难以有效干预，但对消费的不平等却可以有效干预。世界各国社会保障制度的发展，实际上就是分担公众可获得性消费风险的一种制度安排，其目的就是促进基本消费的平等化。此外，政府支出结构不断地向教育、医疗等公共消费方面倾向，实际上就是为了弥补私人消费的不平等。

从这个视角来看，政府通过提供公共服务来分担居民消费风险，实际上涵盖了私人产品和公共产品。譬如教育，如果按公共产品的定义，它既有排他性又有竞争性，属于私人产品，应由私人来办。有些国家就是将此列为私人产品，如荷兰的基础教育就是以私立学校为主，但教育质量却与以公立为主的国家不相上下。可见，政府提供公共服务不能用"公共产品"这个概念来涵盖。

公共服务的目的是分担居民消费风险，以避免公共风险的扩散。提供公共产品虽然也有这个作用，但只是防范和化解原发性公共风险，如前面提到的可及性风险和信息不对称风险，而对于引致性公共风险，如前面提到的吃饭、教育、医疗等可获得性消费风险的化解，显然不是公共产品的作用范围，却是公共服务的重要内容。公共服务的最终目标是促进消费的平等化，也就是通过政府干预来部分切断财富、收入与消费的因果关联，阻止财富和收入的不平等效应继续向消费领域蔓延，以避免或消除"朱门酒肉臭，路有冻死骨"的消费两极分化现象。

至于说"基本"公共服务，可从两个角度理解：一是从消费需求的层次看，与低层次消费需要有直接关联的即为基本公共服务。层次低的就是基本的，类似于马斯洛解释人的基本需求，生存是最基本的需求；此外，基本能力的获得也是现代社会的基本需求，如基础教育、医疗等。基本需求得到保障后，人们追求高档消费就不是基本需求了，如金银珠宝、游艇、名车等奢侈品消费，钱多多消费，钱少少消费，没有钱不消费，这不再是政府的职责。二是从消费需求的同质性看，人们无差异消费需求属于基本公共服务。如对食品和药品的消费，无论是穷人还是富人都要求保证质量安全，尽可能减少对健康带来的危害。这样的消费需求对所有人来说都是一样的。上述两个条件决定了基本公共服务的外延。但"基本"不是绝对的，它会因发展阶段的不同而变化。

二、基本消费平等化是化解公共风险的现实要求

任何公共政策都是由公共风险催生的。不同的公共政策背后都有一定类型的公共风险相对应。

提出在全国逐步实现基本公共服务均等化这样一项重大政策，绝不是无中生有，而是由于政府提供的公共服务不够，而且在城乡之间、区域之间差距甚大，由消费引致的公共风险有扩大的趋势，如宏观经济失衡加剧、消费差距拉大、民生诉求增强等，这都与消费有内在的关联。甚至可以说，消费已经成为我国现阶段许多经济、社会矛盾的根源。而其中，基本消费的平等化是最核心的问题。靠市场经济本身是解决不了基本消费平等化这个问题的，这不只是体现"人人免于饥饿和匮乏"的基本人权，而且承载着社会的公平正义。这就需要政府来承担这个职责，以化解公共风险。

尽管是公共风险现实地凸显了基本消费平等化（或均等化）的要求，在强化我们现阶段的平等化意识。但曾几何时，我们却在破除平均主义带给我们的低效率。"让一部分人先富起来"，形成激励机制，一度成为我们政策制定的重要指导思想。经济的动力来自于一定的收入差

距，而社会的稳定却来自于基本消费的平等。看似矛盾的两个要求在经济、社会两个不同的层面发挥作用。效率与公平不是一个层次的东西。长期来我们却误以为是一个层次的东西，因而使我们的政策像钟摆一样，要么"摆"向效率一边，要么"摆"向公平一边，由此带来要么是效率低下引致的公共风险，要么是公平缺失引致的公共风险，按下葫芦浮起瓢，似乎总是难以兼顾。其实，追求平等与追求效率可以并行不悖，这历史的两个车轮，就像火车，是在两股道上运行的，共同承载着整个社会文明不断向前。

历史地看，平等化其实一直隐含于历史长河之中。但由于人类认识的局限，平等总是以暴力的形式来体现它的要求。我国历史上一次又一次的农民起义运动，都是以平等为旗帜的。这一次又一次的社会公共危机，使理性感悟到了不平等所蕴含着的公共风险。到了近现代，隐性的平等化要求终于显性化为合法的正当权利，并成为一种主流价值观和国家的政治理念。保障每一个社会成员的基本生存权，是现代社会公平正义的基础。价值观和理念的形成具有复杂性，历数人类历史上的各种起义和革命，其基本口号无一不是要求平等。过去通过暴力体现平等诉求，现代国家通过制度安排把它融入到政府基本职能当中，正如温家宝总理所说，平等体现了现代社会的文明。

在市场经济条件下，我们无法实现每个人财富和收入均等，但基本消费差距应基本平等。政府有责任保证公众的基本生活需要，只有这样，才能实现国家的稳定和社会和谐。如果社会存在大量的贫民群体，其基本生存和基本能力缺乏，那么，这个国家的文明程度就不会高，哪怕是其人均 GDP 并不低。

现代社会是风险社会，各种风险越来越多，也越来越大。现实生活中，人们越来越个性化、多元化，这也是社会进步的结果，但同时也越来越公共化。人与人之间的依赖性越来越强，个人生存有赖于他人服务，人们越来越需要以集体的行动来解决各种现实的公共性问题。无论从哪一个层次来看，个人、群体、区域、城乡，彼此之间的依存度越来越高。可以说，个人的自由发展是每一个人自由发展的条件。或者说，每个人都是另一个人的风险源，人与人之间联系越紧密，所引致的风险就会越大。只要社会上一部分人的基本消费得不到保障，整个社会就不会安宁、和谐。

在现代社会，政府已经无法回避基本消费平等化这一公共性问题。在现行语境下，这又称之为民生问题。随着社会分工的不断细化，各种形式的不平等引致的潜在公共风险在扩大，而基本消费的不平等摆在首位。现代社会的公共风险多数是社会内部的各种矛盾和利益冲突所致，而消费差距的不断扩大是社会内生公共风险的温床。政府提出逐步实现基本公共服务均等化的公共政策，即旨在防范和化解这类公共风险。

三、实现基本公共服务均等化的设计理念和基本路径

实现基本公共服务均等化不是上级政府对下级政府的一种要求，而是各级政府都应恪守的价值观，并应成为各级政府的行政理念。政府提供基本公共服务并实现均等，看起来简单，落到实处却很难。我国是一个大国，基本公共服务不均等成因复杂，地区间历史、文化、地理等方面的差异、差距很大，这些决定了在我国全面实现基本公共服务均等化是艰巨的任务，不可能在短期内做到。

1. 设计理念

逐步实现基本公共服务均等化，至少应遵循以下设计理念：

第一，实现基本公共服务的均等化是一个基本趋势，而不是马上拉平。我们当前面对的现实是城乡差距、区域差距和群体贫富差距都很大，这些差距决定了基本公共服务的巨大差距。从公共服务的供应方来看，各地政府的服务能力参差不齐，如城市政府和乡村政府，相对富裕地区的政府和贫穷地区的政府，这有经济基础的不同，也有管

理能力的悬殊。从公共服务的需求方来观察，由于地理环境、历史文化等原因，公共服务的消费能力也存在巨大差距。尤其是对一些边远山区，有的自然条件恶劣，不适合人类居住；有的山高路远，十分偏僻，即使把钱送到居民手上，也难以消费。由此造成的公共服务上的差距，公共财政可以发挥作用去缩小，但无法在短期内抹平，从而实现均等化。在这个意义上，公共服务均等化是一个过程，是一种趋势。这个过程和趋势融合于经济的发展过程之中、城市化过程之中和人群流动过程之中。

第二，实现基本公共服务均等化是机会的平等。每一个公民都有相同的机会享受政府提供的基本公共服务，不因性别、年龄、户籍、民族的不同而受到不同的待遇。这是一个公民基本权利的保障问题。如果公民的基本权利被分为三六九等，因身份不同而给予不同的国民待遇，那就谈不上均等化。如所谓农民工的问题，就是因身份不同而受到制度歧视，即使常年在城市工作也无法享受城市居民同等的公共服务，如教育、医疗、社保等。对于因制度歧视而造成的公共服务差距，只能通过社会管理制度的全面改革，特别是户籍改革，才能消除。

第三，实现基本公共服务的均等化是自由选择的结果。没有自由选择，那只能是一种行政配给，而不是真正意义上的均等化。这有两重含义：一是不能把居民局限于某一地理空间的基础上而给予同等的公共服务。例如，在城乡分治的框架内通过给农民提供更多的公共服务来缩小城乡公共服务的差距，在近期是必要的，但若长期如此，则这种均等化就会变成一种社会强制，而使部分社会成员的意志受到压抑。二是有自主选择的自由，就意味着实现了均等化。例如，一个人不愿意居住在嘈杂的城市，而选择居住在宁静的山区，尽管山区政府和城市政府提供的公共服务有明显差距，但对他来说，公共服务仍然是均等化的。这就说，实现基本公共服务的均等化，要更多地从需求方的满意度和满足感来考虑，不能光看公共服务的供给。出现了所谓"花钱买矛盾"的现象，就是政府一厢情愿地做"好事"，但民众并不领情。这就是片面的供给思维导致的。

第四，实现基本公共服务的均等化不等于各地方政府财力的均等化。我们通常用人均财力这个指标来衡量地区间财力的差距，其实，无论分母使用财政供养人口，还是本地户籍居民，这个指标都不能准确地反映出地区间财政能力的差距。因为公共服务的单位成本在不同地区是不同的，甚至差距相当大，同样多的钱未必能提供同样多的公共服务。如教育的单位成本、医疗的单位成本、基础设施的单位成本等，由于地形地貌、人口密度、国土面积、民族构成等因素而不同。另外，即使公共服务的单位成本相同，但由于制度因素以及管理水平的影响，同样数量的资金所提供的公共服务也是不一样的。

因此，从公共服务的供给方来看，基本公共服务的均等化是财政能力的均等化，而财政能力是财力、单位成本和制度及管理因素的复合函数，仅仅看财力的多与少是片面的。

依据上面的这些认识，要逐步实现基本公共服务的均等化，必须整体把握，分步实施，选择好恰当的路径和切入点。既不能单纯从公共服务的供给方来考虑，也不能仅仅从公共服务的需求方来观察，更不能简单地套用西方国家的做法。

2. 基本路径

从我国目前所处的发展阶段和当前所面临的主要矛盾和问题出发，应充分考虑做好以下几个"结合"：

首先，从发展与改革的结合上来规划。逐步实现基本公共服务的均等化既离不开发展，也离不开改革。经济的可持续协调发展是基本公共服务均等化的基础，也是实现均等化的基本路径。经济蛋糕大了，财政蛋糕才能大，这是基本的道理。同时，经济发展协调了，区域城乡差距缩小了，基本公共服务的均等化也就可期待了。从整体上看，要把基本公共服务的均等化寓于经济发展之中，使公共服务与经济发展形成一个良性的循环。

公共服务均等化的过程，同时也是改革的过程，特别是行政体制的改革与财政体制的改革首当其冲。前者涉及到政府责任意识的形成、职能的转换、政府间责任的界定等；后者则与政府间分配关系密切相关，涉及财力与事权、责任的匹配等亟待解决的问题。还有，社会管理体制的改革，尤其是户籍改革，与基本公共服务的均等化也存在密不可分的内在联系。

其次，从财力与制度的结合上来操作。基本公共服务的均等化自然离不开财力，但财力还有一个如何分配的问题。从用途来看，涉及支出结构改革的问题；从纵向来看，涉及政府间的分配问题。无论支出结构的改革，还是政府间财政关系的改革，都是及其复杂的制度性问题。从逻辑上看，是制度决定了财力的配置，从而决定了公共服务的均等化过程。在不合理制度的基础上加大财力的支持力度，那只会使扭曲的公共服务更加不均衡。科学的制度安排是实现基本公共服务均等化的保障。

再次，从供给与需求的结合上来实施。基本公共服务的供给方是政府，需求方是不同地域的居民。逐步实现基本公共服务的均等化是一个过程的两个方面，既要考虑政府的服务能力，更要看居民的要求和满意的程度。任何一项公共服务的提高，首先要考虑的是需求方的意愿、能力，尊重其自主选择，不能强迫接受。如新型农村合作医疗的试点，就遵循了自愿参与的原则，结果得到了越来越多的农民的拥护和参与。基本公共服务均等化的衡量标准不是数字上的大体相等，而是群众的满意度和社会的和谐程度。

最后，从政府与市场的结合上来运作。提供基本的公共服务并不排斥市场主体的介入，国际上已经出现的PPP模式（公私合作）可以结合我国的国情引进到基本公共服务领域。借助于市场力量来提供基本公共服务是一种新理念，也是一种新模式，应大胆借鉴，努力探索，也许能闯出一条新路来，从而进一步提高基本公共服务的有效性。

四、实现基本公共服务均等化的方案选择

公共服务均等化有四个基点：财力、能力、服务结果和基本消费。落在不同的基点上，其实施成本和接近目标的程度是不一样的。

1. 实现财力均等化

实施成本低，但接近目标的程度也低。只有当制度完善性一样的情况下，财力均等化才等于财政能力均等化，从而接近于居民消费的平等化。能力与财力不同，能力是财力与制度因素的结合。

2. 实现财政能力均等化

只有当服务成本相同的情况下，财政能力的均等才等同于基本公共服务结果的均等。在不同的区域，同样的财力和能力，办不了同样多的事。

3. 服务结果均等化

当居民基本能力相同时，公共服务结果均等才会促进基本消费的平等。例如，假设在各个地方都建立新型农村合作医疗制度，农民都有同样的机会和同样的权利参与，即接受政府提供的这方面的公共服务，但对于文盲和有文化知识的农民而言，接受这项服务的实际效果，即实际享受的消费水平是不一样的。有文化的农民就可以更充分地利用这项公共服务来提升自己的健康消费水平，而文盲却难以做到。

4. 基本消费均等化（平等化）

这是公共服务均等化的最终目的，体现在居民平均教育水平、健康水平、可预期寿命、基本能力等方面。如果这些方面没有提升，或变化不大，公共服务的力度越大，则只能是表明浪费的公共资源越多。相对于基本消费均等化而言，基本公共服务的均等化不过是手段而已。显然，财力的均等化、财政能力的均等化也都是为这个目的服务的不同层次手段。只有当这些手段逼近基本消费均等化时，这些不同层次的手段

才是有效的。

基本公共服务落在不同的基点上，便形成不同的实施方案。在现实中，一般都是以财力均等化，或财政能力均等化为实现基本公共服务均等化的基点，操作的相对难度较小，便于实施。但应当认识到，财力均等化、财政能力均等化、服务结果均等化和基本消费均等化之间是不能划等号的。上述四个方面存在递进关系，只有在严格的假设条件下，它们才会等同。

总之，居民消费存在差距是一个客观存在，任何时候也消除不了。但居民消费差距不断扩大，尤其是城乡之间、区域之间以及群体之间的居民消费差距不断拉大，使整个社会的公共风险呈现扩散之态势，政府通过公共服务来减少居民消费中的不确定性，分担消费风险，以促进基本消费的均等化就成为十分重要而又紧迫的任务。实现基本公共服务均等化最终要以全国公众基本消费均等化程度来衡量，在当前，则以"上不起学"、"看不起病"和"住不上房"的问题能否得到缓解直至解决为标杆。这是中国实现基本公共服务均等化的要义所在。

基本公共服务均等化与政府财政责任

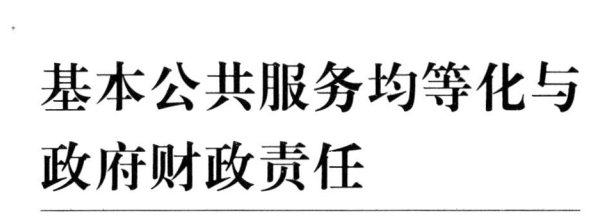

阅读提示：

　　基本公共服务均等化本身不是目标。其目标是促进社会基本消费的平等化，使每一个国民获得基本生存条件和基本能力。公共服务属于消费问题，而不是生产问题；属于公共消费问题，而不是私人消费问题。从公共服务与公共财政的逻辑关系来看，财政在基本公共服务均等化过程中发挥有限作用和承担有限责任。而且，财政作用只有与公共服务体制改革结合起来，才是有效的。此文写于2008年初，是在UNDP项目一次研讨会演讲稿基础上形成的。

Equalization in Basic Public Services and Government Fiscal Responsibilities

Abstract

Equalization in basic public services per se is not a destination but a principle of government resource allocation by which the equality in basic consumption, basic living can be achieved. Public service is a matter of consumption, rather than production problems. It is a matter of public consumption, rather than private consumption. Inspecting from the relationship of public service and public finance, public finance plays a limited role and limited liability in the process of equalizing basic public service. Moreover, its role is effective only when work with the public service institutional reform. This article was written in early 2008 on the basis of the speech given at one seminar on UNDP project.

基本公共服务均等化是中国当前的一项重要公共政策。对于这项公共政策到底怎么来理解，各界做了很多的探讨。站在不同的角度有不同的思维，也就有不同的结论。本文不是忙于出政策上的"点子"，而是试图从理论上阐述基本公共服务均等化过程中的政府财政责任。

一、基本公共服务均等化的含义及其目标

基本公共服务均等化过程中的政府财政责任，与对公共服务及其均等化目标的理解是密切相关的。为什么要提供基本公共服务，并进行均等化，其目的是什么？有的说基本公共服务均等化本身就是目标，我认为这不一定妥当。把握基本公共服务均等化的含义及其目标，大概有两个角度：一个就是从基本公共服务均等化提出的现实背景来考察，第二个是从公共服务产生的自身逻辑来分析。

现实背景考察

简单地概括，其现实背景有两个方面：

1. 生产与消费相背离

从生产与消费的关系来看，我国的生产规模扩大了，生产能力增强了，而消费相对却萎缩了。我国有许多产品的产量居于世界第一，但是我们的国民消费率居于世界末位。2006年，我们的国民消费率50%，这低于发达国家的平均水平，也低于世界的平均水平（2005年为78.8%），还低于亚洲国家的平均水平（2005年为69.7%）。自己与自己比较，也是不断下滑的，总的看，"十五"时期比"六五"时期消费率下降了10.2百分点。这说明，蛋糕做大了，但国民享用的蛋糕份额

反而缩小了。消费是生产的目的，消费率的不断下降，只能是证明生产在脱离消费而自我扩张。

2. 享用蛋糕的差距伴随着蛋糕的扩大而扩大

我国的经济总量快速增长，改革开放以来，GDP 年均增长 9% 以上，但差距以更快的速度扩大。经济的蛋糕已经相当大，我国成为世界第四大经济体，但享用这个蛋糕的差距也同时扩大了。这种差距体现在不同层次的主体之间，也表现在不同层次的客体之间。从主体之间来看，城乡居民之间的差距、不同地区居民之间的差距、不同群体之间的差距、个人之间的差距都是扩大的。尽管在不断地强调社会的平等、公平、正义，但在不断强调的过程中，上述这几个层面的差距事实上都呈扩大的趋势。

再从客体之间来看，财富的差距、收入的差距、消费的差距依然是扩大的。与过去比，在消费差距方面，吃不上饭的差距缩小了，绝对贫困大大减少，但是上不起学、看不起病、住不上房等方面问题突出了。温饱的差距缩小了，而个人发展的差距却是在拉大。支撑人口和劳动力再生产的消费差距扩大，使消费差距成为一个公共性问题，成为社会各界最为关注的谓之民生问题。

公共服务，是用来满足公共消费的，自然要落到消费上来，离开消费谈公共服务没有任何意义。就此而言，公共服务属于消费问题，而不是生产问题；是公共消费问题，而不是私人消费问题。如果这个判断能够成立，对公共服务本质的认识则就能进一步明确，进而在政策操作上就可以找到一个能把各类菜单式的公共服务拎起来的"抓手"。

公共服务存在的逻辑分析

如果说前面的背景观察接近于实证分析，那么，这里主要是通过逻辑分析来论证。为什么要有公共服务？用来满足公共消费的公共服务，其产生的动因是什么？在逻辑上可归结为一点：消费风险所致。否则，无须公共服务。

1. 三类消费风险

在市场经济条件下，在生产领域，生产者、投资者要面对各种各样的风险；同样，在消费领域，其风险也是多种多样。这可以概括为三个方面：一是"可获得性风险"，即买不起的风险。你想吃饭，却可能没有钱。这就是风险。同样，教育、医疗、住房、养老等消费都存在可获得性风险。从一个社会整体并动态观察，社会成员都可能会面临这样的消费风险。二是"可及性风险"，即无处可买的风险。如清洁的空气、公共卫生、良好的环境等，这一类东西你有钱，你再有钱也买不来，即是有钱也买不来的风险。这是所有人都面临的消费风险，不是靠单个人的力量可以解决的。三是消费过程中"信息不对称的风险"。如食品、药品的安全性；教育、医疗的有效性等，由于信息不对称，"放心的消费"就变得很困难。

2. 消费风险衍生的公共风险

这三类消费风险会导致什么问题呢？一是会导致消费需求不足，使消费绝对或相对萎缩。再一个是会导致消费差距过大，出现"朱门酒肉臭，路有冻死骨"的现象，这同样也会导致消费的自然下降。三是导致消费秩序的紊乱，产生社会恐惧心理。例如我们生活水平提高了，吃的东西多了，但是吃起来不放心。如果消费过程的这种不确定性过大，社会公共生活和私人生活都会陷入紊乱之中。四是会导致人的自身发展受到阻碍，如健康水平下降、预期寿命缩短等。

上述这些问题都会转化为一种公共性的问题，那就是公共风险。由此引致的公共风险表现在：消费需求不足，带来宏观经济失衡；消费差距扩大，社会对立、矛盾加剧，带来社会失衡；人的自身发展受阻，人力资本难以积累，经济社会的发展就会长期失衡而难以持续。这会使整个社会陷入既无效率，也无公平的"双重陷阱"之中而无法自拔。这需要政府通过提供公共服务，满足公共消费来化解。公共服务是直接为人和劳动力再生产服务的，这种服务就是分担消费风险，防止风险累积而形成威胁整个社会的公共风险。

所以，公共服务存在的自身逻辑就是由于公共风险的存在，公共服务是在政府主导下，公共机构利用公共权力或公共资源，运用公共政策，通过分担居民消费风险来防范和化解公共风险而进行的一系列公共行为。在这里，政府是主导，更是最终的责任承担者。提供公共服务的过程中，可以引入非政府组织、市场机制，但不管用什么方式，政府的责任是伴随始终的。

基本公共服务均等化的目标

均等化本身不是目标，基本公共服务均等化的目标，应当是什么呢？可以从三个方面考虑：

1. 从社会公平正义价值来看，应当是促进基本消费的平等化

基本消费，我把它概括为：（1）基本的营养，每一个人不应挨饿，不能营养不良；（2）基本教育，每一个人应当识字，不能是文盲；（3）基本保健，有了病有地方去看，并看得起病；（4）基本住房，每一个人都有基本的住所，不管这住所是政府提供还是自己购买。这"四个基本"是每一个社会成员都应该获得的，是现代社会每一个人的基本权利，是不能缺失的。如果没有这些基本消费的平等化，就谈不上社会的公平正义。

2. 从人的再生产来看，应当是使每一个人获得基本的生存条件和基本能力

每一个社会成员都获得基本的生存条件和基本能力，这是一个社会实现人和劳动力再生产的基本前提，其重要性一点不亚于物的再生产。人的再生产既是物的再生产的目的，也是物的再生产的最重要条件。基本公共服务一个重要的功能就是防止物的再生产过程与人的再生产过程脱节，从而避免人类发展危机。如果基本公共服务没有使人们的基本生存条件改善和基本能力有所提高，那么，它是无效的服务。

3. 从发展的可持续性来看，其目标应当是防范和化解消费风险引致的公共风险和公共危机，包括消费不足和消费差距过大引发的经济失衡，人力资本积累不足导致的发展可持续风险等

上述三个方面并非是基本公共服务均等化的三个目标，实际上是同一个目标——人的发展——从不同角度的表述。人类社会的最大风险是人的异化，人的发展让位于经济发展，这将让人类迷失方向而最终自我毁灭。

二、公共服务与公共财政

从财政来看待基本公共服务，前者是后者的必要条件，但不是充分条件。也就是说，政府提供公共服务离不开财政投入，但有了财政投入，并不等于就有公共服务。以此推理，财政投入增加，也不等于公共服务扩大。其实，财政在这里面可以发挥十分重要的作用，但无论多么重要，其作用也是有限的。它的作用之所以是有限的，是由公共服务与财政的关系决定的。

公共服务供应的三个阶段

公共服务是用来满足公共消费的，它是一个过程，这个过程可以分为三个阶段或说三个环节：

1. 投入阶段

这是公共服务供应的第一阶段。公共服务是需要成本的，这就需要占用一定的社会资源。占用的社会资源通过财政手段来形成，表现为公共资金的投入。在不同区域、不同项目之间投入公共资金，同时也就是在分配公共资金，或配置公共资源。这个阶段，既是投入，也是分配或配置的阶段。

2. 提供阶段

这是公共服务供应的第二阶段，是具体公共服务的产出环节，如教育服务、医疗卫生服务、就业服务等。在现实生活中，这些具体的公共服务是分别由政府各个不同的部门、单位和机构来提供的，这和各个部门的体制密切相关。

3. 消费阶段

这是公共服务供应的第三个阶段，只有进入这个阶段，公共服务的价值才会实现，才表明公共服务供应的真正完成。这涉及到受益范围、受益人群、受益程度等内容，并在城乡之间、区域之间、不同阶层之间、不同人之间都会有不同的表现。这个阶段反映公共服务供应的结果，即有效性。公共服务中的效率、公平都通过这个"有效性"表现出来。

上述三个阶段既相互联系又相对独立。第一个阶段是前提，是必要条件；第二个阶段实际上就是公共服务的产出，形成各类各项具体的公共服务，这是充分条件；形成的公共服务最终用来消费，因此，第三个阶段是基本公共服务供应的实现条件。公共服务供应的这三个条件——必要条件、充分条件和实现条件，既分别独立存在，并对应于整个供应过程的三个连续、继起的阶段，又紧密地联系为一个整体，构成公共服务的一个完整过程。只有真正理解上述三个阶段及其三个条件，才能真正把握公共服务的整个过程，也只有清晰地了解了公共服务供应的整个过程，也才能弄清楚财政在其中应该和能够发挥什么样的作用。

在逻辑上，公共服务供应的三个阶段前后关联，依次继起，是一个连续的过程。但这个连续的过程并不会自然而然地形成，有时会形成梗阻，上一个阶段无法向下一个阶段转化。在现实中，就表现为：有投入未必有相应的产出，比如你花了很多钱搞基本公共服务，但是钱浪费掉了，没有形成产出；或者说，建立了服务设施，比如建了一个医院，但没有合格的医疗人员，医疗服务的产出依然无法形成，这是由于不匹配而使服务功能无法形成而导致的结果。这就像一座工厂，生产线有了，但没有合格的工人来操作，也就生产不出产品来。另外，有产出，未必能达到有效的结果。例如，医院建起来了，合格的医护人员也有了，医疗服务形成了，但是这未必能提高大众的健康水平，问题在于谁在消费？是怎么消费的？从消费的视角来看，其结果就是大众健康水平的变化。如果大众健康水平依然如故（剔除其他影响因素），则说明该项医疗服务是无效的。所以，有投入未必有产出，有产出未必有绩效。

不同供应阶段的财政作用定位

在公共服务供应的三个阶段中，财政的定位是不同的，因而其作用也是不一样的，表1对此做了一个大体的描述。

表1　　　　　　　　　　公共服务与公共财政的逻辑关系

公共服务供应	财政作用	缩小差距的作用		
		城乡之间	区域之间	群体之间
投入（资金分配）	很强	强	强	较强
提供（服务产出）	次强	较强	较强	较弱
消费（大众受益）	较弱	较强	弱	弱

从表1的纵向来看，对应投入、提供、消费这三个阶段。在第一个阶段，财政的作用很强，通过预算安排来确定的投入规模、投向、项目之间的分配基本上决定了基本公共服务的产出格局，例如在城乡之间、区域之间和不同的群体之间的分布。如需要对基本公共服务的产出格局进行调整，就可以通过财政投入这个阶段来进行。从基本公共服务均等化的要求来看，这个阶段具有前提性的决定作用。

在第二个阶段，财政的作用是次强。通过第一个阶段，财政投入为基本公共服务的提供准备了条件，但是基本公共服务的形成，也就是它的产出，还要取决于各个部门的状况，例如教育服务，取决于教育部门及其相关机构；医疗卫生服务取决于卫生部门及其相关机构。这些公共服务的产出部门能产出多少服务，固然与分配给它们的资源密切相关，但能否形成有效的公共服务，取决于它们的责任意识、管理水平、体制状况。好比一个企业，有充足的资金，但能否形成相应的产出能力，取决于企业的治理结构和管理水平。所以，即使在第一阶段公共资源分配很合理，但各个产出部门的体制、管理如果有缺陷，公共服务提供的有效性就会打折扣。在这种情况下，可能投入很多，产出却很少。

在第三个阶段，财政的作用比较弱。因为进入消费阶段以后，公共服务的消费与居民的能力、意愿、习惯、风俗以及文化传承是密切相关的，财政难以发挥影响力。

从纵向来看，财政的作用是依次递减的。在第一阶段可以发挥直接作用，在第二、第三阶段只能发挥间接作用，可以对产出、消费状况进行绩效监测，为调整投入及其方式提供依据。

从表1的横向来看，财政在缩小城乡基本公共服务差距方面的作用很强，因为公共服务上的城乡差距主要是城乡二元体制以及城乡二元财政所导致的，即使在城乡二元体制难以快速改革的情况下，也可以通过财政投入的调整，较快地改善农村基本公共服务状况，缩小城乡在基本公共服务方面的差距。财政在缩小区域之间基本公共服务差距的作用较强，通过中央与省市的转移支付，可以明显地改善落后地区的基本公共服务状况。但其作用小于前一个方面，因为区域之间的差距，除了制度因素以外，还取决于自然因素、社会因素和经济水平，这些因素都会影响基本公共服务的有效性，不是主观意愿所能改变的。财政在缩小群体之间基本公共服务差距方面的作用就更弱了，例如对处于流动状态的农民工来说，要改善其基本公共服务就很难，因而运用财政手段缩小农民工这个群体和其他群体之间的基本公共服务差距，其作用很弱，因为缺乏体制载体，农民工处于现行体制之外，不是说拿钱就可以解决问题的。

总的来看，表1给我们提供了一个整体的框架，有助于分析财政与公共服务之间的逻辑关系，为更好地把握财政在基本公共服务供应过程中的基本定位，更好地发挥财政的作用找到了一个较为清晰的路径，同时也为明晰和界定基本公共服务均等化中的财政责任提供了理论支撑。

财政作用的动态反馈链

静态地观察，财政在基本公共服务均等化中的作用主要体现在投入阶段，或者说，能发挥直接作用的地方，是公共服务供应的第一阶段，在第二、第三阶段只能发挥间接作用。但若从动态的角度来看，财政的作用可以覆盖公共服务供应的全过程，在不同的阶段体现的是不同的作用。这些不同的作用可以概括为分配、监督与测评，并对应于上述公共服务供应的三个阶段。在投入阶段，财政的作用是分配用于基本公共服务的资金，包括总规模和结构安排。在服务产出阶段，财政的作用是对资金使用的监督检查，包括合规性和有效性两个方面，其中合规性又包括了体制、规则、程序、标准等内容，有效性是指资金使用的微观效果，是否做到了少花钱，多办事，办好事。在公共服务消费阶段，财政的作用是测评，包括满意程度、受益范围、受益人群、实际效果等内容。把分配、监督和测评三个方面的作用联系起来，实际上构成了财政作用的一条动态反馈链（见图1），并通过这种反馈机制，形成整体的财政功能，即在基本公共服务均等化过程中全面发挥的财政作用。

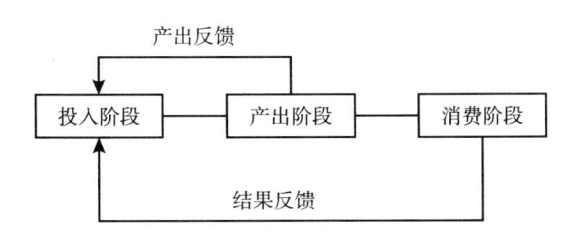

图1 财政在公共服务供应过程中的作用反馈链

从图 1 的反馈机制可以看出，与公共服务供应三个阶段之间的相互联系一样，财政在这三个阶段中的作用也是相互联系的，在产出阶段的监督作用和在消费阶段的测评作用都会对投入阶段的分配作用产生重大影响，后两个阶段的状况将会影响甚至决定第一阶段的资金分配及其调整。具体讲，通过第二和第三阶段的反馈可以在基本公共服务均等化过程中形成两种投入方式：产出导向的投入和结果导向的投入。较为理想的方式是结果导向的投入，如果难以做到，次优选择是产出导向的投入。在没有反馈机制的情况下，则只能是历史导向的投入，即根据过去的情况来分配资金，在增量上略作调整。在这种情况下，财政的作用是静态的，而且作用范围很窄、很小，对于推动基本公共服务均等化是极为不利的。所以，这种情况应当尽力避免。

从上述分析不难发现，财政在基本公共服务均等化过程中的作用大小，取决于能否建立一个有效的公共服务的产出反馈机制和结果反馈机制。而后者正是财政管理改革中需要解决的一个重大问题。实际上，这与绩效评价、绩效监督的理念是一致的，在本质上，绩效评价、绩效监督本身就是一种反馈机制。只有建立这种反馈机制，绩效预算才可能实施，也就是前面所说的新的投入方式才可能变成现实。

基本公共服务均等化的政府财政责任

基本公共服务均等化中的财政作用与财政责任存在对应关系。凡是财政能发挥作用的地方，同时也是财政应当承担责任的领域。

从前面的分析知道，财政在公共服务供应的三个阶段中分别具有分配、监督和测评的作用，与此相应，财政的责任也同时分布在这三个阶段，而且在不同的阶段，承担不同的责任，即承担有合理分配、有效监督和科学测评的责任。

1. 在投入阶段，财政对资金分配的合理性和正当性承担责任

一是总量与结构。在预算约束下，用于基本公共服务的资金规模应

有一个恰当的中期规划和年度计划,包括中期增长计划和年度增长计划。在既定的资金规模下,如何在各项基本公共服务之间分配资金,要有一个统筹的考虑,形成合理的资金分配结构。依据公共需求和社会呼声,对各类基本公共服务的重要性和紧迫性进行排队,按照轻重缓急,配置好既定的资源。在公共服务整体不足的情况下,用于扩大公共服务的资金投入必须充分考虑可持续性,避免年度之间投入出现大的波动。

二是在城乡之间、区域之间形成合理的投入规划。基本公共服务的均等化不是一个早晨就可实现的,是一个长期的艰巨的过程,这就需要有一个合理的投入规划,分短期、中期和长期来考虑。在操作上,最好制定一个滚动的投入计划,使年度投入计划和中长期计划充分结合起来,避免在时间上的脱节。面对公共服务在城乡之间、区域之间的巨大差距,向农村、向中西部倾斜投入是正当的选择,但倾斜的度要把握好,尽量避免产生负面效应。倾斜投入的度过小,不利于缩小基本公共服务差距,有悖于协调发展的要求;但若倾斜投入的度过大,尽管会受到农村居民和中西部地区居民的欢迎,但可能超出整个国家财政的承受力,反而可能因倾斜投入的政策难以持续而导致公共风险。

2. 在产出阶段,财政对资金的有效使用承担管理责任

在这个阶段,其责任内容有两个方面:

一是部门之间的财政关系。对于纵向的政府间分配关系,我们比较关注,而对于横向的部门之间的财政关系研究较少。各个产出部门是各项基本公共服务的提供主体,与财政部门的关系不只是有资金的往来,还有体制的建设问题。如果没有一个横向部门之间的良好财政体制,公共资金的有效使用难以保证,推进基本公共服务均等化就难以落实,仅仅靠审计、检查,其效果是很有限的。横向部门间的财政关系同样有事权、财权和财力三要素,只是与纵向的财政体制三要素的内涵有所不同。收支两条线、专项转移支付、部门预算、预算外资金管理等,都属于横向部门间财政体制需要解决的问题,这需要通过改革来逐步解决。

二是有效的监督。监督不只是外部审计,同时还包括财政监督。财

政监督是财政管理的一个重要内容,可以说,财政管理的有效性,很大程度上决定于财政监督的有效性。在财政监督无效的情况下,对于财政资金往往只能采取"以拨代管"的方式来进行粗放式管理,无法保证公共资金充分和有效地用于基本公共服务的提供。如何形成有效的监督机制,这自然是政府财政的重要责任。

3. 在消费阶段,财政对基本公共服务的实际效用负有科学测评的责任

例如,提供的基本医疗服务是穷人受益了,还是富人受益了?是多数人受益了,还是少数人受益了?是短期受益还是长期也能收益?区域之间的差距是否得到了控制甚至有所缩小?公众平均健康水平是否由此有所改善?公众的满意度如何?如此等等,财政部门应当和公共服务的具体提供部门共同建立起科学的绩效测评机制。尽管这不应仅仅是财政的责任,各个公共服务的提供部门同样负有责任,但这个测评机制的建立,财政在其中应承担主要责任。没有财政的推动,各个部门不会自动地去进行绩效测评,因为测评是对它自己的一种约束。花钱的部门往往更多地注重要钱,而花钱的绩效通常放在次要的位置。因此,在公共服务的消费阶段,建立其绩效测评制度是财政部门应尽的责任。

三、基本公共服务均等化的辖区财政责任

前面的分析是把政府财政当成一个整体对待的,没有考虑政府的级次。事实上,在基本公共服务均等化过程中,不同级次的政府,承担的财政责任大小是不同的。

辖区财政责任大小的排序

不同级次的政府,其所辖区域是不同的。一般地说,政府的级次越

低,其所辖的区域越小;政府的级次越高,其所辖的区域就越大。乡镇政府所辖的区域最小,中央政府所辖的区域最大。由于不同级次政府的财政责任不一样,这就有一个排序问题,即在基本公共服务均等化过程中的财政责任大小排序。

从空间角度观察,所辖区域越小,基本公共服务差距就会越小,反之就会越大。乡镇范围内的基本公共服务差距和省、整个国家来比,其差距不是同一个数量级。一般而言,乡镇区域内的基本公共服务差距小于县域范围,而县域范围又小于省域范围,省域范围自然小于全国;反过来看,基本公共服务的差距在全国范围内是最大的,随着政府级次降低,其所辖区域内的基本公共服务差距随之变小,在乡镇范围内是最小的。

基本公共服务差距的大小与均等化的压力大小是完全对应的,因此,不同级次政府承受着不同的均等化压力。乡镇政府承受的均等化压力最小,而中央政府承受的均等化压力最大,省市县的均等化压力居于其中。由此可得出财政责任大小的一般排序规则:政府的级次越低,其面临的基本公共服务均等化的压力就越小;反之,政府级次越高,其面临的均等化压力就越大。

从我国的情况来分析,可以得到进一步的推论:基本公共服务均等化的财政责任主要在中央政府和省级政府,主要通过中央和省级财政的公共资源分配来促进均等化。因为在省域层面和国家层面,基本公共服务的差距很大,而且这种差距仍在扩大,这无疑要通过公共资源的转移来缩小差距,显然,这主要是中央政府和省级政府财政的责任。

辖区提供责任大小的排序

从基本公共服务提供的有效性来看,越是接近居民,提供的公共服务就越有针对性,效果就越好。一般而言,县乡政府提供公共服务的有效性要高于省一级,县乡政府更了解居民对公共服务的具体需求。所以，从基本公共服务提供的有效性要求来衡量，提供责任大小的排序规则与财政责任大小的排序规则恰恰相反：政府的级次越高，其提供责任越小；政府级次越低，其提供责任越大。联系到前面的分析可知，在政府基本公共服务产出这个阶段，责任应当下移，应主要放在基层政府，主要依靠市县乡来做，包括政府机构、社区组织和非赢利组织等。公共服务的提供责任与财政责任不同，财政责任以"拿钱"为基础，而提供责任以"办事"为基础。这是两种性质不同的责任，应当区分开，不能眉毛胡子一把抓，扯在一起。笼统地讲分权是不妥当的，应当细分。

把辖区作为一个整体来看，其辖区责任不对称，财政责任和提供责任是"错位"配置的。从财政来看，也就是不同级次政府的财权与事权是不对称的，但有一个方面必须对称，那就是任何一级政府的财力和事权要对称，这是无条件的。从政府之间的关系来看，财力与事权对称是根本要求，财权与事权是否对称视不同的条件而定。从我国基本公共服务差距很大的现实情况和均等化的要求来看，财权与事权不应追求对称，而必须做的是财力与事权尽可能对称。这是两种不同的要求，这两种不同的要求衍生出第三个要求：财力必须下移。这是保证财力与事权对称的前提条件。

四、简短结论和建议

依据前面的分析，不难得出这样的结论：基本公共服务的均等化，不能简化为一个财力分配问题。财力规模与投向只是一个必要条件，而不是充分条件。财力分配问题，包括支出结构调整和转移支付安排，只有与公共服务体制的改革结合起来，才可能推进基本公共服务的均等化，如医疗卫生体制改革、教育体制改革、就业服务体制的改革等，是基本公共服务落到实处的充分条件。

没有公共服务体制的相应改革，基本公共服务的均等化就很可能演变为各级政府之间以及各个部门之间的财力分配游戏，以均等化的名义"要钱"和"花钱"。随着财政收入规模的不断扩大，各个部门、各地方要钱的冲动很强烈，但改革的意愿却相当弱。在这种情况下，很可能出现钱花了不少，而成效不大，公众不满意的局面。

为此，特提出如下建议：

1. 理清思路，明确基本公共服务均等化的目标，并围绕这个目标来界定基本公共服务的范围

这一点非常重要，如果目标没定准，把基本公共服务本身当成目标，很可能"费力不讨好"，甚至背道而驰。与基本公共服务相关的各项政策最终都应落到消费上来，落到大众受益程度上来，防止在"民心工程"的名义下演变成"政绩工程"和"形象工程"。

2. 整合各方面的公共政策，形成合力，防止各唱各的调

基本公共服务，与现在说的民生问题、社会建设、文化建设、经济建设、民主政治建设等都有内在的有机联系。有的实际上说的就是一码事，如民生问题、公共消费问题、基本公共服务问题，实际上是从不同角度的不同说法而已，这些方面的公共政策都应朝着一个方向使劲，整合起来形成合力。

3. 明确定位，细化各方的责任，防止口号化

不然，基本公共服务均等化可能停留在一般号召层面，没法落实。责任划分可从横向和纵向两个方面考虑，部门之间的责任和各级政府之间的责任通过制定"基本公共服务均等化专项规划"尽可能明确到位。

4. 政府的财政责任主要在中央与省，保持中央与省财权的适当集中

没有财权的适当集中，均等化将会缺乏财力支撑。根据中国当前的情况，要推进基本公共服务均等化，财权上移和财力下移是恰当的选择。按照财力与事权相匹配的原则，改革目前以层级为核心的财政体制，建立辖区财政责任机制，以建立科学的财力下移机制。

5. 增加投入和各公共服务产出部门的体制改革、制度建设要结合起来

调整支出结构，扩大基本公共服务投入是必要的，但不能只是一味

地单纯强调财政投入的扩大,在公共服务提供效率低下的情况下,扩大投入等于扩大浪费。既要增加投入,又要强调相应的公共服务体制改革,两者必须同步,不能只说扩大投入,而各部门体制"带病"运转。

6. 财政投入应有明确、科学、透明的程序,逐步建立产出反馈和绩效反馈机制

这需要强化财政管理,包括扩大管理人员、增强管理技术手段、夯实管理基础工作等。在这里很重要的一点是,如果把财政部门当做仅仅是一个拿钱的出纳,认为机构越简单越好、人数越少越好,那加强财政管理将是一句空话,国家理财实际上将陷入无人负责的境地。几万亿元的公共资金要真正管好,纵然有先进的管理手段,现有的机构、人员规模是远远不够的。

7. 逐步建立基本公共服务的政府评价、社会评价和居民评价相结合的机制

基本公共服务搞得好不好,最终是老百姓说了算。政府组织专家学者来评价是必要的,但还不够,应把政府评价、社会评价、居民评价结合起来,这样才能矫正可能存在的偏差,实现基本公共服务均等化稳步推进。

参考文献

著作

[1] 马克思：《资本论》（第一卷），人民出版社1975年版。

[2] 马克思：《政治经济学批判导言》，《马克思恩格斯选集》第二卷，人民出版社1976年版。

[3] 马克思：《哥达纲领批判》，《马克思恩格斯选集》第三卷，人民出版社1976年版。

[4] 恩格斯：《家庭、私有制和国家的起源》，《马克思恩格斯选集》第四卷，中译本，人民出版社1976年版。

[5] 曼瑟尔·奥儿森：《集体行动的逻辑》中译本，上海三联书店、上海人民出版社1995年版。

[6] 道格拉斯·C·诺思：《经济史中结构与变迁》中译本，上海三联书店、上海人民出版社1994年版。

[7] 尼葛洛庞帝：《数字化生存》中译本，海南出版社1997年版。

[8] 詹姆斯·M·布坎南：《自由、市场和国家》中译本，北京经济学院出版社1988年版。

[9] 邓正来：《自由与秩序——哈耶克社会理论的研究》，江西教育出版社1998年版。

[10] 王诚：《竞争策略与风险管理》，商务印书馆1997年版。

[11] 威廉·冯·洪堡：《论国家的作用》中译本，中国社会科学出版社1998年版。

[12] 约瑟夫·E·斯蒂格力茨：《政府为什么干预经济》中译本，

中国物资出版社1998年版。

[13] 戴相龙：《金融风险管理全书》，中国金融出版社1994年版。

[14] 詹姆斯·M·布坎南：《公共财政》中译本，中国财政经济出版社1991年版。

[15] 安东尼·B·阿特金森、约瑟夫·E·斯蒂格力茨：《公共经济学》中译本，上海三联书店、上海人民出版社1994年版。

[16] 哈维·S·罗森：《财政学》中译本，中国财政经济出版社1988年版。

[17] 国际货币基金组织：《世界经济展望》中译本，中国金融出版社1998年版。

[18] 亚当·斯密：《国富论》，杨敬年译，山西人民出版社2001年版。

[19] 汪晖、陈燕谷：《文化与公共性》，生活·读书·新知三联书店2005年版。

[20] 张馨：《公共财政论纲》，经济科学出版社1999年版。

[21] 刘尚希、于国安：《地方政府或有负债：隐匿的财政风险》，中国财政经济出版社2002年版。

[22] 杨雪冬等：《风险社会与秩序重建》，社会科学文献出版社2006年版。

[23] 辛鸣：《制度论：关于制度哲学的理论建构》，人民出版社2005年版。

[24] 厉以宁：《资本主义的起源——比较经济史研究》，商务印书馆2004年版。

[25] 杨瑞龙等：《社会主义经济理论》，中国人民大学出版社1999年版。

[26] 何兆武：《西方哲学精神》，清华大学出版社2002年版。

[27] 盛洪：《分工与交易——一个一般理论及其对中国非专业化问题的应用分析》，上海三联书店、上海人民出版社2006年版。

［28］杨小凯、黄有光：《专业化与经济组织——一种新兴古典微观经济学框架》，经济科学出版社1999年版。

［29］詹姆斯·M·布坎南：《民主财政论》，商务印书馆2002年版。

［30］乌尔里希·贝克：《风险社会》，译林出版社2004年版。

［31］汉娜·阿伦特：《公共领域和私人领域》，《文化与公共性》，生活·读书·新知三联书店2005年版。

［32］埃米尔·涂尔干：《社会分工论》，生活·读书·新知三联书店2000年版。

［33］M.克莱因：《数学：确定性的丧失》（Mathematics：The Loss of Certainty），湖南科技出版社2001年版。

［34］史蒂芬·霍金：《时间简史》，湖南科学技术出版社2002年版。

［35］薛晓源、周战超主编：《全球化与风险社会》，社科文献出版社2005年版。

［36］刘振坤、张世晴主编：《现代西方经济学基础原理》，南开大学出版社1986年版。

［37］普拉丹（Sanjay Pradhan）：《公共支出分析的基本方法》，中国财政经济出版社2000年版。

［38］冯秀华主编：《公共支出》，中国财政经济出版社2000年版。

［39］世界银行：《财政风险管理：新理念与国际经验》，梅鸿译，中国财政经济出版社2003年版。

［40］项怀诚主编：《中国财政报告（1999）》，中国财政经济出版社1999年版。

［41］张佑才主编：《财税改革纵论（四）》，经济科学出版社1999年版。

［42］张伟：《中国税收与GDP的分配》，人民出版社1999年版。

［43］汤贡亮：《税收理论与实践》，中国财政经济出版社1999年版。

［44］宋则行、樊元主编：《世界经济史》，经济科学出版社1998

年版。

[45] 丁冰主编：《现代西方经济学说史》，中国经济出版社1995年版。

[46] 世界银行：《1997年世界发展报告——变革世界中的政府》，中国财政经济出版社。

[47] 王绍光、胡鞍钢：《中国国家能力报告》，辽宁人民出版社1993年版。

[48] 张馨：《公共财政论纲》，经济科学出版社1999年版。

[49] 丛树海主编：《公共支出分析》，上海财经大学出版社1999年版。

[50] 毛寿龙：《中国政府功能的经济分析》，中国广播电视出版社1996年版。

[51] 叶振鹏、梁尚敏主编：《中国财政改革20年回顾》，中国财政经济出版社1999年版。

[52] 王雍君：《中国公共支出实证分析》，经济科学出版社2000年版。

[53] 财政部办公厅编：《财政支出结构优化与支出效率》，经济科学出版社2001年版。

[54] 布坎南：《公共财政》（中译本），中国财政经济出版社1991年版。

[55] 布坎南、马斯格雷夫：《公共财政与公共选择：两种截然不同的国家观》，中国财政经济出版社2000年版。

[56] 刘立峰：《宏观金融风险》，中国发展出版社2000年版。

[57] 项怀诚：《中国财政50年》，中国财政经济出版社1999年版。

[58] 高培勇等：《财政体制改革攻坚》，中国水利水电出版社2005年版。

[59] 厉以宁：《市场经济大辞典》，新华出版社1993年版。

[60] 宋承先：《现代西方经济学（宏观经济学）》，复旦大学出版

社 1997 年版。

[61] 财政部预算司：《中央部门预算编制指南（2007）》，中国财政经济出版社 2006 年版。

[62] 财政部：《2008 年政府收支分类科目》，中国财政经济出版社 2007 年版。

[63] 高鸿业、吴易风、刘凤良：《研究生用西方经济学》，经济科学出版社 2000 年版。

[64] 刘尚希：《收入分配循环论》，中国人民大学出版社 1992 年版。

论文

[65] 林顿·拉鲁什，1999：《当前全球货币金融体系面临着崩溃的巨大危险——大多数获诺贝尔奖的经济学家是庸医》，《经济研究参考》第 7 期。

[66] 陈淮，1999：《风险防范是长期性的战略任务》，《经济研究参考》第 6 期。

[67] 傅志华，1999：《市场经济国家的公共财政实践》（内部文稿）。

[68] 马骏，2000：《对地方财政风险的监控：相关的国际经验》，世界银行。

[69] 平新乔，2000：《道德风险与政府的或然负债》，《财贸经济》，第 11 期。

[70] 刘尚希、赵全厚，2002：《政府债务：风险状况的初步分析》，《管理世界》第 5 期。

[71] 刘尚希、隆武华、赵全厚，1997：《财政风险：我们的看法与建议》，财政部科研所《研究报告》。

[72] 樊纲，1999：《论国家综合负债——兼论如何处理银行不良资产》，《经济研究》第 5 期。

[73] 潘圆、袁铁成，2002：《财政部副部长：巨额财政赤字肯定要降下来》，《中国青年报》3 月 25 日。

[74] 胡少维，2001：《对目前经济发展中两难问题的分析》，《上海投资》12月14日。

[75] 李建兴，2002：《扩大内需仍要增发国债》，《人民日报》1月28日。

[76] 吴敬琏，2003：《中国金融系统的稳定和发展》，国研网3月2日。

[77] 郑江淮，2001：《国有企业预算约束硬化了吗？》，《经济研究》第8期。

[78] 王艳娟，2002：《国有企业债转股产权分析》，《金融研究》第12期。

[79] 自付立，2005：《认识内在的随机性》，《学习时报》1月31日。

[80] 刘尚希，2007：《民生问题的要义：基本消费平等化》，《光明日报》4月3日。

[81] 刘尚希，2007：《改革成效要以国民的"消费状态"来衡量》，《中国发展观察》第9期。

[82] 张维为，2007：《消除贫困应该成为普世价值》，《学习时报》12月10日。

[83] 张超中，2008：《科技与人性的平衡发展》，《新华文摘》，第7期。

[84] 《联合国千年发展宣言》，http://www.un.org/chinese/ga/55/res/a55r2.htm。

[85] 冯秀华、李林池等，1999：《关于建立我国政府公共支出预算体系的基本思路》，载于张佑才主编《财税改革纵论》，经济科学出版社。

[86] 冯健身、张弘力，1999：《中国预算支出制度改革构想》，载于张佑才主编《财税改革纵论》，经济科学出版社。

[87] 张弘力、郑永福，1999：《公共支出预算分配方法改革构

想》，载于张佑才主编《财税改革纵论》，经济科学出版社。

[88] 谢平，1999：《论防范金融风险的财政措施》，《财贸经济》第 9 期。

[89] Crokett A., 1977. "The Theory and Practice of Financial Stability", Essays in International Finance, No. 203, April, 1997. 引自李心丹、钟伟：《国外金融体系风险理论综述》，《经济学动态》1998 年第 1 期。

[90] 钟伟等，2004：《中国金融风险评估报告》，《中国改革》第 3 期。

[91] 尹音频，2001：《财政运行机制与金融风险探析》，《财经论丛》第 3 期。

[92] 董小君，2004：《美国金融预警制度及启示》，《国际金融研究》第 4 期。

[93] 傅志华、陈少强，2004：《美国防止地方财政危机的实践与启示》，《国际经济评论》（双月刊）第 4 期。

[94] 评论，2005：《大公国际：银行业风险正在增加》，《经济展望》第 4 期。

[95] 顾列铭：《资本外逃：中国金融之大患》，http://std.xjtu.edu.cn/html/xinxi/2004/04/5749.html。

[96] 刘尚希，2004：《中国财政风险的制度特征："风险大锅饭"》，《管理世界》第 5 期。

[97] 高培勇，2004：《构建中的中国公共财政框架》，《国际经济评论》3 月 29 日。

[98] 秦晖，2001：《转轨经济学中的公正问题》，《战略与管理》第 2 期。

[99] 蒋京议，2005：《利益均衡：构建和谐社会的本质要求》，1 月 11 日《中国经济时报》，转引自 http://news.xinhuanet.com/comments/2005-01/11/content_2444030.htm。

[100] 梅珍生：《和谐社会的思想资源及其启示》。

[101] 李清华，2004：《理清和谐社会的五大关系》，《半月谈》第22期，http://theory.people.com.cn/GB/40551/3111333.html。

[102] 杨桃源、杨琳，2005：《构建和谐社会需消除目前所存的不和谐因素》，《瞭望》周刊2月。

[103] 刘尚希、杨良初、李成威，2005：《优化公共收入结构：财政增收的重要途径之一》，《杭州师范学院学报》第5期。

[104] 刘尚希，2000：《政府在哪里缺位了》，《广东财政》第1期。

[105] 刘尚希，1999：《回到公共财政上来——兼论财政"越位"与"缺位"》，《中国财经报》1月15日。

[106] 刘尚希，1999：《全面理解公共财政》，《中国财经报》2月5日。

[107] 刘尚希，2000：《公共财政：我的一点看法》，中国财政经济出版社《经济活页文选》第1期。

[108] 刘尚希，1999：《费与税关系简论》，高培勇主编《费改税：经济学界如是说》，经济科学出版社。

[109] 李扬、殷剑峰，2007：《中国高储蓄率问题探究——1992~2003年中国资金流量表的分析》，《经济研究》第6期。

[110] 郑工学：《改革开放以来我国三大需求走势分析》，载于国家统计局官方网站，http://www.stats.gov.cn/tjfx/grgd/t20070607_402414864.htm。

[111] 贝多广、骆峰，2006：《资金流量分析方法的发展和应用》，《经济研究》第2期。

[112] 刘尚希，2007：《民生问题的要义：实现基本消费的平等化》，《光明日报》4月3日。

[113] 刘尚希，2007：《基本公共服务均等化：目标及政策路径》，《中国经济时报》6月12、14日。

[114] 王小合等，2006：《小康社会居民健康素质社区教育模式研

究》,《医学与社会》第 9 期。

[115] 迟福林,2006:《以基本公共服务为主线推进农村综合改革》,《中国改革报》11 月 29 日。

[116] 焦建国,2005:《教育投入:当前急需解决哪些问题》,《中国经济时报》10 月 18 日。

[117] 钱克明,2003:《中国"绿箱"政策的支持结构与效率》,《农业经济问题》第 1 期。

[118] 胡锦涛,2007:《高举中国特色社会主义伟大旗帜,为夺取全面建设小康社会新胜利而奋斗——中国共产党第十七次全国代表大会报告》。

[119] 于长革,2006:《政府公共消费的经济效应及其政策含义》,《当代经济科学》第 5 期。

[120] 刘尚希、王宇龙,2007:《财政政策:从公共投资到公共消费》,财政部财政科学研究所《研究报告》第 99 期。

[121] 邹恒甫:Socialist economic growth and political investment cycles, European Journal of Political Economy 7 (1991)。

[122] 金人庆,2006:《完善促进基本公共服务均等化的公共财政制度》,《党建研究》第 12 期。

[123] 姚大金,2003:《公共服务型政府和公共财政体制》,《云南财贸学院学报》第 6 期。

[124] 程谦,2003:《公共服务、公共问题与公共财政建设的关系》,《四川财政》第 12 期。

[125] 江明融,2006:《公共服务均等化论略》,《中南财经政法大学学报》第 3 期。

[126] 迟福林,2007:《公共服务均等化与人的全面发展》,中国改革论坛。

[127] 杨永恒,2006:《中国人类发展的地区差距和不协调:历史视角下的"一个中国,四个世界"》,《经济学》第 3 期。

[128] 常修泽，2007：《逐步实现基本公共服务均等化》，《人民日报》1月31日。

国外文献

[129] Hana polakova Brixi. 1998. *Contingent Government Liabilities: A Hidden Risk for Fiscal Stability*. The World Bank.

[130] Hana polakova Brixi. 2000. *Contingent Government Liabilities: A Fiscal Threat to the Czech Republic*. The World Bank.

[131] Hana polakova Brixi and Allen Schick. 2002. *Government at Risk: Contingent Liabilities and Fiscal Risk*. The World Bank.

[132] Allen Schick. 2000. *Budgeting for Fiscal Risk*. The World Bank.

[133] Giovanni Ganelli, AJIT Zacharias and Juha Tervala: *Household Wealth, Public Consumption and Economic Well-being in the United States*, Cambridge Journal of Economics, Vol. 29, Issue 6, pp. 1073 - 1090, 2005.

[134] Giovanni Ganelli and Juha Tervala: *Public Infrastructure, Public Consumption and Welfare in a New-Open-Economy-Macro Model*, IMF working papers, 07/67.

后　记

本书主要是由2000年以来的一系列文章组成的，侧重于研究和探讨一些基本问题，或者是自己有些感悟而且彼此有逻辑关联的东西。这是编写本书的一个基本原则。5年前，本书的基本架构就已经有了，一直感觉不成熟，就放在一边。一些朋友，还有一些学生时常建议我把过去的成果编辑成书，后来本人也觉得成熟是相对的，要形成一个创新性的体系谈何容易，于是就从2009年初开始重新编写这本书。由于没有整块的时间，断断续续搞了一年多的时间，总算是成型了。我特别羡慕那些一两年就能出一本专著的学者，那是具有极高天分的人，而对我来说，要形成一本自己感觉拿得出手的东西却很不容易。研究的艰辛，如鱼饮水，冷暖自知，不足为外人道。

我的主要工作是围绕财政问题从事对策性研究，为政府决策服务。由于财政问题涉及面很广，综合性很强，几乎是牵涉经济、社会的各个方面，其中不仅有经济学问题，还有社会学、政治学、法学、管理学等方面的问题；不仅要关注理论问题，更要注重现实问题，所以，我的研究显得有些不太专，今天研究税收，明天探讨财政，后天又要琢磨医改，有点儿东一榔头西一斧子的感觉，自己时常也有力所不逮之感。

但这种比较杂的研究经历给了我一个观察、理解和认识财政的很好机会。我发现，财政问题不是仅仅从经济学角度能解释的，它不只是涉及到上面所提到的那些学科，而是财政本身就是一门十分复杂的学科，而现有的财政学主要是立足于经济学，或者说是当做经济学的一个应用学科来看待的，故而财政学又有公共经济学或公共部门经济学之说法。现在看起来，仅仅从一个经济学视角来观察、研究财政问题，甚至把它纳入经济学来研究，是把财政这门复杂学科给肢解了。尽管有"财政学是真正的政治经济学"之说，但还是立足于经济学，只是加上了政治的元素。

凭着20多年研究形成的一种直觉，如果沿着传统的路子来研究财政，财政理论对现实的解释力会越来越弱。历史已经进入到一个快速公共化的阶段，全球化就是这种公共化加速推进的集中表现。公共空间在扩展，个性表达在强化，各种风险在扩散，按照政府与市场这种对立的二元线性框架来研究观察财政，许多问题无解。例如，政府与市场的边界在哪里？如何界定？这是财政研究中的一个基本问题。这个问题的背后，是一种典型的线性思维。而实际上，政府与市场之间的作用是非线性的，其作用边界并非像平面几何图案那样泾渭分明。政府影响市场，市场也影响政府，而且这种交互影响时常处于一种"混沌"状态，具有很大的随机性，不是决定论的。政府与市场不是两个变量之间的关系，而是立体的网络关系，是两个立体网络的融合，它们是一个事实上的整体，不可分离。任何一个网结的变动，其传导方向是四面八方，并会反射回来。所谓市场失灵，可能是政府造成的；而所谓的政府失灵，可能是市场造成的。前者如计划经济，后者如市场预期。所谓失灵都是相对的，与观察者有关。所以，我觉得以牛顿时代的科学观来认识复杂的经济社会系统已经不适应了，那是一种以机械论、还原论、决定论为基础的认知模式，即都建立在确定性这个假设前提之上。

既然世界是不确定的，那么，它就是一个充满了风险的世界。所以，我探索性地从风险的视角来观察、理解和认识财政这门复杂的学科。公共风险，是一个集体的观察视角。财政的属性是公共性的，既是公共风险的历史产物，也是防范和化解公共风险的现实工具。从公共风险的视角来看，财政或者说公共财政（这里是一个意思）就是另一个模样。本书就是这些年来我从公共风险视角观察财政的一些初步结果。

本书的出版要感谢的人很多，难以一一述及。但有两个人需要提及：一是王纪成先生，没有他的督促，本书的编写工作不会有任何进展；二是高进水先生，他所做的工作远远超出作为本书责任编辑的范围。正是他们两位，本书才得以面世。另外，经济科学出版社提供的帮助也令人难以忘怀，特致谢意。

刘尚希

2010年3月18日于新知大厦